空间信息技术与文化遗产保护丛书

大遗址保护理论与实践

孟宪民 于　冰 丁见祥 李宏松 乔　梁 等　编著

科学出版社

北　京

内 容 简 介

本书是《空间信息技术与文化遗产保护丛书》之一。本书内容基于国家科技支撑计划课题“空间信息技术在大遗址保护中的应用研究(以京杭大运河为例)”(课题编号:2006BAK30B01)的研究成果。本书对解决我国大遗址保护中的有关理论问题和大遗址保护实践中的有关实际问题具有重要的指导作用。

本书从大遗址保护的背景、概念和定义出发,分析我国大遗址保护所面临的问题,阐述大遗址保护的目的和意义,论述大遗址保护的相关技术,介绍我国大遗址保护的进展;结合中国大运河遗产和集安大遗址保护给出了遗产调查方法和遗产保护规划的实践范例。本书还介绍了国际上大遗址考古及大遗址管理规划的先进经验。

本书可为文博行业管理人员、文化遗产研究人员、大遗址考古工作者和文化遗产规划工作者提供参考,也可为高等院校考古、文化遗产保护和城乡规划等专业的师生阅读使用。

图书在版编目(CIP)数据

大遗址保护理论与实践/孟宪民等编著. —北京:科学出版社,2012

(空间信息技术与文化遗产保护丛书)

ISBN 978-7-03-033311-7

Ⅰ.①大… Ⅱ.①孟… Ⅲ.①文化遗址-文物保护-研究-中国
Ⅳ.①K878.04

中国版本图书馆CIP数据核字(2012)第004752号

责任编辑:彭胜潮 雷 旸/责任校对:李 影
责任印制:钱玉芬/封面设计:王 浩

科学出版社出版
北京东黄城根北街16号
邮政编码:100717
http://www.sciencep.com
北京凌奇印刷有限责任公司印刷

科学出版社发行 各地新华书店经销

*

2015年6月第 一 版 开本:787×1092 1/16
2015年6月第一次印刷 印张:20 3/4
字数:516 000

POD定价: 90.00元
(如有印装质量问题,我社负责调换)

《空间信息技术与文化遗产保护丛书》

编 委 会

总　序　一

当前,全球化的浪潮席卷全球,人类在创造新文明的同时不能遗忘或抛弃过去的文明。如何在城镇化加速进程中进行历史文化遗产的保护和历史文化资源的可持续利用,是全世界各个国家、民族和地区所面临的一道难题,人类在这方面已经做了长期的、积极的探索,并逐渐认识到为完成历史文化遗产保护的使命,要利用一切现代科学技术的全部潜力,保护、保全、评价、尊重、利用悠久历史文明形成的知识。为此,各国采用了许多方法。其中空间信息技术(spatial information technology)是落实历史文化遗产保护政策的有效方法之一。

空间信息技术是20世纪60年代兴起的一门新兴技术,70年代中期以后在我国得到迅速发展,它是以全球定位系统(GPS)、地理信息系统(GIS)、遥感(RS)等现代科学技术为主要内容,并以计算机技术和通信技术为主要技术支撑,用于采集、量测、分析、存储、管理、显示、传播、应用与地球和空间分布有关信息的一门综合和集成的信息技术。空间信息技术在广义上也被称为"地球空间信息科学",在国外被称为Geo-Informatics。它的技术内容和覆盖面都非常广泛,遥感、地理信息系统、卫星定位系统技术是空间信息技术的主线,已经成为新一轮信息化建设的新亮点,显现出其独特的技术优势与广阔的应用前景,目前已经广泛应用于国土资源、城市规划与管理、国防、灾害预警、农业、林业、水利、通信、交通、商业等诸多领域。研究表明,人类生产、生活等各类活动的信息有80%与空间信息有关,因此,空间信息技术的应用可谓无处不在。

2003年11月,在以"人类文化遗产信息的空间认识"为主题的香山科学会议上,陈述彭院士指出:"空间技术可使我们从空间角度来研究和了解中华文明的时空演变过程;数字技术的发展,能够应用虚拟技术重建古环境和历史原貌,还可以利用其强大的管理能力,对古遗存进行科学的保护、管理,以及对大型遗址的监测等",空间信息技术正成为文化遗产科学保护的重要手段。

当今的遥感技术可以快速提供多源10米级、米级、分米级空间分辨率的航天或航空遥感影像,为文化遗产的调查、评估、规划、考古研究、管理和监测提供了前所未有的空间和属性数据;地理信息系统技术为文化遗产海量空间数据或非空间数据的网络环境下的获取、输入、处理、分析、制图与输出提供了强大的技术手段;全球定位系统技术为文化遗产的田野调查、测绘、定位提供了全天候、快捷的量测工具,特别是GPS的RTK技术可以在几分钟内提供厘米级定位服务,而PDA型GPS实现了实时米级定位服务,为文化遗产的测绘与定位带来了根本性变革;虚拟现实(VR)技术为文化遗产的计算机三维乃至四维(三维空间加时间维)展示提供了强大的功能。以RS、GIS、GPS、VR为代表的空间信息技术将开辟历史文化遗产保护技术革命的新篇章,将在文化遗产的调查评估、考古发掘、保护规划、管理监测、宣传展示等各个环节发挥越来越重要的作用。

我国是世界四大文明古国之一,幅员辽阔、历史源远流长。从旧石器时代到文明社会,各时代的文化连续发展,是世界上唯一一个拥有五千年文明长河而不曾中断的国家。悠久的历史赋予了中华民族浩瀚如海且弥足珍贵的物质历史文化遗产,以及极具特色的各种民族、民间文化等非物质文化遗产,其蕴藏之丰富、品种之繁多、门类之齐全,在世界上独一无二。但在当前快速城市化的背景下,我国历史文化遗产保护却面临着前所未有的重视和前所未有的冲击,存在着遗产调查手段落后、遗产规划滞后或可操作性差、遗产管理手段落后、考古发掘手段落后、遗产监测手段落后或完全没有文化遗产监测措施、文化遗产展示手段单一难以满足亿万人民群众的需求等诸多问题。这些问题导致了历史文化遗产保护的困难,限制了历史文化遗产的合理利用,也不利于弘扬我国灿烂文化和启发亿万人民的自主创新能力。

2006年国家科技支撑项目支持了“空间信息技术在大遗址保护中的应用研究(以京杭大运河为例)”课题的研究,该项目是国内首次系统研究空间信息技术在文化遗产保护领域中应用的课题,是建设中国特色文化遗产保护科技创新体系战略任务中的重要项目,对大遗址保护规划的制定、保护管理水平的提高、遗址环境变化的动态监控、人民大众享受文化遗产保护的成果等方面均能起到科技支撑和引领的作用。课题将空间信息技术与传统方法有机结合,对京杭大运河沿线不同时空尺度的遗址现状、沿线文物分布、河道变迁、湖泊湿地演变及城镇土地利用变化等进行了系统、详细、科学、高效的调研与分析,初步验证了空间信息技术在大遗址保护中的应用领域并建立了实用技术支撑体系。

为全面提高我国文化遗产保护水平，充分利用空间信息技术提供的有效技术手段，课题组将课题研究成果进行了凝练和总结，编写出版了这套《空间信息技术与文化遗产保护丛书》。该丛书最大特点是实现了自然科学与人文科学的结合，将现代科学技术应用到传统的文化遗产保护工作中，内容涵盖了文化遗产保护的相关理论与实践、空间信息技术的相关理论及其在文化遗产保护中的应用实践等内容。该丛书对目前空间信息技术在文化遗产保护中的应用具有很实际的指导作用，是有关管理、研究人员所迫切需要的参考书籍。

该丛书的作者在文化遗产保护领域或空间信息领域从事了多年的研究，在文化遗产保护理论与方法、空间信息技术的原理和应用方法等方面积累了丰富的经验。丛书的出版为空间信息技术和文化遗产两个学科的交叉应用研究提供了从需求、设计到应用的基础知识、技术方法、应用体系和系统建设示范，为文化遗产领域、空间信息技术领域及相关领域的机关事业单位、科研院所、高等院校工作和研究人员提供了实用参考。

希望该丛书的出版能够对我国历史文化遗产保护工作起到积极的推动作用。

2009 年 4 月 19 日

总 序 二

文化遗产是人类文明的见证者，是国家和民族乃至全人类的财富。把文化遗产真实、完整地传承给子孙后代是我们义不容辞的责任。

5000年不曾中断的中华文明，所淀积的文化遗产数量众多且分布广泛。社会经济的飞速发展，以及快速城市化进程，使我国文化遗产保护事业面临着严峻的考验。既有的保护理念、保护手段已不能适应新情况，要求我们在保护理念、技术、方法等各个方面都要有相应的进步，如何充分利用当今先进科学技术成果，进行科学的文化遗产保护，是摆在我们面前的重大课题。

如大运河这一历史文化遗产的保护，存在着时空跨度大、部分活态在用、跨多个行政区域等特点。做好保护和申报世界文化遗产工作，都迫切需要在摸清大运河家底现状、价值评估、保护规划编制、监测管理等方面开展大量工作，问题复杂，困难很大，对各种科学技术需求十分强烈。

而以地理信息系统（GIS）、遥感（RS）、全球定位系统（GPS）、虚拟现实（VR）为代表的现代空间信息技术，不仅对做好如大运河、长城、丝绸之路、茶马古道等线性文化遗产保护大有可为，而且对大遗址等空间认知具有重大现实意义。GIS、RS、GPS等现代科学技术，并辅以计算机技术和通信技术，在文化遗产数据采集、现场量测、关联分析、动态存储、高效管理、三维显示、宣传展示都有广阔的应用前景，其在空间信息获取、处理、管理和分析上的优势，必将成为考古学家和文化遗产保护专家的“第三只眼”，从而有力地推动文化遗产保护向纵深和广度发展。

为了促进空间信息技术在文化遗产保护领域的深入应用，国家科技支撑计划“大遗址保护关键技术研究”项目设置了“空间信息技术在大遗址保护中的应用研究（以京杭大运河为例）”课题。课题主要任务是建立空间信息技术在大遗址保护中应用的框架体系和标准规范，研究空间数据在历史文化遗产保护中的应用方法，研究大遗址保护地理信息系统、保护规划辅助支持系统、虚拟现实系统等的建设技术方法，课题以大运河为示范区，研究了大运河的河道演变、生态环境演变等，建立了大运河沿线文物数据采集系统、大运河保护规划辅助支持系统、南水北调东线工程文物抢救保护辅助支持系统、大运河虚拟现实系统等。

丛书作者以“空间信息技术在大遗址保护中的应用研究(以京杭大运河为例)”课题的研究成果为基础,编写了《空间信息技术与文化遗产保护丛书》。该丛书包括《大遗址保护理论与实践》、《京杭大运河沿线生态环境变迁》、《京杭大运河时空演变》、《京杭大运河遗产保护技术基础》、《空间信息技术在京杭大运河文化遗产保护中的应用》等专著。

我衷心期望空间信息技术能在文化遗产调查、遥感考古、保护规划、遗产监测、遗产展示等方面更好地满足当前的文化遗产保护事业的需求。希望该丛书的出版为空间信息技术和文化遗产保护两个领域的学科交叉提供研究成果和应用案例,为文化遗产保护领域的管理人员和研究人员提供参考,提高空间信息技术在文化遗产保护中的应用水平,提升我国文化遗产的保护水平。

单霁翔

2009 年 4 月

总 前 言

迄今为止,我们已知的宇宙尚没有证明除地球之外的其他星球有生命存在,生命对地球上的每一种生物来说都是极大的幸运。人类作为今天地球的主宰,在还没有弄清恐龙灭绝等几次生物大灭绝的奥秘时,却迎来了全球变暖等生态环境迅速恶化有可能带来的又一次生物大灭绝的挑战。由于全球变暖、海平面上升、臭氧层破裂、自然灾害频繁、恐怖袭击等,地球村的生态安全及生物安全受到的威胁越来越大。基于现在预测未来的科学方法和技术无疑是急迫而重要的,反演人类历史演变过程,乃至虚拟地球的演变发展历程,从而基于历史来分析现在和预测未来同样也是急需而重要的。建立地球及人类发展的时空图谱和时空构架,不仅可以使我们更清楚地了解地球及人类的历史,更重要的是可以认识地球及人类演化的动态过程和未来的可能趋势,正所谓温故而知新。利用空间信息技术在地球空间下和整个人类历史背景下探索文化遗产保护及人类历史演变进程方面的问题,不仅对人类文化遗产的挖掘与保护具有重要意义,而且对监测分析全球变化和预测全球未来同样具有重要意义。

中国是世界上唯一经历五千多年文明不曾间断的国家,建立我国文明进程的空间框架不仅是对我国文化遗产挖掘与保护的贡献,也将是对世界文化遗产挖掘与保护的贡献。自明朝我国封海闭关的近四百年来,西方文化逐渐成为引领世界的主流。西方文化引领带来了科学技术的进步,今天我们已进入了信息化和“地球村”时代。但冷静下来仔细思考一下,发现西方文化主导的科技进步也同时带来了地球资源快速消耗、生态环境迅速恶化、同一流感可以数天传遍全球、沉睡千万年的南北极冰雪加速融化等始料不及的恶果,世界上大部分城市正面临着缺少淡水、能源不继、生态恶化等威胁。五千多年中华文明的时空演变轨迹所蕴含的丰富信息,不仅可以证明伟大的中华文明,而且还可从中华文明的历史时空挖掘出中国的人类文明观和世界未来发展观。五千年中华文明已经对世界做出过贡献,五千年文明史的挖掘和利用将继续对世界的未来作出更大的贡献。

中国正处在快速城市化进程中,五千多年文明的证据绝大多数还沉睡在数米乃至十几米的地下的文化层中,我国文化遗产的挖掘与保护得到了前所未有的重视,同时也受到了前所未有的冲击。国家大型基础设施建设和大规模城市建设虽然使许多文物得以被发掘和进入博物馆得以保护,但许多无比珍贵的饱含极丰富历史信息的、不可再生的历史文化层被永远地破坏了。快速城市化进程是一把双刃剑,城乡建设的同时也在加速着文化遗存的破坏。空间信息技术不仅对我国快速城市化背景下的文化遗产考古发掘、现场信息采集、文化遗产保护规划、文化遗产监测与管理、文化遗产展示与宣传具有重大的应用价值,而且对中国文明时空框架下整合利用所有考古发掘成果,从而进行时空分析、虚拟古环境、模拟中华文明演变过程、进一步推进中华文明探源也有重大现实意义。

我们借参与国家科技支撑项目“空间信息技术在大遗址保护中的应用研究(以京杭大运河为例)”之机,有幸探索以空间信息技术为代表的自然科学与人文科学交叉的问题，又得助于国家文物局及有关文博行业领导、专家的支持和指导，进行了空间信息技术、城市规划、水利工程等自然科学与历史学、考古学、文献学、社会学等人文科学交叉联合攻关，我们幸逢这样难得的机遇，将有关成果编成丛书，抱着抛砖引玉的心态，旨在推进自然科学特别是空间信息技术在文化遗产保护中的应用，并期望能为中国文化遗产保护、中华文明的探源与复兴，从人类历史演变看全球变化及预测未来趋势有所贡献。《空间信息技术与文化遗产保护丛书》就是在这样的背景、需求、机遇下自然科学人文应用的成果之一，虽然各书的作者都曾经进行了空间信息技术与文化遗产保护的长期研究，但学无止境，今天各书的出版问世仍然存在不全面、不深入的地方，不当之处深切希望各界专家、朋友指正。

本丛书的出版要特别感谢已故的陈述彭院士、已故的徐苹芳教授的指导和帮助，特别感谢徐冠华院士和国家文物局单霁翔局长在百忙中为丛书写序，特别感谢科技部科技支撑计划课题“空间信息技术在大遗址保护中的应用（以京杭大运河为例）”（课题编号：2006BAK30B01）和课题组织单位国家文物局对丛书的赞助和支持。

毛　锋

2009 年 5 月 6 日

于清华园

前　言

大遗址保护的提出和历史开拓反映出一代先辈的博大胸怀、强烈情感以及东方智慧。大遗址保护自2005年确立财政专项实施以来,成绩斐然。

胡锦涛总书记长期关注历史文化遗产的保护。2003年,他在专家反映历史文化名城保护问题的信件上做出批示:“要注意保护历史文化遗产和古都风貌,关键在于狠抓落实,各有关方面都要大力支持”(文化遗产保护科学和技术“十一五”发展规划,《中国文物报》2006年11月24日)。这一指示采用的是《宪法》关于国家保护“历史文化遗产”的提法,将其置于古都风貌之前,科学严谨而又全面。指示强调关键在于狠抓落实的应是指已经明确的中央方针、国家宪法和文物保护法等大法;指示有关方面都要大力支持,意义深远,应指规划计划和开发建设等直接关联者,也提出了各种保障问题,如组织、宣传、财政、教育和科技等。正是在总书记的关注中,大遗址的保护初步得到落实,2005年财政部和国家文物局确立了大遗址保护财政专项投入;2006年国家发展和改革委员会牵头主持制订了文化与自然遗产地保护与发展规划纲要。全国大遗址保护的被动局面开始得到扭转。但就整体与重点而言,大遗址保护如何科学发展,地位能否得到提升并真正落实,前途虽然光明,道路已显曲折,必须以科学发展观为指导,进一步厘清发展思路。

中国特色于他国最大的不同是:中国曾是世界著名的文明古国,为世界古文明中心之一,具有延绵不断的文明史。大遗址实证了国家、民族、地区和城市的兴亡盛衰,是为正确阐明和形象展示我国历史而在今后不能不逐步予以研究和揭示的遗存,同时也是相当部分人群生活生产的载体。在中国国家历史遗产保护中,大遗址保护更为重要。其理论则应成为中国特色国家遗产保护理论体系的核心,对中国特色社会主义理论体系建设产生重要影响。其实践对国家和民族复兴的意义重大,是生态环境建设和经济建设的借鉴,也是文化大发展大繁荣的基础,对中国特色社会主义现代文明建设具有重要作用。认真深入地探讨大遗址保护理论和实践,具有重要而深远的意义。

本书是国家科技支撑项目“空间信息技术在大遗址保护中的应用研究(以京杭大运河为例)”(课题编号:2006BAK30B01)的成果之一。上篇以大遗址保护的理论探讨为主,兼及一些事例,论述大遗址保护的发展过程、概念理念、相关技术方法及发展需要;下篇反映该项目对京杭大运河遗产保护的调查和研究成果,同时,引述一些国外遗址保护的实例和观点,作为参考。

项目课题组是由清华大学、中国文化遗产研究院(原中国文物研究所)、中国科学院遥感应用研究所和中国水利水电研究院为主组成的。中国文化遗产研究院还组织了北京市文物研究所、天津市文化遗产保护中心、河北省文化遗产保护中心、山东省文物考古研究所、南京博物院考古研究所和浙江省文物考古研究所以及东南大学、扬州市文物局参加了课题的专题调查研究。本书的基础来自大家的共同研究探讨,尽管具体写作各有承担。

本书由孟宪民和于冰统稿。

第 1 章由孟宪民主笔,主要介绍大遗址保护的起缘和历史过程;

第 2 章由孟宪民、于冰和葛川主笔,主要讨论大遗址的概念和定义等;

第 3 章由孟宪民、李宏松主笔,主要介绍我国大遗址保护面临的主要问题;

第 4 章由孟宪民、李宏松主笔,主要阐述大遗址保护的意义;

第 5 章由孟宪民、于冰和赵夏主笔,主要介绍大遗址保护的基本概念;

第 6 章由于冰、黄玉琴、丁见祥、许凡和赵夏主笔,主要介绍大遗址保护的工作流程;

第 7 章由李宏松、汪祖进和孟宪民主笔,主要介绍大遗址保护的相关技术;

第 8 章由李宏松、于冰、肖东、葛川、丁见祥和孟宪民主笔,主要介绍大遗址保护的进一步发展;

第 9 章由乔梁和丁见祥主笔,多人参加编写,乔梁和黄玉琴利用了北京市文物研究所提供的调查资料,乔梁利用了天津市文化遗产保护中心提供的调查资料,白小燕和葛川利用了河北省文化遗产保护中心提供的调查资料,丁见祥利用了山东省文物考古研究所提供的调查资料,赵夏利用了南京博物院考古研究所提供的调查资料,范佳翎利用了浙江省文物考古研究所提供的调查资料;

第 10 章由李宏松、于冰主笔,参加编写人员包括顾军、滕磊、赵夏、谭徐明、王英华和奚雪松,本章编写利用了中国文化遗产研究院 2008 年自主科研课题“大运河遗产保护规划编制要求和实施方案预研究”及国家文物局科技专项课题“大运河遗产保护规划编制第一阶段要求”的部分成果;

第 11 章由于冰、范佳翎主笔,主要介绍国外运河遗产保护情况;

第 12 章由孟宪民主笔,主要介绍中国集安大遗址的保护规划和保护情况;

第 13 章由于冰编译,文中标明了各节原作者。

本书除基于国家科技支撑项目课题研究外,还利用了国家课题开始之前作者对大遗址保护的理论和实践探索成果,中国文化遗产研究院的前身中国文物研究所 2005 年 10 月成立大遗址保护项目办公室,李宏松、于冰任正副主任,领导一些年轻人,开展了大量研究工作。先后参加大遗址保护项目办公室工作的人员有肖东、葛川、胡源、丁见祥、许凡、黄玉琴、赵夏等同志。研究人员来自不同的学科背景,在学术上交流,在项目中合作,探索形成良好的学科交叉研究机制,不仅为本项目的立项提供了基础,而且为本书的写作做出了重要贡献。

还有很多帮助我们的人们,包括老专家、老领导,以及行政人员,对他们的努力奉献,在此一并致谢。

由于本书成稿于 2009 年初课题完成之时,之后大遗址保护工作又有了快速的发展,本书未做出跟踪。

对于中国的大遗址保护的理论和实践的系统研究,这还只是一个开始。形势正处于变化之中。作为本书的作者,希望生活和工作在我们这片广大国土上的人们,参与大遗址保护的更深入的理论探索,也参加更广泛的实践活动。

目　　录

上篇　理论综述篇

下篇 案例研究篇

上篇　理论综述篇

本篇回顾了大遗址保护兴起的历史进程，并在此基础上探讨大遗址保护的概念、意义和应当坚持的基本理念。接下来，比较全面地介绍大遗址保护工作的相关流程，介绍大遗址保护的空间信息技术和有关工程技术。最后，讨论如何在科学和技术的层面上求得大遗址保护进一步落实和科学发展。

大遗址保护的提出和基础的奠定始自中华人民共和国成立之初，一个和平的大规模建设时期的开始。新中国首任国家文物局局长郑振铎很早就提出了重要"地区"的概念，这是提出"大遗址"概念的基础。他说："许多重要的、应该特别注意的地区"，"像洛阳和西安等是历朝建都的地方，地下埋藏物特别丰富，尤其应当坚决加以保护和保存"。"即使在发掘了之后……需要极精心在意地发掘清理工作，也还需要把这些地区保留下来，像保护意大利的庞贝古城似的保护它们；它们的本身就是重要的历史，就是古代和中古的计划都市的生动的具体的例证。"将"大遗址"说出来的第一人，是国家文物局第二任局长王冶秋。他在 1958 年曾说："大遗址的保护，我们以燕下都为试验田，希望……推广这个既能对建设有利，又能对保护有利的经验，争取走到工程前面。"新中国成立初期，为缩小力量与任务之间的巨大差距，采用多种方式壮大和充实人才队伍；为使文物保护转为主动，开创并设计了保护单位制度。这些都为大遗址保护的开展奠定了基础，对今天的科学发展有重要的启发。

大遗址保护的兴起得益于改革开放。党中央提出"保护为主、抢救第一"的方针，将启动大遗址保护专项工程提上日程。改革开放促进了我国考古学的大发展，重大考古发现接踵而来。文物考古界对我国的文明起源和发展进行了比较系统的研究，为重建国史和探讨统一的多民族国家形成做出重要贡献。文物学特别是文物保护和管理的科学规律的探索以及博物馆学的研究和实践都扩大了领域。全国范围的大遗址保护、研究和展示进一步得到重视。改革开放促进了法制建设，但也带来诸多过去未能遇到的问题。"保护为主、抢救第一"方针指出，保护文物特别是大规模地抢救文物，是各级党政领导进行现代化建设和改革开放不可忽视的一项工作，必须作为一项重要任务自觉地认真抓好。为了落实方针，国务院组织了对陕西和河南两省文物问题的调研。调研认为：大遗址保护形势十分严峻，如不加强保护，会铸成历史性的错误，建议开展大遗址保护的专项工程。大遗址保护如何进行成为在改革开放总形势下落实中央方针和国家法律、加强和改善文物工作必须面对的重大问题。改革开放促进了国际合作与交流。人们开始了解到，大规模的遗产保护而且是与现代经济社会发展相结合的保护早已在世界上兴起。我国在体现本民族历史和成就的大遗址的保护研究展示方面，仍远逊于世界上其他文明古国甚至一些发展中国家。人们开始意识到，具有中国特色的社会主义要在 21 世纪获得新的巨大发展急需改变这种长期滞后的状况和认真研究大遗址保护的问题，并发挥其对当代社会的作用。

世纪之交，国家确立了百年振兴和建成富强民主文明国家的宏伟目标，提出合理配置资源、优化产业结构、加快中西部发展、促进特色旅游、加强生态环境建设、扩大内需、拉动经济增长和增强民族凝聚力等举措，为大遗址保护带来了难得机遇。中国进入 21 世纪，国家进一步重视历史文化遗产的保护，政府有关部门通力合作，大规模综合投入取得重大实效。财政部和国家文物局在 2005 年确立了大遗址保护财政专项投入，大遗址的保护初步得到落实。《大遗址保护专项经费管理办法》首次公布对大遗址专门定义。"大遗址主要包括反映中国古代历史各个发展阶段涉及政治、宗教、军事、科技、工业、农业、建筑、交通和水利等方面的历史文化信息，具有规模宏大、价值重大、影响深远特点的大型聚落、城址、宫室、陵寝墓葬等遗址、遗址群及文化景观"。这是对大遗址概念的解释、发展与明确。这一规定性的提法是讨论这一富有中国特色的保护概念的新起点。

大遗址概念包括三个层面的理解。一是大尺度建筑、构筑物的具体遗迹及其群体和包含物，往往与具体的考古调查、发掘和保护和修复技术相关；二是大型古遗址和古墓葬区等文物保护单位，受到法律保护和约束；三是以古遗址、古墓葬区为主的不同时代和类型的文物保护单位组合、片区、历史地区与城市，也可称为大遗址地区，与保护与发展的决策甚至重大决策相关联。这三种理解可以相互支持，并行不悖。提出大遗址的概念，基于前两层理解，主要指第三层理解。提出大遗址的概念，也正是为了作为前两层理解的大遗址的有关工作得到重视和落实，并发挥大遗址应有的重大作用。

大遗址保护是针对大遗址遭受损害所进行的科学的系统工程。或称之为：全国大遗址保护研究展示体系和地区建设。其总体目标是：以科学发展观为指导，遵照中央方针和国家法律，实施大规模抢救，与经济社会发展和改善人民生活紧密结合。争取到21世纪中叶，使我国全境的大遗址成线成片、成组成群地得到妥善保护、深入研究和有力展示，实现中华大地的山川秀美，让中华民族及其代表的东方文明再度辉煌。

大遗址是以考古遗址为主体的遗产，其特点大部分遗存埋藏于地下，处于未知状态，因此，考古研究和价值评估是持续性的工作，是大遗址保护的基础和核心工作，应该贯穿保护全过程。无论是前期调查和制定保护规划，还是实施保护工程，无论是日常维护，还是展示工作，考古研究和价值评估都应受到重视。同时，大遗址是包括地上和地下文物及其他文化、自然要素的综合区域，区域性特点决定大遗址保护受到多方面因素的影响，因此，保护工作程序也应该是开放的而不是封闭的，这样才能保证大遗址保护的落实和可持续发展。

空间信息技术是用于与地球和空间分布有关数据的采集、量测、分析、存储、管理、显示、传播和应用的一门综合和集成的信息技术。在过去的几十年中，空间信息技术已应用在人类社会发展的诸多领域，尤其对解决那些全局性、战略性重大问题发挥了重要作用。该技术目前已经广泛应用于我国的国土资源、城市规划与管理、国防、灾害预警、农业、林业、水利、通信、交通和商业等诸多领域。大遗址保护涉及我国广大国土、重要城市和大规模、综合性行动的决策和实施，空间信息技术可以发挥重大作用。相关工程技术主要针对大遗址的局部遗迹保护存在的问题，本书介绍以岩土工程技术为主的加固技术、安全防范工程技术以及对遗迹的展示技术。对具体遗迹实体的展示是沟通大遗址保护与公众支持的桥梁，可以有因地制宜、百花齐放的方法。

大遗址保护的发展战略研究具有极为重要的意义。在分析大遗址本身的外部环境与自身特点的基础上，对大遗址保护进行战略定位，才能为一系列政策、方针和行动提供有效的指导。与我国社会经济发展有着十分密切联系的大遗址保护和以其为核心的文化与自然遗产保护应列为与人口和生态环境同等地位的基本国策。大遗址保护问题的解决需要学科建设发挥基础与能动作用。大遗址保护应属于研究文化与自然遗产保护行为规律的科学。任何有关学科，都可以从本学科中产生有关文化与自然遗产保护的分支科学。考古学是研究古代人类社会遗迹、遗物的最系统科学，是遗产保护领域最重要的基础研究之一，考古学特别是城市考古的价值取向应成为大遗址及不少历史名城保护的决定性因素，但对大遗址保护的能动作用甚至主导作用远远没有得到有效发挥。目前，我国考古学、历史学和各专门史的研究主要还停留在利用遗产的层面上，与引领和支撑遗产保护的要求存在相当距离。科学考古学的诞生和成长一直伴随着对保护的探讨和对破坏的批评，紧紧抓住大遗址保护这个新生长点、线和面，通过广大人民群众的参加，实现科学化与大众化，并真正对大遗址保护的科学发展发挥决定性的主导作用，一个关键的时刻正在到来。

第 1 章　大遗址保护的兴起

本章将回顾大遗址保护的兴起，主要包括：新中国初期奠定的基础、改革开放以来学术发展繁荣的影响、文物工作方针的指引、国际大规模遗产保护趋势、世纪之交的战略探索以及集安大遗址保护的范例，以求温故知新。

1.1　新中国初期的奠基

中国对大遗址最初的认识可以追溯到很早，与历史和地理的考察有密切的联系。《史记》的作者汉代的司马迁就已对古遗址作了调查。历代地方志书不仅对成书以前时代的遗址多有记载，也为今人考察成书当时的遗址提供了比较详实的资料。但科学的调查及发掘特别是与保护相联系，应与近代考古学在我国的传播与实践同步。关于这方面，在新中国成立之前，学术界已在全国范围作了很多工作，其中至少有两个事例应当介绍。

殷墟是我国最早开始大规模并坚持长期进行考古发掘的大遗址。1928 ~ 1937 年，9 年共发掘 15 次。当时的中央研究院历史语言研究所以及傅斯年、李济和董作宾等学者们居功至伟。岳南先生在《陈寅恪与傅斯年》一书对此的介绍，使我们今天对大遗址的热情更加高涨。书中叙述，根据董作宾的调查发现："殷墟规模宏大，地下遗物十分丰富，且遗址破坏严重，有组织的科学发掘已到了刻不容缓的紧要关头。"他在描述 1934 年秋到 1935 年秋的大规模发掘时更为激动："一时间，在几十平方公里的殷墟发掘工地上，大师云集，将星闪耀，气势如虹。胸有成竹的梁思永充分表现出战略家的宏大气魄，规划周密，指挥若定，每天用工达到 500 人以上，遗址得以大面积揭露"。殷墟作为中国和世界东方最为重要的大遗址，不久前能够达到保护世界遗产的标准，成功列入世界遗产名录，就是那时奠定的基础。

十分巧合，也是在 1928 年，比上述殷墟的调查还要早一些时候，郑振铎（1898 ~ 1958）在欧洲写就《近百年古城古墓发掘史》一书，1930 年由商务印书馆出版。这是最早向中国全面介绍埃及、巴比伦、亚述和特洛伊、迈锡尼、克里特等地田野考古发掘的著述①。该书不仅介绍考古活动与发现，还谴责了此前的"盗宝"行为，褒扬了为历史而工作的科学家的考古发掘及其重大贡献，甚至在序言中还提到了当时在欧洲也是较新的理念——重视对反映普通民众生活的遗址的发掘。他认为：那种单纯的"挖宝"行为，使我们看来为无价之宝的东西，"不知被毁弃了多少"。他在序言中呼吁："我们应该赶快联合起来，做有系统的、有意义的和有方法的发掘工作，万不能依赖百难一易的偶然的发现，

---

①国家文物局编，郑振铎文博文集，文物出版社，1998 年 12 月，以下所引郑振铎的著述均同

而一天天因循过去。""谁要有意于这种工作，我愿持锹铲以从之。"这部书及其后来的言行，说明他很早就打破了传统的古董观念，对中外重要古遗址的调查、发掘和保护管理有特别的关注和全面的了解。在新中国建立之初，郑振铎出任文物局局长兼考古研究所所长决非偶然。据说，新中国建立之前，毛泽东主席在延安的时候就同黄炎培、傅斯年等人说起过："文物的事情问郑振铎好了①。"

1.1.1 坚决保护和有计划调查发掘的地区

大遗址保护的提出以及基础的奠定始自中华人民共和国成立初期，特别是大规模建设的启动。

1950 年 5 月 24 日，中央人民政府同时发出两项政务院令②:《禁止珍贵文物图书出口暂行办法》,《古迹、珍贵文物、图书及稀有生物保护办法》。后者并附《古文化遗址及古墓葬之调查发掘管理办法》。该管理办法第一条开宗明义："为保护、研究我国文化遗产，对古文化遗址及古墓葬作有计划之调查及发掘，制定本办法。"紧接第二条即指令各地人民政府："应调查所辖境内有重大历史价值的公共或私人所有之古文化遗址及古墓葬，予以保护，并呈报中央人民政府文化部登记。"可见，新中国刚刚成立，大遗址保护的地位在所有古迹、珍贵文物、图书及稀有生物的保护中就已得到突出，而且，调查及发掘作为保护的重大举措，对保护、研究我国文化遗产是多么重要。

1953 年 10 月 12 日，中央人民政府政务院《关于在基本建设工程中保护历史及革命文物的指示》③中，则非常具体地指出，各部门在重要古遗址地区，如西安、咸阳和洛阳等地区进行基本建设，必须会同中央文化部和中国科学院研究保护、保存或清理办法；工程进行中发现规模巨大、性质重要者，中央文化部会同中国科学院组织发掘，或派专家勘查，研究保护、保存办法。大遗址的概念呼之欲出。所谓"规模巨大、性质重要者"，不就是大遗址吗！

1954 年 5 月 21 日，"全国基本建设工程中出土文物展"在故宫午门城楼开幕，此前毛主席两次参观了该展览。1956 年 3 月，陈毅副总理视察陕西西安半坡遗址发掘现场，提出应修建一座半坡遗址博物馆。1960 年 10 月，国务院还专门发出过一个《关于加强侯马地区古城遗址的勘探发掘工作的通知》④。这些都是来自国家高层的重视，均可视为开先河之举。

20 世纪 50 年代中期，全国兴起农业生产建设高潮，国务院 1956 年发出《关于在农业建设中保护文物的通知》⑤。通知指出，打井、修渠、挖塘、筑坝、修路和平整土地等各项农业生产建设正在迅速而广泛地进行，遍布全国的地上地下文物古迹有许多非常珍贵，是

---

① 同②，郑尔康《跋》

② 国家文物事业管理局编，新中国文物法规选编，文物出版社，1987 年 10 月第一版

③ 国家文物事业管理局编，新中国文物法规选编，文物出版社，1987 年 10 月第一版

④ 国家文物局编，中华人民共和国文物博物馆事业纪事，文物出版社，2000 年

⑤ 国家文物事业管理局编，新中国文物法规选编，文物出版社，1987 年 10 月第一版

科学研究最宝贵的资料，也是爱国主义教育最有力的实物例证，但已发生遭严重破坏的情况。地方各级人民委员会必须在既不影响生产建设又使文物得到保护的原则下，采取紧急措施，大力宣传，开展群众性的文物保护工作。

通知首先强调，“由于建设范围空前广阔，保护工作绝非少数干部所能胜任，必须发挥广大群众固有的爱护乡土文物的积极性，加强领导和宣传，使保护文物成为广泛的群众性工作。”通知指出，“全国有很多地区已经确定是革命遗迹和重要的古代文化遗址，进行农业生产基本建设规划时，必须征得文化部同意，以避免遗址的破坏。”通知还要求，各地进行普查调查，并首先对已知的重要古文化遗址、古墓葬地区和革命遗迹等提出保护单位名单。该通知强调了革命遗迹、古文化遗址和古墓葬的“地区”的保护，开创了文物保护单位的法律制度。

新中国首任文物局局长郑振铎很早就提出了重要“地区”的概念，这是提出大遗址概念的基础。他的 1953 年 7 月“基本建设与古文物保护工作”一文，曾由全国科普协会出版单行本。文中强调了保护历史地区的重要性：“许多重要的、应该特别注意的地区”、“万分重要的地区”、“有极丰富的埋藏的古墓葬和古文化遗址地区”；“凡是今天人口密聚的城市，往往是古代都邑所在，最容易发现古遗址”；“像洛阳、西安等是历朝建都的地方，地下埋藏物特别丰富，尤其应当坚决加以保护、保存”。文中他还提到，“郑州过去不在坚决保护的名单上的”，可见当时已有一个坚决保护的名单。这就是确定公布文物保护单位的先声。

郑振铎曾系统研究和讲解过基本建设和古文物保护工作的关系。他在 1954 年 8 月 31 日《人民日报》发表的“在基本建设工程中保护地下文物的意义与作用”一文，一开始就先提出坚决保护大遗址：

有的地下埋藏，像安阳小屯的殷代遗址，西安附近的西周时代的丰镐二京，洛阳的周代王城、汉城，西安的汉城，都是不能有二的极重要的古代和中古的文化遗址，可以提供出不少历史上重要的实物资料，而且必须坚决加以保存、保护，即使在发掘了之后——需要极精心在意的发掘清理工作——也还需要把这些地区保留下来，像保护意大利的庞贝古城似的保护它们；它们的本身就是重要的历史，就是古代和中古的计划都市的生动的具体的例证。

庞贝古城 1748 年 3 月开始发掘，为欧洲近代考古发掘之先声。目前，古城遗址三分之二以上已发掘完毕。郑局长在这里特别提到庞贝古城，目的是为我国树立起大遗址保护的榜样。

郑振铎还身体力行，亲手解决问题。他曾邀请纺织部、卫生部、水利部和机械部的专家，讨论如何结合洛阳市建设，保护和勘察文化古迹①。

他在 1957 年写就的几篇关于西安、洛阳和郑州的考古游记，倾注了对大遗址保护的关切与研究：

① 国家文物局编，中华人民共和国文物博物馆事业纪事，文物出版社，2000 年

长安城的内外,是有那么多的名胜古迹,足资流连,足以考古,足以证史的地方啊。一时是诉说不尽的。韦曲、杜曲、王曲以及曲江池、樊川等古人游乐之地,今天只要稍加疏浚,也就可以成为十分漂亮的人民公园。我想不久的将来,我们就会看到那个宏伟而美丽的大公园在长安城南出现的。

……更重要的消息来了,说是发现了殷代的城墙。这个远古的城墙遗址是相当于荷马史诗所歌咏的特洛伊古城的,是相当于古印度的摩亨杰达罗遗址的。在中国,恐怕是一座最古老的城墙的遗存了。是这个大消息,引动我到郑州去。

……

在清理队附近有一座宋代墓葬,遗存物已空,而墓的建筑却还保存得很好,可作为宋墓建筑的标本。在这一带地区,也有殷代的文化遗址。不能再听任破坏下去了。要坚决地予以保护。不可一掘就算了事。

……这里也发现过殷代人民的居住区,还有窑址,但全都在急急忙忙地配合基建的工程里给"平整"掉了。那个地区将建筑一所中学。为了下一代的教育而毁坏掉可以作为下一代教育的具体生动的历史、文化资料,这是合理的么?至于为了建筑一所饭店,一个招待所,一座办公大楼,甚至为了盖某一个机构的厨房,而大量毁坏了殷代的文化遗址、居住遗址,乃至极为珍贵的殷代的制造骨器工场、冶铜工场,也岂是合理的么?不可能再在别的地方见到或得到的比较完整的殷代冶铜工场,制造骨器工场,如今是永远地消失无踪了。就在我们眼前,就在我们这一个时代,从地面上消失了去!这悲愤岂是言语所能形容的。我站在这个殷代的文化遗址上,心里感到辛辣,感到痛苦,眼眶边酸溜溜要落下泪来。只怪我们没有坚决地执行国家政策法令;只怪我们过于迁就那些过分强调不大重要的基建工程的重要性,过分轻视或蔑视先民的文化遗存物的人的主张!所有造成这种不文明的毁坏,我们是至少要负一半以上的责任。为什么斗争性不强呢?为什么不执法如山呢?为什么不耐心用力,多做些教育说服工作呢?

……

就在大道旁,有新建的一座人民公园,规模很大。这个地区也便是殷代文化遗址的一部分。据说是为了保护这遗址,建筑公园是再保险不过的,因为不进行基建,不盖房子,不大动土(即使动土,也不会很深),遗址当然会保存得住。但我一走进这所公园的大门,就知道有些不大对头。满不是那么回事。……

我的心情就同天气般的阴暗。原来这个公园,动员了青年,在挖一个"青年湖"。好大的一片湖,也就正在这殷代的文化遗址和墓葬的所在地方,而清理队的工作人员们便不得不移到这里,配合挖湖工作的进行,而急急忙忙地在发掘、在清理着。所谓建了公园便会保护得好,便不会破坏的话,也便成了"托辞"或"遁辞"。

通过郑振铎的散文,可见他还继续着1928年在欧洲的思考——古遗址、古城、古墓的保护、发掘和建设的诸种关系,包括建设保护遗址的公园应当如何处理。在新中国成立初期,郑振铎还兼任文学研究所所长,在一般人们的心中,他主要还是著名的文学家,并得到广泛的尊重和纪念。其实,新中国成立以后,他的主要精力都放在保护祖国历史文化遗产的领域,他的许多文物考古专业方面的思想至今仍具有重大指导意义。郑振铎的这份珍贵遗产需要认真研究、总结和继承。

将"大遗址"的提法说出来的第一人,是我们的第二任局长王冶秋。他也是后来1974～1982年直属国务院的国家文物事业管理局的首任局长。在大遗址保护的提法中,大遗址作为三字一组的名词,当时应已开始成为了流行的词汇。正式见诸于发表文字的是王冶秋1958年的两次讲话,均在1997年由国家文物局编入《王冶秋文博文集》①。

一是在全国文物、博物馆工作会议闭会时的发言,他说:

> 大遗址的保护,我们以燕下都为试验田,希望南京博物院、河南、长沙也搞试验田,推广这个既能对建设有利,又能对保护有利的经验,争取走到工程前面,把基建地区重点文化遗址、墓葬加以事先的清理。

二是《文物局"务虚"小结》一文,其中提到:

> 像燕下都大遗址的保护,半个月的时间,探清主渠通过的地区的地下文物蕴藏情况,便把这一地区交给当地群众开渠,解决了约四万亩土地的灌溉,对遗址保护并未受到损害,大受群众欢迎,体现了两利方针。

这里提到的为通水渠而勘探的情况,显然并未实现真正意义的"走到工程的前面",仍属于弱者的被动的无可奈何之举。如力量真正强大得能够参与前期设计,通过勘探、发掘,将恢复古旧的水系与现代灌溉相结合就好了,两利的水平就高多了。但退而求其次,当时能够那样做到,已经是模范了。即使到今天,很多地方也未达到那样的水准。郑振铎、王冶秋的理想仍然是对大遗址要坚决保护和有计划地调查发掘,并主动地造福当代人民。

中央的号召和部署得到积极的响应。各地有关部门纷纷发出通知,要求在基本建设中保护好文物遗址,做好发掘清理工作。有的通知是针对和禁止盗掘的。如:上海市人民政府发布通告,在各项工程中做好保护文物工作,如发现古墓及文物出土,由建设部门及时与市文物管理委员会联系,以便赴现场勘查。青海省人民政府发出:"为在基本建设工程中发现古文化遗址、古墓葬及古文物时,切实做好保护工作",粮食部发出指示:"在建仓建厂工作中切实保护有价值的古代文物"。福建省人民政府文化教育委员会、财政经济委员会和文物管理委员会共同发出《关于配合本省经济建设保护文物古迹的通知》。安徽省人民政府发出通知,要求:①本地区在基本建设或治淮工程中发现地下文物呈缴主管部门妥为保管;②各地发现古遗址、古墓葬应立即上报,未得中央人民政府文化部指示前不得擅自开掘;③严禁盗掘古墓、破坏文物,违者进行查处。江苏省还发出过通知,要求在群众性绿化运动中保护古文化遗址及古墓葬。各地还积极开展宣传工作,博物馆举办基本建设工程中出土文物的展览,有些馆还同时举办各相关行业的专题展览,如"山西省矿产展览"和"陕西省农业合作化运动展览"和黑龙江省"农业建设及劳动人民物质文化生活展览"等。

---

① 文物出版社1997年出版,以下王冶秋的著述引处均同

大规模的结合基本建设的考古发掘开始进行了，同时重要地区特别是古都所在的主动调查、试掘和保护也开始了。基建工程中发现的重要者有些也转为保护。如：

河南洛阳发现汉河南县城，并对洛阳汉魏古城进行调查，后又勘查隋唐洛阳城的皇城、宫城及其附属小城的平面布局，对洛河两岸的街道、里坊作全面探讨。郑州市白家庄发现商代的夯土城墙，经勘察发掘为商代中期都城遗址，河南省人民委员会通知郑州人民委员会保护商代古城，规定："商城内不准进行新的建筑，如必须扩建时，应履行报批手续，并进行考古发掘。"河南对新郑县城关的郑韩故城遗址进行全面勘查和重点发掘。

陕西省召开专门会议，停止丰桥砖瓦的生产，以保护丰镐古遗址。对西安市的汉长安城遗址作系统的调查和发掘也是较早开始的，后发掘出霸城门和西安门等遗址，还发掘出西汉时期在都城长安南郊兴建的专供皇帝使用的仪礼性建筑遗址。在陕西省凤翔县的秦雍城遗址，还发现夯土城墙。陕西文物管理委员会还较早地开始对秦咸阳城遗址进行调查和发掘，确定了秦咸阳的大体位置。对隋大兴-唐长安城的城址的勘查和发掘也早就进行了，后对大明宫遗址的部分土地进行了征购①。文物出版社出版的《文物考古工作三十年（1949～1979）》一书中，陕西省文物管理委员会《建国以来陕西省文物考古的收获》一文对此曾有全面介绍：

为了深入了解隋大兴城-唐长安城的建制和布局，1957年省文物管理委员会曾对长安城（外郭城）的范围、各城门的位置、兴庆宫、大明宫、曲江池、芙蓉园和龙首渠、永安渠、清明渠作详细的勘察和探测。在这一基础上，中国科学院考古研究所从1957年起对长安城的城垣、坊、市、街道、宫城和皇城等进行全面的勘察，并先后发掘了大明宫的麟德殿、含元殿、含光殿、兴庆宫勤政务本楼、西市、东市（部分），明德门和青龙寺遗址。……

（1）隋大兴城-唐长安城的皇宫、百官衙署和民宅区有严格的区划。……据初步实测，唐长安城外郭城东西宽9721米、南北长8651.7米，面积为84103175.7平方米。其中宫城占5%强，皇城占6%强，东市、西市各占1%强，一百零八坊和街道约占86%。这种布局，显然是为了加强对宫城的保卫和对居民的控制，也反映了大一统形势下封建经济的发展和繁荣。

（2）唐长安城以朱雀门大街为中轴线分成东西对称的两部分。……城内南北向大街十一条，东西向大街十四条，其间列置一百零八坊及东、西市，成棋盘式的格局。钻探表明，皇城南面的三十六坊及东、西两市左右的四坊保存较好。各有东、西向的街道一条，其余各坊均有东、西、南北十字交叉的两条街道。东、西两市是长安城繁荣的商业区域，各由四条街纵横交叉，界划成九个长方形市区；每区四面临街，罗列店铺。据文献记载，两市各有商业二百二十行之多。在西市调查发掘的店铺遗迹五处……。

（3）街道宽敞规整。勘查表明，宫城与皇城之间的横街（长安城内最宽广的街道，文献记载宽三百余步）宽220米，朱雀门大街宽150～155米，其他街道按不同地区宽25至134米不等。街道路面中间高，两侧低，旁边有宽2.5米左右的排水沟。城内树木成荫，这在唐人诗文中有很多描述。

---

① 国家文物局编，中华人民共和国文物博物馆事业纪事，文物出版社，2000年

……

文献记载和考古调查证明,唐长安城不愧是中国古代城市建设的一个里程碑。它对我国以至邻邦日本的古代城市建设,都有深远的影响。

在这一时期,湖北省文物工作队对楚都江陵县纪南故城遗址进行了调查勘探。吉林省博物馆全面调查了集安县洞沟高句丽墓葬群以及附近的城址。中国科学院考古研究所对黑龙江宁安县渤海国上京龙泉府遗址进行了大规模的勘探发掘,进一步探明了都城的形制和布局。安徽省文物工作队在寿县安丰塘发掘出一座汉代闸坝工程遗址,是经 1958 年综合治理至今仍发挥作用的水利遗址。山东省开始对临淄齐国故城进行全面勘察。云南省文物工作队在大理市勘测唐代南诏国都太和城遗址。山西调查发掘了襄汾丁村遗址、侯马晋国遗址、夏县禹王城遗址和大同市区平城遗址等。北京进行了元大都遗址的勘查发掘,对金中都城遗址进行勘测,钻探外廓城、宫城和宫殿等遗迹,一直坚持到 1966 年①。

“大型古遗址”的概念,出现于正式文件,是在 1963 年年底文化部(63)文物平字第 2064 号函《关于召开大型古遗址保护工作座谈会的函件》②中。1964 年 1 月 18 日,在河北省易县的燕下都遗址,文化部召开古遗址保护工作座谈会。参加会议的代表尽管不多,但认真讨论了如何更好地贯彻“两重两利”的方针,进一步做好古遗址保护工作,解决文物保护与建设之间的矛盾。限于当时的历史背景,大型古遗址主要指的是以古城址为核心的内容。但却承上启下,意义深远。

大遗址保护就是这样被提出,随着新中国的成立,在全国兴起大规模基本建设以及农业建设的高潮中,明确、强力地而不是萌芽状态地被提出了。大遗址是什么呢?就是要坚决保护和有计划调查发掘的重要历史地区。大遗址保护是什么?就是在这些地区的调查、保护和发掘要走在基本建设的前面。保护的意义在于什么呢?郑振铎在 1956 年接见《文汇报》记者时的谈话极精辟:“不仅仅是为了学习遗产推陈出新的需要,还要为后代的子子孙孙保存文化遗产,作为对他们进行爱国爱乡教育的力证”。

大遗址地区必须坚决保护并有计划调查发掘。特别是那些不可替代、不可再生的历史遗迹,价值远高于那些不大重要的基建工程,在急急忙忙地配合基建的工程里给平整掉,是不可容忍的。这就是郑振铎局长、副部长兼考古所长文学所长还是文学家的结论。

1.1.2　迅速壮大承担重大责任的考古队伍

“第一是干部的缺乏”。这是郑振铎对新中国成立后第一年文物工作问题的一个重要判断。在文物局 1950 年工作总结报告中,他指出:“最重要问题是,全国文物工作,存在着严重的无政府的状态。”“干部的缺乏也是一个很严重的问题。因为待遇差,不易延聘专家;一般干部对于文物工作没有兴趣,多半不愿意来。地方上这个情况更严重。”

---

① 国家文物局编,中华人民共和国文物博物馆事业纪事,文物出版社,2000 年

② 李晓东,大型古遗址保护的开创阶段,中国文物科学研究,2006 年 4 月第 2 期

前述1954年《在基本建设工程中保护地下文物的意义与作用》文中，他对考古工作队伍的论述，激情澎湃：

> 考古工作者的前途是充满了无限的光明的，其任务也是十分的重大艰巨的。他们首先必须迅速地壮大、充实自己的队伍，才能适应日益规模宏大起来的基本建设工程的需要，而成为国家的社会主义工业建设的先遣队之一。

在1956年的全国基本建设工作会议上，郑振铎做了题为《考古工作与基本建设工程的关系》的讲话。他又解释了队伍问题与有关方针："考古工作人员的队伍是不大的，他们的力量是很有限的。比起浩浩荡荡的基建队伍来，那简直是'沧海之一粟'。需要和力量之间，相距得很远。""我们想在最短期间之内还要用各式各样的培养干部的方法，一方面大量产生出新生的力量，另一方面也大量地发掘并使用潜在力量。如：在工地上培养工人干部，就是一个例子。但这些还不够。文化部订出一个重点保护、重点发掘的方针这是必要的，这是把干部的力量使用在最必需的地方。如一个工厂，厂基是必须加以发掘清理的，空地花园等就可以暂时不加以发掘。低层建筑的宿舍、学校、合作社和俱乐部等，如果不深深地翻掘到地下去，不破坏地下埋藏，也不影响地上建筑物安全的话，可以暂时不加以清理。这样就可以腾挪出大批考古工作干部出来，从事于重点的、必要的发掘清理工作了。"

郑振铎在1956年几乎与上述基建会议同时的全国考古工作会议上所做的《考古事业的成就和今后努力的方向》的报告虽然简短，但却应是他一生所作的最重要的报告之一。他在报告中仍肯定了培养壮大队伍的成就，仍肯定了提出"两重"方针的必要，但也十分强调"大规模的基本建设工程开始之后，考古人员的力量感到远远地不能应付需要。任务和力量的距离一天天地大起来"，"农业合作化的高潮到来了，考古工作的责任是更大、更重了。我们必须扩大队伍"。他指出："如何在这个全国范围内的农业合作化运动里做好保护古墓葬和古文化遗址的工作，是全国考古工作者们所不能避免的重大责任。要想办法来迎接这个崭新的空前的大局面。"他还提出了"加强学术研究工作，为在十二年内赶上世界考古学水平的目标而努力。大量培养新生力量。"他说，"必须抓紧学习，学习外国的先进经验，学习世界上最新的科学。随着原子学的发展，考古学上应用同位素的时代也到来了。我们必须在这十二年内赶上世界水平。而大量地培养新生力量更是关键性的问题，必须抓紧地办到、办好。"关于大量培养新生力量，郑振铎指的是，加强学术研究，开展跨学科、跨国界的学习和研究，提高质量。但他仍最为关心整个队伍人员的数量。他在报告中发问："只靠着几百个人，甚至几千、几万个人的力量，如何能在全国范围内做好工作呢?"

到了1957年，他以《党和政府是怎样保护文物的》为题，在第一届全国人大第四次会议上发言。一开始就报告了干部问题的解决情况："八年来，随着社会主义改造和社会主义建设，我们的文物工作也有了空前的发展。首先是培养干部问题。中国科学院考古研究所，在新中国成立初期，全所只有三十七人，现在已经发展到将近八倍，即二百九十二人。从1952年起到1955年止，每年都举办一次考古工作人员训练班，抽调各省、市若干干部参加学习，一共训练了三百四十一人。1956年后，若干省、市（包括新疆维吾尔自治区)也都举办了考古人员训练班或考古人员讲习会。这就保证了考古发掘工作质量的不断提高。配合了国家大规模的工业建设和农业生产建设,这些考古工作人员,清理了古文化遗址一百六十五处,古墓葬二万七千一百八十七座,获得了除数以百万计的陶片以外的文物三十六万二千零二十六件。这些古文化遗址和古墓葬有许多是十分重要的。……这不是一个空前的考古工作的大时代么?如果没有党和政府的领导,是决不会在短时间内有那么大的成绩的。"

对于力量的组织,郑振铎有非常实事求是的看法。例如,他在1956年全国博物馆工作会议开幕词中曾讲到当时的几个问题:"第一,集中和分散问题。以中国之大,不宜过分集中。……让地方博物馆有更大的'自治权'。中央不要抓得太紧,扣得太死,譬如,考古发掘工作,对有条件的馆,根据'条例'应该鼓励其积极进行。"他在1953年还说过:"我们正在大量地培训考古工作干部,但还是不够。我们'将'少,'兵'也少,必须依靠群众的力量,首先是依靠基本建设人员的力量。""基本建设人员应该不仅是工程师、建筑人员,同时也应该是考古工作者。"

对于力量的组织,王冶秋在《文物局"务虚"小结》一文提出的五年规划中,也曾经指出:

坚决贯彻文物发掘中的两利方针,放手把发掘工作的技术普及到县、乡、社会,以便在几亿人口的建设中发掘应该保护的资料。

王冶秋的这段名言,尽管发表于1958年,却不是大跃进的狂热,或者他就想去应对那种狂热,对今天的工作都有十分重要的指导意义。很多的考古专业工作者都了解,田野考古发掘的力量多依靠的是当地的农民,乡镇的领导人往往是协助组织者,而当地特别是文化站的知识分子们往往是我们调查发掘的骨干。他们对乡土文化知之甚深。而且,就是世界与国家意义重大的考古发现,也仍然是他们乡土文化的一部分。

正是在中央的带动和督促下,各地、各部门的培训工作成为潮流。一般在短训后还安排考古调查和发掘的实习。如1956年夏,山东省文化干校举办第一期文物干部训练班,共培训80余人,改变了多数县没有文物干部的局面。又如1957年春,甘肃省人民委员会在兰州市举办文物讲习会,短期培训学员31人,并清理东汉墓葬一座。辽宁省文物事业管理局还发出过《配合基建工人冬训班做好文物古迹宣传工作的通知》,仿效郑振铎将教育培训深入到基建部门和工人群众①。

关于那种短期培训的方式,当时是有些争论的。上述王冶秋《文物局"务虚"小结》一文曾反映了这种情况——我们说要办三个月的考古人员训练班,遭到一些专家的讪笑:"考古人员,三个月就能训练出来吗?"

当然,考古专家们识得大体,总体上还是支持短期培训的,有些还是发起者。据《苏秉琦先生纪念集》中的郭大顺、高炜编的"年谱"介绍②,苏先生1952年曾参与裴文中、梁思永和向达等人关于建议文化部社会文化事业管理局、中国科学院考古研究所和北京大

① 国家文物局编,中华人民共和国文物博物馆事业纪事,文物出版社,2000年

② 宿白主编,苏秉琦先生纪念集,科学出版社,2000年

学合办考古工作人员训练班的会商。后在郭沫若、郑振铎主持下，积极进行筹备。同年9月，他参与郑振铎、郑天挺和向达关于创办北京大学考古专业的讨论，后兼任教研室主任。在第一届考古训练班结束不久，他在《科学通报》第一期发表《目前考古工作中存在的问题》，针对考古干部极度缺乏的状况，强调应采取“在工作中培养干部，在工作中提高干部”和“从长期的学徒改变为短期的速成”的方式，以“在最短的期间内培养出大量合用的干部”，对已在举办的考古训练班、北京大学考古专业和考古研究所三种培养干部的方式，提出加强目的性和计划性的建议。对于基本建设、田野考古和资料整理之间存在的矛盾，提出“改变工作方式，建立田野工作站，发展专门研究室”、“田野考古和室内研究既加以区分又互相紧密配合”的主张。这一主张到20世纪80年代进一步发展为建立考古实验站的思路，并不断为有关考古机构和大学所实践。

为了保护重大历史价值的遗址和有计划的调查发掘，在新中国成立初期，通过各种方式，一支考古队伍迅速形成，群众也开始动员了起来。但先辈们还觉得差距甚大，并有更高的目标。

1.1.3 转被动为主动的保护单位制度设计

关于文物保护单位的提出，王冶秋在上述《文物局“务虚”小结》中曾有一段解释：

回顾过去八年工作，社会主义建设的总路线是逐步形成，我们的认识也是逐步开阔的。最初如文物保护工作一开始是堵住口子不让文物外流和继续遭到破坏；第二步是建立机构，拟定法令、规章，企图保住不动；第三步是培养干部配合基建进行重点保护、重点发掘；第四步是公布文物保护单位，进行计划管理，企图转被动为主动。

“公布《文物保护单位名单》和管理工作，是一项带有根本性的工作。”郑振铎1956年12月24日接见《文汇报》记者时谈到，“在名单内的文物当然要坚决保护，在名单以外的也希望进一步调查研究予以补充，把所有应该保护的文物都列入国家保护之列。做好保护文物工作，在人民群众中加强保护文物政策法令的宣传，普及文物知识，也是很重要的任务。希望各地文化部门经常而普遍地认真执行，还希望报纸杂志和其他部门协助我们做好这一工作。”

提出坚决保护的名单，始自上述1950年政务院令的部署。经过与大规模基本建设的结合，干部队伍的扩大，“两重”方针的提出，最终在农业化高潮中给予明确。最早提出文物保护单位概念的文字，见于国务院1956年4月2日《关于在农业生产建设中保护文物的通知》。其第三条指出：

必须在全国范围内对历史和革命文物遗迹进行普查调查工作。各省、自治区、直辖市文化局应该首先就已知的重要古文化遗址、古墓葬地区和重要革命遗迹、纪念建筑物、古建筑、碑碣等，在本通知到达后两个月内提出保护单位名单，报省(市)人民委员会批准先行公布，并且通知县、乡，做出标志，加以保护。然后将名单上报文化部汇总审核，并且在普查过程中逐步补充，分批分期地由文化部报告国务院批准，置于国家保护之列。

通知发出后，各地纷纷调查和公布了文物保护单位。但是局长王冶秋仍然不尽满意。他在1958年文物博物馆工作会议发言指出,“普查公布工作保守,不敢放手进行,以致应该保护的‘文物单位’也未及早公布,列为国家保护的历史文化遗产。因此,基本建设单位往往由于不知道哪些是应保护的,就在重要文化遗址上设计建厂,甚至建成后才发觉,只好停止生产、搬家”。他还举例说,如西安丰镐遗址、邯郸赵王城遗址、曲阜鲁灵光殿遗址和西安大明宫遗址等都有过类似事情。一面使国家基本建设受到损失,一面使文化遗址遭到破坏,这种损失往往不是金钱所能计算的。这是对于“两利”方针的注解,也是对普查工作和文物保护单位制度的进一步阐发。而且,他所点名批评的仍然是大遗址或大遗址重要部位保护存在的问题。

当时已公布的文物保护单位的数量,对郑振铎在前已述及的1957年全国人大会议发言中,作了披露:文物普查工作,“动员并组织了各地区的社会力量,在今年这个时候,就有了一个初步的结果。除西藏地区外,全国各省、市所调查并经省、市人民委员会公布的文物保护单位,共为六千七百二十六个”。

而当时拟争取由国务院公布的全国重点文物保护单位,似应不是后来的180处。王冶秋在《文物局“务虚”小结》曾提到,“全国性的大型文物保护单位如瑞金、延安等革命遗址;敦煌、龙门、云岗、佛光寺和赵州桥等古代著名建筑物;殷墟、西安丰镐遗址等重要物质文化遗存约一千处做到有计划地保护、修缮、整理和研究,按照长期规划分年实施;有的经过有计划的发掘,取得资料以后,只保留必要的点。”

一千处大概是一个当时的最低要求。郑尔康在《石榴又红了——回忆我的父亲郑振铎》一书中,曾提及有关的趣事。大意是,在某场合,郑振铎向毛泽东主席反映问题,一是公布全国重点文物保护单位,二是北京拆城墙的。毛泽东主席先说一千处够不够,郑振铎未回答,显然觉得不够。毛泽东主席答应拆城墙的问题向北京市提出,郑振铎才高兴起来。很可能郑振铎觉得即使首批公布一千处“国保”,差距也很大。郑振铎不仅了解欧洲保护遗产的情况,而且新中国成立初期曾两次访问印度①。印度在独立后国会一次就划定国家古迹几千处的情况,他自然是了解并铭刻在心的。在1955年根据两次考察和有关论著写成并发表的《记阿旃他的壁画》一文中,他还介绍了1951年冬首次访印时陪同的印度考古学家所谈:印度政府“逐步地管理了全国重要的古迹、石窟、庙宇和文化遗址等,并各设有保管的机构,由专家们负责管理”。

对于文物保护单位的概念,郑振铎1957年在第一届全国人大第四次会议的发言作了解释:

> 每一个保护单位,都包含有几个或几十个或几百个乃至上万个项目。像曲阜孔庙这一个‘保护单位’项下,就至少包含着二三百个的历代碑碣、汉画像石、汉石人、明清建筑群;还有数以万计的明清档案和衣服及其他日用品等等。

这是文物保护单位制度设计的精华,郑振铎开了一个头,可惜后来开发不够,逐渐被分类与分工所淹没。

---

① 《记阿旃他的壁画》,《郑振铎全集》第十四卷,花山文艺出版社,1998年11月。原载《文艺报》1955年第13号

关于如何保护管理文物保护单位，国务院1956年发出《关于在农业建设中保护文物的通知》①在开创这一制度时就已提出，各级政府"在进行农村建设全面规划中，必须注意到文物保护工作，并且把这项工作纳入规划之中"。具体提出三点指示：

一是，一切已知文物古迹，如同生产建设没有妨碍，就应该坚决保存。如果有碍生产建设，但是本身价值重大，应该尽可能纳入农村绿化或其他建设的规划加以保存和利用。

二是，全国有很多地区已经确定是革命遗迹和重要的古代文化遗址，例如：河南省安阳殷、新郑郑韩故城、洛阳汉魏故城，陕西省西安市丰镐遗址、汉城，山东省临淄县齐国故城、曲阜县鲁国故城……以及历次革命战争中有重要纪念价值的地点。在上述地址进行农业生产基本建设规划的时候，必须征得文化部同意，以免遗址的破坏。

三是，各省、自治区和直辖市文化局对关于农业生产建设中确实有妨碍的一般性的古代文化遗址、古墓葬、古建筑和碑碣，应该准备一定人力，随时进行紧急性的清理、发掘工作或拆除和迁移工作。对于价值重大的文物，应该报请文化部处理。

文物保护单位的制度是在国务院1961年3月4日颁发的《文物保护管理暂行条例》中予以明确的。同一天，国务院发出《关于进一步加强文物保护和管理工作的指示》和《关于公布第一批全国重点文物保护单位名单的通知》。著名的"两重两利"方针，出现于前者指示的第一条中：

"文物保护工作是一项重要工作。我国丰富的革命文物和历史文物，是世界人类进步文化的宝贵财产。切实保护这些文物，对促进我国的科学研究和社会主义文化建设，以及向广大人民进行革命传统教育和爱国主义教育，起着重要作用。因此，各级人民委员会必须认真贯彻执行'文物保护管理暂行条例'，凡是具有历史、艺术、科学价值的文物，都应当妥善保护，不使遭受破坏和损失。文化部和各省、自治区、直辖市人民委员会还应当本着重点保护、重点发掘，既对基本建设有利，又对文物保护有利的方针，根据当地具体情况采取有效措施，进一步加强对文物保护工作的领导。"

学习上述指示的原文，似可发现，所提到"两重两利"方针的层次，与后来1992年"保护为主、抢救第一"的总方针，尚有差别。指示所强调的是"必须认真贯彻执行'文物保护管理暂行条例'，凡是具有历史、艺术和科学价值的文物，都应当妥善保护，不使遭受破坏和损失"。

这一指示通篇没有"配合"二字。指示的最后第四条指出："做好文物保护工作，不仅是文化行政部门的一项重要任务，也是各有关部门的共同责任。特别是基本建设部门，必须严格遵守条例的各项有关规定，使祖国文物不致遭到破坏和损失。各级人民委员会和文化行政部门还必须采取适当方式向广大人民群众宣传保护文物的政策和法令，教育群众爱护祖国文物，使文物保护成为广泛的群众性的工作。"

《文物保护管理暂行条例》中，文物保护单位及相关规定占了主要篇幅，包括经常的文物调查及价值评估、文物保护单位确定的程序；包括划出保护范围、做出标志说明、建立科学的记录档案、落实保护和管理的责任和机构；包括勘探、发掘、拆除、迁移、修缮、保

①见国家文物事业管理局编，新中国文物法规选编，文物出版社，1987年10月第一版

养、使用和安全，以及一系列报批的规定。还专条规定，“各级人民委员会在制定生产建设规划和城市建设规划的时候，应当将所辖地区内的各级文物保护单位纳入规划，加以保护。”

在郑振铎1958年不幸辞世后，王冶秋等前辈继续实现着他们那一代人的文物保护转被动为主动的理想。

1963年，据条例制定的《文物保护单位保护管理暂行办法》由文化部颁发，进一步细化了文物保护单位制度。这是一个最重量级的法规性文件，在今天看来，都是内涵丰富又相当周到的“法宝”。

这个办法的首条规定仍然是调查研究和确定文物保护单位。第二条规定分四款，指明对文物保护单位要进行的工作，可称为“大四有”：

（一）为了防止人为的破坏，必须为文物保护单位划定必要的保护范围，做出标志、说明，建立科学的记录档案和组织具体负责保护人员。

（二）为了解决和生产建设的矛盾，更好地发挥文物的作用，要进行文物保护单位的规划工作，以便纳入城市或农村建设规划。

（三）为了防止自然力对文物的侵害，应逐步开展科学技术的研究工作和保护措施。

（四）广泛运用各种方式对文物保护单位进行经常的宣传与介绍工作。

办法的以下逐条，分别详实地说明保护范围如何划定、标志和说明如何做出、记录档案如何搜集和整理以及专设的机构和委托的组织应进行哪些工作，并对各地行政部门和文化部本身提出管理要求，最后一条则是提请各地在调查中新发现者，亦应加强保护。

令我们今天仍十分折服的不仅仅是上述的开展四大项工作的因由，还有是要进行“规划工作”、科技措施“应逐步”、宣传介绍则“广泛的运用各种方式”“经常”进行，特别值得注意是“保护范围划定应根据具体情况”：

如古建筑、纪念建筑物、石窟寺、石刻等，首先注意确保安全。有些则需要保护周围环境原状，或为欣赏参观保留条件，在安全保护区外的一定范围内，其他建设工程的规划设计应注意与保护单位的环境气氛相协调。对古遗址、古墓葬等，应按遗址或墓葬的范围划为一般保护区，并把遗物、遗址特别丰富的区域划为重点保护区。

关于城市规划或都市计划，郑振铎早有高明的见解。

在1957年《拆除城墙问题》一文中，他指出：“要知道古迹名胜是不可移动的，都市计划是由专家们设计施工的，是可以千变万化，因地、因时和因人制宜的。最高明的城市计划的专家们是会好好地把当地的名胜古迹和风景区组织在都市范围之内，只显得其风景美妙，历史久长，激发人民爱国爱乡之念。只有好处，没有任何坏处。不善于设计的，不懂得文化、历史和艺术的人，则往往认为有碍建设计划，非加以毁坏不可。”“如何技巧地和艺术地处理一个城市整个发展的计划是需要很大的辛勤的研究、仔细的考虑和广泛的讨论。”“城墙虽失去‘防御’的作用，却有添加风景的意义。”

对于考古和遗址保护的工作规划，郑振铎则反复强调——科学、大规模、有计划、完整性。

在1957年8月23日手稿《光辉灿烂的国宝——新中国是怎样保护文物古迹的?》

中，他曾写道："大规模的、有计划的和科学的考古发掘工作，只有在解放后的新中国才能够完美地进行着，完全保全了出土物的应有的科学价值。文化遗址和古墓，有必要予以完整的保存着，便于发掘、整理之后，加以保存和保护"。他还在 1953 年就讲过，考古工作者"要参加'规划'——例如黄河水利的综合规划——要走在基建工程队之前，和气象学家、地球物理学家、地质学家、水文学家等一同是基建工程的先遣队"。

文物保护单位是一项带有根本性的制度，是文物保护转被动为主动的强大的法律武器。经过先辈艰苦探索，来之不易。规划是政府职责，所辖地区的生产建设和城市建设规划都必对各级保护单位加以保护。文物保护单位的"大四有"是何等的好啊！文物保护单位规划是一项"工作"，而且就是"为了解决和生产建设的矛盾，更好地发挥文物的作用"的，就是为便于"纳入城市或农村建设规划"而必须开展的工作。与规划工作并列的、为防止人为和自然力破坏及宣传介绍须要开展的各项工作，当然是规划的重要内容，不可或缺，但却不一定等待规划的制订。而且首先应进行的还是防止人为破坏的"四有"基础工作。对古遗址特别是大遗址，则更需要防止人为与自然力破坏、解决与生产建设矛盾的考古调查发掘及宣传介绍工作。

文物保护单位的根本性的制度设计，与大遗址保护的提出和落实，密切相关。可惜历史发生的曲折，将这一制度的落实和完善的任务更多的留给了后人。

1.2　学术发展繁荣的促进

大遗址保护正是在全国兴起大规模基本建设以及农业建设的高潮中，被强调提出来。而作为新中国主管文物工作的领导人，特别是郑振铎先生，比此更早。从任职之始，就考虑职责所在——什么是文物工作，如何做好文物工作，并强调了大遗址地区的保护与发掘的重要性。新中国成立初期的文物工作，为全面的文物保护、考古和博物馆等工作，以及相关学术的发展，奠定了基础。而学术的进步，特别是改革开放以来考古学、博物馆学和文物学的发展与繁荣，又进一步促进了大遗址的保护。

1.2.1　考古学发挥的基础作用

在大的改革开放背景下，大规模经济建设在中国大地上铺天盖地地展开，重大考古发现接踵而来，促进了我国考古学的大发展。文物考古界对我国文明起源和发展进行了比较系统的研究，为重建历史和探讨统一的多民族国家的形成做出重要贡献。老一代的考古学家，还有众多的中青年一代文物考古学者和基层工作者，他们在中国大地上的辛勤耕耘和卓越思考对社会高层领导和人民群众产生了巨大的、极其深远的影响。20 世纪 80 年代，与人类文明要素之一的城市起源密切相关的史前大型遗迹群和古城相继发现；90 年代以来，城市考古和遗址展示的突飞猛进和三峡工程文物保护的调查规划工作的大规模开展，呼唤和鼓舞着众多文物考古工作者和人民群众。全国范围的对大型古代人类工程遗迹的重视及对开展主动大规模抢救保护和考古工作的渴望，进一步促进了大遗址保护的兴起。

夏鼐是当代中国考古学的奠基者之一。新中国建国初期,郑振铎曾两次写信邀请他出任文物局文物处处长。1962年,他继郑振铎、尹达之后任中国科学院考古所所长。他在学术研究方面的成果甚丰,并在新中国考古队伍的建立、考古研究规划的制定、田野考古工作水平的提高、自然科学方法在考古学上的应用、与外国考古学界的学术交流等方面都做出了重大贡献。在他的主持和领导下,完成了《中国大百科全书·考古学》的编撰工作,1986年8月由中国大百科全书出版社出版。在他与王仲殊为该书撰写的概览性文章《考古学》中,已经介绍了对各种大面积遗址的综合性的研究任务:

"田野考古学"的名称,是20世纪初正式提出来的。但当时的田野考古学主要是勘察地面上的遗迹和遗物,依靠地图进行调查,有时则要根据调查结果,测绘地图,作为记录的附件。以后,世界各地的田野考古转入以发掘为中心,并扩大调查的对象和范围,方法逐渐完善,技术快速进步。各种自然科学的手段相继被采用,许多机械设备被用作调查发掘的工具。利用航空照像和卫星照像、磁力探察和地抗力探察等方法以发现遗迹和遗物,用红外线摄影和用其他各种特殊的摄影技术测量和制图,为进行花粉分析和各种物理化学断代而取样,以及将发掘出来的遗迹保存于现场等等,都使得田野考古学的工作面扩大,技术性加强。调查发掘的对象也由一般的居住址和墓葬等扩大到道路、桥梁、沟渠、运河、农田、都市、港口、窑群和矿场等各种大面积的遗址,从而使得考古工作者必须与各有关学科的专家协作,才能完成全面的、综合性的研究任务。

作为考古学的分支,该文介绍了航空考古学,认为"航空考古学成效甚大,可以看成是田野考古学中的一支生力军":

数十年来,航空考古学的技术不断改进,特别是人造卫星的发明和摄影技术的发展,使得航空考古学的效果大大提高。通过航空摄影和航天摄影显示和判别出来的遗迹,大体上可分3类。①由阳光斜射时产生的阴影显示出来的,如堤坝、城墙和坟丘等遗迹;②利用因土质不同而产生的土色明暗判别出来的,如坑穴、壕沟和道路等遗迹;③从谷物、野草等植物的绿色深浅差异而判明的,如村落、都市、农田、道路、运河等遗址。

该文还专门提到了建筑学、土木工程学对遗址研究和保护的重要性:"建筑学、土木工程学应用于遗址的发掘、测量和制图,对发掘出的遗迹进行复原或在现场保存。"

夏鼐先生十分重视田野考古学在中国的发展,关注航空考古学这一对大型遗迹的勘查极其适用的科学技术的引进,积极推动了建筑学和土木工程学在遗址研究和保护中的应用。在他的领导下,我国对考古学文化的研究、对文明起源的研究、特别是对古代都城遗址的勘查和发掘都取得重要进展;遗址的复原研究及在原址的保护展示,受到重视并付诸实践。这些都推进了我国对大遗址的研究和保护。

接替夏鼐主持中国考古学会的苏秉琦先生,不仅继续促进了中国考古学的发展,而且对大遗址的研究和保护给予了更为直接的强调和呼吁。他在1994年《华人　龙的传人　中国人——考古寻根记》文集和1997年《中国文明起源新探》一书中,"大遗址"三字一组的名词,竟出现很多很多次。类似的提法还有"大文物"、"大型遗迹群"等。采取这一强调性提法的直接原因是强调与人类文明要素之一的城市起源密切相关的大型工程遗迹群的重要性,强调古遗址地区的保护和有计划考古的重要性。上述二书中,苏先生不仅将“夯土与礼器”、历史与史前、国家与地区相联系，而且，对历史与现实、专家与公众、研究与保护、正常考古与配合考古也做出紧密关联的思考。

上述《华人 龙的传人 中国人——考古寻根记》文集所收入的1985年3月6日苏先生在中国考古学会第五次年会闭幕式上的讲话，最初发表于《中国考古学会通讯》第五期，是他最早使用“大遗址”一词的一段文字。那次年会的主题是城市考古。苏先生除了强调城市考古的重要性，强调注意距今四至五千年间到五千年前的重要遗迹遗物的研究和保护，还提到：

1982年中国社会科学院考古研究所年终田野工作汇报后，我的一次讲话，记得题目是“八十年代初期我所田野考古的新气象”，着重说明，大部分野外队工作已不再是挖什么，而是把若干处大遗址——古城市当作大课题，有计划、有步骤地开展工作，目的性更明确，计划性也加强了。

可见，考古界对于大遗址的重视，很早就已开始，而且与历史城市的研究有着密切关联。

1994年的文集，涉及广泛，包括了四个部分：区系考古的理论与实践、中华文明起源与重建中国史前史、世界的中国考古学、学会与学科建设。

在文集的最后部分：学会与学科建设，收入苏先生应《文物天地》约稿刊登于1987年第4期的《给青年人的话》。那文章最后部分讲当代考古学发展的新趋势：“新趋势的特点是向多学科化、大众化发展，考古学的发展需要多种学科素养的人来参加，社会上各行各业的人都能从这门学科中找到他们感兴趣的知识和材料”。他指出：

考古这门学科从表面上看似带老古董味道，仔细想并非如此。长城作为旅游点经年吸引了以百万计的中外游人。最近中央电视台编排的《话说运河》系列节目受到亿万人的热烈欢迎。两者不都是大文物、大的考古课题吗？《话说运河》的结束语中提到长城的阳刚之美与运河的阴柔之美，两者交汇在首都北京正是我们伟大中华民族的象征。这是多么令人神往的艺术语言啊！一条丝绸之路引申出北方草原、西南山区与海上的三条丝绸之路，这哪是老古董能干得了的事业！

为什么说我国最大特大的大遗址，是长城，是大运河，是丝路古迹，并非没有出处。这就是出处！而且，苏先生的陈述，竟如此动情，而令人感奋。

1997年的书用苏先生自己的话，是“对考古学科在探索中华文化、中华文明和中华传统起源过程中所走过的并不平凡的历程”的回顾。他认为，20世纪的70~80年代是中国考古学走向成熟的转折期，在找到一个带根本性的学科理论，即考古学文化区系类型学说后，全国考古工作者在各自所在地区和岗位上，共同为区系类型理论在实践中不断发展做出贡献，为进一步探索中华文明的起源打下了坚实的基础。他对中国实际上只有商周以后四千年文明史考古证明或者把考古新材料与古史传说都派上用场、“五千年文明”落到真假参半的状况是极不满意的：

通常说，中国同巴比伦，埃及和印度一样，是具有五千年历史的文明古国。但是按照历史编年，中国实际上只有商周以后四千年文明史的考古证明，司马迁《史记·五帝本纪》所记载的商代以前的历史，由于缺乏确切的考古资料，始终是个传说。而其他文明古国早在19世纪到本世纪初，就有了五千年前后的文字、城廓、金属等考古发现。从考古学角度看，中华文明史比人家少了一千年。

……

科学要求实事求是，亿万人心中不能不提出疑问：中国五千年文明的证据在哪里？

他认为，辽西考古的新发现之所以特别引起海内外专家学者以及亿万华人的关注，是因为“这些考古发现已远远不是原始氏族制度所能涵盖解释的内容，说明已有突破氏族制度的新概念出现，说明中国早在五千年前，已经产生了植基于公社，又凌驾于公社之上的高一级的社会组织形式，这一发现把中华文明史提前了一千年。”

正是在全国考古工作者打下的“坚实的基础”上，苏先生将中国国家起源问题概括为发展阶段的三部曲和发展模式的三类型。三部曲是：古国—方国—帝国。三类型是：原生型，北方地区的红山文化、夏家店下层文化和秦（六千年前、四千年前、两千年前）；次生型，中原以夏商周三代为中心，包括之前的尧、舜，其后的秦，共五代，均以尧舜时代洪水为其祖先源头，从四千年前到两千年前；续生型，北方草原民族，以于秦汉后入主中原的鲜卑、契丹和清朝等为代表，在两千年间各自经历了三阶段的发展。

即使在这样一部专门的学术著作中，他仍念念不忘 1975 年国家文物局恢复工作之初与文物处陈滋德处长的一席重要谈话：

古文化、古城、古国这三个概念，分开来看不是新课题。它们的提出可以追溯到 1975 年，当时我提出应当把古城古国当作文物保护重点的原则。提出这样的原则是因为我从多年实际工作看，古城址往往埋藏很浅，高平低垫，很容易就被破坏，一重要，二难保护。当时这一提法主要指历史时期的大遗址（古城址），现在看来，应该把史前时期的大遗址也作为重点，即把古城古国与古文化联系起来。

《苏秉琦先生纪念集》中的郭大顺、高炜编“年谱”对 1975 年的这一段的因缘际会，作出了介绍和评价：8 月，参加国家文物局在承德召开的北方七省边疆考古座谈会。会议期间，与文物处负责人陈滋德谈今后文物保护贯彻“两重两利”方针时，提出“两重”的重点是“古城古国”，这一从文物保护角度对历史时期遗存提出的观点成为十年后在中国文明起源讨论中提出“古文化古城古国”概念的前因之一。

那次谈话是苏先生在 1985 年 10 月《辽西古文化古城古国——试论当前考古工作重点和大课题》一文中已经回顾过的，该文已收入 1994 年文集，1997 年的书中则将“古城址”转换为“大遗址”概念，再次引述。反复强调并有所发展，说明苏先生对这一段因缘际会和自己阐发的观点十分珍视。此段经典：一是提出重要、难保，应是我们确定工作重点的标准；二是指出高平低垫，揭示了大遗址价值内涵与存在保护问题的特点。这对于我们今天把握调查、保护大遗址和修复大型遗迹的规律，都有十分重要的启示。

中国文明起源新探深入人心。正是在 1997 年，中国领导人的对外讲话中开始使用“中华五千多年文明史”的概念。江泽民出访英国在剑桥大学的演讲，似乎是第一次使用“五千多年文明”的提法。而之前在美国哈佛大学，还只讲五千年文明，少一个“多”字。这从一个侧面反映了中国文物考古工作者所进行的文明起源时期的大遗址研究对国家和人民的重大贡献。

1.2.2 文物学博物馆学的发展

中国博物馆工作的开展,对大遗址保护也起到了重要的推动作用。20 世纪 50 年代西安半坡遗址博物馆的诞生,是中国考古学与博物馆学结合的创举,给后人以永远的启迪。

一定要解放思想,多想办法,打破过去一些老框框!王冶秋在 1979 年提倡“根据各个地方的特点,举办多种多样的、不同类型的专门性博物馆”:

例如秦兵马俑博物馆过去想得就比较简单,认为一定要发掘完毕把数以千计的兵马俑列阵陈列出来才开馆,这是不现实的。所以我们决定把它办成一个独具风格的考古发掘现场博物馆,把发掘现场和坑内堆积原状都作为博物馆的内容。这样不仅可以使人们看到发掘的成果,而且还可以看到我们的工作,使这个博物馆内容年年都有新的发现,对参观者特别是考古工作者会更有吸引力。以此类推,湖北黄石铜绿山古代采矿遗址,是否也可以办成一个我国古代冶金采矿的露天博物馆呢?又如,景德镇是驰名世界的瓷都,在这里不仅应当把一些著名的古窑址保护好,而且,也可以考虑既保护好一些古窑址的堆积和古窑生产的遗址,又把现有的一部分传统瓷窑保留下来,继续用古老的方法生产,组成一个表现景德镇瓷窑发展史的博物馆,这肯定会引起国内外参观者的极大兴趣。总之,我们博物馆工作是大有可为的,是有广阔天地的。只要打破框框,开动机器,多想办法,就一定能把我们的博物馆办得有声有色,丰富多彩。

20 世纪 90 年代出版的《中国大百科全书文物 · 博物馆卷》应是文物学、博物馆学研究的科学结晶。

吕济民、苏东海在博物馆卷的概览性文章中指出,“博物馆的概念应从发展中把握”,“博物馆的物已经包罗万象,博物馆已经成为人类和国家的文化财产的宝库”。“有文化价值的文化遗址、遗迹和生态环境的整体等已被视为放大的博物馆的物”。

中国博物馆学界的实践是更为可贵的。国家文物局编的《中华人民共和国文物博物馆事业纪事(1949～1999)》,在 1997 年 10 月的条目下,如此记载了中国生态博物馆建设的启动:

23 日,中国博物馆学会与挪威合作开发署《关于中国贵州省梭嘎生态博物馆的协议》签订仪式在北京举行。国家主席江泽民和挪威国王哈拉尔五世、王后宋雅等出席了签字仪式。国家文物局局长张文彬和挪威外交大臣沃勒拜克分别代表两国政府在协议上签字。生态博物馆是国际博物馆界开发的一种新的博物馆形态,是对社区,包括民族社区的自然遗产和人文遗产进行整体保护的新形式,全世界已有 300 余座。贵州省六盘水市六枝特区梭嘎生态博物馆是中国创建的第一座生态博物馆。

贵州民族生态博物馆群的建设是中国博物馆学发展创新的实践,不是简单地舶来。大遗址,包括社区,当然也可以是博物馆的物。

自从文物工作在新中国成立初期取得十分精彩的开篇以后,文物工作者创建一个全面有力的支撑和引领该项事业发展的学科的努力,就一直没有停止过。文物学的探索,特别是文物保护和管理的科学规律的探索,引领了大遗址保护的进一步的兴起。

《中国大百科全书》文物卷的卷首，谢辰生先生的概览性文章，开篇就抓住学科本质：

文物是人类在历史发展过程中遗留下来的遗物、遗迹。各类文物从不同的侧面反映了各个历史时期人类的社会活动、社会关系、意识形态以及利用自然、改造自然和当时生态环境的状况，是人类宝贵的历史文化遗产。文物的保护管理和科学研究，对人们认识自己的历史和创造方量，揭示人类社会发展的客观规律，对认识并促进当代和未来社会的发展，具有重要的意义。

文物的保护管理涉及社会不同职能的各个部门；文物的科学研究涉及社会科学、自然科学、工程技术科学等领域的多种学科。保护管理和科学研究是相互联系、相互促进、相辅相成的。因此，文物的保护管理和科学研究，是一项系统的综合性科学。

关于文物保护管理和科学研究的综合性，谢先生作了进一步的阐发，"只有重视文物的综合价值，才可能从深度和广度上，揭示其蕴含的全部历史信息。"必须广泛地与各个科学领域的有关学科相结合，对文物的价值作出全面的评价。"文物科学研究的最终目标，是把历史上遗留下来的一切有价值的物质遗存，放在人类全部知识所能了解的已逝年代的文化背景下，去认识和解释古代社会，揭示人类社会发展的客观规律，进而预测未来的合理道路。这是一项综合的系统工程"。

关于文物保护管理的基础工作和重要手段，谢先生还写道：

文物的普查、复查和确定文物保护单位，是文物保护管理的基础工作。通过文物普查和复查，掌握地上地下文物分布和保存的状况，以便进行科学鉴定，从而评定文物价值，区分文物等级和决定文物保护单位级别。在此基础上，按照轻重缓急，确定文物保护的目标、重点和步骤，制定长远规划和近期计划。文物复查是定期反复进行的，以便于根据复查了解的新情况、取得的新成果，调整文物保护单位的级别和文物保护的规划和计划。城乡建设规划部门，根据法律的规定，把这些文物保护单位的保护管理，作为一项工作内容进行研究，在布局上作出合理安排，纳入各地区城乡建设的总体规划，加以保护。

在文物学的指导下，我国广大国土上开展的文物普查、专题和区域调查，动员了广大的知识界和公众。《文物地图集》的编辑出版，就是系统整理文物古迹调查研究成果，与地图学结合而进行的科学创新。作为文物保护管理的重要内容，正确处理与旅游发展的关系，正确处理与历史文化名城保护和建设的关系，也成为了文物学的重大课题。

改革开放带来的文物学、博物馆学的进步，以及在广大国土上的广为传播，进一步构成大遗址保护兴起的基础。

1.2.3 文物保护区规划的创举

1992年12月，《牡丹江市文物保护单位保护区规划》由黑龙江省文物管理委员会出版①。该委员会的于志耿先生在《序言》中指出，这部规划是"土地规划利用和文物保护工作密切结合的产物，是《文物保护法》与《土地管理法》综合运用的模式之一。无论怎

①牡丹江市文物管理站、牡丹江市土地管理局编著，牡丹江市文物保护单位保护区规划，内部发行

么说,这不失为一项创举。”

牡丹江市地处我国东北边陲省份——黑龙江省东南部。全市辖五个市区,绥芬河、密山两市及宁安、海林、林口、穆棱、东宁和虎林六县。总面积约 57640.7 平方公里,人口约 320 万。已有 6000 余年的历史,有各时代、各类文化遗存 400 余处。经国务院及各级政府批准正式列为文物保护单位的有 61 处,其中有国家重点文物保护单位 1 处,省重点文物保护单位 23 处,县(市)级重点文物保护单位 37 处。

1989 年 3 月 20 日,牡丹江市人民政府牡政发[1989]18 号文件,作出关于对重点文物保护区用地规划的批复。文件发向各县(市)、郊区人民政府:

> 你们关于《重点文物古迹保护区用地规划》的报批文件收悉。经审查,宁安县的“渤海国上京龙泉府”、“城墙砬子山城”……文物保护单位的保护区用地规划符合《土地管理法》和《文物保护法》的规定,现予批复。请你们认真抓好《规划》实施工作,落实《规划》中的各项保护措施,有关部门要积极配合,依法保护好历史文化遗产。

牡丹江市文物保护单位保护区的规划工作,根据《中华人民共和国土地管理法》、《中华人民共和国文物保护法》和《黑龙江省文物管理条例》等有关法规,于 1988 年 4 月由市土地管理局和市文物管理站召集,组织所辖县(市)的土地与文物专业技术人员 50 多人开展,历时一年多,经实地调查、勘测和内业整理等艰辛细致的工作,圆满地完成 61 处各级重点文物保护单位保护区规划的任务,各项规划成果于 1989 年 5 月前完成了一系列技术的、法律的有关审批程序。该规划的主要内容如下:

1. 划定保护区用地范围

其目的在于保护文物及其环境的整体性。规划引用了《保护文物建筑及历史地带的国际宪章》,即《威尼斯宪章》:“保护一座文物建筑,意味着要保护一个环境”,“一座文物建筑不可以从它所见证的历史和它所产生的环境中分离出来”,“必须把文物建筑所在地段当作专门注意的对象,要保护它们的整体性”。还引用了我国的《文物保护法》为各级文物保护单位“划定必要的保护范围”,“修建新建筑物和构造物,不得破坏文物保护单位的环境风貌”的规定,引用了《黑龙江省文物管理条例》文物保护单位的保护范围按要求“划定特别保护区、重点保护区和一般保护区”的具体规定。依照国家和黑龙江省规定的原则,具体结合该市具体情况,分四类,即古遗址、古城址与古边墙、古墓葬、古建筑和纪念建筑,提出了划定保护用地范围和分区的依据。

2. 保护区用地的规划设计项目

包括划定用地范围、制定具体保护措施及道路和绿化设计。对于具体措施,提出应因所处地理环境、人文历史氛围的差异,具有较强的实用性和可行性。保护区的道路规划,包括保护区内道路、外围环路和与区外道路相联接的道路三个部分,占地面积较大的古城池、古遗址等可配置独立的保护区道路系统。具体要求:保护区内的道路宜尽量利用文物保护单位的旧有道路,新设计道路应以不破坏文物及环境的完整性为前提条件;保护区外围道路的设计,其最佳方案应是结合保护区界线设置环路,使保护区用地范围从空间上作出明确的界线，以有利于保护；保护区中联接主干道路的道路甚为重要，可从发挥文物功能的角度出发，进行保护区建设，并根据旅游业的实际需要而设置。

3. 实施规划的政策保障措施

（1）明确依法编制经政府批准的《文物保护单位保护区用地规划》，属于地方立法性质，具有法律效力，所划定出用地范围和制定的规划设计受法律保护。凡在保护区用地范围内实施法律、行政行为的，必须符合有关土地管理、文物保护的法律、法规与政策规定。

（2）所划定的特别保护区范围内的土地使用权划归文物管理部门，由所在地县以上土地管理部门，依照《土地管理法》及黑龙江省《土地管理实施条例》的程序，发给《国有土地使用证》。其他保护区内的土地使用权不变，但遇有权属和用途改变，在办理土地审批手续前，必须征得文物管理部门的同意。

（3）特别保护区内“严禁一切动土活动，不得堆放杂物，可有计划地实施绿化，防止水土流失等自然破坏，保护文物古迹完整无损”；重点保护区内，严禁除耕种以外的一切动土活动，如不得进行挖沟、修渠、筑路（保护区规划设计中的除外）等破坏地貌和地层的活动；一般保护区内，不得进行改变地形、地貌和文物环境的工程活动。在特别保护区和重点保护区内的非文物旧建筑物要限期拆除，禁止一切理由的新建、扩建或改建。

（4）城市中的文物保护单位划定保护区，其主要作用是作为建设控制地带，在这个地带内修建新建筑和构筑物不得破坏文物保护单位的环境风貌。应使文物的环境协调，气氛和谐，在空间布局上不影响观赏点、观赏路线和观赏面。

（5）对各级文物保护单位保护区的土地，如有特殊需要，须依照《文物保护法》规定的程序征得文物管理部门的同意后，由土地管理部门按审批权限办理。

（6）明确认真实施文物保护单位保护区规划的责任。除国家和省级文物管理部门指导和县（市）文物管理部门组织实施的责任外，明确由各级土地管理部门负责保护区规划执行情况的监督、检查和变更登记。由文物管理部门指定有关土地管理人员兼任文物监察员。

（7）各地进行城市总体规划、村镇用地规划和编制专项规划时，须将文物保护范围纳入规划。在文物保护区规划批准前已有的规划，要依照保护区规划的用地范围进行修订。

（8）各地土地管理部门与文物管理部门，按批准的保护区规划用地范围及时落界，树立保护标志和界碑，建全档案和建立文物保护组织，签定保护员合同。并积极开展实施文物保护区规划的宣传教育，增强各级干部和人民群众的文物保护意识和法规观念，坚实树立保护文物的责任感和光荣感。对实施保护区规划作出贡献的单位和个人，要予以表彰和奖励；对违背、破坏和阻挠保护区规划实施的行为要及时予以制止，造成后果的要视其情节依法予以处罚。

以下仅举其中一例，摘录自粮台山古城保护区规划。

在穆棱县兴源镇（原伊林镇）居民区东南、穆棱河左岸有一突兀的椭圆形高地，其东、西、南三面石崖陡峭，北侧较为平缓。地理坐标为东经 130 度 19 分，北纬 44 度 35 分。山顶开阔平坦，沿峭壁边缘有城垣遗迹。墙体用土堆积而成，平面呈不规则的多边形。城南北最长处约 65 米，东西最长处约 60 米。北侧墙体较直，偏东部有一豁口，应是城门址。

城门外循坡筑有石阶。

对粮台山古城曾多次进行过考古调查，采集的遗物相当丰富。经分析，可知粮台山古城有5种古代文化遗存：①大约距今3000年左右的新石器晚期文化遗存；②距今2000年左右的早期铁器时代文化遗存；③唐代渤海国时期文化遗存；④辽金时期文化遗存；⑤明清时期遗物。其城垣的修筑年代，至迟不晚于唐代渤海国时期，而后辽、金、明、清时期均曾沿用。

粮台山古城面积较小，城垣破坏比较严重，但所处地理环境十分优越，城内外文化遗存相当丰富，文化层堆积厚度可达1.5米，是了解和研究穆棱河中上游地区古代民族演变、古代社会发展等诸多课题不可多得的一处遗存，具有重要的科学价值。穆棱县人民政府已于1991年将粮台山遗址及其古城批准公布为县级文物保护单位。

为依法保护、科学管理这座古城，本规划划定：城垣及两侧5米的范围为特别保护区，面积为2266平方米；城内全部为重点保护区，面积为2466平方米；城外5米以外至山崖边缘、北侧5~20米的范围为一般保护区，面积为2733平方米。保护区总面积为7465平方米。为保护粮台山自然风貌，防止山崖风化和水土流失，按规划设计要求，在一般保护区内的山崖边缘栽植环状林带，以加固边缘土壤，修复原有上山石阶及由乡、镇通往古城的人行路，使粮台山逐步成为兴源镇的一处名胜游览之地。

1991年9月10日，由国家土地管理局主持，对《牡丹江市文物保护单位保护区规划》成果进行了论证和鉴定。鉴定委员会听取了规划成果汇报，审查了文字报告和规划图件，并重点实地考察了部分文物保护单位保护区用地的划定和实施情况，一致认为：

该项规划填补了我国特殊用地中文物保护单位保护区用地规划的空白，具有开创性、示范性和实用性。该成果具有国内先进水平，建议文物主管部门和土地管理部门予以推广。

于志耿先生的《序言》，对这部规划的创举，做了进一步的说明，该《规划》“至少体现了两种可贵的结合：一种是社会具有不同管理职能的部门的结合，亦即土地规划管理和文物保护管理的结合；另一种是科学手段、行政措施与法律法规的结合。”

对于前一个结合，他认为是基于一种新的正确的认识，即人类在向土地合理索取的同时，也要对之进行有效的保护。这是人类在漫长岁月中，几经挫折磨难之后，才终于获得的正确认识。如何合理利用和管理土地，往往是世界各国的一项基本国策。“土地是人类赖以生存和发展的基础”这句话，他理解为不仅是指物质方面的意义，而且也应包括精神方面的意义：

还有一句名言：“思维——地球上最美丽的花朵”。文化是人类的创造。有人类，就有文化。没有文化，也就是尚无人类出现。而人类创造的一切优秀文化，都耸立在大地之上。人类历史上的创造，都是人类新创造的出发点和基础。我们伟大祖国有着悠久的历史文化和优秀的革命传统，大力弘扬民族文化，加强精神文明建设，对建设有中国特色的社会主义，具有特殊意义和不可取代的作用，因此必须保护好物质文化和精神文化的遗存和遗迹，以此作为我们进行爱国主义、革命传统和历史唯物主义教育的极好的实物教材。我们不可数典忘祖，更不可忘记自己的光荣革命传统，而这些正是我们这一代和后代形成正确世界观和人生观的基石之一。正因为这样，现在遗留在祖国大地土的各个时代的各类数以万计的遗址、城址、石刻、古建筑和革命旧址等各级文物保护单位，均属进行思想教育的最为重要的实物教材。给它们以妥善保护，科学划定其保护范围，使之受到法律承认，不仅有助于今天的思想教育工作，而且有益于将来久远的教育伟业。所以，这是造福于子孙后代的大事。从这个角度说，这本《规划》是牡丹江市土地管理局和文物管理站的一个创举、一项贡献，为人民办了一件好事。

对于后一个结合，他认为是一种新的手段和文法的结合。该规划运用了地理学和地图学的语言、概念和方法，脱离了纯粹经验的形式，使文物保护工作建立在更加可靠的基础之上。该规划正是以可操作性为其特征，是用以判明保护或破坏文物的科学的、行政的和法律的标准依据。“同时，明确规定：文物保护单位的特别保护区的土地使用权应划归文物管理部门，重点保护区和一般保护区的土地使用权不变，充分体现了地方法规的特色，土地法规与文物法规的结合运用，有利于依法管理和依法行政，使文物工作在法制的轨道上不断发展。科学、行政和法律三者配套成龙，是一项系统工程，开辟了一条全面落实文物保护任务的崭新途径。”

最后，他语重心长：“大家要把文物保护这本经念到底，把文物保护这件事抓出头。”

黑龙江省曾经是我国最重视文物工作和大遗址保护的省份之一。长期以来，有一个正厅局级的文物管理委员会办公室，还有一个更高层次的综合性的文物管理委员会，做出了富有成效的一流的工作。

1.3　文物工作方针的指引

20 世纪 80 年代初，《文物保护法》公布，增加了在过去的文物保护法规中没有的新内容，在“文物保护单位”一章，规定将“保存文物特别丰富、具有重大历史价值或革命意义的城市”，核定公布为历史文化名城。但在该法公布之前的 1982 年 2 月 8 日，国务院就发出确定了我国第一批历史文化名城①。历史文化名城保护的对象，已不仅是单独的文物古迹，而且“特别是对老城区、古城遗址、文物古迹、名人故居、古建筑风景名胜、古树名木等，更要采取有效措施，严加保护，绝不能因新的建设使其受到损失或任意迁动位置。”大遗址，特别是城市建成区和郊区的古城遗址，得到城市规划界的有识之士的进一步重视。

1984 年，中共中央宣传部和文化部在北京市召开全国文物工作会议。会议研究了如何开创社会主义文物博物馆事业局面的问题。讨论了中共中央、国务院《关于加强我国博物馆建设的决定》和《关于进一步加强文物保护工作的决定》（讨论稿）。可惜，最终只是在 1987 年由国务院发出了一个通知②。但功不可没的是，从那时起，文物工作方针的提出开始了酝酿。大遗址保护的兴起又注入了新的动力。

① 《国务院批转国家建委等部门关于保护我国历史文化名城的请示的通知》，见国家文物事业管理局研究室、南开大学历史系博物馆专业编印：建国以来文物法令汇编（1949～1981）

② 国家文物局编，中华人民共和国文物博物馆事业纪事，文物出版社，2000 年

1.3.1 “保护为主，抢救第一”的提出

经过长期的调查研究，在1992年全国文物工作会议上，中共中央政治局常委李瑞环代表党中央讲话，或者就是对邓小平批评的回应，提出“保护为主，将抢救放在首位”，回答了近十年间极度热烈的关于文物保护与利用关系的和文物工作提出什么指导方针、原则的纷争。那次讲话，是极其思辨的，回答了为什么保护和怎样保护文物的问题，实质上也回答了如何对待旅游和文物市场，以及为什么不批准发掘乾陵等等诸多问题，为一些问题作了结论，划了句号，尽管这些问题直至今天还扯皮不止。那一年，也是中央财政较大增加文物保护经费投入的开端。确实是中央领导“狠抓落实”、“具体抓、抓具体、一抓到底”的成果。

当年李瑞环的讲话，共分四部分：①博大精深的历史文物是中华民族的骄傲。②保护好文物是我们的历史责任。③必须把抢救文物放在文物工作的首位。④狠抓落实，力争文物工作年年有新进展。

在第一部分，他高度评价了在漫长的历史岁月中我们的祖先用自己辛勤的劳动和卓越的智慧创造的举世瞩目的中华民族文化和留下的极其丰富的文物宝藏。他认为，历史文物的发掘、保护和展现必将进一步激发海内外中华儿女的爱国热情，增强民族凝聚力，鼓舞人们在中华民族伟大复兴的旗帜下，为实现祖国统一和四化大业做出自己应有的贡献。

在第二部分，他讲“保护为主”，特别指出各级党政领导要将大规模抢救纳入经济和社会的总体规划，自觉地认真抓好。

……现在这些历经磨难的珍贵遗产传到了我们这一代手里，我们应该怎么办呢？是尽最大努力保护好，继续传给我们的后代子孙，还是不负责任，在我们手里任其毁掉呢？这确是一个值得每个当代中国人严肃思考的重大问题。……如果我们这些“历史的人”没有干“历史的事”，使祖先留下的这份遗产在我们手中糟踏了，损坏了，那就不是一般的工作失职，而是上无以对祖先下无以子孙，我们就会成为千古罪人。

强调保护文物是我们应尽的历史责任，还在于这是搞好两个文明建设的重要组成部分，是各级党政领导进行四化建设和改革开放不可忽视的一项工作。当前我们面临的各项任务都很繁重，大事、难事、急事很多，但必须明确，保护文物，特别是大规模地抢救文物，决不是可办可不办的事情，而必须作为一项重要任务，纳入当地经济和社会的总体规划，自觉地认真抓好。

在第三部分，他指出“抢救第一”的深意——引起人们对问题的重视，“动员全社会普遍关心和支持文物的保护与抢救工作”：

文物事业战线长，涉及面广，各方面的工作无疑都应当抓紧抓好，但是，在当前任务繁重而我们的力量又很有限的情况下，必须把抢救文物放在首位。

我们所以强调把抢救放在首位，这是由我国文物事业的特殊性决定的。与一些历史较短的国家相比，我国文物的显著特点一是年头久，二是数量多。由于年头久，许多文物经历了几百年、上千年，称得上饱经岁月风霜，已经是千疮百孔、风烛残年，抵御自然侵蚀

的能力很低,有些抢救一下就保存下来了,不抢救就没有了;早抢救几年甚至几个月就保存下来了,晚几年甚至几个月就没有了。文物是无法再生的,一时的延误就有可能造成千古遗恨。由于数量多,加上我们过去的欠账又比较多,即使投入的力量有较大增长,比实际需要仍然会有相当大的距离,这就需要按轻重缓急比较排队,本着'先救命后治病'的原则,抓住重点,急事先办,有限的力量首先用于抢救那些快'断气'的孤品、珍品上去。只有这样,我们的文物保护工作才能做到有重点、有区别、有标准、有成效。

把抢救放在首位,也是文物事业当前面临的问题所要求的。近几年来,许多地方盗窃、盗掘、走私文物愈演愈烈,已逐步发展成为一个带有全国性的问题。一些人为了牟取暴利,不惜损害国家和民族利益,甚至利用职权,上下串通,内外勾结,进行有组织的犯罪活动,使文物大量破坏和流失,如果不采取紧急措施加以制止,必将造成难以想象的严重后果。还有另外一些性质不同的问题,不属于有意破坏,但造成的后果也是严重的。……都构成了对文物的严重威胁,说明文物保护工作面临着严峻的形势。这就要求我们必须坚定不移地把抢救放在首位,区别情况,采取不同的断然措施加以解决。同时,也只有把抢救放在首位,才能引起人们对这些问题的重视,从而动员全社会普遍关心和支持文物的保护与抢救工作。

也是在第三部分,段落的起首,又出现了"保护为主"。他的讲话阐述了保护和抢救与利用与市场的辩证关系。

我们强调保护为主,强调把抢救放在首位,并不是否定文物的合理利用。…实践证明,合理、适度、科学的利用,不仅不会妨碍保护而且有利于保护。…在改革开放形势下,把文物事业搞得更活一点,大有文章可做,要大力加以研究。…所有的文物利用,都要服从国家有关法规,在保护文物安全的前提下进行,都应当有助于保护。…

我们强调保护为主,强调把抢救放在首位,也不是否定文物市场的作用。…当前的问题在于国家文物购销经营比较刻板,许多文物交易是在我们控制管理之外进行的。……必须清醒地看到,文物市场是个非常复杂的问题。……如果我们掉以轻心,工作出现漏洞,就可能造成无法挽回的损失。①

在第四部分,李瑞环要求各级党政领导和文物部门,一要把工作抓实,二要严格依法办事,三要加强队伍建设,四要加强领导,并作出具体的点拨。

"保护为主、抢救第一"的方针即已提出,如何落实、落实的重点是什么,就成了又一代文物工作领导人必须关注的问题。于是大遗址保护的问题被提上高层领导的工作日程。

1.3.2 大规模文物抢救工作

改革开放以来,我国各级政府、广大人民群众和众多科学工作者,在新中国成立初期奠定的基础上,特别是在"保护为主、抢救第一"方针的指引下,为大遗址保护付出巨大努力和代价,取得了许多成绩,并积累了宝贵经验。

① 以上讲话内容,引自1992年5月全国文物工作会议文件

1. 多种形式严格执行法规

依照国家文物保护法规,特别是文物保护单位的管理规定,各级政府及文物部门坚持开展了考古调查和确定公布文物保护单位的工作,同时坚持对文物保护单位划定保护范围,树立标志说明,建立机构或委托专人看护,建立记录档案,做了大量基础工作。

对一些重要遗址面临破坏时,国家和省的文物主管部门采取了直接指定文物保护单位或提升级别的行政措施,发挥了保护的关键作用。

有些地方,如北京,依法制定地方法规,划定地下文物埋藏区并陆续公布,使得考古发掘更为主动和有计划。

山东省文物考古研究所在张学海所长指挥下,坚持保护为主导的田野考古调查和研究,以古城址、聚落址为重点,为确定文物保护单位和划定保护范围,总结钻探经验,开展了大规模的考古调查、勘探和试掘工作。在聊城地区,曾调查和勘探出两组龙山文化的古城址和聚落址,为落实保护争取了主动。

2. 加强主动性、计划性与科学性

在基本建设工程中,文物保护和考古工作必须增强主动性、计划性和科学性,甚至超前进行的要求不断得到强调。国家文物局率先垂范,在三峡工程建设中作出榜样。1991年,该工程环境影响评价论证后,即向国家环境保护总局提出加强文物调查和保护的建议,然后组织湖北、四川两省开展调查规划工作;1992 年组织了跨部门、跨地区的多学科的实地考察,隔年就汇总了两省规划,报出了三峡工程库区文物保护规划大纲。在 1993年,全国政协钱伟长副主席组织考察并对三峡文物保护提出更高更严格的要求后,文物局又立即启动了更大规模的调查规划工作,全国三十多个科研单位和大专院校组队开进三峡。在 1994 年,又正式确定中国历史博物馆和中国文物研究所为牵头承担规划的编制单位,以俞伟超馆长、黄克忠副所长为负责人。经过艰苦努力与论争,凝结着众多科学和基层工作者心血和智慧的沉甸甸的数十本之巨的规划报告完成,并最终获得通过。

城市考古和城市遗址的保护与展示得到前所未有的重视,风起云涌。在配合城市建设考古的过程中,因重大发现而转为保护、绝地再生的古遗址一时间曾不断涌现。如扬州宋大城西门遗址、杭州临安城太庙遗址、广州南越王宫署御苑遗址、洛阳北宋衙署遗址和成都蜀王船棺墓遗址等。

在成都,一种与城市规划部门密切合作、对所有建设单位按照建筑面积收取费用、统筹管理城市遗址的发掘和保护的方式,也即可以使基本建设工程的考古工作更主动、更有计划和更科学合理的“成都模式”已经显现。

为了弥补考古力量的严重不足,一些省级文物考古科研机构,开展了考古专业培训,发挥地、市和县的作用,取得明显效果。在文物普查和考古工作中,乡镇文化站的干部和农民积极分子也发挥了重要作用。一些青年人被培养为考古技工、技师,长期以来成为田野考古的骨干力量,奋战于一线。如山东省文物考古研究所曾培养了 200 个技工,一时传为佳话,并至今还在全国发挥作用。在一些地方,如河南、陕西等,文物部门领导下的考古钻探公司,应运而生。

3. 大遗址保护取得重要进展

一些地方坚持贯彻了大型基本建设避开大遗址的政策。一些位于城区和城乡结合部的大遗址通过城市或市域规划控制为绿地或非建设用地、农用地,对禁止大型工业设施建设起到一定作用。

一些重要的古代城址又进一步完整地确定公布为全国重点文物保护单位,如扬州城遗址和隋大兴唐长安城遗址等。西安积极对大遗址保护进行调查和规划工作。

对一些特别重要、又受城乡建设蚕食且威胁严重的大遗址,开展了反蚕食的抗争,国家、省、市主动安排进行了调查、勘测、发掘和保护项目。在洛阳隋唐东都城,保护修复了应天门遗址的一翼,发掘了定鼎门遗址;在偃师商城,针对城乡的建设威胁,在那些受压迫的位置主动发掘和展示了大面积的遗址;在镇江,曾经成立了城市考古研究所,所长为市博物馆的刘建国研究员。他争取经费,主动开展考古钻探,将工作做到了基建的前面。

1993 年,浙江省文物考古研究所所编制的《良渚遗址群保护规划》,经省政府批准并及时颁发执行,制止了当地拟在莫角山遗址上建立开发区的企图,可谓功效卓著。圆明园遗址尽管面积不是很大,但其保护规划工作启动较早。其遗址公园的保护方向,在 20 世纪 90 年代,几经大的研讨,甚至可称之为论战,最终予以确定。全国政协常委、香港的曾宪梓先生倡议多方投入圆明园遗址保护,并首先捐款重建了围墙。

对有些大遗址重点部位的土地,中央和地方政府予以征用,有的还迁移了遗址范围内的村庄和单位,拆除了有影响的现代建筑,建设了保护展示遗迹的设施和遗址博物馆、遗址博物苑和遗址公园等,为保护展示大遗址做了大量的局部性工作。

在 1999 年之前,开展了以上工作的已为数不少。例如:

北京周口店遗址之琉璃河遗址、元大都城垣和圆明园遗址等;内蒙古大窑遗址之四道沟、元上都遗址和辽中京遗址等;陕西蓝田人遗址、半坡遗址之房址、秦始皇陵之兵马俑坑和大明宫遗址之麟德殿等;甘肃大地湾遗址之 F901;山东城子崖遗址之城垣、临淄齐故城之殉马坑和城垣等;浙江河姆渡遗址、良渚遗址之瑶山祭坛、杭州临安城之太庙遗址和南宋官窑遗址等;河南殷墟之小屯宫殿址、隋唐洛阳东都城遗址之天堂之明堂之应天门和巩义宋陵之永昭陵之永定陵等;辽宁姜女石遗址之黑山头;福建城村汉城遗址之城墙与宫殿;黑龙江渤海上京龙泉府遗址之宫殿区前部;广州南越国遗址之宫署之王墓、黄埔军校旧址和四川广汉三星堆遗址等;江苏淹城遗址、镇江铁瓮城遗址和扬州城遗址之宋大城西门等;以及若干古城墙地段、古瓷窑址和古墓群之墓室之陪葬坑等。

但是,长期以来大遗址保护制约当地经济发展和群众生活改善的问题没有得到解决。广大群众和基层政府急于脱贫致富,也很想利用当地那些在世界上都特别著名的大遗址,有的甚至做了不少盲目的旅游投入。

1.3.3 大遗址保护工程的启动

最初提出开展大遗址保护的专项工程始自 1994 年国务院组织的对陕西、河南两省文物问题的调研。调研组认为,大遗址保护形势十分严峻,如不加强保护会铸成历史性的罪过，建议起草一个专门文件，开展大遗址保护的专项工程。当时起草的文稿，也是拟建议由中央和国务院颁发的“关于当前文物工作若干问题的决定”，共八大段二十几条，重点部署大遗址保护。那次调研是由李铁映国务委员主持的。他在一次重要讲话中，曾强调必须改变“一楼、一物”的保护观念，保护大遗址，敦煌就是大遗址。

调研组是由国务院政策研究室牵头，由国家文物局、财政部、公安部、建设部、工商行政总局、海关总署干部和全国政协委员共同组成的。启动大遗址保护专项工程的设想是那次全面深入调研的重要成果，是从国家以及文物工作大局出发的结论。当时调研的参与者提供了一部分情况：

调研前，先是由文物局提交书面材料，介绍全国面上问题主要为：经济建设与文物保护工作的矛盾时有发生，长江三峡工程文物抢救保护任务紧迫繁重，文物管理面临市场经济的冲击，文物保护专业人员仍十分缺乏。介绍陕西、河南存在主要问题是：人们的认识尤其是领导层对文物工作的认识仍不够高，基本建设与文物保护工作的矛盾仍十分突出，大遗址保护问题严重，盗掘活动屡禁不止，历史文化名城面貌日益丧失，文物工作机构薄弱、人才奇缺，文物干部工作、生活条件相对低下，新的政策调整和机构设置冲击原来有效的文物管理体制等。该材料还提出“高层次纳入”的要求，以陕西西安汉长安城遗址保护为例，提出世界级大遗址的保护应纳入国家计划，通过扩大一定地域的甚至超出省市范围的规划解决，仅纳入当地甚至区县的有关规划计划是不可行的。

调研后，调研报告的陕西部分提出，“文物工作尽管取得较大成绩，但在基本建设飞速发展、商品经济大潮席卷全社会的情况下，确实面临许多新的严重困难和问题”，有关部门和地方分管领导压力很大，认为应作深层次分析。报告指出了存在的主要问题：一是建设性破坏大遗址、历史名城；二是盗掘犯罪活动严重；三是非法市场买卖出土文物；四是各级领导干部、文物及有关部门干部的文物意识亟待端正和增强。对于干部缺乏文物意识，报告总结三重三轻，即：重经济建设，轻文物保护；重旅游开发、古建修复、墓葬发掘，轻遗址保护和发掘；重门票收入、工程项目，轻日常管理保养。报告还反映，一些人认为遗址不过是“地脚”，没什么可保。一些领导甚至提出质问，“盗墓分子既然挖，为什么不能组织群众挖，挖光了也就无人盗了”。报告在最后提出了几点初步建议。

（1）党政主要领导人应重视解决文物保护问题：陕西省作为我国少有的文物大省，应将文物保护作为全省的大政策；中国作为世界文明古国、文物大国，也应考虑将文物保护作为基本国策；不能一律要文物为建设让路，很多情况下也需要建设让路，而且决定得早，对建设无不利影响，对建设有利。

（2）端正对文物工作方针的认识：抢救保护，首先是加强管理监督，及时公布文物保护单位，建立保管机构并加强基础工作。

（3）加强古遗址、古墓葬的保护管理，并予较大投入：专业投入，应综合考虑保护管理、勘探研究、展示宣传等；各级政府投入应列入国民经济计划，从措施和规划上，解决城乡发展建设、群众生产生活与遗址保护的矛盾问题；全国重点文物需以国力加以保护，在遗址保护问题上，说到底是我们政府欠老百姓的账，而不是相反。

（4）有效执行文物保护法：加强对有关执法部门的领导和协调，抓紧对文物大案特别是法人违法的查处。

(5) 在改革中保住文物机构:根据实际需要,加速加强文物保护队伍的建设。

将文物保护列为基本国策的建议,是当时陕西省政府分管文物工作的领导人提出的。他认为,靠省市、文物部门和分管领导抓文物保护,已明显力不从心。大遗址保护旧思路不行了,要多倾斜资金。

在此介绍“关于当前文物工作若干问题的决定”的文稿是必要的。那实际上是当时对全面保护国家遗产的思路的探讨。同时进一步说明,大遗址保护包括研究和展示,影响文物考古博物馆各项工作的全局,与我国社会经济发展有十分密切的联系,是全面保护国家遗产的核心,必须从国家遗产政策的整体出发给予应有地位和重视。以下是该文稿的部分内容。

(一) 深入宣传《文物保护法》,正确树立并普及文物保护意识

1. 文物具有多种实物形态,包罗万象。文物的发现及价值确定有赖于人们的科学研究和认识。文物保护是一门复杂的科学,具有特殊的规律。文物保护法律是社会综合性和专业性都很强的法律。为了解决在建立社会主义市场经济体制、加快经济建设过程中文物保护出现的各种矛盾和问题,必须在正确理解的基础上,深入宣传《文物保护法》,树立起全民的文物保护意识。各级政府和有关部门的主要领导人应带头学习和宣传文物保护法,文物比较集中的地区和单位要进行重点有针对性的宣传,使《文物保护法》及正确的文物保护意识深入人心。

2. 我国是世界上少有的文明古国,是世界古文明中心之一。我们的祖先以卓越的辛勤和智慧创造了我们的国家,为人类社会做出值得后人骄傲的贡献,留下丰富的物质和精神的文化遗产。中华文物是民族百万年文化根系的体现,五千年文明的见证,博大精深,不可再生,无比珍贵。无论其具体和现时的所有权属公属私,本质上是属于全民族,属于每一位中华民族的后裔的,属于全体中国人也属于全人类,属于今天更属于未来。从人类社会和中华民族的整体和长远利益出发,遵照法律,科学而谨慎恰当的保护好我国境内的每一处每一件重要文物,是政府和人民重大而光荣的责任。

3. 当前,我们的国家正以先人豪迈的气概步入一个创造社会主义昌盛物质文明和精神文明的时代,文物保护牵涉全局。我们要通过文物保护、研究和展示有力地推动社会主义现代化建设,同时要通过现代化建设和社会主义市场经济体制的建立来有力地促进文物的抢救保护。文物的保护、研究和展示,将成为人们社会生活的重要组成部分,并构成中国特色社会主义建设的最浓重的特色;将成为进行爱国主义教育,继承民族文化优秀传统,提高国民素质,从根本上促进社会主义现代化建设的硬手段;同时作为现代化文明古国国民经济第三产业的先导和支柱,将对经济建设产生直接的良好影响。

由于文物考古博物馆事业起步较晚,目前我国的文物保护、研究和展示以及与此相联系的第三产业的发展,尚远逊于世界上其他的文明古国,包括发展中国家。我们要下决心振兴文物考古博物馆事业,在本世纪末,与社会主义市场经济体制初步建立的同时,初步建成我国的文物保护、研究和展示体系,使中华民族和东方文明再度辉煌。

4. 必须高度重视和认真研究当前文物工作存在问题,将文物保护纳入经济和社会发展计划,纳入城乡建设规划,纳入财政预算,纳入体制改革,纳入法制建设之中,纳入各级

政府的领导责任制。要继续贯彻执行保护为主，抢救第一的文物工作方针，并以抢救保护为前提和首要目的，加快文物管理体制和运行机制的改革步伐。要确保文物抢救保护的投入，提高质量和效益。要改变政府包揽文物保护的状况，形成政府保护为主与社会各界参与保护相结合的新体制。使我国的文物，在法律的约束和指导下，得到有效保护和科学、合理、适度的利用。

5. 要通过各种方式，包括广播、电视、报刊和组织各种有益活动，宣传《文物保护法》，普及文物保护的知识和意识。新闻界对文物保护已经在起着重要作用，要继续加强舆论监督，大力表彰保护文物的先进事迹，抨击各种损害文物的丑恶行为。要反对将复杂的事物简单化，探讨各种不同的文物在不同社会和自然条件下的正确保护原则和办法。要提倡社会公众的广泛的讨论，吸引人们对文物保护的关心，宣传知识，普及法律，避免决策失误失当。

（二）将文物保护列入政府工作责任制，切实有效的加强管理监督

6. 要强化文物行政管理部门及所属管理机构的职能。文物部门要模范遵守和执行法律，严肃内部纪律，加强对社会有关文物的执法监督。要在已有基础上，根据文物的不同特点和等级，完善管理制度，包括巡视、报告、统计等，增加必要的手段和设备，使我国所有已知的重要文物得到严密的监督。文物管理机构和有关业务单位，要在不以营利为目的的前提下，参考现代企业制度的办法，总结经验和进行试点，建立公平竞争和激励约束机制。对文物考古和博物馆事业的重要项目，要加强管理，改进和完善咨询论证和审计监督工作。要重视和加强日常的管理和养护工作，并落实经费。

文物管理涉及方方面面，各有关部门都必须各司其所辖有关文物之职，明确所负重任，加强文物专业知识学习和队伍建设。要同文物部门一道在执法中加强团结，加深理解，互相协调，紧密配合。从协作管理到防范和打击违法犯罪活动，要建立一整套完整的现代化的系统。

7. 大规模建设和群众性盗掘活动对文物的破坏，主要是当地政府部分领导人滥用职权或失职失察造成的。在我国，特别是文物比较集中的地区，文物工作优劣，是衡量政府及主要领导人政绩的主要标准，要建立和落实文物保护的政府领导责任制。文物比较集中的地区，必须实行一票否定制，设文物省长、市长、县长、区长、乡长，真正起到把文物保护与建设及群众致富的关系处理好的作用，镇压住盗掘文物的歪风邪气。

……

9. 私人或集体所有的文物具有两重性质，既属于私人或集体所有，又仍然是民族文化遗存，要在保护私人或集体所有权的同时，履行政府对重要文物的保护和管理的职责。要在提倡自愿登记的基础上，在流通、出境、展览等各个公开环节，进行登记管理。

……

（三）加强法制建设，进一步完善有关法规

12. 大中型基本建设和旧城改造，仍然是对文物的最大威胁。政府和建设单位，目无法纪，造成对文物破坏，应引为最大耻辱。应依法建立基本建设中加强政府宏观调控，增强文物保护计划性和主动性的有效管理体制，探索制定通过建设有力支持与援助文物保

护的办法,制定对企事业法人奖惩的法规。

……

(四) 加强文物保卫,迅速严厉制止和打击违法犯罪活动

14. 有关部门要紧密协作,有力准确迅速地制止和打击破坏、盗掘文物活动。在文物比较集中的地区,特别是大遗址和陵墓区,应进一步强化治安防范,加强文物治安稽查队伍建设,设立文物公安或公安文物派出机构。根据我国实际及有关外国情况,继续探讨成立文物警察事宜。

……

(六) 以国家经费投入为主导,广泛筹集资金

16. 文物保护、研究、展示项目是公益性项目,文物考古博物馆事业是公益性事业,各级政府都必须将所需经费列入财政预算,并逐年予以增加。同时要多渠道、多层次、多种形式的广泛筹集资金。要鼓励提倡社会广泛参与。社会集资兴办的事业和项目,可能涉及部分权益的出让,要认真研究和试点,既要注意调动多方面的积极性,又要注意对国有资产的评估和管理,防止流失。要全面计算投入和产出。凡文物考古博物馆事业的直接经济收益,应全部返还用于文物事业,间接经济收益,也应部分返还。可以采取专项基金会的办法,筹集资金并监督管理资金使用。

……

(七) 加强管理,依法科学规范文物市场

18. 要在区别国家所有和私人所有,区别传世文物和出土文物的基础上,加强对文物市场的管理。私人所有的传世文物应依法允许转让和公开流通,并根据其对公众的重要性,予以登记和国家优先购买。出土文物属于国家所有,具有发现和保护出土地点并可能提高该文物价值的重要性,应依法由文物行政管理部门收缴,视情况给以奖励或补偿;对于社会的合理需求,由国家制定严格办法供应。目前大量充斥真假出土文物的各种集贸市场,是群众性盗掘活动频频发生的社会基础,必须迅速进行清理整顿,彻底改变这些市场的用途。

……

(八) 加强大遗址保护,建立我国大遗址保护、研究和展示的现代化体系

20. 大遗址及陵墓区,气魄宏大,埋藏丰富,年代久远,是代表我国文化根系,文明起源及形成与发展的主要文物遗存,是构成中华五千年辉煌文明的主体,是很多其他文物无法替代的。必须投力早加保护,并有计划地勘察、发掘。我们要争取在不长的时间内采取重大举措,克服种种困难,建立起我国大遗址保护及研究、展示体系,从根本上处理好经济建设、群众致富与文物保护的关系,基本杜绝盗掘文物的活动。大遗址保护、研究和展示,影响我国文物保护、考古和博物馆事业的全局,是社会主义精神文明建设的重大举措,也是文明古国发展第三产业的先导和支柱。

但当前大遗址保护未得应有重视,盲目乱上人造假古董、假景观、仿古建和游乐设施的情况未得遏止,与文明古国大国的地位形象极不相符,经济上也不划算,应做产业战略的调整和引导。责成有关部门共同提出我国“大遗址保护工程”计划方案,报批实施。

21. 大遗址保护及研究、展示必须纳入经济和社会发展计划、城市和村镇规划、土地

利用规划。各地在制订上述规划时，要充分考虑以大遗址保护为核心，坚决贯彻大中型基本建设项目和城乡居民区发展避开大遗址的原则；必须下大决心，将改变土地用途、产业调整、移民等重大举措列入近期计划，以根本改变大遗址保护的被动局面；要充分考虑当地群众的切身利益，要努力扶植群众开发既有利于大遗址保护，又能提高生活水平的产业；要尽量减轻由于大遗址保护给群众造成的负担，采取适当方法给予政策性补偿。大遗址保护与当地规划冲突时，鉴于其世界和全国的意义，应由扩大至一定地域范围的规划解决。规划就是法，应依法履行报批手续，并严格实施和加强管理。

22. 坚决执行《文物保护法》关于文物保护单位的规定。负责大遗址保护的当地政府，应制定有关大遗址管理具体法规，经依法审批后执行。大遗址保护范围内应经充分研究论证划分重点和一般保护区，重点保护区必须迁出居民，禁止建设和取土，并首先进行对文物及景观无损的大地植被显示。核心部位的土地，国家收回或征用。一般保护区或尚未发现重要遗存的部分，可在考古发掘或勘探后，由当地进行建设。

23. 向世人昭示大遗址的重要性和保护的意义，是政府和文物考古工作者对社会应尽的责任。要加速大遗址的宣传和展示教育工作，使全社会认识到大遗址保护的重要性并愿意为此付出努力。各级政府和文物考古工作者应开拓新的思路，转变那种土质遗址不如石质遗址观赏性强的观念，转变重墓葬发掘、轻建筑遗迹发掘的观念，转变热衷人造假景观而忽视遗址本体本色表现和展示的观念。对一些重要遗迹，无论是现存地表还是地下，都应在精心研究和保养维护的情况下，采取各种方法展示其规模、形状和布局，向人们宣传文物保护和考古科学知识。小型遗址博物馆是宣传遗址科学价值和保护意义的重要窗口，应结合遗址维护和展示的需要，恰当选址，加快建设。展示项目要尽可能吸收当地群众和基层组织参与。考古调查勘探和发掘工作是对大遗址进行维护管理和展示利用的基础，必须统筹安排，长期进行。

24. 大遗址保护必须列入各级政府财政预算。要改变对大遗址投入过少的情况，逐步加强投资力度并广开投融资渠道。可以设立专项基金支持大遗址保护研究和展示项目，也可以在计算投入产出的基础上贷款。任何建设单位进行工程选址和设计，涉及大遗址的，必须依法会同文物主管部门确定全面的文物保护措施，并列入设计任务书，其经费列入投资预算。旅游收入、有关城市维护费、交通收费要划出一定比例，用于大遗址保护及相关设施建设、环境整治等。大遗址容易为外国考古学家所关注，要根据抢救保护的需要开展合作研究项目，并争取与保护展示项目及能力建设结合进行。

25. 以改革旧体制，建立新体制和机制的思路，建立和健全大遗址保护管理机构，加强行政管理和组织协调工作。可以成立较高层次的基金会和规划及工作委员会，由政府主要领导和著名专家牵头，定期召开会议，部署检查工作，选择干部。鉴于大遗址保护展示专业性较强，要加强高级综合能力建设。可以探索以考古专业机构为主导，考古工作站，文物管理所和遗址博物馆共同建设的道路。

跨多个行政区划的大遗址，可以大遗址为核心成立特别行政区，以利更好更早建成保护及研究、展示体系。

以上只是最初的稿件，但也毕竟是中央和有关部门若干人等对于中国文物问题调研讨论的一个成果。

几年之后,国务院在1997年发出《关于加强和改善文物工作的通知》。通知中明确指出,要将古文化遗址特别是大型遗址保护纳入当地城乡建设和土地利用规划,充分考虑遗址所在地群众的切身利益,采取调整产业结构和改变土地用途等措施,努力扶持既有利于遗址保护又能提高当地群众生活水平的产业,从根本上改变被动局面。尽管只有短短几句话,但指明了大遗址保护的方向:必须采取考虑群众切身利益的产业调整的措施,纳入有关规划计划。

大遗址保护如何进行成为了在改革开放总形势下落实中央方针和国务院通知、加强和改善文物工作所必须面对的重大问题。

1.4 大规模保护的国际趋势

国际上大规模保护遗产的背景是:全球化、城市化和多元化。

全球化:在全球经济的创新和垄断的驱动下,思想、资金和人力表现出极大的流动性。各个层次上的文化交流极为频繁,但交流的方式又经常需要将文化商品化和降格。经济力量和文化力量的角斗使曾经与世隔绝的遗产保护领域不断受到挑战①。

城市化:20世纪下半叶以来,世界范围内的城市化进程明显加快,城市规模迅速扩大带来的土地开发、基础设施建设与遗产区域保护产生异常激烈的矛盾②。

多元化:一方面是全世界范围内的文化多样性的意识得到增强,民族和国家的身份认同与历史保护,受到越来越多的重视③;另一方面是生态保护与生物多样性的认识得到发展,历史景观不仅被认为是文化生态的重要组成部分,许多考古遗址的生态价值也被人们发现和保护起来①。

我国的改革开放促进了各行各业对外的国际合作与交流。世界上大规模遗产保护的趋势开始影响我国,进一步推动了大遗址保护。

1.4.1 遗产地区保护公约

联合国教育、科学及文化组织在1970年和1972年在巴黎通过两个重要的公约,前者是《禁止和防止非法进出口文化财产及转让其所有权的方法的公约》,后者是《保护世界文化与自然遗产公约》。我国落后不多,1985年加入了后一个公约,1989年加入了前一个。在加入《保护世界文化与自然遗产公约》后的1987年,周口店遗址、故宫、长城、秦始皇陵、莫高窟和泰山被公布列入世界遗产名录。这带来的影响是巨大的,促进了人们文物保护观念的巨大变化。

①GCI, Management Planning for Archaeological Sites: Proceedings of the Corinth Workshop, 2000

②单霁翔,城市化发展与文化遗产保护,天津大学出版社,2006年

③陈同滨,实施重大遗产地综合保护示范行动研究,2004年12月

1970 年《关于禁止和防止非法进出口文化财产和非法转让其所有权的方法的公约》的第五条，要求缔约国设立保护文化遗产的国家机构，配备足够人数的合格工作人员，以有效地行使职责。职责的第一项是协助制订旨在切实保护文化遗产特别是防止重要文化财产的非法进出口和非法转让的法律和规章草案；第二项是根据全国受保护财产清册，制订并不断更新一份其出口将造成文化遗产严重枯竭的重要的公共及私有文化财产的清单。有意思的是，这些职责包括了下面一项：组织对考古发掘的监督，确保在原地保存某些文化财产，并保护某些地区，供今后考古研究之用。也就是说，1970 年公约居然与我国的大遗址保护的诉求也有着某些密切的关联。

《保护世界文化与自然遗产公约》与大遗址保护的关联当然更加密切。遗址成为世界文化与自然遗产的重要类别。公约要求缔约国尽力做到，“通过一项旨在使文化和自然遗产在社会生活中起一定作用并把遗产保护工作纳入全面规划计划的总政策”，“采取为确定、保护、保存、展出和恢复这类遗产所需的适当的法律、科学、技术、行政和财政措施”。

《国际保护文化遗产法律文件选编》一书，1993 年由文物局法制处编，紫禁城出版社出版，功德无量。该书以联合国教科文组织通过的有关文物保护的公约和建议为主，同时收入其他国际组织通过的章程和有关宪章，令国人大开眼界。其中联合国教科文组织通过的有关建议也很重要，但往往受到忽视。

1968 年的《关于保护受到公共或私人工程危害的文化财产的建议》看其名称就感到不得了。例如它在导言中就提到了“协调文化遗产的保护和社会经济的发展所带来的变化刻不容缓，因此，应努力以宽厚的理解精神并根据可靠的规划来满足这两方面的要求；同样也考虑到适当保护并对人们开放文化财产非常有利于拥有这些人类宝藏的国家和地区通过发展民族和国际旅游业促进其社会和经济的发展”。该建议包括定义、总则、保护和抢救措施、立法、财政、行政措施等几大部分，富有针对性，具体而实际。又如在总则的第一条就指出：“保护文化财产的措施应广泛用于一个成员国的全部领土，而不应只局限于某些古迹和遗址。”第六条，在提出保护或抢救的措施应具有预防性和矫正性之后，则列举可能损坏或毁坏文化财产的若干情况：

（1）城市扩建和更新工程；尽管这些工程也许会保留列入目录的古迹，但是有时会迁移一些不甚重要的建筑，结果却破坏了历史关系和历史居住区的环境；

（2）在一些地区所进行的类似工程；该地区的传统建筑群作为一个整体具有文化价值，但由于缺乏一个已列入目录的古迹而有被毁坏的危险；

（3）对单个历史建筑物的不适当的修改和修缮；

（4）修建或改建对遗址、具有历史意义的重要建筑物或建筑群构成特别威胁的高速公路；

（5）修建灌溉、水力发电站或防洪大坝；

（6）铺设管道以及动力线和输电线；

（7）农田耕作，包括深耕、排水和灌溉，土地的清理和平整以及植树造林；

（8）因工业的发展以及工业化社会的技术进步所需的工程，如机场、采矿和采石以及河道和港口的疏浚和拓展。

该建议十分重视考古及历史地区，在“行政措施”部分，有如下建议：

保护或抢救文化财产的措施应早在公共或私人工程之前采取。重要的考古或文化地区，如历史城镇、村庄、遗址或街区，都应根据各国的立法进行保护，在这些地区开始新工程应以进行初步考古发掘为先决条件。如有必要，工程应予以推延，以确保采取充分的保护或抢救有关文化财产的措施。

可能受到公共或私人工程危害的重要考古遗址、特别是难以确认的史前遗址、城乡地区的历史居住区、传统建筑群、早期文化的民族建筑以及其他不可移功的文化财产，应通过划分区域或列入目录予以保护：

(1) 划定考古保留区并将其列入目录，如有必要，买下不可移动的财产，以便能够对遗址内的遗物进行全面发掘或保护。

(2) 划定城乡中心的历史居住区和传统建筑群，并制定适当的规章以保护其环境及其特性，比如：对重要历史或艺术建筑能够翻修的程度以及新建筑可以采用的式样和设计实行控制。保护古迹应是对任何设计良好的城市在发展规划的绝对要求，特别是在历史城镇或地区。类似规章应包括列入目录的古迹或遗址的周围地区及其环境，以保持其联系性和特征。对适用于新建项目的一般规定应允许进行适当修改。当新建筑被引入一历史区域时，这些规定应予以中止。

建议的“行政措施”还要求各成员国鼓励个人、协会及市政当局参加保护或抢救受到公共或私人工程危害的文化财产的计划。为此采取的措施可包括：

(1) 对举报或交出藏匿的考古发现物的个人给予优厚的报酬；

(2) 对为保护或抢救受公共或私人工程危害的文化财产做出突出贡献的个人——即使他们隶属政府行政部门、协会、社会机构或市政当局——授予证书、奖章或其他形式的奖励。

在1972年，与《保护世界文化与自然遗产公约》同时通过的《关于在国家一级保护文化与自然遗产的建议》，也是十分重要的。其中指出：

考虑到在一个生活条件加速变化的社会里，就人类平衡和发展而言至关重要的是为人类保存一个合适的生活环境，以便人类在此环境中与自然及其前辈留下的文明痕迹保持联系。为此，应该使文化和自然遗产在社会生活中发挥积极的作用，并把当代成就、昔日价值和自然之美纳入一个整体政策。

……

文化和自然遗产应被视为同种性质的整体，它不仅由具有巨大内在价值的作品组成，而且还包括随着时间流逝而具有文化或自然价值的较为一般的物品。

……

由于保护、保存和展示文化和自然遗产的最终目的是为了人类的发展，应尽可能以不再视为国家发展障碍而视为决定因素的方法来指导该领域工作。

人们往往忽视了联合国教科文组织 1976 年的内罗毕建议①。该《关于历史地区的保护及其当代作用的建议》,可以说是对保护世界遗产公约的补充。时隔多年,该建议的精神仍在不断得到发扬和推广。我国对大遗址、历史名城保护包括对其中新建筑设计的探索,有关国际组织的宪章、国际会议的宣言,特别是国际上对于我国历史遗产保护的引导,很多都与该建议有关。该建议的阐述,至今看来仍令人折服。

考虑到历史地区是各地人类日常环境的组成部分,它们代表着形成其过去的生动见证,提供了与社会多样化相对应所需的生活背景的多样化,并且基于以上各点,它们获得了自身的价值,又得到了人性的一面。

考虑到自古以来,历史地区为文化、宗教及社会活动的多样化和财富提供了最确切的见证,保护历史地区并使它们与现代社会生活相结合是城市规划和土地开发的基本因素。

……

注意到整个世界在扩展或现代化的借口之下,拆毁(却不知道拆毁的是什么)和不合理不适当重建工程正给这一历史遗产带来严重的损害。

考虑到历史地区是不可移动的遗产,其损坏即使不会导致经济损失,也常常会带来社会动乱;

……

历史地区及其环境应被视为不可替代的世界遗产的组成部分。其所在国政府和公民应把保护该遗产并使之与我们时代的社会生活融为一体作为自己的义务。…

……

每一历史地区及其周围环境应从整体上视为一个相互联系的统一体,其协调及特性取决于各组成部分的联合,一切有效的组成部分,包括人类活动,无论多么微不足道,都对整体具有不可忽视的意义。

……

当存在建筑技术和建筑形式的日益普遍化可能造成整个世界的环境单一化的危险时,保护历史地区能对维护和发展每个国家的文化和社会价值做出突出贡献。这也有助于从建筑上丰富世界文化遗产。

加入和履行国际公约的实践告诉我们,保护本国遗产并承担国际义务已成为一个国家维护国际地位和形象的重要标志。我国虽然为此做出种种努力,但是在很多方面特别是体现本民族历史和成就的大遗址的保护展示方面,却仍远逊于世界上其他文明古国,甚至一些发展中国家。

1.4.2 遗产保护的国际经验

改革开放以来,最早开展考古国际合作项目的国内单位之一是辽宁省文物考古研究

① 国际组织公约、建议、宪章见于国家文物局法制处编,国际保护文化遗产法律文件选编,紫禁城出版社,1993 年

所,对方是日本的某大学。中方赴日考察的主要是其史迹的保护与研究。时任辽宁省文化厅副厅长兼文物考古研究所所长的郭大顺先生在1992年第3期《文物天地》著文中介绍考察收获,认为"日本以建设史迹公园为中心环节的文物保护利用工作,对我国的文物保护利用,特别是大遗址的保护与利用,有一定参考价值"。他在文中是这样介绍日本国营飞鸟历史公园的。

飞鸟地区是日本最著名的历史文化区之一。它位于日本本州近畿地区奈良盆地南部,是日本6世纪到8世纪初主要的政治、文化中心。在三山(耳成山、天香久山和亩旁山)一川(飞鸟川)之间,分布有日本最早的皇宫遗址和7世纪末到8世纪初的都城——藤原京遗址。有日本已知最早的佛寺飞鸟寺遗迹(6世纪后期)和一批早期佛寺群,还有以著名的石舞台古坟(7世纪)高松冢(8世纪)为代表的古坟时代末期的古坟群,以及一批飞鸟时代宫廷佛寺园林内的石雕刻。为了长期保存飞鸟地区重要的文物古迹和历史风貌,从1970年起,日本政府和建设部曾5次颁布关于建立飞鸟历史公园的法令,成立了以考古学家末永雅雄为委员长的公园设计委员会。法令中规定了飞鸟历史文化区的保护范围以及文物古迹保护、环境保护与城镇规划建设的关系。强调这个历史文化区保护的原则是保持和恢复古文化区的历史、自然、人文环境,所以除文物古迹的保护外,地形、山川及水质等都在保护之列。

这个文化区所在的镇明日香村也几次颁布了相关法令。以唤起全民的保护意识,保证国家法令的执行。

日本对大遗址地区投入较大力量进行历史公园和史迹公园建设,发展速度快、规模大、范围广,为人所料不及。专家分析,发展旅游是一个重要原因,更深的社会背景是对古代环境的追求和对本民族历史的关心。其建设除特别重要的史迹由国家机构负责外,地方政府包括相当中国村镇一级的町政府表现了很高的积极性。如1989年、1990年两个年度建设的16项中,就有5项由町一级政府负责,其余11项都是由市(相当中国的县级)负责的①。

日本也是较早关注和支援我国的大遗址保护的。第一个项目是对新疆维吾尔自治区全国重点文物保护单位交河故城(雅尔湖故城)遗址进行的保护和维修工程。是由日本政府出资,联合国教科文组织、中国政府和日本政府合作开展的。第二个合作项目是对陕西西安唐大明宫遗址的保护。《中华人民共和国文物博物馆事业纪事(1949—1999)》1994年3月条下记载:

本月中国和日本根据联合国教科文组织的多次考察,确定陕西西安唐大明宫遗址为国际合作文物保护项目。中日两国派专家制订该遗址的保护规划,对其中的含元殿基址进行保护性复原,双方在北京正式签订合作协议。

欧洲是近代考古学的发源地,很早就已开始从搜求古物艺术品转为完整的发掘、保护和展示大遗址,并将其与维护城市特色相结合。这一做法已经显示了其生命力,从而影响全世界。埃及、印度等国由中央政府及专业机构直接组织严格的保护并大规模展示

① 郭大顺,日本的史迹公园,文物天地,1992年第3期

古老的文明遗迹成为旅游业发展的先导和支柱。如:柬埔寨吴哥古迹遗址群。在国际援助下开展全面保护,有的国家支援了防范盗掠的警卫设备。据说,联合国组织还有更庞大的计划,帮助恢复当地高棉王国时期的三季稻生产,以赢得昔日繁荣。

将欧洲大规模的建筑及环境遗产包括古遗址的保护大篇幅而系统地介绍给国人的是中国城市规划设计研究院的王瑞珠先生。他在 1993 年由台北的淑馨出版社出版《国外历史环境的保护和规划》一书。该书是他在实地考察以欧洲为主的 160 处名城和地区的基础上,结合历史文献研究的重要成果,而且具有保护的针对性。

就大遗址保护而言,意大利最先进,而且对世界的影响也最为巨大,与我国的合作交流也早有开展。该国的遗产保护以 1939 年制订的《关于保护艺术品和历史文化遗产的法律》和《关于保护自然景观的法律》为基础,法规不断明确完善。1975 年法律规定组建了文化和环境遗产部进行管理,必要时由副总理兼任该部部长。该部下设考古和建筑艺术历史遗产局、环境风景遗产局、书籍遗产局和档案遗产局等,在地方设管理处。主管范围包括全部古迹及考古区。与该部平行的有国家文化和遗产委员会,下面又分各部门委员会。主席由部长兼任,有关部、地方和大学的代表参加,主要职责是共同审查讨论有关问题。值得称道的是罗马历史中心的划定,该区域包括古罗马城市遗址和后世的历史建筑,作为整体被列入世界遗产名录,中心作为罗马市 12 个行政区之一①,进行规划保护。整个古城犹如巨型的露天历史博物馆,珍贵的古迹和古建筑的残垣断壁比比皆是,游客风涌如潮。

中国政府的高层也非常重视国际上大规模遗产保护的经验。1997 年,以国务委员李铁映为团长、文化部副部长李源潮为副团长的代表团曾访问考察了意大利、希腊和埃及。当时的国家文物局局长张文彬、文物保护司副司长孟宪民等也作为代表团成员出访。在文物局所编《调查与建议》中反映一部分的收获。

代表团访问的三个国家,都曾是世界上著名的文明古国,在这些国家的疆域里,发生过古埃及文明、克里特-迈锡尼文明和希腊、罗马文明,后来在意大利还发起了文艺复兴运动。这些文明,对西方乃至全世界都有重大影响。

……

注意了古城、文物建筑和古迹遗址的大规模、成片保护与宣传利用,比较好地处理了与环境景观保护、与现代化生活和现代交通的关系。

……

对古文化遗址采取了大面积考古揭露,原状保护、复棚保护和适当修复等办法,即保护原址又尽量增加遗址可读性。如希腊克里特岛的公元前 2000 年左右的米诺斯王宫遗址,由英国人伊文斯在 1900 年至 1931 年发掘,当时就有建筑师参加,发掘的同时也进行了部分修复。

……

以文物保护为基础,促进旅游业发展,比较好地处理了文物保护与宣传利用、与旅游业的关系。据介绍,罗马的主要工业只有建筑业、机械工业,以旅游业最发达,共有一千

①世界知识出版社编,世界文化与自然遗产,1992 年 10 月第一版

多家旅馆。比萨的旅游收入,占总收入的一半。希腊每年的外国游客,超过其本国人口,达一千多万人次。

……

法令明确、机构合理。埃及也有文化遗产最高委员会,由部长们和专家组成,其文物总局负责文物、博物馆、藏品库、遗址、古迹区和历史建筑的保护工作,通过专聘文物警察及批准的私人值班看守人员负责警卫工作,要划定每处最大看管范围,保证在看管区行动方便和便于检查。

当时所提的建议中,已经强调了文化繁荣对当代及今后经济社会发展的重大意义,并且提出,作为一手抓繁荣、一手抓管理的重要内容,必须加强机构建设,必须加大对我国重大考古遗址的保护和发掘的规模力度:

我国目前文物保护及宣传利用的状况,与我国曾经为古文明大国、世界古文明中心之一、东方古文明代表的地位,极不相称,也不适应建设有中国特色社会主义文化并以此促进政治安定、经济健康持续发展的需求。14 至 16 世纪的资产阶级文艺复兴运动,借助希腊、罗马古代文明的发现,推动资产阶级民主革命和工业革命,改变了欧洲乃至全世界的面貌。具有中国特色的社会主义要在 21 世纪获得新的巨大发展,也需要文化的繁荣和进步。在我国这样历史悠久、文物丰富的国家,作为文化建设的基础,文物保护与宣传利用工作如长期滞后,今后将成为影响经济发展的障碍。

……

文化遗产包括环境景观的保护和利用,专业性、综合性都很强。建议仿照国家环境保护委员会、国家矿产资源委员会等方式成立国家文化与环境遗产保护委员会,由国务院领导同志牵头,各部委负责人及有关代表参加组成,定期研讨重大事项。

抓好已有科研成果和保护抢救成果向社会教育、旅游业的转化。特别是在那些经济发展、交通比较方便而又遭受城乡建设蚕食和盗掘破坏的地区与地点,要作为抢救第一、改变被动局面的紧迫任务予以落实。旅游业要向这些具有重要价值又急需抢救的古迹遗址倾斜。要引导人们珍惜和观赏中国古代的土筑金字塔和各种建筑设施的遗存。

……

一手抓繁荣,一手抓管理,扩大对社会和人民的影响。加大对我国重大考古遗址的保护和发掘的规模力度。如良渚、牛河梁、三星堆遗址、夏商周和春秋战国时期的大遗址,秦始皇陵区、汉唐西安洛阳城址及三峡工程即将淹没的巴文化遗址等。代表古埃及文明、印度文明、两河流域文明、爱琴文明和希腊罗马文明的大遗址都已经大规模、系统地进行了考古发掘揭露,成为现代社会重要的借鉴和旅游业的依托。而我国这些遗址却正在不同程度的遭受破坏和威胁。外国一些代表五千年文明的遗址,有的发现证史的文字,有的则从揭示的复杂结构和营造能力证明了文明发展的程度。我国的考古学家经过努力已经初步提出了实证五千年文明史的论述,但缺少大规模的综合性的工作,也没有证史文字发现。应下决心结合抢救急需有重点的开展具有一定规模的工作,特别是考虑文字附着于有机物,难以发现、记录、提取、保存的可能性,注意运用高科技的辨识和保护技术。

因为本书的下编将有对外国案例的专门介绍，这里不再多去陈述国际方面的影响。但仅据上述就可看出，一个总的趋势是，大规模的遗产保护、而且是文化与自然遗产相结合的保护、与现代经济社会发展相结合的保护早已在世界上兴起。在我国，汲取外国经验，开展大遗址的保护，并与自然保护、与当代发展相互结合与融合的努力也一天没有停止。

1.5 世纪之交的战略研究

当世纪之交，机遇又来了。国家发展计划委员会在 1999 年夏向各部门发出通知，要求在十月前报送行业和专项的"十五"规划基本思路。于是国家文物局据此将酝酿已久的大遗址保护工程计划和盘托出，不失时机地向其报送了大遗址保护的专项规划基本思路。新世纪之后，国家文物局紧跟党中央部署，在 2003 年开始开展了历史文化遗产保护领域中长期科学和技术发展规划战略研究，尽管仍没有被写入国家中长期科学和技术发展规划纲要①，但受益还是无穷的，其中最重要的收获是将文化遗产保护列入了国家科技支撑计划，大遗址保护的相关空间信息技术研究列为众多项目之首，中华文明探源研究也得到持续的支持。

1.5.1 大遗址保护专项规划思路

在改革开放的总形势下，随着社会主义市场经济初步建立，国家已经确立百年振兴、建成富强民主文明国家的宏伟目标，提出合理配置资源、优化产业结构、加快中西部发展、促进特色旅游、加强生态环境建设和增强民族凝聚力等举措，为大遗址保护带来难得机遇。国家发展计划委员会从 1998 年就部署十五规划调研，要求全国各行各业都解放思想、改革创新、实事求是、调整思路，积极开展规划工作，促使长期困扰我们而又十分紧迫的大遗址抢救保护问题又一次被提出。

在即将进入 21 世纪的 1999 年，国家文物局向国家发展计划委员会报送了《大遗址保护展示体系建设规划基本思路》②，并在制定国家文物事业"十五"发展规划时，将大遗址保护列为战略之首要重点。在政府部门正式上报和公开发布的文件中，这都是第一次使用大遗址称谓。该文件前言所阐述的要义，至今仍值得重视。

我国是世界著名的文明古国，曾经是世界古文明中心之一。连绵不断的历史和丰富的地上、地下文物古迹是中华文明曾经高度发达，并对世界各国的文明与进步产生过巨大影响的历史见证，是中华民族的骄傲。那些包括原始聚落、古代都城、宫殿、陵墓区和宗教、工业、水利、交通、军事等建筑、设施遗迹的大遗址，如周口店"北京猿人"遗址、良渚遗址群、殷墟、秦始皇陵、汉长安城遗址、唐长安城及洛阳城遗址、长城、大运河、楼兰古城

① 当时参考的资料有欧盟科技发展的第六框架计划，其中有文化遗产保护，是作为凝聚力和经济潜力的重点列入的

② 参见国家文物局文物保护司，当前大遗址保护的问题与对策，文物工作，2000 年第 3 期

等等，起讫年代久远，分布地域广阔，有的甚至达几百平方公里以上，气魄宏大、埋藏丰富，综合并直接体现了中华民族的起源、形成与发展，是构成中华五千多年灿烂文明史的主体。大遗址具有深厚的科学与文化底蕴，也是有特色的环境景观和旅游资源，其价值和作用是许多其他文物古迹无法替代的。但是，千百年来人为与自然力的破坏使许多大遗址处于毁灭的边缘。当前快速发展的城乡建设、基础设施建设和盗掘文物的犯罪活动都使本已异常脆弱的大遗址面临强大的致命冲击。

依照《中华人民共和国文物保护法》和《国务院关于加强和改善文物工作的通知》的规定，坚持"保护为主、抢救第一"的文物工作方针，对大遗址实施大规模的抢救保护工作，整治环境，制止破坏，从根本上改变大遗址保护的被动局面，是当前进行爱国主义教育、增强民族凝聚力的重大举措，是履行有关国际公约的实际行动和对世界文明的重要贡献，也是将有中国特色社会主义文明建设推向21世纪的战略部署。为此，国家应制订具有长期指导作用的大遗址保护展示体系建设规划，并纳入国民经济和社会发展计划。

该规划基本思路所提出的规划指导思想是：

高举邓小平理论伟大旗帜，充分发挥社会主义制度优越性，调动全社会各方面力量，坚持"保护为主、抢救第一"的方针，遵循保护文化及环境遗产规律，紧密围绕我国大遗址面临突出问题和矛盾，以从根本上改变大遗址保护被动局面、提高人民生活质量、实现可持续发展为目标，以多学科研究为先导，以重点大遗址治理为突破口，把大遗址保护展示体系建设与生态环境建设、经济发展紧密结合起来，处理好长远与当前、全局与局部关系，促进社会效益、生态效益与经济效益的协调统一。

提出的规划遵循的基本原则为：

坚持统筹规划、突出重点、分步实施，优先抓好对全世界和中华民族影响特别重大、面临威胁或发生破坏最为严重的大遗址，力争在短时期有所突破；坚持按客观规律办事，各种措施科学配置，发挥综合治理效益；坚持依法保护；依靠科技进步加快建设进程；坚持抢救保护与连带展示并举，并纳入土地利用和城乡建设的总体规划；坚持大遗址保护展示与产业调整、特色旅游、农民脱贫致富、安居工程、城乡绿化美化、生态农业、区域经济发展相结合；坚持依靠广大群众，广泛动员全社会力量共同参与，建立多元化投入机制。

该文件还提出了规划目标和主要任务、保护展示体系框架设想和重点项目、政策保障措施等。在主要任务中曾提到，由中央和省合作对我文明起源地之一的良渚遗址群和封建社会最鼎盛时代的都城之一——汉长安城遗址，实施建设大遗址保护展示园区计划。后者也可扩展为秦汉都城帝陵计划，或更为庞大的秦汉隋唐都城帝陵计划。在政策保障措施中也提出，建立健全大遗址管理机构，提高级别和权威性。重点大遗址要成立较高层次的规划和工作委员会，由政府主要领导和著名专家主持，有关部门参加，定期部署检查工作。要积极吸收当地团体和群众参与大遗址的管理。地域辽阔、情况复杂的大遗址应视情况成立以大遗址保护展示园区为核心的特别行政区。

时任国家文物局局长的张文彬在《文物工作》2000 年第 3 期《对世纪之交考古工作

的思考》一文曾指出:大遗址的保护工作长期处于被动和不力状况,成为文物工作的老大难问题。在当前扩大内需、拉动经济增长的形势下,许多地方将发展旅游特别是利用大遗址知名度,列为重点发展项目,对此文物考古部门应积极加以引导。我局已向国家发展计划委员会正式提出建设大遗址保护展示园区的设想,希望将大遗址保护展示工程列入十五计划。

1.5.2　历史文化遗产保护中长期科技发展规划

根据国家中长期科学和技术发展规划工作的部署,2003 年,国家文物局组织开展了历史文化遗产保护中长期科学和技术发展规划战略研究。若干多学科团队踊跃参加,中国工程院、中国社科院、中国科学院的一些专家提出十分中肯的意见,给予了极大的鼓舞与支持。

该规划战略研究认为,历史文化遗产保护是十分广泛、复杂的领域。寻求对文化遗产认知与尊重、实现大规模抢救和有力有效保护的本身,就是本领域科技发展的重大任务。历史文化遗产保护的科学和技术,包括对各种的保护对象及损害、措施的综合和专门的科学发现与认知、技术发明与推广。涉及科学和技术的门类众多。该研究还认为,历史文化遗产保护问题是类似资源的综合性质的问题,既是经济资源还是文化、教育、科技的资源问题。传统认识认为文化遗产只是文化领域的边缘性组分,现在则正与环境、生态一起,成为影响国家可持续发展的关键因素,正迅速移至国家文化、经济、政治领域的中心。在科技创新出现群体突破,环保科技已在孕育突破的态势下,历史文化遗产保护的科学和技术必须急起直追,不断突破传统认识局限,将建立在多学科基础上的对历史文化遗产保护的复杂系统研究列入科学研究的重大议程①。

全国历史文化遗产保护领域科学和技术成果展览在 2004 年由国家文物局主办,中国文物研究所、中华世纪坛承办,全国数十家科研机构加盟。那是在开展规划战略研究中对遗产保护科技成果的一次跨学科、跨部门系统、跨地域的总结和检阅,也是建立遗产保护学科的努力。历史地区与城市的综合性保护和考古调查与研究是展览的重要组成部分,介绍了大遗址保护已取得的成就。

对如何确定学科发展的指导思想,规划战略研究认为,应更全面地理解中央已经确定的文物工作“保护为主、抢救第一、合理利用、加强管理”方针,将其与国家中长期科学和技术发展的方针有机结合。应依照宪法、文物保护法、科学和技术有关法规,确立大文物、大保护和大科技的概念,以科学和技术带动、支撑和服务于中央方针和国家法律的贯彻执行,正确处理好保护抢救与相关科技工作开展的辩证关系,有所为,有所不为。坚持应用研究、基础研究和软科学研究交互展开;坚持人文社会科学、技术科学和自然科学交叉融合;加强机构建设和人才培养;加大投入,以国家投入为主导,动员社会广泛参与;扩大国际合作交流,实现跨越式发展。

---

①　孟宪民,新发展观下文物保护科技发展思路的探讨,中国文物报,2004 年 7 月 30 日。该段参考了《新华文摘》所载《世界科技发展的新趋势及其影响》一文

在总结了成绩、研究了差距、分析了迫切需要科技支撑的战略性问题和重大瓶颈问题以后，规划战略研究提出了历史文化遗产保护领域科技发展的几项优先主题。几乎都与大遗址保护有着密切关联①：

其一：大力实施历史文化遗产资源调查评估的科技行动

为建立科学规范的遗产调查评估登记体系，要开展区域遗产认定标准与办法的综合研究，开展具有重大意义的区域文化遗产的认定的研究，将规模特大、价值特别突出的大型考古遗址区、名城老街、革命故地、民族特色聚落、人类工程奇迹，选作国家重大文化遗产地，建设保护研究展示体系与园区。中华文明起源时期重大遗产区域的调查评估，也就是中华文明探源研究，是当前和今后相当长期的重大任务。针对认识这一时期遗存的难点，需要研究开发相关技术。如：加强对大型聚落遗址、大型建设工程遗迹的多学科研究，提高认识水平；加强发掘现场的有机类遗迹、遗物辨识和记录技术攻关，不断为发现早期文字创造条件。

其二：国家重大遗产地综合性保护与示范

中华文明起源与鼎盛时期的大规模遗存，是国家和民族的重大遗产与资源。目前多处于既受建设蚕食，又遭盗掘破坏的窘境。对其抢救，应既属文化建设，又属经济建设，急需跨学科联合攻关。有关生态环境建设规划专家提出的“反规划”理论，即主要是“非建设”用地的发展规划和实施要主动先行的理论，值得注意。开展合法文物市场发展战略及相关管理技术的研究，也与此有关。收藏和交易监控松懈，非法买卖诱发的盗掘、盗窃甚至抢劫活动，不仅严重影响了国家整体遗产保护，也影响到社会稳定和国家声誉。需同时抓紧开展的，还有博物馆与民间收藏发展方向及规范研究，野外遗产安全防范和保卫体系建设和相关技术开发。

其三：文物保存与修复的科学问题、关键技术研究和推广

环境污染、恶化带来的文物蜕变、腐蚀加剧，修复与发掘本身造成的损失，当高度重视。需要通过多学科交叉和综合研究，形成人文特性贯穿保护的科学理念和程序，大力开展有关的应用基础研究和修复、发掘技术的攻关研究。推广有关技术标准，引进风险评估和预防性保护的政策和技术措施。要以保存、传承传统技艺为基础，引进现代高新技术，如信息技术、生物技术、纳米技术等，解析传统材料和工艺，支撑修复、发掘技术的攻关。实施标准、人才、专利战略，大力引进和创新技术推广的办法。

其四：发展博物馆文化的科学问题与关键技术研究

博物馆发展方兴未艾、前途无量，博物馆文化的核心是遗产保护、研究、展示的辩证统一。发展博物馆文化，对贯彻落实中央“保护为主、抢救第一、合理利用、加强管理”具有重要意义。创新博物馆学理论，深化博物馆分类研究、生态博物馆发展实践研究，改进传播与展示手段，搭建以发展博物馆文化为基础的，公众对遗产认知并互动的平台。开展博物馆发展评价体系、科技支持系统和产业运行机制研究。

其五：历史文化遗产保护总体战略和相关政策研究

我国作为世界四大文明古国之一，本应当是世界上对历史遗产最重视的国家之一。

①孟宪民，成就 差距 优先 主题——文物保护科技发展思路再探，中国文物报，2005年4月

尽管国家确立法律、中央明确方针，但社会对保护的理解和重视，仍严重不足，需要通过跨学科研究，研究遗产面临的严峻形势，经济与社会可持续发展对遗产保护的迫切需求，探索符合世情国情、有中国特色的遗产保护发展道路，开展将历史文化遗产保护列为基本国策的研究。在遗产保护的属性、价值、作用、地位等问题研究的基础上，探讨遗产保护与博物馆发展、民间收藏、流通转让的关系问题，探讨遗产保护与有关各方面关系特别是与旅游发展、城乡建设的关系问题，探讨遗产保护在全面建设小康社会过程中的基础性作用和地位。创新管理体制机制，使其既符合遗产保护特有规律，又适应社会主义市场经济初步确立的复杂局面。

历史文化遗产保护领域中长期科学和技术发展规划战略研究响应了胡锦涛总书记关于注意保护历史文化遗产和古都风貌的号召，收获很大。同时将大遗址保护置于学术框架和科技整体发展之中。其中国家重大文化遗产地这一重要概念的提出进一步明确了大遗址及其保护的重要性，可以说是大遗址保护兴起的较新的背景。

当国家发展改革委员会在 2004 年征求“十一五”专项规划建议的时候，国家文物局送出了历史文化遗产保护中长期科学和技术发展规划战略研究的文本，以供参考。这很可能也成为了后来国家确立文化与自然遗产地保护与发展专项规划的一个动因。

第 2 章　大遗址概念探讨

财政部、国家文物局 2005 年出台的《大遗址保护专项经费管理办法》，应是政府部门首次对“大遗址”的专门定义：

本办法所指的大遗址主要包括反映中国古代历史各个发展阶段涉及政治、宗教、军事、科技、工业、农业、建筑、交通、水利等方面历史文化信息，具有规模宏大、价值重大、影响深远特点的大型聚落、城址、宫室、陵寝墓葬等遗址、遗址群及文化景观。

这是对大遗址概念的解释、发展与明确。因此，我们不能随便说什么“大遗址”至今还没有定义，而是将这一规定性的提法，作为讨论这一富有中国特色的保护概念的新起点。

大遗址，从王冶秋局长第一个说出口，就是与保护连用的。因此，它是一个为主动实现保护目的而产生的概念，是为制定一个大规模保护抢救文化及环境遗产的专项规划并列入国家发展计划而产生的概念。我们讲大遗址，除了强调保护的重要性和迫切性，还有为达到保护目的对保护对象整体性和对保护理念、措施综合性的要求。将大遗址归结为“遗址、遗址群及文化景观”，是一个重要的创新，适应了整体性和综合性保护的要求。

本章将讨论大遗址的定义、大遗址与文物保护单位、历史文化名城概念的联系以及可能进行的分类。

2.1　遗址、遗址群及文化景观

当王冶秋、苏秉琦、李铁映、郭大顺、张文彬等许许多多的在不同岗位上的人士说出“大遗址”三个字时，都带着强烈的感情色彩。“中国是世界上唯一的历史延绵不断、长期统一的古文明发达的大国。大遗址作为古文明的集中代表，提出这一概念，反映了现代中国保存的历史文化遗产的基础性特色。大遗址的提法，也还带有荣耀、自豪、重视、惋惜、感叹等感情色彩，因而是可以作为正式的文物保护和学术研究的概念予以认可的。”①

2.1.1　以往的讨论

新中国成立之初，规模巨大、性质重要的古遗址地区的概念就已提出。后来从保护和研究的两个角度出发，都响亮地强调大遗址的重要性。大遗址和大遗址保护成为文物考古及相关学界流行的语汇。

---

①　孟宪民，梦想辉煌：建设我们的大遗址保护展示体系与园区——关于我国大遗址保护思路的探讨，东南文化，2001 年第 1 期

作为国家文物局的正式文件，首次以“大遗址”一词为题的，是1999年10月向国家发展计划委员会做出的《关于拟将我国大遗址保护展示体系建设规划列为十五规划专项的请示》(文物保函【1999】706号)随文报送的《全国大遗址保护展示体系建设规划基本思路》的主要内容，见于《文物工作》2000年第3期——国家文物局文物保护司名义发表的“当前大遗址保护的问题与对策”一文。该文对大遗址定义作了如下阐释：

大遗址，包括原始聚落、古代都城、宫殿、陵墓区和宗教、工业、水利、交通、军事等建筑、设施遗迹，起讫年代久远，分布地域广阔，气魄宏大、埋藏丰富，综合并直接体现了中华民族的起源、形成与发展，是构成中华五千多年灿烂文明史的主体。

《东南文化》在2001年第1期第一篇的位置发表的《梦想辉煌：建设我们的大遗址保护展示体系与园区——关于我国大遗址保护思路的探讨》一文，首先对大遗址的定义进行了较详尽的讨论：

大遗址，即指大型的古文化遗址。这是以《文物保护法》第二条受国家保护文物的分类为依据定义的。国务院1997年关于加强和改善文物工作的通知采用的提法，是‘古文化遗址特别是大型遗址’。从国务院历次公布全国重点文物保护单位以古遗址为一类的情况出发，又可以定义为大型古遗址。或可引申为以遗址为主体的大型文物保护单位。这样就应包括一部分古墓葬(古墓群、陵墓区)和其他一些古代设施遗迹。

关于遗址如何定义，该文介绍联合国教科文组织《保护世界文化和自然遗产公约》将文化遗产分为三类：文物、建筑群和遗址。而遗址即：“从历史、审美、人种学或人类学角度看具有突出的普遍价值的人类工程或自然与人联合工程以及考古地址等地区。”该文认为，在某些地区或特定条件下，这几类遗产可能重合，文物、建筑群座落于遗址范围内。于是：

在我国，人们常说的大遗址，似乎已不只是原有分类意义上的大型古遗址、古墓葬或大型古文化遗址的简称。一些专家认为，大遗址与自然和历史环境有密切联系，是一种自为或计划的群体系统和组合，地下遗迹遗物埋藏丰富，蕴涵大量的历史信息。大遗址可以包括：在考古学文化和我国历史上占有政治、经济、文化的重要地位的村落、城市、手工业、军事、交通、水利、宗教、葬丧等设施的遗迹及相关环境。我国特大、最大的遗址应当算是长城和现大部分仍在使用中的大运河，是久已著名于世的。

上述《东南文化》2001年文经压缩文字后2003年底由中国社会科学院文献中心选入《新世纪领导干部理论文献》。该文将大遗址进一步明确为：“既包括文物保护单位个体，更包括：与遗址相关联的地理环境，以及包含有文物、建筑群的遗址及环境的群体综合系统，并可引申为区域文化遗产。”

天津大学的田林博士在其2004年的博士论文中将大遗址定义为“具有一定规模、保留原有部分使用功能和结构作用以及建筑材料于原地的人类文化活动的场所。……从国务院历次公布全国重点文物保护单位分类角度出发，可引申为以遗址为主体的大型文物保护单位及其体系或组群，即在考古学文化和我国历史上占有政治经济文化重要地位的聚落、城市、手工业、军事、交通、水利设施、宗教、丧葬等设施的遗迹和相关环境”。

2.1.2　大遗址的定义

大遗址顾名思义就是大的遗址。但,似乎又不尽然。

“大”？最普通的解释,见于《现代汉语词典》:“大”一词,在作形容词时:①在体积、面积、数量、力量、强度等方面超过一般或超过所比较的对象;②排行第一的;③用在时令或节日前,表示强调。

另外,很重要的是“有容乃大”,大,即包容,即综合。

什么是“遗址”？最普通的解释,即《现代汉语词典》对遗址一词的解释是:毁坏的年代较久的建筑物所在的地方:如圆明园遗址。对大遗址,如照此类推也作最普通的解释,即为:大而且列为首位重要的、历史上毁坏的年代较久的建筑物所在的地方。但包容性与综合性未能体现。

《中国大百科全书·考古学卷》未设“遗址”词条,在“遗迹”词条之下作首项解释了遗址:

> 遗迹　古代人类通过各种活动遗留下来的痕迹,包括遗址、墓葬、灰坑、岩画、窖藏及游牧民族所遗留下来的活动痕迹等。其中遗址又可细分为城堡废墟、宫殿址、村址、居址、作坊址、寺庙址等,还包括当时的经济性的建筑遗存,如山地矿穴、采石坑、窖穴、仓库、水渠、水井、窑址等;防卫性的设施,如壕沟、栅栏、围墙、边塞烽燧、长城、界壕及屯戍遗存等也属此类。

这其中既有长城也有运河。遗迹较遗址概念更宽,故也有人称大遗址为“大遗迹”的。

古遗址,《中国大百科全书·文物卷》解释为:

> 古代人类各种活动留下的遗迹。既包括人类为不同用途所营建的建筑群体,例如民居、宫殿、官署、寺庙、作坊以及范围更大的村寨、城堡、烽燧等各类建筑残迹;也包括人类对自然环境利用和加工而遗留的一些场所,例如洞穴、采石场、沟渠、仓窖、矿坑等等。……通过对各种类型的古遗址的调查发掘,可以揭示许多古代遗迹,进而考察有关社会状况,因而在文物保护与考古研究工作中备受重视。

该词条还分以下几类对有代表性的遗址进行了介绍:人类化石产地和旧石器地点、新石器时代聚落遗址、夏商周的都邑遗址、秦汉及其以后时期的城市遗址和古代手工业遗址。

该《文物卷》成书于1993年,观念进步,观点全面,强调了自然环境,不止是加工场所还包括利用自然环境的场所。这一词条的作者是苏秉琦和王世民。

联合国教科文组织《保护世界文化和自然遗产公约》对“遗址”的描述,前文已述及。

最近由上海社会科学院出版社出版的《发现我们的过去——简明考古学导论》([美]温迪．安西莫、罗伯特．夏尔著,沈梦蝶译),是一本为考古学入门课程而写的书。该书在分别解释了文化遗物、迹象和生态遗物之后,对于遗址还有地区都进行了定义:

遗址(sites)是文化遗物、迹象和生态遗物的空间集合。有些遗址可能完全由一种资料组成——比如散布在表面的文化遗物。其他遗址由三种考古资料混合而成。遗址的界限有时候定义得很明确——特别是如果城墙或护城河等迹象现在还在的话。然而,遗址的局限性在于物质遗存被发掘的密度和频率太低。无论怎样定义界限,遗址通常都是调研的基础工作单元。

遗址可以根据个人对其特征的理解用多种方式来描述和归类。

……

地区(regions)是考古资料中最庞大、最无定型的空间集合。地区主要是一个地理概念:一块与地形学特征——如山脉与水域等相关可定义的区域。但是定义一个考古学地区还常常涉及生态学和文化因素。举个例子,某个地区有可能被定义成"为史前人口提供食物和水的地区"。综合整个地区情况后,考古学家就可以还原一个过去社会的方方面面,这是一个单一的遗址所无法做到的。

考古学地区的定义和区域范围根据该社会的复杂程度和生存方式不同而有所不同。除了揭示对一个地区作出定义的因素以外,鉴定这些因素如何随着时间变化而改变也是考古学家的任务之一。考古学家通常研究的是地理边界已经预先定义好的、较为便利的自然地区,然后想办法确定该地区的古代生态边界和文化边界。

前文在介绍大规模遗产保护的国际趋势时,提到的"历史地区",一般认为仅是指历史城市和街区。其实,从其定义可看出考古遗址的重要性:

"历史和建筑(包括本地的)地区"系指包含考古和古生物遗址的任何建筑群、结构和空旷地,它们构成城乡环境中的人类居住地,从考古、建筑、史前史、历史、艺术和社会文化的角度看,其凝聚力和价值已得到认可。在这些性质各异的地区中,可特别划分为以下各类:史前遗址、历史城镇、老城区、老村庄、老村落以及相似的古迹群。不言而喻,后者通常应予以精心保存,维持不变。

从中可以看出,即使在建筑群为主的历史地区,考古遗址也须要重视。而且,由于性质各异,也有以考古遗址为主的历史地区。

目前,在国外还没有与"大遗址"直接对应的名称,但从特性上分析,从区域视点来看待遗产保护工作,在各国和国际组织的法规、宪章中和专业机构的文献中,不少概念都与我国提出的大遗址有所关联。如前文已引述的联合国科教文组织《保护世界文化与自然遗产公约》提出的"遗址"(site),《关于历史地区的保护及其当代作用的建议》提出的"历史地区"(historic area)的概念,后文将提到的国际古迹遗址理事会《考古遗产保护与管理宪章》(1990年)的"考古遗产"(archaeological heritage)的概念,还有如英国提出的"考古地区"(archaeological area)、美国提出的"历史遗址"(historic sites)的概念等,都具有与我国所提出的"大遗址"概念的相似性。因此,"大遗址"概念的提出也是国际倡导的区域性保护和综合性保护在我国的具体表现。

2005年的财政部、国家文物局最近对大遗址的定义将大遗址作了"遗址、遗址群及文化景观"的归结,真是神来之笔。

"文化景观"目前是国际热门话题,对其最普通的解释:泛指一切具有文化价值的可供观赏的景物。用于此，包含了相关自然环境、从属或不从属于遗址、遗址群的文物和建筑群，也包括具有其他文化价值的现代人类活动所形成的活动着的或相对固定的景物。当然，该文化景观是由“遗址、遗址群”所“及”的。对该地现代文化价值的判断也应首要是对遗址、遗址群的尊重和保护。

把文化景观写入大遗址的定义，将其与遗址、遗址群连用，表达了大遗址的群体系统性以及对现代人居和其他环境要素的综合。试图挣脱由部门分工给国家遗产保护带来的局限。把遗址及其群体与文化景观相加，可以说是自主的集成创新，或许又是一个具有中国特色的发明，对国际遗产保护理论是一个重要贡献。

如用一句短话概括，大遗址，即：在历史上和对于今天及未来发展都万分重要的以考古学及多学科研究为认知方法的遗址、遗址群及其他文化景观所组成的地区。这样的地区当然要坚决保护和有计划的调查发掘。

大遗址概念，包括了三个层面的理解：一是大尺度建筑、构筑物的具体遗迹及其群体和包含物，往往与具体的考古调查发掘和保护修复技术相关；二是大型古遗址、古墓葬区等文物保护单位，包含上述遗迹并将其称为本体、实体，受到法律保护和约束；三是以古遗址、古墓葬区为主的不同时代和类型的文物保护单位组合、片区、历史地区与城市，可称为大遗址地区，是区域概念。在大遗址地区，人类文明遗存是该区域的显著特征，因而与保护与发展的决策甚至重大决策相关联。这三种理解，可以相互支持，并行不悖。

提出大遗址的概念，基于前两层理解，主要指第三层理解。提出大遗址的概念，也正是为了作为前两层理解的大遗址的有关工作得到重视和落实，并发挥其应有的重大作用。

2.1.3　大遗址的本质特征

财政部、国家文物局的定义说明，大遗址的本质，是历代大型工程设施遗迹及其所在的地区。其特征：一是在历史发展中具有重要地位，规模宏大、价值重大、影响深远；二是包容多方面的综合和专业的历史信息；三是以大型聚落、城址、宫室、陵墓、水利、交通、军事、宗教、工业、农业等遗迹为主体；四是指遗址、遗址群及文化景观，即包含古今人类与自然的和谐；五是以考古学为主的综合科学认知手段。

根据财政部、国家文物局文件对大遗址的界定，我们在为国家科技支撑项目“空间信息技术在大遗址保护中的应用研究（以京杭大运河为例）”起草申请书摘要时，试图进一步概括大遗址与大运河的特点：

大遗址是最能体现人类社会，包括国家、民族、地区、行业，兴亡盛衰的最重要的历史见证。而这种见证，在有人群居住的地方，应已融入当代社会生活，但仍需揭示与彰显。

……

大运河是我国历史发展的大动脉，是超巨型的、部分正在使用的大遗址，是世界公认的人类工程奇迹，具有极其丰富的文化和自然的内涵与景观。将京杭大运河公布为全国重点文物保护单位，是党中央、国务院的重大决策。保护好大运河，是落实国家法律和世界公约的要求，是引领我国历史遗产全面保护的重大举措，是各有关部门和科技界面临的艰巨、紧迫而光荣的任务。

大遗址,正因为曾被毁坏过而珍贵。埋藏极为丰富的大范围的遗址、遗址群及文化景观是反映人与社会、与自然关系的发展演变的遗产地区,所以在表现中华先民的伟大创造力和反映历史的辉煌与鼎盛的同时,也反映了大范围的政治、经济、文化、生态的历史变化,表现了历史的衰败和环境的恶化,因而是现代发展的历史见证和借鉴。同时,正因为其地域广大,包括土地、水系,自然也成为今天人们的生存载体。

将大遗址界定为重大历史文化遗产地区,是将其内涵建立在区域特点上的一种考虑。大遗址不仅仅包括传统文物分类意义上的大型古遗址、古墓葬,更包括与地理环境相关联的、涵盖所有文物、遗址、建筑群及其他文化、自然要素的地区,是一个群体和层叠分布的综合系统,是文化与自然意义上的完整体现。对于我国来说,有两大类大遗址是最重要的:一是与人类文明起源相关的区域;二是代表了中国文明鼎盛时期的区域。

将大遗址界定为大型的古代人工的遗迹、遗迹群,为什么也是可以的?因为它们的存在,不论是地下埋藏还是地面显露,不论是否已确定为保护单位,才是最为主要的大遗址的本质特征。也就是《保护世界文化和自然遗产公约》中所描述的“人类工程或自然与人联合工程”。这是必须高度重视的大遗址地区的核心。

大遗址与普通遗址又有很大区别。从内涵上看,主要体现在三个方面:首先是规模,与普通遗址相比规模要大得多,或者是独立遗址的占地面积较大,或者是许多独立遗址的组成或集合;其次是重要性,与普通遗址相比,它是一定时期该区域的文化代表或政治中心,或者是重大历史事件和重要历史时期的标志;最后,从群落的角度出发,与大遗址的地区概念接轨,在考古学、历史学、生态科学、城市科学等的研究上将具有重要价值,应当考虑文物、建筑群和遗址三类不可移动文物的关联,并融入现代生活和自然环境,将当代成就、昔日价值和自然之美纳入一个整体政策。

与保护的特殊要求,即建设大遗址保护、研究、展示体系与地区的必要性相联系,必须注意大遗址具有的以下显著特点。

1. 与社会经济发展关系密切

大遗址的规模和区域特点决定了传统的封闭管理方法很难实现。需要保护和研究更多的遗存和更大的区域与城镇用地相关。多年来,我们在开展大遗址保护工作时,常常不得不考虑保护与地区社会经济发展间的协调问题、与各个用地部门间的关系问题,以及区域内人们的生产生活问题。这与其他类型的文物古迹和单体遗址的保护是完全不同的。因此,面对大遗址保护这一命题,除了传统意义上的保护技术外,必须考虑更多与遗址相关的社会经济问题。

2. 地下埋藏未知成分较多

这是由遗址属性决定的。对大范围的地下埋藏很难做到详尽了解。遗址,尤其是以地下埋藏为主的遗址,对其价值认定的信息都必须靠考古方法来收集和研究,而且,这一过程是一个由点至面、由面及点的逐渐、反复的过程,更是一个长期的研究过程。对于大遗址的保护区域和重要部位,往往只能有总体的把握以及阶段性或局部性的认识。

3. 浅表的观赏性较差

许多遗址一马平川,高低起伏已然消失。如殷墟,除流淌的洹河外,地表已无任何蛛丝马迹。具有雄伟、高大或者延绵的如城垣、坟冢、宫殿高台基者少之又少,而且也难得为多数人欣赏,何谈那些既不雄伟又不高大又不延绵者以及似乎阴柔的河系和道路呢?土筑遗址,与石构遗址、与完整成群的古建筑、石窟寺等相比,从普通公众层面上看,不具备很强的可观赏性,展示的难度较大。

4. 现存本体及环境相对脆弱

由于遗址主体结构在相当长的一段时间内丧失了使用功能,甚至被废弃和掩埋,所以常常表现为本体残缺不全,环境状况恶劣。由于时代久远,遗址所处区域的人文环境已发生了根本变化,这也为开展遗址的可持续性保护带来了难度。

综合各家之说,大遗址之大,主要体现在"综合价值大、相对规模大、面临问题大和保护难度大"。界定大遗址概念和特性必须强调大遗址的"区域"属性。大遗址是一个包含大量文物遗存及其所在自然与人工环境的特殊区域,具有复杂的社会、经济、环境和资源构成,在保护的诸多方面和所有过程中,需要开展多学科的综合研究,强调整个地区的生态环境改善、居民生活水平提高、文化建设、特色产业和区域经济发展等的有机结合。

大遗址之大,从总体上讲,还可视作相对的概念。大小以及重要性都是相对而言的。从一个国家直到某一乡村,都可以从这一大遗址的科学概念出发,认定和保护自己的大遗址,并给以大规模综合性的规划与行动。郑振铎等前辈很早就告诫过我们,不要忽视反映普通公众生活的遗址。我们所要开展的是一个中国大遗址保护、研究和展示的现代化体系的建设,不仅是分隔孤立的个别项目。每一个基层单位及其民众都可为此做出贡献。

2.1.4　大遗址的突出普遍价值

我希望人人能像保护自己的眼睛一样来保护地面和地下的文化宝藏,不仅仅是为了学习遗产推陈出新的需要,还要为后代的子子孙孙保存文化遗产,作为对他们进行爱国爱乡教育的力证。

这是前文已经提到的郑振铎1956年接见《文汇报》记者时的谈话。为什么说是极精辟的? 因为,这句话基于两点,即:学习遗产推陈出新、爱国爱乡教育力证,可以生发无穷,生发根本——创新与凝聚力!

大遗址,起讫年代久远,分布地域广阔,气魄宏大、埋藏丰富,是代表我国文化根系和文明起源及形成与发展的主要遗存,综合并直接体现了中华民族的创造力和历史兴衰,构成中华五千多年文明史的主体,是很多其他文物无法替代的,因而最具创新与凝聚力的价值。

空间地理分布,是遗产的最为重要的因素之一,不论是物质的还是非物质的,文化的还是自然的,世界的还是国家的都如此;文化遗产均以自然为载体或承托。规模大小、位置如何是判断遗产价值的一个最重要依据。遗产的包罗万象与丰富多样,造成代表范围和重要程度的不同,于是导致不可替代性,甚至唯一性。

历史、科学、艺术或自然美等价值是文化与自然遗产所固有的属性价值。这种属性价值,通过空间地理分布导致遗产的差异和多样,差异和多样又导致人们探索追求的冲动,从而构成了遗产作为特殊的社会经济发展资源的价值,并产生巨大的影响力。与这种最终意义价值相联系的是:层次一,环境价值、研究价值、观赏价值和情感价值等;层次二,教育价值、纪念价值、游览价值和经济价值等;层次三,生活质量价值、民族生命力、创造力、凝聚力价值、经济潜力,等等。

历史文化遗产是光辉灿烂的中华文化的重要载体,是维系中华民族团结统一的精神纽带,也是特殊的物质基础,代表了国家形象与民族地位,是凝聚力之源,是创新之源,也是经济潜力,是立国聚族强民之本。大遗址,则更是如此。

在所有的人类和国家遗产中,即使与其他以空间地理分布为主要特征的伟大的建筑群、历史地区和城市、重要自然遗产地相比较,大遗址,这种埋藏极为丰富的,实证人与社会、与自然关系的发展演变的遗产地区,仍然是更为重要、万分重要的。他既是特别重要、是世界与国家范围的具有唯一性、不可替代的重大遗产,又是部分甚至大部分未知的、还不能够深入了解的人类财富与资源。而且,未知的历史更加无法重复与复制,缺失不可再生与再知。

大遗址,正因为其性质特征,而与其他一般或重要的文化与自然遗产相比较,更具有突出的普遍价值。大遗址是最能体现我国人类社会,包括国家、民族、地区、行业的兴亡盛衰的最重要的历史见证,是中华民族起源、发展和演变的重要过程的结晶,构成中华民族文明史极为重要的组成部分,成为正确阐明和形象展示历史而在今后不能不逐步予以研究和揭示的遗存。同时,大遗址又是相当部分人群的生活生产的载体,现代人群生存环境的重要组成部分,已融入当代社会生活,成为重要的环境遗产。对广大的人们可以产生潜移默化的历史与科学的教育作用。

大遗址,即大遗址地区,从一定的地理单元出发,扩大时空范围的去考虑的多种文化与自然遗存的层叠和群体的分布。综合的结果,使我们能更好了解历史上的经济盛衰、政治兴替、民族聚散、生态演变,以指导今天的科学发展、人与自然的和谐相处。这是单一的遗址难以达到的。国家大遗址保护财政专项,将大遗址的定义归结为“规模宏大、价值重大、影响深远”的“遗址、遗址群及文化景观”,并将西安、洛阳等大遗址片区作为投入的重点,应当正是这个道理。

2.2　文物保护单位与历史文化名城

大遗址,是一个为保护国家重大遗产而产生的概念。文物保护单位和历史文化名城的法律制度的落实,是大遗址保护的基础。文物保护单位是为保护遗产而较早产生的概念,经历发展,并仍在发展。文物保护单位制度是我国历史文化遗产保护的最根本性的制度之一。历史文化名城保护制度是以文物保护单位制度特别是古城结构性、标志性的大遗址的保护为重要基础的。对此,应有清醒的认识。

2.2.1　文物保护单位

文物的概念,是中华人民共和国成立之初,对需要保护的历史文化遗产主体的概括性的选择。更早一些时候,国际流行的提法是古物。我国民国时有古物保存法。后来出现变化,很多国家使用文化财产一词,也有用文物、历史遗产的。较之古物提法,文化价值及丰富性和珍贵性得到强调,时代包容也更广泛。文物,还保留了对实物形态的强调;文化财产,更强调珍贵;历史遗产,更强调代际影响。根据文物保护法法律规定的实际内容判断,文物一词应作广义理解,包含可移动和不可移动文物及其环境。法律在对文物保护单位的规定中不仅提出划定保护范围,而且提出划定建设控制地带,即保护环境景观的要求,并进而提出保护历史文化名城、街区和村镇,其保护的内容也包括了无形或非物质文化遗产。

文物保护单位应是为保护文物而设的地理空间单元。包括了单体建筑和纪念物,也包括了坚决保护和有计划调查发掘的地区。单位或单元可大、可小,可复杂、可单纯,可点、可线、可片。文物保护单位这一概念至今仍在变化和扩充之中,除了有时会被人误解为事业企业单位的单位之外,几乎没有任何缺点,而这种误解也正提醒我们,如此重点的文物或遗产,有没有权威的专门单位或机构在实施管理?稍稍深究,就知道我们在管理上需要弥补的差距之大。

本书前面已经作了专门的介绍,20世纪50年代,郑振铎及其领导的团队学贯中西。他们了解中国的实际和国际发展的趋势,他们不仅完成“古物”到“文物”的概念转变,而且发明创造“文物保护单位”的概念,成为国际遗产保护理论的一大创新。为我们今天的大遗址保护奠定了坚实的基础。

文物保护单位,就是为了保护目的计量文物而采取的名称。根据现代汉语词典,“单位”一词,首要的含义是:“计量事物的标准量的名称,如米为计量长度的单位”;其次,才指机关、团体、企事业单位等。文物保护单位是有计量标准的,又是一个开放和发展的系统。郑振铎对于“保护单位”的阐释,已经“包含有几个或几十个或几百个乃至上万个项目”,已经包含着我们今天所认为的不同类别的不可移动文物,也包含着有关的可移动文物。那么今天,当人类保护遗产的要求,已经需要在保护文物的同时,还保护与之结合自然环境、与之结合的非物质遗产,而更加具备完整性和真实性的时候,我们感到,先辈留给的具有中国特色的“保护单位”的概念博大精深,似乎仍然可以包容。

文物保护单位的法律制度是明确的,主要内容是规定各级政府代表人民并依靠人民履行基本职责。文物保护单位的种类多样,保护的需要不尽相同,或者有很大的不同。例如很多历史建筑、水利和交通遗迹等,现都在使用;又如有大量居民的古遗址,特别是为数不多的古都遗址,其上甚至是整个城市。尽管问题处理起来比较复杂,都是世纪难题、国际难题、国家难题,需要实事求是地解决,但不是我们不再确定文物保护单位的理由,更不是倒退的理由。

文物保护单位是一个科学严谨同时又可以发展的制度体系。这一根本性制度体系,既要坚持,也要发展,在坚持与发展中,才能得以落实,并取得实效。古遗址已经是文物保护单位的一个类别,不少的大型遗址、遗址群已经公布为文物保护单位。作为"遗址、遗址群及文化景观"的大遗址、大遗址片区和地区也可以作为一个层级或种类的保护单位,加以保护和管理。其实,如果思想再解放一点,文化线路、文化景观、乃至历史文化名城名镇名村,凡以实物形态为主的保护对象都是可以列为包含着"几十个或几百个乃至上万个项目"的内容特别丰富的、有主体、有基础、有层次的综合类的"保护单位",实事求是的加以管理并实现管理的目的。京杭大运河跨多省市,被国务院作为一个整体一次性的公布为全国重点文物保护单位,就是一个勇敢实践和重大创新。

美国国家公园管理体系与我们的保护单位制度有类似之处,值得借鉴。其一开始确定公布保护的是以自然遗产为主的国家公园,后作为一个保护体系,发展出各种类别,较晚近的是其中有大量居民生活生产的国家遗产保护区。2006 年,在绍兴的国际会议上,美国内务部国家公园管理局的代表介绍了在国家公园体系中设立国家遗产保护区并实施保护的情况。美国现有 390 个国家公园,如黄石公园、自由女神像等。美国现有 27 个国家遗产保护区,如:黑石河谷国家遗产长廊等。该代表认为,国家遗产保护区是一种更好方式,用以保存具有历史意义的仍被居住的景观地。

2.2.2 历史文化名城

历史文化名城制度,是根据我国历史文化遗产保护的实际,结合城乡建设规划管理的需要,参考国际先进经验而确立的。也可以说是文物保护单位制度的发展与延伸。历史文化名城,也可视作一类包含更多项目的"保护单位"。我国第一批历史文化名城确定,在 1982 年《文物保护法》公布之前。《文物保护法》公布时,增加了在过去的文物保护法规中没有的新内容,在"文物保护单位"一章,规定公布历史文化名城,并规定为文物保护单位划定建设控制地带。这应是城市规划、文物考古等多学科、多部门专家合作的重大贡献。

1981 年 12 月 28 日,国家基本建设委员会、国家文物事业管理局、国家城市建设总局联合向国务院报出《关于保护我国历史文化名城的请示》①。请示的一开头就提到了古都遗址、地下文物的重要性:

我国是一个历史悠久的文明古国,许多历史文化名城是我国古代政治、经济文化的中心。在这些名城的地面和地下,保存了大量历史文物和革命文物,——做好这些历史文化名城的保护和管理工作,对建设社会主义精神文明和发展我国的旅游事业都起着重要作用。但是随着经济建设的发展,城市规模一再扩大,在城市规划和建设过程又不注意保护历史文化古迹,致使一些古建筑、遗址、墓葬、碑碣、名胜遭到了不同程度的破坏。近几年来,在基本建设和发展旅游事业的过程中,又出现了一些新情况和新问题。有的

①国家文物事业管理局编,新中国文物法规选编,文物出版社,1987 年 10 月第一版

城市,新建了一些与城市格调很不协调的建筑,特别是大工厂和高楼,使城市和文物古迹的环境风貌进一步受到损坏。如听任这种状况继续发展下去,这些城市长期积累起来的历史文化遗产,不久就会被断送,其后果是不堪设想的。

而该请示的第一条,就是调整明确城市性质和发展方向。即"今后的建设,既要考虑如何有利逐步实现城市的现代化,又必须充分考虑如何保存和发扬其固有的历史文化特点",力求两者有机结合。搞现代化,并不等于所有的城市都要建设很多工厂、大马路和高层建筑。特别是对集中反映历史文化的老城区、古城遗址、文物古迹、名人故居、古建筑风景名胜、古树名木等,更要采取有效措施,严加保护,绝不能因进行新的建设使其受到损失或任意迁动位置。

文物保护单位制度与历史文化名城制度结合,构成国家遗产保护的重要体系。但是,落实保护仍有许多困难与问题。我国现存大多数不可移动文物是处于遗址状态的,现存古建筑数量较少,时代较晚。我国一部分历史文化名城也主要是因大遗址得名或从属于大遗址的。如:西安、洛阳、景德镇、曲阜、临淄、江陵、安阳、扬州、开封和集安等。它们就是郑振铎先生所言的古代都邑所在的"万分重要的地区"。其遗址保护的难度,较地面建筑更大。在这些城市,要实现对历史文化名城的保护、实现对于古建筑、历史建筑及其环境的保护,必须重视而不排斥大遗址保护和考古调查发掘。这些城市,是大遗址地区的中心,必须坚决和主动的将各类文化景观和遗址、遗址群作为整体,有计划的保护、调查和发掘,并纳入城市建设规划。

每一个城市都有自己发展的理由和成长的历史,都代表着一个历史地区。苏秉琦先生在《中国文明起源新探》中以一个考古学家的眼光曾审视道:

总的来说,考古发现的"大遗址"规格,就是古城古国所在,背景是人口密集、社会经济发达,社会已有分工。

我们在最初提出考古学文化区系类型时,曾提到中国现行行政区划中的200多个省级以下的专区一级,以一个有相当规模的、有历史来源的中等城市为中心,他们在现实生活中所起作用的历史渊源,就是产生古城古国的基础。

他还在出土玉龙的查海遗址所在的阜新市讲过:

"人类文明主要是城市文明。每个城市都有特性和个性,这是历史和自然的选择,开掘本土文化的现代生命力,并内化为人民群众的意愿,就会形成总体的文化形象。"

中国的城市化时代已经来临。正像半个世纪以前,农业生产建设促进了保护单位的提出、促进了大遗址保护一样,城市建成区和新建设区的迅猛发展,也理应带来历史文化名城和大遗址的大规模的抢救行动。地下、地上文物遗址和古城格局、街区保护,还有城市、水利、园林设计等各方面的工作者,是进一步团结起来的时候了。

大遗址保护,可以挽救中国历史文化名城。

2.3　大规模抢救地区分类

大遗址的分类,一般应指构成大遗址地区的基础、核心或主体的大型遗迹群的分类。

分类研究有助于对于大遗址的科学认知，指导进一步的调查、勘测、发掘以及保护、修复、展示和宣传等，是十分重要的。

下面介绍有关的讨论以及主要还是从体系与区域出发的两种分类。

2.3.1 关于分类的讨论

依据文物保护单位及其现行解释分类，即仅指现古遗址类和部分古墓葬区。此类保护单位一般给出时代上下限，在一地仅指该时段的地下埋藏、地面遗迹，非该时段的地上古建筑，尽管在地界内，甚至渊源很深，也另定文物保护单位和另行管理。如：战国时代的燕下都遗址与明代燕子塔。同一时段的古建筑和古遗址很多也是如此。如：唐长安城遗址与大、小雁塔。

从考古学区系类型出发，大遗址一般分为史前的和历史时期的中心聚落遗址两大类，将历史时期的古城址也视作中心聚落。作为中心聚落的周边和连接着中心聚落的各类设施，包括陵墓、水利和交通等设施，也是从属于中心聚落。就此意义而言，线状遗址、线性遗产仅仅是特殊的情况，因为它们必定要连接枢纽，连接组团，连接片区。

将独立于城市和聚落的专门设施遗迹，如交通、水利、军事、宗教等，可以分别归类。如运河、长城和海防等。实质上，这仍是一类地区，只不过呈线状分布而已。

关于大遗址的分类，由于分类的要求、目标以及参照体系不同，可以有若干不同的分类。而且由于遗址的多种属性，所以这些分类之间又多有重叠和交叉。在此列举几种比较有代表性的观点：

其一，在中国建筑设计研究院建筑历史研究所完成的《实施重大遗产地综合保护示范行动研究》中，将与大遗址密切相关的重大遗产地，分为以下 11 类：①旧石器时代文化遗址与猿人化石地点；②新石器时期文化遗址；③历史时期重要城市遗址；④古代大型建筑群遗址；⑤古代大型（军事、水利等）工程遗址；⑥古代大型手工业遗址遗迹；⑦古代帝王陵寝与各类墓葬群；⑧古典园林类；⑨大型古建筑群；⑩大型石窟寺或石刻类；⑪重大近现代建筑与史迹。

其二，西北大学的冯晓芳认为可以分为五大类，包括如下①：

（1）时间序列分类：包括史前遗址和历史遗址。

（2）材料类型分类：夯土、土坯遗址；砖瓦质遗址；陶瓷质遗址；石质遗址；土木混合遗址；洞穴遗址；土石混筑遗址；木石混砌遗址；其他材料遗址。

（3）功能分类：城池遗址；墓葬遗址；宫殿遗址；作坊遗址；寺庙遗址；民用设施遗址；军事设施遗址。

（4）地域分类：长江流域；黄河流域；西部区域遗址；东北区域遗址；南越区域遗址。

（5）性质分类：革命遗址；文化遗址；建筑遗址。

其三，东南大学的崔明按照文物法规、遗存现状、残存材料、历史时期、功能用途、地域分布、性质内涵、学科部类认为可以有八大分类。有的类型内又可以进一步的细分，如

---

①冯晓芳，北京工业大学工学硕士学位论文，2006 年 6 月，22 ~ 31 页

按残存材料又可以划分为①夯土、土坯遗址。②砖瓦质遗址。③陶瓷质遗址。④石质遗址。⑤土木石混合遗址。⑥洞穴遗址。⑦其他遗址①。

其四,中国建筑设计研究院建筑历史研究所的陈同滨认为,若从遗址与城乡建设的关系上还可将大遗址分为城市、郊区、农村和荒野②四类。这是非常重要的一种观点。

2.3.2　基于体系建设的时段为主的分类

“从大遗址体系和保护展示的特有规律出发,根据遗址重要性和面临问题的紧迫性,可依照历史时段、地区、类型,构建大遗址保护展示体系框架,确定国家和地方重点项目,进行规划实施”。前述国家文物局报国家计委的全国大遗址保护展示体系建设专项规划基本思路中,作为体系框架,曾做分类探索。其分类以历史时段为主,同时兼顾地区、类型:

1. 研究人类起源、进化遗址的保护展示

我国是世界上研究人类起源的中心地区之一,发现有人类进化各个主要阶段的古人类化石及其文化遗存,发现旧石器时代遗址近千处,最早的时代在200万年前。这时期人类主要依赖自然而生存,复原早期人类生活环境是重要课题。保护展示应与生态环境的研究、保护和建设结合进行,建立陈列馆和生态博物苑。

2. 代表农业起源的聚落遗址的保护展示

我国是世界上农业起源中心之一。至今已发现始于1万年左右的新石器时代遗址近万处。其中有多处人类定居的大型聚落和农田遗迹。各地区丰富多彩的遗存是形成多元一体的中华民族的基础。应继续选择代表性的遗址建设遗址博物馆,恢复或表现远古的环境。

3. 文明起源标志性地区的保护展示

新石器时代后期,社会组织发生明显变化,人类营造能力产生飞跃,产生了大规模的建筑、设施;一些大遗址,如牛河梁、良渚、石家河等遗址群,已成为中华文明五千多年前起源的重要标志,是我国早期国家和城市形成的见证,具有特别的重要性和不可替代性。文明是改造自然的伟大成就,也是大规模破坏自然的开始,保护展示这些大遗址意义深远重大。应大规模保护展示历史人文景观,保持和恢复生态环境,并对盗掘严加防范。

4. 夏商周时期大遗址的保护展示

一般认为,中华文明和民族传统是在这一时期形成的,城市已经获得重要发展,大规模遗迹(包括大规模矿冶遗址)在长江、黄河中下游广为分布。其中一些重要都城、矿冶遗址临近现代城镇或为其占压,现代工业开发正在进行,实施大面积保护展示,协调原有规划迫在眉睫。如:偃师二里头夏都遗址、郑州商代遗址、安阳殷墟、宝鸡周原遗址、新郑郑韩故城遗址、凤翔秦雍城遗址、邯郸赵故城和赵王陵、寿县楚寿春城遗址、曲阜鲁国故城遗址、临淄齐国故城遗址和田齐王陵、地跨铜陵市南陵县的凤凰山—大工山矿冶遗址

---

① 崔明,江苏省大遗址保护规划与利用模式研究,东南大学硕士学位论文,2006年

② 陈同滨,ICOMOS 2005年3月25日预备会

等。还有受盗掘威胁的,如:湖北八岭山、纪山、青山的春秋战国楚王公贵族墓群等。

5. 秦汉至南北朝时期大遗址的保护展示

我国在秦汉时代社会发展达到第一个顶峰,成为世界中心之一。全国各地得到开发,丝绸之路开始打通。城市和陵墓遗址分布范围几近全国,各种军事、水利、交通、宗教设施遗址规模宏大。除通过保护展示解决面临的建设、盗掘破坏问题外,地处边疆的,与生态环境建设及其他如农垦兵团、油田建设紧密结合协作是重要任务。

6. 隋唐宋元以降大遗址的保护展示

唐代是我国历史上最鼎盛的时期,隋唐宋元各代都留下各具特色的大规模遗迹。陶瓷工业对世界构成巨大影响,各类瓷窑址成为遍及各地的大宗文化遗产。宋元以后现存建筑物增多,但有些仍处于遗址状态,与现存古建筑交相辉映,极富特色。这一时期的大遗址更多地与现代城市迭压重合,应从规划入手,有宏观的长远的考虑,与现代城市大规模环境整治和绿化美化结合,或专门开辟保护展示园区,或与现有古建筑、历史街区合理组织,协调好旅游业、园林业的关系。

7. 秦汉隋唐都城帝陵保护展示

(1) 洛阳古代都城和王陵遗址群。夏、商、周、汉、魏、北魏、隋、唐等王朝都曾在洛阳建都,遗迹丰富、密集。城市化和盗掘的威胁都十分严重。

(2) 西安周边秦汉、隋唐都城遗址和帝陵。汉、唐是我国古代文明最辉煌鼎盛的两个时期,至今地面上还留存着规模宏大的遗迹。陕西省和西安市政府几年前就曾经提出过建设汉长安城、唐大明宫历史遗址公园的规划。涉及到西安市及其周边今后的发展,考虑到那里还有新石器时代姜寨、半坡遗址、西周丰镐遗址、秦咸阳城、阿房宫遗址、秦始皇陵、汉十一陵、唐十八陵、隋大兴唐长安城遗址等,潜力之大,全世界无与伦比。从我国现代化建设和改革开放大局出发,考虑促进中西部发展和西安早日成为国际大城市,应对以秦汉隋唐为主的大遗址给以通盘考虑,在尽量少占农用地、少移民的情况下,大规模保护修复与展示遗迹和景观,大力整治和优化环境。目前当地除了城市化的威胁,盗掘问题仍十分严重。应结合旅游开展,有针对性的予以解决。

8. 丝绸之路古迹保护展示

新疆沙漠中的古城、寺庙遗址,如尼雅遗址、楼兰遗址等,多奇特景观,遗存丰富。石油开发、道路开通、旅游发展带来严重威胁。需研究采取适当对策措施,如拦护、警卫等。

甘肃戈壁荒漠上的古城和墓群,如骆驼城、锁阳城等,都存在盗掘、水土流失等情况,应结合生态环境建设、旅游观光建设,改善保护状况。

这种分类考虑了时代所赋予的大遗址特点,便于把握其保护和展示的规律。但其中也反映了区域和类型特点,大遗址往往多个时代重叠,因此,最终操作仍将落实于地区。

2.3.3 整合抢救对象和措施的地区分类

前面已经述及,大遗址不是普通的遗址,是一类综合性的保护对象。是“与遗址相关联的地理环境以及包含有文物、建筑群的遗址及环境的群体综合系统,并可引申为区域文化遗产”。

将国家与地区、历史与现实、保护与研究相结合,老一辈考古学家为我们认知大遗址做出了榜样。按地区分类,考虑整合保护对象和采取综合措施的按一定的地理单元的分类,可能是唯一的适当的选择。

按地区分类,也有多种选择,如南方北方、东中西部、经济发达不发达、大中小城市所在、平原山地和水系流域等。根据保护面临问题进行选择可能是最适当的。保护问题最为突出者,客观上是建设和盗掘破坏,主观上是决策、监控不力及规划计划急需调整。因此可作如下分类:

城市地区,农村地区和荒野地区等三类,或城市建成区、城市郊区、人口密集的农村地区、人口稀少的农村地区和草原荒漠地区等五类。还可细分为:大城市建成区,大城市郊区,中等城市建成区,中等城市郊区,小城镇建成区,小城镇郊区,人口密集的农村地区,人口稀少的农村地区,草原地区和荒漠地区等十类。

这十类地区,属于十类文化景观,是进一步把握大遗址保护规律的基础。人口稀少者,防范盗劫显然是重点工作;而人口稠密者,特别是大中城市的建成区、建设区,则必然是大规模综合性保护和考古发掘投入的重中之重。

例如,地处大城市广州建成区的西汉南越国遗迹是全国重点文物保护单位,又要申请列入世界遗产。依照大遗址的观点,它不仅应包括西汉南越国遗迹,包括以后各时代城市遗迹的发现和埋藏,也应包括明清古城墙和古建筑,包括文庙即大革命时期农民运动讲习所旧址,还有意义绝不次于西汉南越王宫署遗址的孙中山纪念堂,以及比较普通的遗址、街区和历史建筑。这个先秦以来的两个小岛,即番山、禺山所在的古番禺,以地质勘察为证,一直是广州的中心。对于岭南,秦始皇决心开辟和南越国国王赵佗长期经略时,都决然不会想到两千年后孙中山成功开辟的一个新时代。为什么不可以将各时代、各类别的文物保护单位或非文物保护单位作为一个整体的遗产区,采取综合性的措施加以保护呢?让开辟帝制的秦始皇和终结帝制的孙中山携起手来联合申请列入世界遗产名录,不也是其乐无边的趣事和佳话吗!而且很可能真的有世界级的感召力呢!

两年前,为大遗址保护课题,中国文化遗产研究院的负责人陪同著名经济学家胡鞍钢专程去广州,有意识地让他只在古迹遗址密集的越秀区考察。那里的西汉南越国遗迹正在大面积发掘和展示,该范围内其他时代的古迹和文物也都极为丰富和精彩,尤以孙中山纪念堂、农民运动讲习所、光孝寺、六榕寺、怀圣寺光塔等遗存为著。但两天看下来,给人的感觉是乱糟糟的。感叹之余,胡先生语出惊人:广州这样一个地块,广东和广州似都不应缺少其GDP,也不缺其地皮,全国、全广东和全广州以经济建设为中心,此一地块内似不应以经济建设为中心,而应以遗产保护为中心。

推及全国,具有重大价值之遗产地,特别是经济潜力和凝聚力有待时日发挥的大遗址,以遗产保护、研究和展示为中心,而不以经济建设的指标要求,倒是真正的以经济建设为中心。

第3章　大遗址及其保护面临的问题

保护,《现代汉语词典》的解释是,尽力照顾,使不受损害。

因此,无损害即无保护。家底不清、损害情况和问题不明,保护就无从开展。何谓受损害,应尽何力照顾,使不受损害,是无法回避的问题。

对已饱经风雨沧桑的大遗址来说,不同于其他遗产,威胁与破坏主要来自人为因素,而且主要是来自社会的剧烈损害,还有专业方面的行为的缺乏及不当。

本章还将通过一个大遗址的实例,说明保护力量的主观上的问题。

3.1　大遗址的人为损害

国际上十分重视对遗产的受损害进行整体分析。一项较新研究成果是将受损害分为两种情况:剧烈的损害和渐变的损害。受损害的原因又分为自然和人为因素。有意思的是,在人为因素中列出专门一类,为专业方面的缺乏和不恰当行为。这与 ICCROM 大力倡导风险评估和防范性保护、强调地方和城市遗产综合性保护的战略是相呼应的。

3.1.1　剧烈与渐变的损害

对于文化遗产的损害,可分为剧烈与渐变两类。

剧烈损害的自然因素,如:地震、火山爆发、洪水、冰雹、暴雨、飓风、海啸、雷电和火灾等;剧烈损害的人为因素,来自社会的有:战争、抢劫、恐怖活动、狂热行动、野蛮行为、非法发掘、盗窃、市区发展、基建工程和现代耕作等;剧烈损害的人为因素,也包括缺乏下列专业作为:决策、规划、立法、管理、警察、监测控制、保护工程、安全防范、文化计划、国际交流和培训激励等。

渐变损害的自然因素是:摩擦、温度、盐溶、湿度、腐蚀、污染、光照、微生物、植物、昆虫、动物和尘土等;渐变损害的人为因素,来自公众的是:无知行为、观众超量、磨损、振动、乱划和搜寻珍宝等;渐变损害的人为因素,也包括在下列专业方面许多不恰当的行为和决策,如:发掘、运输、建筑、修复、支撑、保管、展示和照明等。

剧烈的损害,对任何文化和自然遗产,也包括大遗址,特别是具体的出露于地表或埋藏较浅的脆弱的遗迹都是摧毁。其中极端的、极为强力的,不论来自自然还是人为,带来的是地区性的改变,对整个社会都是灾难性、毁灭性的。但即使在和平稳定的社会状态下,也存在非法发掘、盗窃、市区发展、基建工程和现代耕作等社会行为,使大遗址遭到剧烈损害。

渐变的损害,就大遗址的总体而言,影响不很大,但对具体遗迹也必须坚持开展研究,加强管理、评估、监测和慎重决策。必须注意,渐变损害对一些重要局部遗迹或文物所造成的临界状态,如墙体即将坍塌、重要考古现象即将出露、艺术品面临丢失等。稍一不慎,渐变者就会转化为剧烈损害,造成无法挽回的损失。

暴雨和现代耕作对遗址的损害是经常的,虽非突发,但属剧烈。大遗址的幸存的人工地貌,高平低垫,很容易就在不知不觉中消逝了,特别是它们残存的顶面可能还保留着历史的细节。

这一整体性的损害分析告诉我们,不论是来自自然还是社会,剧烈损害的原因主要是专业行为的缺乏,而且,第一就是决策。

3.1.2　大遗址的人为损害

1. 市区发展及建设工程

城市建成区和周边地带的遗址,所遭到剧烈破坏,首当其冲。大开挖的建造技术、房地产开发和即使是公益性工程也要商业化运作所形成的高速度造成遗址的无可挽回的损失。有的城市竟将改善环境、美化景观和建设绿地的项目演为严重的破坏事件。还有为城市化补偿耕地,大规模平整土地、水系,对遗址及其赋存的生态环境都是比较严重的破坏。随着农村人口的增加,农村宅基地需求的迅速膨胀,也致使遗址屡遭破坏。

大中型的基本建设工程,如选址不当、操作不当,或未留足考古调查发掘的时间,对于大遗址的破坏都是相当剧烈的。即使是经过权衡利弊后可以上马的工程,在具体操作上的对大遗址特别是历史上曾有的工程遗迹的尊重、研究和保护也是十分重要的。这不仅使大遗址可以尽可能的保护展示,对工程本身的科学性的实现也是一种保障。

2. 盗掘、偷盗、劫掠

团伙性的犯罪活动长期屡禁不止,遍及全国。有些是群众性的盗挖、私分和哄抢,规模极大的、大量的建筑基址和墓冢甚至墓室被破坏。一些野外石刻、墓室壁画、建筑构件和出土文物被盗掘,甚至流失海外。如出土有精美玉器的江浙一带的良渚文化墓葬、出土彩陶的甘青地区的古墓葬、出土各类艺术珍品的商周至汉唐的墓葬、荆州一带的楚墓群和赤峰及周边的辽墓等。不仅精美文物流失,而且大量遗迹及景观遭到破坏。甚至一些寺庙塑像,如五台山唐代南禅寺彩塑也惨遭洗劫。

3. 各种取土与深挖

取土、深耕土、植树或换挖树坑和建设蔬菜大棚特别是在遗址重要部位危害甚大。一些幸存的考古遗迹也就是历史证据因此消失。高出于地表的宫殿、城墙和陵寝建筑遗址因耕种而夷平。埋藏极浅的建筑遗址,在我国为数众多,毁灭性的破坏情况,甚至相当普遍的存在。

3.2　剧烈损害的原因分析

对文化遗产造成剧烈损害的人为因素中,包括缺乏下列专业作为:决策、规划、立法、

管理、警察、监测控制、保护工程、安全防范、文化计划、国际交流和培训激励等。就大遗址而言,这些措施都普遍缺乏。主要是:

1. 缺乏高层有力决策

对大遗址的重要性认识不足,尚未形成大遗址保护在经济与社会和谐发展中具有重大战略作用的正确共识。大遗址保护工作被分散化、边缘化,甚至无视其存在。长期的历史欠账导致被动局面难以扭转。规划层次较低,世界级、国家级的大遗址对国家、民族很重要,但其抢救保护涉及政府职能的有力发挥、大面积土地用途调整和大量公益性投入,无法纳入当地村镇、市县甚至省区的规划。大遗址保护与地方和行业的既得利益、眼前利益冲突不断,与已有各类、各级计划、规划的矛盾难以协调,往往成为牺牲和妥协的对象。由于各有关部门协调不够,缺乏合力,很多绿地建设、生态农业、植树种草、旅游开发,甚至合理安排道路、水系和安居工程等本可以促进大遗址保护展示,反之则造成破坏,或分散了有限力量,也造成浪费。

2. 缺乏科学合理规划

各级政府制订城乡建设规划,未依法将大遗址的保护措施纳入规划,给予应有地位。历史文化名城保护规划也往往忽视大遗址,甚至忽视历史名城赖以得名的城市结构性的重要遗址。城市遗址保护,甚至与名城、街区、历史建筑保护、古建筑保护和博物馆建设也难以结合。一些城市规划中的大遗址保护,往往名义上为保护用地,实无具体目标与措施,随意性很大,违章建设和倾倒垃圾屡禁不止。有的城市为改善环境、美化景观建设了不少绿地,但大遗址的绿化展示却长期未能与之结合。造成资源浪费的同时,使大遗址保护更加窘迫。

3. 缺乏严格立法管理

作为大型文物保护单位,大遗址保护的专门立法,提倡多年,多未落实。大遗址保护涉及人们生产、生活的,更需与城市管理、与乡规民约结合的立法。在大遗址区域内,没有根据“遗产价值”这一共性统一管理,而是根据遗产所占国土的“资产属性”划分多部门管理。于是,文物、建设、旅游、宗教、文化、农林、环保、国土、地矿和水利等职能部门之间各自为政。文物部门缺乏行政权威,难以取得相关部门的沟通和合作。国家级、省级的文物保护单位基层管理,高层审批,缺乏有效分级管理办法。行政管理体制的改革涉及权力的协调和分层,亟待重视和开展。

4. 缺乏警力监护防范

打击犯罪未能与安全防范相结合。开放式的管理必须依靠有针对性的警力监护和社会治安综合治理。盗掘之风盛行,是市场诱发的结果,属于社会治安综合治理问题。但对某些大遗址特别是古墓群、田野石刻等的现场保卫和治安防范重视不够、缺乏办法和投入较少也是重要原因。由于大遗址的遗存分布广,并且大部分还埋于地下,全天候监控的难度较大。情况不断说明:传统的安全防护体系和标准正面临着极大的挑战。

5. 缺乏保护展示工程

对如何保护展示大遗址，保持其真实性和完整性，认识上存在偏差。遗址特别是土遗址的观赏性不如完整建筑，是不能引起保护重视和关注的主要原因。甚至保护古建筑和建设博物馆时也发生破坏周边遗址的情况。对代表中国特色的大遗址特别是土遗址及其景观，往往外国人很欣赏，我们自己不少人却熟视无睹、妄自菲薄。如何加强大遗址的展示，如何处理展示与大规模抢救保护、城乡建设、生态环境保护建设、旅游业发展以及有关多方面的关系，已成非常关键的问题。作为大规模展示的基础，对暴露地表和埋藏较浅遗迹有针对性、适当的保护工程，文物保护单位标志说明、环境卫生等政府公共职责的履行，就大遗址而言，也存在较大缺欠。

6. 缺乏有计划的发掘

缺乏为抵制建设和土地利用威胁的有计划的主动的考古发掘。考古发掘受制于经费和人员现状，未能实现以保护为主的方针为主导，按照保护的目标制定计划。城市遗址考古公益支出，几乎为零。即使遗址的重要部位，也被动等待基建工程到来的极为被动、窘迫的配合，主动发掘和保护难以实施。往往仅靠局部的考古探方、探沟取得资料后就放弃，已造成无法估量损失。考古专业队伍缺乏必要的人员构成，特别是建筑学、土木工程学专业人员的参与，不能对发掘出的遗迹进行有质量有效率的复原研究、现场保存和展示。配合基本建设和城市建设的调查、发掘的工作任务量大，现有人员应接不暇，于是出现少数人能做多少就是多少、大量工作放任缺失的状况。有关考古调查、勘探和发掘的国家法律在很多地区未能得到严格的执行。

7. 缺乏学科合作公众参与

跨学科合作的局面，尚未形成。文物考古研究成果向抢救、保护、展示和社会其他方面利用的转化，比较迟缓，与城市规划学、园林学、农学、生态学、社会学、经济学、土地管理、旅游等学科结合不够。社会关注热点，仍停留在重器物、轻遗迹的阶段，俗称“挖宝思想”；或者，只对所谓全面复建古建筑感兴趣。文物考古和有关科学界，尚未能着力研究保护展示的办法，包括采取适当建设的方式，保持和修复遗址的风貌，并且较普遍地向社会公众宣传，引导人们尊重、欣赏和感悟遗址及环境景观。大地景物规划属于园林学的研究范围，是发展中的课题①，尚未重视对大遗址保护展示的研究。专业工作者还缺乏与公众的沟通，包括知识普及和动员参与。

8. 缺乏高强度经费投入

高强度经费投入，在个别重点大遗址地区的实现，已取得扭转被动局面的明显效果，必须坚持到底。长期的大遗址保护的被动局面的形成，属于历史欠账，说到底是政府欠人民的，是中央政府欠地方政府的。对具有世界与国家意义而观赏性又不直接明了的大

---

① 汪菊渊，园林学，中国大百科全书 · 建筑园林城市规划，中国大百科全书出版社，1988 年 5 月

遗址而言，中央作为聚族立国之本的公共投入，乃职责所在，而地方和有关部门一些急功近利的投入，只能将经念歪。

总之，面对今天的发展压力，传统的制定规划的常规方法已解决不了问题，必须探索、开发和推广使用新的适当的方法。联合国教科文组织国际文化财产保护与修复研究中心（ICCROM）的首条战略规划强调：提高对文化保护价值的认识，让人们认识到其与自然或环境保护的价值具有相同的重要性，并使之与自然或环境保护挂钩。该中心认为，面对城市化、环境恶化、全球化和自由贸易、贫富差距日益扩大、政府管理松懈和权力下放等种种压力，历史名城的遗产价值正在遭受到生死存亡的威胁，社区本身也危在旦夕。如何超常规？可以说是大遗址保护面临的最大问题。

3.3　大遗址保护问题举例

这是一个正在发生的案例。中国文化遗产研究院的两位青年学者对位于皖北的凤阳明中都遗址进行了调研，并与当地的领导人进行了交流。他们后来以丁川为笔名在《中国文物报》（2007 年）发表的《明中都保护的困惑——兼谈文化遗产保护中存在的几个问题》，客观的反映了大遗址保护面临的来自市区发展的最大压力，比较中肯的分析了主观方面如行政管理、考古研究、城市与区域规划等差距及存在问题。主要内容如下。

凤阳县政务新区选址的第二套方案对明中都遗址的保护到底有何影响？凤阳的城市发展是否一定要以牺牲明中都遗址为代价？下面略作分析。

第一，专家指出，“中都自洪武门至大明门的南北干线洪武街，与大明门前的东西横街云霁街，形成了宫城前的丁字街，这是中都城内最重要的街道。”①种种迹象显示，此“丁字街”确实是明中都的关键布局。而第二套选址方案正当云霁街西端。据文献记载，这里曾有一系列明中都的功能性建筑，其虽已顷颓废弃，但仍有大量遗存埋藏于此。随选址的确定而到来的大规模基本建设将会使其破坏殆尽。

第二，《西安宣言》签订不久，墨迹未干，整体性保护已经成为文化遗产保护的基本理念和要求之一。王剑英先生指出，“明中都…地层清楚，基础尚全，上无覆盖，是全国唯一的一个完整的都城遗址，应从宏观上予以完整的整体保护。”②的确，对于明中都这样的大型都城遗址来说，保存其山形水系、路网格局尤为重要。鉴于明中都在中国都城发展史上的重要性，只有保证其完整性、保存各遗址、遗迹之间的关联性，才能使明中都的保护落到实处，才能挖掘出更多的利用潜力。因此，第二套选址方案不但会破坏明中都的完整性，还会使得对文化遗产“合理利用”的层次和水平大打折扣，不利于地方经济的发展。不止如此，凤阳旧城位于明中都的东南角，如果县政务新区选定第二套方案，凤阳旧

① 徐苹芳，一处被人遗忘了的古都——评介王剑英著〈明中都〉，见《明中都研究》，715 ~ 720 页，中国青年出版社，2005 年 7 月

② 王剑英，对〈凤阳明中都皇城及皇陵石刻保护规划〉的意见，见《明中都研究》，673 页，中国青年出版社，2005 年 7 月

城与政务新区则以东西夹攻之势，对“丁字街”这一重要布局鲸吞蚕食，施加破坏。调查所见，现在的云霁街一带已有少量的建筑，在“凤阳城市发展用地预测”规划中，云霁街中段和洪武街是被看作和旧县城一样的建成区来对待的①。这样，此“丁字街”布局就面临“旧城改造”名义下“建设性破坏”的危险。

第三，文化遗产保存必须要考虑国计民生问题，文化遗产保护不是城市发展的包袱②。管见所及，第二套方案虽然意在与蚌埠接轨，但是否为最佳方案还有讨论的余地。实际上，在长三角经济圈的辐射下，考虑到凤阳的整体协调发展，这里存在一个“锦上添花”还是“雪中送炭”的问题。凤阳县政府认为政务新区的第二套选址方案，面向蚌埠，体现出打破行政壁垒，以区域经济圈为理论导向的建设理念。但是，将政务新区的选址作一些调整则可以带动以东、以南的广大地区，这本是区域协调发展、可持续发展、构建和谐社会应有之义。对凤阳人民来说，这可谓“雪中送炭”。

通过对凤阳明中都保护相关事实的剖析，下文将讨论文化遗产保护中存在的一些问题。

首先，从保护工作层面来说，为保存文化遗产的完整性和原真性，应当修正文物保护单位确定的方式。以明中都遗址为例，1982 年国务院公布“明中都皇城及皇陵石刻”为全国第二批重点文物保护单位，2006 年，又增补“圜丘”、“方丘”、“涂山门”、“观星台”等四处建筑遗址为全国第六批重点文物保护单位。这种确定方式曾经为祖国文化遗产的保护事业做出了重大贡献，但是随着文物保护理念的不断深化，其缺陷日显。因为这种方式是点状分散的，割裂了本应统一的文化遗产单元，所以对保存文化遗产的完整性极其不利。从根本意义上说，“保护范围”的划定取决于对一处文化遗产地的完整认知，又决定着土地的主体功能利用，可以说“划定保护范围”是文物保护单位“四有”工作的关键环节。像明中都这样的大遗址，如果在确定公布国保单位的问题上缺少整体性考虑，后期的保护将异常艰难，当基本建设的压力加大时，这一点体现的尤为明显。

其次，从考古工作层面来说，应该更好的处理主动发掘与配合基本建设的关系。目前，国家基本建设居高不下，新农村建设也持续展开，为抢救祖国的文化遗产，考古工作者有义务投入到配合基本建设的考古工作中去。因此，适当的限制主动发掘是有必要的，也是符合国情的。但是，对于明中都这样的大型都城遗址，从 1982 年公布为国保单位以来，考古工作几乎没有展开，其范围、布局、文化内涵等遗址基本属性尚未取得考古学的支持。而这些内容对于明中都的保护是至关重要的，是文化遗产保护落到实处的重要一环。所以，公布文物保护单位只是一种保护文化遗产的手段，不是目的，重点在日常的研究和维护。《中华人民共和国文物保护法》指出，凡因进行基本建设和生产建设需要的考古调查、勘探、发掘，所需费用由建设单位列入建设工程预算。但像明中都这类遗址是应该在大型基本建设到来之前，国家给予适当的经费进行考古勘探发掘，从而明确其

---

① 北京城市发展研究所编，安徽省凤阳县政府行政中心新址选择的评价结论和建议，2006 年 8 月。具体见该文本中的“凤阳城市发展用地预测”图

② 李韵，文化遗产不是城市发展的包袱——访国家文物局局长单霁翔，光明日报，2005 年 4 月 15 日

范围、内涵？还是要坐等基本建设的到来，将这一珍贵的历史文化遗产成为基本建设的牺牲品？我们认为这是关乎学科尊严的一个重要问题。明中都的事情已经摆在我们面前，但亡羊补牢，还不算晚。

最后，城市规划、建设部门保护意识的淡薄也是导致大量文化遗产损毁、破坏、消失的重要原因。目前，“规划的首要功能变成提供一个更好的商业气候和形成各种吸引投资的刺激因素”①，过分的强调了经济取向而对文化遗产保护缺乏通盘考虑。《国务院关于加强和改善文物工作的通知》特别指出，“各地方、各有关部门应把文物保护纳入当地经济和社会发展计划，纳入城乡建设规划，纳入财政预算，纳入体制改革，纳入各级领导责任制”，这充分说明了党和国家对文保事业的强调和重视。但是，在某些地方政府存在不少误解，他们在没有考古专家、文保专家参与的情况下，在完全不了解文化遗产实际内涵和价值的情况下，简单“纳入”，流于形式。很多珍贵的文化遗产就是在“纳入”这套合法外衣的掩护下惨遭破坏的，凤阳县政务新区的选址过程就是一个典型的例子。其实，“五纳入”的精神实质是要求在城市规划的编制过程中，要有文物专家实实在在的参与，规划专家、文物专家在尊重事实、尊重法律的基础上，相互沟通、协调，最后达到既有利于文物保护，又有利于城市发展的目标，而不是由规划专家自行单方面“纳入”。

介绍上文的目的，也是上文最为可贵之处，是对大遗址遭受损害的专业方面的原因，即文物保护单位保护管理、考古工作和城市规划三方面，所作的切中要害的分析。

明中都，是明代开国皇帝朱元璋确定建设的第一个都城。后未行用，改定都南京。在其鼓楼四周，清乾隆时期改建为府城。

明中都遗址，为中国都城建设史提供了最为完整的一个典型实例。其大部分由乡村和农田占据的比较完整的遗址状态，而未加城市化，殊为难得。

对于这样一个城市遗址的保护，毕竟其属于明代还不够十分古老，那些城市规划专家，本应比文物考古的专家、文物行政管理部门的官员，要敏感的多，也重视的多！

这又让我们想起，郑振铎、王冶秋等先辈曾有的理想，关于坚决保护、关于确定文物保护单位转被动为主动有计划保护和发掘的理想，关于扩大队伍、关于搞实验田的理想。我们为什么不去广种福田呢！

① 于立，规划理论的批判和规划效能评估原则，国外城市规划，2005 年 20 卷 4 期

第 4 章　大遗址保护的意义

大遗址保护是针对大遗址遭受损害所进行的、科学的系统工程。为了达到大遗址保护的目的,国家必须实施国家一级的大遗址保护专项工程,或称之为:全国大遗址保护研究展示体系和地区建设。

文化与自然遗产保护是一种社会行为,包括行政、法律、经济、技术、教育甚至军事等手段。遗产的包罗万象和存在问题的错综复杂,使遗产保护成为综合性与专门性都很强的行为,必须使二者很好的结合。

保护,狭义理解,主要是抵制来自自然力和人为的威胁与破坏的直接行为;但广义的理解,也包括发现、研究、评估遗产,包括展示、宣传、使用遗产及交流、交易活动,同时包括解决这些活动所存在的影响遗产保存、传承的问题。无视、轻视遗产会引起破坏,因而要发现、研究、评价、展示、宣传和利用;重视遗产,则又很可能加大不科学、不适度和不合理的干扰,也会引起破坏,因而要坚决执行"保护为主、抢救第一"的方针,以抢救保护来主导和规范一切相关活动。

大遗址保护也应作如此理解。而且,在众多的措施、综合的措施中,狭义的保护、研究与展示组成大遗址保护的核心内容。

本章主要探讨大遗址保护专项工程的总体目标和主要任务,以及为落实必需的保障措施。最后,讨论大遗址保护将发挥的重大作用。

4.1　重大作用

大遗址的突出的普遍价值决定了其将发挥的作用。而作用的发挥能进一步证明价值的存在。

大遗址保护,即我国大遗址保护、研究、展示体系与地区的建设,对中华民族复兴的意义重大,是生态环境保护、地区与城市发展、经济建设的基础,也是文化大发展大繁荣的基础,对于中国特色社会主义诸文明建设都有十分深远的影响,应列为国家发展规划,并成为增加社会就业、进一步调整产业结构和改善人民生活的重要组成部分。

4.1.1　文物保护的意义

关于文物保护的意义,也就是其可以发挥的作用,《文物保护法》第一章第一条的几句表述,简洁而明了:

为了加强对文物的保护,继承中华民族优秀的历史文化遗产,促进科学研究工作,进行爱国主义和革命传统教育,建设社会主义精神文明和物质文明,根据宪法,制定本法。

这段表述说明：

——保护的目的、作用和意义首先是继承。人民及其后代继承中华民族优秀的历史文化遗产。这是立国聚族之本。这也正是中央确定方针和国家制定大法的出发点。

——保护和继承，首先是促进科学研究工作。同时，唯有科学研究才是保护遗产并发挥遗产其他作用的基础。

——保护和继承，具有爱国主义和革命传统的教育作用，可以增强民族凝聚力和进取心。

——保护和继承，科研和教育，可以提高人口科学文化素质，为社会主义物质文明、精神文明等诸项文明建设，提供精神动力和智力支持，同时直接促进社会全面、协调发展，大范围改善生态环境，大幅度增加国民经济收入与劳动就业，实现中华民族伟大复兴。

4.1.2 大遗址保护的社会作用

作为大规模的文化及环境遗产，大遗址是构成我国古代文明史史迹的主体，年代久远、地域广阔、结构复杂，不仅多尚存宏伟的景观，而且还有丰富的遗迹及文物的埋藏。大遗址的社会价值和作用是许多其他文物无法替代的。大遗址是我国考古学、历史学以及各专门史、地方史研究的对象；我国的馆藏文物多出自古遗址、古墓葬；因而可以认为，大遗址构成历史文化遗产研究、保护和展出的基础，也就是文物考古博物馆事业发展的基础。我国的一部分历史文化名城、风景名胜区也是以大遗址为主要依托的，因此大遗址也构成它们的保护与建设的基础。

做好大遗址保护、研究、展示体系和地区建设，即对大遗址有计划的调查、勘探、发掘、研究和评估，进行抢救保护，并合理、适度、科学的展示、利用，似应可以带动我国文物博物馆事业的全面振兴和其他有关事业的全面进步。同时，对我国当前和今后长期的多方面的发展产生重大影响和作用。特试作如下概括：

1. 落实科学发展与创新

科学发展观植根于中国传统文化的沃土之中，是对传统文化的继承和创新。大遗址是我国古代文化、文明的物化载体，承载着大量的历史信息，对它们的研究和保护可从中凝练历史经验，发现历史规律，为我们现阶段贯彻落实科学发展观和改革创新提供借鉴。在当前经济全球化、文化多样化、城市化加速发展的不断变化的世界发展格局中，不论是一个国家、城市还是地区，都在不断地调整原有的发展战略，并寻求新的发展出路。文化建设被认为是新的发展引擎，是促进国家和地方全面复兴的重要手段。在全球化逐渐一统天下的趋势中，做好大遗址的保护工作，可以更好的认识和传承我们民族的历史和文化，保持特色，使历史与未来获得有机联系，为中华民族提供走向未来的创新基因。

2. 增强民族凝聚力

尊重和保护大遗址的行为本身，就可以增强民族凝聚力、进取心和社会文明程度，是实现民族伟大复兴的重要保证。当今世界激烈的综合国力竞争，不仅包括经济实力、科技实力和国防实力等方面的竞争，也包括文化方面的竞争。“软实力”，特别是凝聚力，作为综合国力，已被提到国家战略的高度。

随着经济全球化趋势的加强，全球文化之间产生了“复杂联结”（complex connectivity）。在“网络社会的崛起”中，面对日益加剧的文化趋同现象，联合国一直在积极呼吁各国要尊重不同社会、不同民族和不同种族之间的文化差异和传统，以避免他们的传统文化被全球化浪潮淹没。文化生态是一个民族和一个国家在长期历史进程中形成与发展的文化条件的总和。对一个民族和国家来说，尤其对历史悠久的中国来说，文化遗产特别是大遗址是文化认同的重要标志，是维系民族的生命线，一旦这样的生命线遭到毁灭性破坏，那么失去的不仅仅是文化的传承，而且也使民族的存在失去了文化血脉的依据。随着工业化和城市化进程的加快，全球经济一体化的影响，人们生产、生活方式的改变，现代都市文化的冲击，我国原有的文化生存土壤和文化多样性正在以惊人的速度消失，已经现实地构成了当今中国最为严峻的文化生态安全问题。大遗址保护、研究和展示体系与地区的建设，将对我国国民的民族自豪感、文化认同感和社会凝聚力的增强起到重要作用。

3. 促进可持续发展

可持续发展是指经济、社会、资源和环境保护协调发展，它既要求达到发展经济的目的，又要求保护好人类赖以生存的自然资源和环境，为子孙后代永续发展和安居乐业提供基础。国家和地方的历史文化遗产，尤其大遗址，因其独特性、不可复制、不可再生性和不断的新发现，而成为国家和地方文化的精髓，成为最值得珍视的塑造特色最有力的武器。而且随着经济的发展，人民生活水平的提高，大众的消费方式将会从物质追求向更高层次的文化需求转变。体验和感受我国博大精深的历史文化遗产特别是古文明代表的大遗址将越来越具有吸引力。

大遗址保护，把当代成就、昔日价值和自然之美纳入一个整体政策，是生态保护和建设的重要组成部分。同时，大遗址保护还将为地区社会经济同步提升创造有利条件。大遗址在历史上都曾占有重要的地位，曾是过去经济发展和文化繁荣的见证和标志。目前，这些地区都面临着复兴区域经济、全面提升社会生活质量的责任。大遗址是中国特色也是地区特色，是区域社会经济发展的源泉。大遗址的综合性保护，可有效地治理所在地区的生态环境和投资环境，增加地区的认知度，为经济发展奠定良好的基础和条件，促进地方产业调整、旅游业发展、城乡建设的科学发展、生态环境建设与区域经济协调共进，甚至带动更大区域内的总体、均衡的发展。

4. 做名副其实的遗产大国强国

我国在世界四大文明古国中是唯一文明发展从未间断的国家。在如此悠久漫长的历史进程中，勤劳智慧的中国先民为我们留下了丰厚而珍贵的历史文化遗产。但是，我国历史文化遗产的保存现状，特别是代表古老文明的大遗址地区的保护，与遗产大国的身份极不相称。与世界上很多国家比较，我国已登录各类不可移动文物数量，特别是埋藏文化财的数量较少，每年的考古发掘项目也较少；考古和遗产保护的从业人员更是少得可怜！也就是说，我国的遗产保护的数量、质量和自身能力处于世界低谷。

在这种情况下，必须切实加强我国大遗址保护工作，即大遗址保护、研究、展示体系和地区的建设。通过大规模抢救的综合投入，不仅将扩大就业与内需，而且可以全面带动我国文物考古博物馆事业的振兴和其他有关事业的进步，扭转被动局面，实现向名副其实的遗产大国和真正的遗产保护强国的转变。

作为文化与自然遗产保护的最重要的组成部分，大遗址保护的重大意义在于，作为决定因素和基本因素促进人与社会的可持续发展，并在其中发挥核心作用。大遗址保护，是我国经济和社会发展的重要组成部分，是我国全面建设小康社会和构建社会主义和谐社会的基础要素与核心内容。

大遗址保护，同大遗址一样，具有不可替代的重要性。保护大遗址，同保护生态环境一样重要，甚至更为重要，一些生态环境遭到破坏或尚可恢复，但大遗址一旦破坏，并且得不到科学发掘，就意味着与历史永久的诀别。

大遗址保护研究展示体系与地区建设——大规模的以公益性而非商业化为主导的行动，能够提升人的素质和社会文明程度，能够大范围改善生态环境，能够大力促进区域和城乡规划的合理调整，并对经济具有积极的拉动作用，大幅度增加国民经济收入与劳动就业。

大遗址保护的重大意义说明，我们必须注意改变其长期处于政府及其文化工作边缘和末尾的状态，促成进一步的高层决策。

4.2　主要内容

全国大遗址保护研究展示体系与地区建设，最关键的还是要回答大遗址保护本身到底是什么，要做什么。

大遗址保护，要解决长期被动的问题，无法回避以一个什么样的目标和规划任务来纳入国民经济和社会发展计划，给予适当地位，并统筹协调有关行业和区域的规划。所谓纳入当地城乡建设和土地利用规划，目标和规划任务的问题也无法回避。纳入不是服从，当地已有规划要不要调整，都至关重要。

过去在提出大遗址保护规划基本思路和有关规划任务时，多采取的命题是“保护展示体系与园区建设”，隐去了“研究”两字。那似乎主要考虑的是，应当强调已有考古成果向保护、展示的转化，在人力奇缺的情况下，限制与抢救无关的纯学术目的的新发掘，这当然是应当继续坚持的。现在看来，还应当强调“研究”，包括在遭受城乡建设、土地用途改变等威胁的土地上的主动调查发掘，也包括对于保护修复、宣传展示、规划计划和组织管理的研究，并且跨学科、跨部门的、由公众广泛参与的展开，构筑一个保护、研究和展示为核心的争得多方面支持并促进多方面科学发展的现代化体系。这不仅是大遗址及其保护的性质所决定的，也是建设学习型社会和创新型国家的必然要求。而使用“地区”的概念，较原来的“园区”更为确切，前者可以包含后者，反之则不然。强调“体系与地区”的发展建设，利于形成对全国的全面的科学指导，而不局限于少数重点项目，同时，有利于对遗址园区或公园建设的科学引导。

4.2.1 总体目标

大遗址保护研究展示体系与地区建设涉及全局和长远。首先应当有个明确的具足够的感召力的总体目标,否则,不可能有很好的规划,也不可能争取到足够的经费。

大遗址保护研究展示体系与地区建设的总体目标可作如下描述:

以科学发展观为指导,遵照中央方针和国家法律,从根本上改变当前被动局面着手,实施大规模抢救,加大经费投入,壮大人才队伍,加强大遗址保护、研究和展示体系和地区建设,并纳入国家一级的发展规划,与经济社会发展和改善人民生活紧密结合。争取到本世纪中叶,使我国全境各历史地区、各历史时期和各种类型的大遗址基本上得到妥善保护、深入研究和有力展示。代表祖国古老文明的大遗址将成线成片、成组成群的得到整体保护、研究和展示,积极促进祖国百年振兴,建成富强民主文明和谐国家,实现中华大地的山川秀美,让中华民族及其代表的东方文明再度辉煌。

具体的大遗址地区、大型遗迹,是大遗址保护、研究和展示体系重要组成部分。应结合价值特点和具体情况,对具体目标作出富有感召力的规划设计。

当大遗址保护研究展示体系与地区建设的总体目标确定后,我们就会发现,所谓纳入当地城乡建设规划、当地经济社会发展计划的提法是有问题的。那似乎只是对古建筑或较小规模较低级别的古遗址而言的。大遗址保护研究展示体系与地区建设,是世界和国家一级的遗产保护规划。该建设只能够纳入国民经济社会发展规划和国土规划,与国家一级的其他重要专业规划协调并行。有关地方当地的规划计划,倒是都应当纳入该建设规划,并获得支持和促进发展。

4.2.2 主要任务

再好的总体目标,甚至安排了经费,没有落实目标的具体规划任务,也无法实现目的。

例如,北京市政府在纪念建城若干周年时,曾对西周琉璃河遗址极为重视,很早就把迁移遗址上的两个村庄列入市域规划,并安排了经费。这在当时,领先于全国诸都城遗址的保护。但对遗址本身如何保护展示,何时迁村,先迁何村,怎样迁法,没有及时地具体落实规划任务。该遗址建设了博物馆、考古工作站和文物库,并进行较大规模的考古发掘,也未与市域规划的落实相结合,所以很好的决策没有得到实施。事过境迁,那一个令人兴奋的目标,似乎也被动摇掉了。

大遗址保护涉及面广,如何采取调整产业结构、改变土地用途等措施,努力扶植既有利于遗址保护又能提高当地群众生活水平的产业,更应有能够解决这些问题的适当的规划任务。

1. 大规模抢救一批大遗址地区

以已知的代表我国文明起源与鼎盛的大规模考古遗存为基础,整合一定区域内各级各类文物保护单位以及其他文化、自然要素，指定大遗址地区。那些今天人口密聚的大小城市，凡重要古代都邑所在者，都应首先明确其大遗址地区的中心地位，实施大规模抢救行动，包括严格的保护管理和有计划的调查发掘。在这些地区，科学的统筹协调国民经济社会发展、历史文化名城保护、生态环境保护、产业结构调整、国土利用、国家主体功能区、城乡建设、大型基本建设工程、旅游开发、社会就业和科技进步等规划和事务，确保胡锦涛总书记"注意保护历史文化遗产和古都风貌"的指示落到实处。

这些地区应包括：已启动保护的西安、洛阳大遗址片区；我国古代包括京杭运河、隋唐运河、灵渠等的大运河遗迹区；以曲阜鲁故城和邹城邾国故城遗址为核心的邹鲁地区；以广州西汉南越国遗迹和近代孙中山遗迹为中心的地区；唐宋时期"扬一益二"的扬州地区和成都地区；以曾代表世界东方文明一时的建康城遗址和世界面积最大的明代开国都城遗址为核心的南京地区；目前保存相对完整的凤阳明中都地区；景德镇为中心的古代瓷业遗址区；还有以铸鼎塬遗址群、盐池为核心的三门峡与运城地区；以良渚遗址群为核心的杭州地区；以大同平城遗址为核心的平朔地区；汉敦煌郡唐沙洲故城遗址为核心的敦煌地区等等。

2. 系统的区划研究和综合科学考察

将全部的国土作为研究对象，开展我国历史文化遗产保护区划的研究，并与自然遗产区划研究相结合。从考古学的区系类型出发，以已知的大遗址地区的中心城市，即古代都邑所在为中心和重点，以现已确定的各级文物保护单位和普查新成果为基础，组织地理学、历史学、各专门史和地方史等学科的广泛合作，进行有计划的大规模的以考古为主导的多学科综合考察。继续由点的保护和小片区保护向大片区保护努力，为将大遗址地区保护纳入国土规划和国民经济计划投入奠定坚实的基础。

3. 优先行动计划和区域、城乡规划调整

作为政府履行职责的紧迫而且长期坚持的工作，进行大遗址地区保护、研究和展示的规划编制，并制定优先行动计划，解决与当地经济社会发展、各类建设的矛盾。政府有关部门和文物考古部门要紧密合作，全面而有重点地进行遗址保护和考古措施规划、环境规划、展示规划、管理规划、社会治安综合治理和资金与人力规划。特别要注意规划和计划那些古代都邑所在的城市建成区和郊区的考古发掘，并积极开展大型遗迹群体价值和保护的多学科合作研究。加强科学普及，动员有关部门和公众广泛参与，积极推动已有科研成果向经济建设、城乡建设、生态环境建设以及特色旅游转化。与当地旧有规划冲突而无法统筹协调时，鉴于大遗址的世界或全国意义，应由扩大的区域和提高的层级的规划解决。通过大规模公益性投入，对旧有规划做重大调整，以有效的制止和防范城乡建设发展、城市化的威胁以及盗掘的破坏。

4. 采取各种措施，加强监督控制

强化治安、警卫和城乡公共管理。有效制止现正在发生的对遗址的直接的人为破坏。现存地面的遗迹和耕种直接损坏遗迹的地方应停止耕作和植树。停止遗迹本体上

及其周边的单位或居民建设。继续打击盗掘古遗址和古墓葬的犯罪活动，对威胁严重者实施武装保卫。同时因地制宜结合宣传教育和观光旅游发展建设保卫设施，配置设备。

5. 有计划的考古调查、发掘和多学科研究

以尚未得到保护的我国古代都邑的遗迹为主要对象，在城市建成区、发展建设区和其他居民点及其周边，集中力量开展考古调查、勘探和发掘的多学科研究。改善考古队伍的构成，吸纳有关工程科学和自然科学的专业人员参加现场的调查、发掘和保护研究。

继续扩大基本建设工程的考古工作面，做到全面覆盖，发动区县甚至乡镇开展必要的考古工作。同时主动介入所有建设工程的前期研究。对于建设工程中的重要考古发现，做好资料收集和向保护、展示转化的工作。

要积极开展公众考古学活动。创造条件开展参观田野考古现场和参与考古发掘等活动。扩大宣传和知识普及，逐步提高公众参与保护决策的程度，这也是壮大充实大遗址保护和发掘队伍的基础。

6. 全面、有规模、有重点的展示

对大遗址地区已知的重要遗迹，要结合环境景观建设，采取各种宣传教育手段，激发与培养群众对遗址及景观的尊重，普及保护法规和科学知识。采取各种办法展示遗址规模、形状、布局以及出土遗迹、文物和资料。

对地面可见或埋藏较浅的重要遗迹，特别是高台建筑遗址及周边遗迹、城垣、道路、水系等进行大规模的不扰动遗迹本体的环境治理，进行大地植被的显示和说明。

发展对遗址及景观保护展示有利的生态农业、观光农业和城市绿地建设，做好退耕还草、还林和还水系的工作。对不利于遗址保护展示的现行农业、种植业和养殖业逐步予以调整。

城市绿地建设应优先安排对遗址的保护展示，沙漠化治理要将遗址研究和景观保护展示列为重要课题和项目内容。

注意环境保护，避免因架设电杆、高塔等带来景观损失，禁止在遗址及附近建立有害工业及造成各种形式的污染。

展示要优先考虑抵制破坏与威胁、扭转被动局面，而标示遗址，需要不计环境恶劣，见缝插针。适当建设原位地面模拟遗迹或重建。加快和加强遗址博物馆和标本陈列馆的建设，并与文物保护管理所、考古工作站共建。建设选址要依从景观的需要，并尽可能利用已有建筑物进行改造。

7. 清理现代建筑物，妥善安置居民

通过科学规划和慎重评估，逐步清理大遗址重要部位的到寿命、无价值的建筑物和构筑物，并迁离有关单位和居民。对保留在遗址区内的适当数量的居民，引导和鼓励从事有利于保护展示的产业。对具有历史意义的村庄和社区，注意保护其风貌，缩小或维持至适当规模。

8. 采取各种措施，防止自然力侵害

根据自然力对遗址的损害程度和方式，进行科学论证，实施保护工程，并结合进行适当的考古发掘。对大遗址可能形成严重威胁的剧烈的自然力，如洪水、暴雨等，则更需因地制宜，做好考古发掘和保护工程的有机结合，并与地方的大环境治理和水利建设统筹协调。

4.2.3 保障措施

1. 加强领导，认真做好组织实施工作

高层决策具有决定性作用。大遗址保护涉及面广、难度大、问题复杂、历史欠账较多，任何部门都难以独善其事，何谈文化文物部门。各级政府要有高度历史责任感，坚定不移的执行中央方针和国家法律，把大遗址保护、研究和展示体系与地区建设作为大事，纳入领导责任制，切实加强领导，采取有效决策和措施，保证目标实现。同时，建立大遗址保护的目标责任制，定期检查，向社会公布，接受监督。

2. 加强法治，依法保护大遗址

法律是行为的准绳。要广泛宣传《中华人民共和国文物保护法》、《中华人民共和国城市规划法》、《中华人民共和国土地管理法》和《中华人民共和国环境保护法》等法律和有关法规，不断提高全民的法制观念，形成全社会自觉保护、研究和展示大遗址的强大舆论。继续公布各级重点文物保护单位，并依法落实保护管理工作。要制订大遗址的专项法规，并坚决执行。要严格执法，强化监督机制，依法惩处各种违法违规行为。各级政府制订城乡建设规划，要依法将大遗址的保护、研究和展示等措施纳入规划；经济开发和项目建设，要依法提前考虑对大遗址的影响，提出相应的评估报告，并安排相应的文物保护措施和考古发掘项目；工程验收时，要及时检查保护措施落实和考古成果情况。

3. 加强科学技术攻关，抓紧成果转化

科学技术是第一生产力。大遗址保护、研究和展示体系和地区建设必须发挥科学技术的支撑和引领作用。要广泛宣传和普及大遗址保护的科学知识，围绕大遗址保护的重大科学问题和关键技术组织攻关，力争新的建树。文物考古科研机构要根据城市市区发展和基本建设工程对大遗址威胁，结合学术目的需要，加强考古调查和发掘计划编制及有关力量组织的科学研究。继续发展创新大遗址的调查、勘探和发掘的理论、方法和技术。继续积极促进成果公开共享和向社会多方面转化，特别是向抢救保护、生态环境建设、基础设施建设和特色旅游方面转化。要继续扩大国际交流与合作，引进国外力量和先进经验，为我国大遗址保护服务。鼓励各类科技研究和开发机构投入大遗址保护，对研究开发成果予以保护。

4. 抓好重点项目规划设计和实施管理

严格工程项目管理。大遗址保护的工程项目，严格执行国家的文物保护法律。进行规划设计和工程实施,要符合大遗址保护的科学规律,要以考古学和遗产保存修复科学为引导,尽量避免新的发掘和扰动遗迹本体的手段。从立项到实行,都要广泛吸收各方面意见,做好必要性、紧迫性、技术和经济等多方面的论证权衡。要引入竞争机制,允许符合大遗址保护复杂要求的各种团队和不同经济主体参与项目规划设计和实施的投标。建立和完善质量管理和技术监督制度,定期对项目实施情况进行检查、考核和评估,确保质量。

5. 改革体制机制，扩大从业队伍

大遗址保护以人为本。建立从中央到重要地区的专门机构是大遗址保护体系和地区建设的实际需要。中央政府应成立具有较高级别和足够权威性的综合部门。大遗址地区要成立大遗址保护的特别行政区,并成立较高层次的规划和工作委员会,由政府主要领导和著名专家主持,有关部门参加,定期研究、部署和检查工作。要重视人才培养,加大培训力度,扩大充实队伍。积极吸收当地团体和群众参与大遗址保护。同时为扩大队伍和吸引聚集人才制定和完善有关政策,提高从业者的待遇。

6. 加大财政投入，建立稳定的保障机制

大遗址保护是公共财政的职责所在。大遗址保护研究展示体系与地区建设必须坚持以公益性的综合投入为主导,列入国家财政预算和基本建设计划,并以此为基础多渠道、多层次和多方位筹集资金。大遗址地区内国家预算的建设、旅游、农业、水利、交通、环境保护和退耕还草还林还水系等资金的使用都应纳入大遗址保护研究展示体系与地区建设,统筹安排,并逐年增长。要制定相应办法,鼓励社会上的各类投资主体向大遗址保护有关适合的项目投资,对有突出贡献者,国家给予表彰和奖励。要充分调动广大群众保护民族文化遗产的积极性,广泛发动群众,按大遗址保护项目设计要求,大力开展义务种草绿化活动,积极从事生态观光农业。

以上所提6项政策措施都很重要,其中加强领导和加强法治更为重要。如美国和日本当年建设国家公园和史迹公园时,也费了不少力气,包括总统亲自过问宣布,警察严格执法。加强科技攻关,也很重要。欧盟科技发展的框架计划就将文化遗产保护的研究作为增强凝聚力和经济潜力的重点内容。

从业人员的极度短缺,是大遗址保护当前最大的瓶颈问题,较20世纪50年代“沧海一粟”的状况没有多少改善。为适应我国科学发展的需求,弥补大遗址保护特别是考古队伍的严重短缺,政府必须增加对人员的经费投入及稳定性,扩充并维持一支包括技工、技师在内的保护、考古、规划、设计和维修的专业队伍,并为其从事工作制定与相关行业相匹配的定额标准,提高专业人员待遇,使人才队伍得到凝聚和发展。同时以专业技术队伍为核心,紧追各类开发建设的速度与规模,大幅度增加包括农民在内的从业人员数量。已故著名考古学家苏秉琦1994年在《华人·龙的传人·中国人》文集的自序中曾写道:“考古是人民的事业,不是少数专业工作者的事业。人少成不了大气候。我们的任务正是要做好这项把少数变为多数的转化工作”。大遗址的保护及考古学的科学发展,走传统的事业或事业单位之路是行不通的,必须想尽办法,去造就一项包容产业的大事业,或者以事业为核心和主导的大产业。

同时，为了落实党中央关于保护历史文化遗产的指示，壮大和充实队伍，实实在在的建设好大遗址保护的现代化体系，取得并且科学统筹协调各有关方面的大力支持，国家文物局也应如改革开放初期一样由国务院直属。或者进一步考虑长远的科学发展，从各类遗产保护的共同的科学规律出发，整合相关部门，成立国家文化与自然遗产保护总局。

第 5 章　大遗址保护的基本理念

保护、研究和展示代表祖国古老文明的大遗址,应是中国特色社会主义文明建设在 21 世纪的重大战略部署,也是履行我国法律及有关国际公约的实际行动和对世界文明史的新贡献。如何实现大遗址保护的重大意义,制定具有长期指导作用的大遗址保护研究展示体系与地区的建设规划,并纳入国民经济和社会发展规划,问题并未解决。大遗址保护,如何继续推进,提升其地位和水平,使其获得科学发展,应坚持何种基本理念,至关重要。

本章将讨论大遗址保护应当坚持遵循的几个基本理念,即大规模抢救保护、整体性要求、以价值为核心和综合性保护。

5.1　大规模抢救保护

中央方针确定的大规模抢救保护是大遗址保护区别于其他遗产保护甚至抢救的最主要的基本理念。

大遗址既是重要的历史文化遗产,又是必须严加保护和合理利用的资源。作为遗产,就是对社会今后均有作用,今人的首要责任是承传后代。我国的文物工作方针确定为"保护为主、抢救第一、加强管理、合理利用"。方针的核心内容是大规模抢救保护。这恰恰反映了遗产工作特别是大遗址保护区别于其他工作包括其他有关资源方面工作的特质。

5.1.1　方针本质与核心内容

方针的本质是提出了对人类或民族文化遗产的基本态度和根本性的出发点。文化遗产可以成为资源,但却是不可再生的特殊资源。文化遗产就是具有文化价值的遗产,对人类或民族发展有意义的、凝集了共同创造的遗产,也就是我们一般所说具有历史、艺术和科学等价值的遗产。因此,文化遗产具有传承必要性、公共性、不可再生性和不可替代性。遗产不能等同资源,资源是用不用的问题,而遗产首先是留不留的问题。对于文化遗产,主要和首要的是得到人类或民族共同的尊重、保护和传承。

方针的核心内容是提出了在一定条件下的保护、抢救与利用的辩证统一观。方针从字面上似可理解为:在对待文物或文化遗产的全部行为活动中,保护为主要、主导,抢救为首、为大,利用要合理,管理要加强。但这并不是孤立的四件事情或四项工作。对其核心内容可归纳为:

(1) 为后代保护,反映了文物工作区别于其他工作包括其他有关资源方面工作的特质。保护文物是今人的历史责任和主要责任,是全社会特别是政府的责任。不仅是文物保护主管部门的责任,也是有关各部门的共同责任和社会各界所有人士的共同责任。

（2）针对各种破坏与威胁，特别是经济建设和社会变化带来的大规模破坏与威胁，组织大规模抢救，并作为社会主义诸文明建设的重要任务纳入国民经济社会发展规划和当地规划。方针提出列入国民经济和社会发展计划的规模要求。大规模抢救包括各种经济和社会的综合措施，需要从遗产的重要性和面临破坏、威胁的紧迫性出发，制定高层次的全面的国家或区域、城市的发展计划规划，代替或调整旧有不科学的总体及相关的计划规划。

（3）正确处理好保护、抢救与利用的辩证关系。合理、适度、科学的利用，可以促进抢救，有利于、有助于保护；必须对利用及旅游开发的合理性进行判断。所有文物利用都应当以保护为主导，与抢救相结合。仅仅被动地服从国家法规，并不一定能确保文物安全和规避风险。为了避免形成新的风险，本来保存很好的文化和自然遗产，尽管是很好的旅游资源，也不应开发；即使是考古学研究极好的资料，也不必要在近期发掘。而对那些受到严重的建设危害和盗劫威胁的已经面临或处于风险之中的大遗址，则急需开展应包括各项合理利用如考古发掘、旅游开发在内的大规模抢救。

对于遗产保护、抢救和利用，方针提出了加强宏观与具体的决策和管理应遵循的方法论。保护抢救，并非不利用、不建设，而是先于利用、先于建设进行保护抢救；利用那些对保护有利的“利用和建设”进行保护抢救，并以保护、抢救及有关研究、宣传和展示的重大举措为主导，主导利用，主导建设，调整不当规划，纠正不当行为。文物保护的规划先行，主要应指先行于各种建设，而不是停顿执法，不是停顿一切保护、抢救及有关研究、宣传和展示的措施。

方针，到底是“什么”的方针，似乎不言而喻。但很多时候，人们提及方针，总是小心的在前面冠以“文物工作”，而且总是在提到维修古建筑或配合基本建设的考古发掘时，再次强调；在提及博物馆工作、历史文化名城和街区工作、属于自然遗产的各类自然保护区和属于双重遗产的风景名胜区的工作时悄然回避①。

什么是“文物工作”，正面的回答也很少。最早见于《郑振铎文博文集》写于 1950 年 9 月的“文物工作综述”一文：

> 所谓文物工作，包括着：图书馆、博物馆的业务，古建筑、古陵墓、历代名胜古迹、革命遗迹的调查、保护、发掘与整修，有关历史、文化、革命的文物图书的调查、登记、搜集与禁止出口等，范围相当的广大。

除了文物考古工作之外，博物馆工作、历史文化名城、街区、村镇和风景名胜区工作，也是文物或文化遗产工作的组成部分，当然也应执行方针。

文物工作方针高明之处就在于在当时纷纭的“保护与利用”关系的争议中，提出了为后代保护是今人的主要责任，提出了将大规模抢救作为社会主义精神文明和物质文明建设的重要组成部分列入经济社会发展计划，提出了要正确处理保护抢救与利用和建设的辩证关系。

---

① 孟宪民，试定义博物馆文化——兼谈博物馆工作方针，中国博物馆，2003 年第 1 期

方针及其论述是我国文物保护理论的重要发展，其所具有的指导性和辩证法显而易见，在国际遗产保护理论中，尚未有过如此强烈的高屋建瓴的哲学概括。在经济全球化、全世界普遍强调保持和发展民族文化多样性的今天，我国方针及其论述是对国际遗产保护理论的重要贡献。对世界各国的遗产保护，在工业化、城市化影响问题尚未根治和旅游负面影响不断增大的情况下，具有普遍的指导意义。

但是，在所有的保护与抢救中，什么是重点？还是苏秉琦的回答，一重要，二难保护的大遗址。

5.1.2　补偿历史的大规模抢救

搞好大遗址的保护、研究和展示，制定好规划，实现宏伟目标，必须遵循“保护为主、抢救第一、加强管理、合理利用”的方针，坚持大规模抢救的基本理念，认真调整思路。党中央、国务院提出的方针，是指导各级政府、有关部门，是指导全社会的，不是只对文物部门提出的，有关部门都必须贯彻落实。文物部门则不能粉饰太平，不强调保护为主、抢救第一，否则就是失职。凡涉及文物的开发，包括旅游景区开发及配套设施建设涉及文物的，当然都更必须遵循这一方针。从宏观布局、项目确立到管理体制，都必须以中央的方针为指导，遵循文物工作的特有规律，与大规模抢救协调统一。目前，一些地方从短期利益出发，把大遗址保护展示整体交由公司运作的作法，混淆了公益性项目与竞争性项目的界限，因而在宏观布局、项目选择上往往偏离方针。即使管理体制没有改变，仅从局部利益和单位利益出发，也会产生类似问题。

抢救大遗址必须有相当规模，无规模则无效力，必须集中发挥有限的专业力量的主导作用，组织好大规模的多方面的综合投入。力量分散，将事倍功半，甚至捉襟见肘，得不偿失。我们希望能够通过合理利用包括旅游来促进大遗址的抢救，同时也分散旅游对一部分古迹的压力，但如果思路不正确，一上来就还是邓小平同志批评过的唯利是图，就只能把事情搞歪搞砸，甚至给大遗址雪上加霜，造成新的破坏。

方针不是空话，不是用来自欺欺人的。方针正是根据中国文物的实际和面临的问题提出的，不正视和解决面临的严峻问题，不是执行方针。不执行方针的利用不是合理利用；不执行方针的体制不是新体制。只有认真执行方针，调整好思路，才能争得保护与利用的真正统一，争得社会效益与经济效益的正确结合。才能使抢救保护与发展建设相互协调，求得文物考古博物馆事业的真正的繁荣发展，并通过文物考古博物馆事业的发展，促进大遗址抢救问题的根本解决。

大遗址保护涉及大面积的土地利用和城乡建设，必须多方面的统筹协调，非一般的文物、博物馆工作甚至文化工作可以包容，必须给以应有的地位，直接列入国家一级层面的综合性的发展规划。作为中国社会主义建设的特色，大遗址保护需长期进行，其体系要长期建设，故应列为国家中长期的发展规划。但是，长期的经验教训告诉我们，短期大幅度增强投入仍是非常必要的。对于那些面临基本建设、土地开发和盗掘等威胁的大遗址，在历史欠账较多的情况下，很难纳入城乡建设规划解决保护问题。必须狠抓重点、难点地区的投入，实现被动局面的逆转。当历史的天平向大遗址的“坚决保护”倾斜的时候，才可能真正实现有关的“纳入”，而非屈从那些不符合科学发展观要求的规划与规定。一个如集安县级市所占据的大遗址，短期内几亿元的投入已经实现保护的逆转，几十亿、几百亿元的投入，也一定可以使大、中城市实现逆转。当然，这种投入应是综合性的，首先是以大遗址保护为核心的各有关方面公共投入的协调一致，其次则是在其主导下的全社会的广泛参与。

以规模化的保护、研究和展示体系建设，应对高速度的经济发展和城市建设就是抢救。在一些历史名城，只有以该体系建设为核心与基础，开展国民教育和科学普及，才能主导文化产业、旅游业的边缘经营与健康发展，促进社会主义文化大繁荣大发展，而非大破坏大浪费。同时，提高城市发展水平、人民生活质量和文明程度，达到经济又好又快发展的要求。旅游可以增加就业，大遗址的考古、保护和展示，也可以增加就业。中央方针指导下的大规模抢救真正与经济社会发展相融合，必然成为扩大社会就业和拉动经济增长的力量。

5.2 整体性要求

中国确立大遗址保护专项，首先解决的就是保护对象的整体性问题。在前面讨论大遗址概念时已经涉及。对于文化景观的重视也体现了大遗址保护的整体性要求。

大遗址整体性不仅指考古遗迹本身，同时也包括遗址范围内的地理环境，包括由视觉效果、心灵感受和原生生活状态构成的遗址氛围。

“见证环境”和“周边地区”对于保护遗产的真实性和完整性具有重要意义。在联合国教科文组织的一些公约和建议中，“周边环境”被认为是体现真实性的一部分，并要求通过建立缓冲区加以保护。但是何谓“遗产背景环境”，应该包括哪些具体的内容，对其保护具体体现在哪些层面？专家学者们各抒己见，近年来展开了广泛的讨论。对此，2005 年 10 月 21 日在我国西安召开的国际古迹遗址理事会第 15 次代表大会及其通过的《西安宣言》有充分的体现。《西安宣言》认为，周边环境对古迹遗址重要性和独特性具有重要贡献。

1. 古建筑、古遗址和历史区域的周边环境指的是紧靠古建筑、古遗址和历史区域的和延伸的、影响其重要性和独特性或是其重要性和独特性组成部分的周围环境。

除了实体和视角方面的含义之外，周边环境还包括与自然环境之间的相互关系；所有过去和现在的人类社会和精神实践、习俗、传统的认知或活动、创造并形成了周边环境空间中的其他形式的非物质文化遗产，以及当前活跃发展的文化、社会、经济氛围。

2. 不同规模的古建筑、古遗址和历史区域(包括城市、陆地和海上自然景观、遗址线路以及考古遗址)，其重要性和独特性在于它们在社会、精神、历史、艺术、审美、自然、科学等层面或其他文化层面存在的价值，也在于它们与物质的、视觉的、精神的以及其他文化层面的背景环境之间所产生的重要联系。

这种联系，可以是一种有意识和有计划的创造性行为的结果、精神信念、历史事件、对古遗址利用的结果或者是随着时间和传统的影响日积月累形成的有机变化。

《西安宣言》还呼吁:理解、记录和展陈不同条件下的周边环境,通过规划手段和实践来保护和管理周边环境,监控和管理对周边环境产生影响的变化,与当地跨学科领域和国际社会进行合作,增强保护和管理周边环境的意识。

这些观点也充分的体现在大会期间召开的"古迹遗址及其周边环境——在不断变化的城镇和自然景观中的文化遗产保护"国际研讨会所交流的论文中。例如国际古迹遗址理事会副主席郭旃的论文就阐述说,"这里的环境,涵盖的是遗产内存的与外部的,个体的与相互的,历史的与现在的,物质的(有形)与非物质的(无形)复合的客观存在及多方面的相互关系"①。

随着保护研究和实践工作的深入,我国遗产保护领域关于遗产环境的认识也在逐步的深化,为了避免遗产的"孤岛化"、遗址信息的破碎化②以及"保护性"的破坏,越来越强调背景环境之于整体保护的意义。陈同滨女士基于大量遗址保护规划的实践工作,对大遗址背景环境的保护提出了一些主要的规划对策,她将背景环境分为物质环境和生态环境,在考察我国大遗址背景环境保护现状的基础上,评析了来自城镇建设和生态环境恶化所造成的破坏因素,并从管理、社会和谐、生态保护和景观设计四个方面细化工作内容,构建了背景环境的规划基本体系③,具有很大的启发性。

对于大遗址保护整体性要求如何理解,介绍一下联合国教科文组织的专家十几年前对西安市的一次指导,可能很有必要④。

1994年,西安市市长曾提出西安要像罗马一样整体申报世界遗产。在教科文组织北京代表处的帮助下,召开国际研讨会。在会上,西安提出汉长安城、唐大明宫和明城墙三处古迹请专家评审。中外专家的发言都十分精彩。其中,联合国教科文组织亚太地区地方文化遗产顾问理查德·恩格哈特在会中和闭幕时的两次发言可以帮助理解大遗址保护的整体性要求。

在会中,他重点讲述了西安几个古迹列入世界遗产名单的定义。他认为已有的三种方法应进一步明确哪一种是最好的。第一种是关于个别建筑物保护的最传统的方法,比如城墙,但列入世界遗产名录还应包括它周围的环境。第二种是群体的纪念物遗产,如汉代群体遗产、唐代群体遗产等,是从时间概念,结合考古的角度来考虑的,也是常见的一种方法。但这种方法存在一定问题,有很多单独的建筑,尽管是有名的,如大雁塔、汉陵墓、半坡博物馆包括大明宫都会被排除。他认为,西安这座城市非常重要,从文物古迹看,是亚洲文明的中心;从西安规划看,是很重要的地方,建议按照地理环境的定义来考虑,"那就可能包括更多的地方,如周代遗迹、秦始皇陵、汉长安城遗址、唐城遗址以及明西安城墙",就可以把韩先生(指西安市规划局副局长、高级工程师韩骥)和宿教授(指北京大学教授宿白)提出的那些都能包括进去。"这样,可以把西安作为一个地区,而不是

---

① 郭旃,西安宣言——文化遗产环境保护新准则,中国文化遗产,2005年6期

② 陈耀华,中国自然文化遗产的价值体系及其保护利于研究,北京大学博士论文,2004年5月

③ 陈同滨,城镇化高速发展进程下的中国大遗址背景环境保护主要规划对策,中国文物报,2005年10月14日

④ 西安市文物管理局、西安市政府外事办公室编,古城西安重要文化遗产列入《世界遗产名录》国际研讨会资料汇编,1995年1月

些孤零零的遗址。”他又说，“这样的话，我们就有一个整体的文物保护的方案”。这种方案，可能更具有吸引力，“但是这对于我们的工作，要求有非常严格的指导，然后，确定今后的发展方向和指导原则，制定一系列措施”。他认为，“这样的方案，容易被接受，也比较实际”。

在闭幕式上，他的讲话比较长，其中包括了对汉长安城遗址的世界遗产价值的高度评价。他建议“提交世界遗产委员会的文件应包括古汉朝长安城以及同时代的附近陵墓。要作为一个整体来报，这些地区不一定必须是在地理上相邻近的。”他的结束语很感动人，兹摘录如下。

主席先生：

这次研讨会为把西安古迹最后列入联合国教科文组织世界遗产名录奠定了坚实的基础。

在未来的几周和月份里，国家、省及市政当局应考虑在为这些重要考古遗址区划和管理上应采取的最佳方案。正如在研讨会上所提到的有几种选择：1）保存和恢复单个的建筑；或2）指定需特别保护的考古遗址，或3）划定整个渭河流域作为保护区，在该范围内应有指定区供保护，考古研究，以及农村和城市发展。

联合国教科文组织将继续帮助这一过程，提供技术顾问，学习性访问和培训，这是有关国家当局所需要和要求的。我能向你们保证，我将亲自密切关注与把西安列入世界遗产名录有关的整个过程，并且竭尽全力为帮助这一过程作好充分准备。

我相信，通过这种共同努力，西安很快会在世界遗产名录上有几个遗址，从而在世界遗产城市全球网络中居领先地位。

谢谢。

1994年9月13日

西安国际研讨会所提出的大遗址地区保护的整体性要求，以及实现这一要求的分区措施方案，具有重要和普遍的指导意义。大遗址的确区别于其他类型的遗产，它可以包容古建筑和历史街区，而且考古遗址可能比现存的街区和建筑物的价值更为重要。对它们的保护与研究不可分割和顾此失彼。更为重要的，以考古研究为重要的措施，它还能够包容农村和城市发展。

5.3　以价值为驱动

中国大遗址保护专项的确立，是对以价值为驱动的保护理念的具体体现。

《中国文物古迹保护准则》第5条指出，对文物古迹价值的评估应当置于（保护的）首要的位置。2006年联合国教科文组织、世界银行、中国建设部和国家文物局在浙江绍兴召开“第二届文化遗产保护与可持续发展国际会议”，其中“遗产保护、管理和监测”专题研讨中强调，遗产地的管理系统，包括规划、管理和监测都是基于价值的管理过程。《绍兴宣言》对此进行全面的表达，并认为至关重要：

1. 目前仅仅是在有关发展的所有主要决策制定之后才通过信息分享的方式使社区和遗产保护的利益相关者参与进来。这种做法既没有效果也造成冲突。应当让所有层次的利益相关者都在一开始就参与到发展规划的制定中来。

2. 文化遗产保护应当建立在对遗产所有文化价值以及所有可能影响这些价值的方面和问题进行有力的评估这一基础之上。要在进行毫无现实依据的遗产保护或管理决策之前采取上述这些步骤。这一点至关重要。

3. 为了使社区和利益相关者系统地和透明地参与到这一过程中,应当为长期规划和具体遗产项目的管理进行战略性环境评估和环境影响评估程序。

在国际上,对遗产保护领域中发展起到最关键作用的是认识到"文化价值"①。1964年的威尼斯宪章初次提出"文化价值"和"美学和历史价值"。20世纪80年代初期,作为保护过程中的一项独立工作,对价值的评估被突出出来。澳大利亚古迹遗址理事会颁布的巴拉宪章特别指明,保护是一个价值驱动的过程,文化价值是整个过程的核心。该宪章还提出了体现这一理念的保护规划的系统方法。

在实践方面,澳大利亚古迹遗址理事会、美国国家公园管理局、加拿大公园管理局、英国遗产局以及许多其他政府部门和非政府组织,都努力在保护决策过程中将价值更加有效地纳入整体性规划方法之中。这些规划方法将价值突出到最重要的位置,并且致力于把价值与其他宏观因素结合在一起,例如可用资源、法制环境以及物理条件的技术问题等。其根本宗旨就是全面地、整体地以及有机地分析所有相关因素,从而为制定清晰的、长期的和可持续的保护政策铺平道路。

文化遗产保护特别是大遗址保护综合性强、涉及面广,文物行政部门及有关科学研究机构不可能也无力量一手遮天,必须多部门、多学科协作并由广大公众积极参与,才能落实方针,实现目标。但是,专门的机构和力量,又必须加强和扩充。而且这种加强和扩充,不是去代替其他部门的权利、代替其他学科的作用。文物考古部门及其专业力量关键是要从大遗址的本质属性和保护规律出发,将其价值及保护要求,研究得比较透彻,阐述得比较清楚,以赢得各有关权威部门和有关学科的尊重和团结协力。国际上凡是遗产保护的强国,莫不如此。例如,印度中央考古调查局的情况,就曾给我国的代表团留下深刻印象:该局局长为国家内阁的成员。该局直接管理几千处国家级古迹遗址,下辖若干与各行政邦不同的文物考古大区,设有分局,并直属十六处遗址博物馆,还辖有八大专业科研机构,分布于各城市。问及该局名称为何强调考古,回答是一切保护都是从广义的考古调查研究开始的,并贯彻始终。据专家介绍,该局的威信至高,除涉及僧侣问题较难处理外,其余全无障碍,各有关方面包括军队、警察都给遗产保护予全力支持。

我国对于经常性调查研究要求,对于划定文物保护单位保护范围的要求,也体现了以价值为核心与驱动的保护理念。在1963年4月颁布的《文物保护单位保护管理暂行办法》中,就规定"保护范围划定应根据具体情况":对古遗址、古墓葬等应按遗址或墓葬的范围划为一般保护区,并把遗物、遗址特别丰富的区域划为重点保护区。

大遗址的保护范围和古遗址、古墓葬等的保护范围为什么既要按遗址或墓葬本身的

---

①GCI, Management Planning for Archaeological Sites: Proceedings of the Corinth Workshop, 2000

地域、环境去划定，又要划分一般保护区、重点保护区？根据是：(1)坚决保护的需要；(2)地下埋藏和地上遗迹的不同特点——前者更需认知过程；(3)保护范围内有居民生活生产的具体情况。那些“人口密聚的城市”大遗址，如郑州商代遗址、隋唐洛阳东都城遗址、隋大兴唐长安城遗址、扬州城遗址和集安国内城遗址等，似应正是根据这一规定和道理，而被整体的确定公布为全国重点文物保护单位的。其中后者国内城遗址已列入世界遗产的一部分，国家投入巨资和大量考古、保护力量，对其进行大规模的考古发掘和环境整治，在抢救同时，改善了人居环境。

对于大遗址以及具体的大型遗迹及其保护的认知，总是存在着阶段性的，既要肯定已有知识，并据此决策和行动，同时也应承认，在认识的深度和广度上，我们还远远不够，需备千里之行，并疾步始于足下。

对于大遗址保护而言，以价值为核心与驱动的保护，就应是以大遗址为核心的区域保护，就应是以考古遗迹及其重要性的发现与认知为基础的大遗址保护。目前一些名城规划，否定遗址价值与遗址实体的存在，以及考古工作的必要，大搞所谓依据文献仿古建设。这种专业之间的互相忽略与排斥，是不利于名城保护、遗址保护以及保护力量的壮大的。

5.4　综合性保护

联合国教科文组织国际文化财产保护与修复研究中心(ICCROM)重视开展对社区遗产的保护，包括：地方与城市综合性保护、尚在使用的遗址的保护。该计划认为，面对城市化、环境恶化、全球化和自由贸易、贫富差距日益扩大、政府管理松懈和权力下放等种种压力，历史名城遗产价值正遭受到生死存亡威胁，社区本身也危在旦夕。面对今天的发展压力，传统的制定规划的常规方法已解决不了问题，必须探索、开发和推广使用新的适当的方法。因此自 1996 年实施计划，使用“综合性”保护概念。

我国的文物工作方针确定的大规模抢救，就是一种超常规的努力作为。而综合性保护，进一步提供了理念和方法。

5.4.1　综合性保护原则

地区与城市遗产的综合性保护就是 ICCROM 推行的概念和可操作的方案。该组织认为，“综合性保护”满足了对历史名城的城市区域和景观的高水平保护需要。其所包含的科学性和哲学思想，现已在国际上得到很好的体现和贯彻。综合性保护与两个主要目标群有密切联系，即：

提高政府主管部门和决策人员对地方与城市保护实行综合治理的必要性的认识；提高各级管理部门和专业人士对遗产保护进行一体化发展决策的能力。

我国的大遗址同世界上有些地方面临着同样的问题。为了理解和说明上述综合性保护，并对解决我国的实际问题有所补益，接续上面关于西安整体申报世界遗产的研讨很有必要。因为那事还没完。国际上重视西安，认为西安就是世界东方文明的代表。而且有的专家就是认为她比罗马还要罗马。事隔几年的1998年,又一位当时的国际古迹遗址理事会主席席尔瓦先生来到西安。其时,隋大兴唐长安城遗址已为中国国务院公布为全国重点文物保护单位,而且西安的文物考古工作者正极为兴奋而努力的进行了调查和提出了保护建议。这位国际著名专家,继续对西安整体申报世界遗产问题进行调研和解答,回去后专门为西安抢救和整体申遗的事写信给有关领导人,信中讲道:

西安是一个很有意义的地区,她能使每个有爱国情感的人陷入对历史的深刻回味。西安在我们脑海中是世界最重要的历史城市之一。因此,不能允许她在21世纪转化为一个商业性城市。在人类历史的文明路口,我们必须把她放在世界城市的地位来考虑。当年正是这座城市联系了东西方。如果我们不能在5至10年内保护西安,她的文化将面临毁灭,盼望能以您精干的机构和无私的奉献确保西安免遭此劫。

来信所附《关于西安和城市环境的报告》,出了一个更为惊人的主意。或者我们可称之为:超常规举措,综合性保护方案。报告的一开头还是充满了对西安感情:

我们的第一印象是,一座迷失的城市,看不到任何恢复旧貌的希望。但当城市展现在你的面前时,你开始感觉到古迹的魅力,甚至是一种被倾倒的感受。你进而会怀疑自己可否曾有过这样魂牵梦绕的感受,这个伟大城市的魅力令你无比折服。

那个更为惊人的主意,主要内容如下:

如果想让这个城市恢复历史考古遗址的光荣,并保持良好生活条件,就得指定50至100年的长远规划并严格执行。可以采取以下步骤:

(1) 固定现有的居住状况,保护诸如秦城、汉城、唐代宫殿和一些象大雁塔、小雁塔明城墙、城门、护城河及大清真寺、钟鼓楼、明代街巷之类分散的遗迹。

(2) 保持明城范围内建筑的高度,使其低于明代城墙的高度。任何新建筑应保持与明代建筑的相同风格。范围还可扩展至城墙外100米内。

(3) 在唐城的南面,筹建一个高层建筑密集型的21世纪城,以供未来城区发展所用,并为准备迁出明城的单位提供安置。

(4) 为21世纪城计划进一步提供向南发展的10个城区的规划,以安置被禁止在唐城部分继续发展的单位,唐城内部的10个部分将逐渐杜绝任何新建工程,每十年进行一次拆迁,到寿命的建筑考虑拆除。规定实施后将禁止新的建筑。逐步将唐城发掘出来,使之重见天日并得到保护。

……

以上建议是根据西安在人类历史上的重要性做出的。

(1) 她是一个居住城市,历史渊源可追溯至公元前3世纪,在漫长的历史时期内,她都作为大中华帝国的首都。

(2) 她曾是涵盖亚欧两洲的东西方贸易的枢纽。

(3) 在现今地表下,有大量的可移动或不可移动文化古迹待出土。

(4) 很有可能将中国文明的更多细节情况出土,世界对中国文化的兴趣也将随之而大幅度提高。

“如果这个报告的设想得到认真考虑，所提建议被接受的话，西安将肯定能按部就班成为世界遗产城市。”这位国际古迹遗址理事会的原主席，甚至排出了西安整体申报世界遗产的步骤：

(1) 如果没有问题，汉代古城和唐代宫殿范围地区，还包括大雁塔、小雁塔及明代城墙、城门、护城河、明代街巷和明代的其他遗迹等在确认其文化遗产地位后，应宣布成文化遗产并实行保护措施。这一工作应在2000年左右完成。

(2) 明代遗址（城墙范围以内）应包括逐步确认并得以保护的历史遗迹，恢复历史原貌的街道。

(3) 唐代古城参加世界遗产清单提名还须一个较长的过程，它将取决于城址上建筑的清理状况。这些地点应予考察，出土的古建筑予以保护。

(4) 秦代遗址和继续发掘的兵马俑早已列入世界遗产清单。

(5) 陕西省历史博物馆是西安文化遗产的最新组成部分。博物馆的地下室存放着一些皇陵的壁画。浩大的保护工作和巨型壁画的迁移也是保护实践中的世界纪录。这项工作自1990年开始实施，博物馆近期已向公众开放但还须更多地公开化。从事这项工作的管理人员应向国际壁画技术委员会交流他们的经验。博物馆的展厅展示的展品和各种主题概括了西安的历史，是高水准的。这应当感谢博物馆的布展和科技人员。独具特色的展览在文物和美学角度都是独一无二的，呈现的是超乎想象的感受。早期陶器的历史有6000多年，来自不同遗址的兵马俑的美学价值也很值得研究。

(6) 只要中央和地方政府对这个项目给予关怀，国家、省市的各个机构工作人员将完全能胜任这一工作。联合国教科文组织和世界古迹遗址理事会将就计划实施中有关技术和行政事务提供建议和指导。

我们不必纠缠建议的细节而应尊重他所提示的思路。

他的建议，依据的正是中国关于文物保护单位的法律和历史文化名城保护的政策，完全符合中国大遗址保护的要求。关键在于我们能否为了西安、也为中国和世界做出超出常规的重大决策，坚决的“固定现有的居住状况”，将“恢复历史考古遗址的光荣，并保持良好生活条件”的目标认真规划和落实。

即使已列为世界遗产的罗马历史中心，不仅正在采取重大措施使古罗马广场遗址更完整，而且也仍是充满活力与繁荣的国际大都市的市区。任何建筑物都有寿命，很多现代建筑物在今后50至100年间都要决定它们是否被拆除。我们有什么理由让那些平庸之作一定在本应当保存和展示的古代遗址上再建起来，甚至不给以考古发掘取得资料的机会。在那些已公布为文物保护单位的遗址上，已不是配合基本建设考古的问题，而是依照我国文物保护法的规定，确定文物保护单位的保护措施包括发掘、纳入规划和决定能否建设的问题，是我们是否还眼睁睁的继续看着法律遭到践踏而无动于衷的问题。因此，根据目前严峻形势，我们确实需要在较短的时间内做出抉择，贯彻落实我们自己的法律和方针，认真调整思路，进行超常规的长远规划和优先行动。

这就是针对大遗址的综合性保护的哲学思想的真谛。

5.4.2　综合性保护行动

国际专家对我国不断提出建议,反映了综合性保护理念和方法的形成和推广。从我国为古遗址和古墓葬的重要地区设置保护单位之始,到历史文化名城保护的提出并写入文物保护法律,再到提出大遗址保护并设置专项,也可以视为对国际社会早就提出的保护历史地区及发挥当代作用的不断的富有成效的努力探索。上述的绍兴国际会议确定的很有意义的三个主题分别是:基于遗产价值的决策和管理、负责任的旅游业和多元化融资,就应是从可操作层面,对于综合性保护的强调。

关键在于我们能否为中国和世界做出超出常规的综合性的重大决策和认真行动。

综合性保护首先是综合性行动。因为我们不能等着天上掉馅饼。

从狠抓基础工作做起,这也需要高层决策和多部门支持,需要协调一致的计划,但不能等待。为文物保护单位划定范围及建设控制地带、做出标志说明、设置机构或专人、建立记录档案,是法律明文规定的政府基本职责,以上“四有”要求看似简单,但实际情况千差万别,特别是对遗址、大遗址有效落实很难。大规模的保护修复、发掘研究和宣传展示等多方面工作,都需大力开展并相互紧密结合。作为大课题,遗产管理、考古、规划、建筑、水利、园林、环境、土地、交通、农业、教育、文化和旅游等多学科研究,也需置于突出位置,列入有关计划规划,抓紧并长期进行,及时转化和共享成果。重要地区的考古工作应提前、主动进行,使其有利于保护和建设的共同发展,不能一味配合工程建设。大遗址保护、文物保护单位保护、历史文化名城保护、各种景区和旅游发展等规划,应协调一致,否认遗址存在和考古必要,未经考古发掘就盲目大搞仿古建设的情况,应予改变。

综合性保护,更重要的是综合决策。实现方针指导的大规模抢救,扭转被动局面,必须高层决策。为了中国的持续繁荣和长治久安,要像当年搞经济特区一样,制定特殊政策,抓一批大遗址地区的建设。

为大遗址提供一个特殊的区域和城市总体规划的政策是必要的。如调整行政区划,建立特区,使对官员的考核指标与其他地区相区别。如制定更为长远的规划,固定现有的居住状态,同时保持居民良好生活条件,到寿命建筑拆除后先行发掘。如异地安置人口。如划分保护、考古、建设区分别规划,让高速度、商业化、大开挖技术在建设区去充分释放,在考古区则先发掘、后决定建设。

适应发展急需,弥补大遗址保护特别是考古人才队伍极度短缺,也早已是需要高层决策的大问题。政府应以稳定投入,扩充并维持一支包括技术人员的考古、规划、设计和维修的遗产保护专业队伍,同时需要为遗产保护行业制定高于相关行业的定额标准,提高专业人员待遇,使人才队伍得到凝聚和发展。

将大遗址保护纳入国民教育体系,尤其是某些地方和专业如水利、城市建设、农业、石油、旅游等的教育体系①是更为必要的。只有亿万人民及其后代的发自内心的积极参

---

① 孟宪民,国际文物保护与修复研究中心及第 22 届代表大会,上海博物馆,文物保护与考古科学,2002 年第 14 卷增刊

与,才可能真正解决我国的大遗址保护问题,那也正是我们实现大遗址保护的希望和目的所在!

为什么要将保护和展示作综合性的考虑?应考虑或优先考虑哪些部位的展示?首先,适当的科学的展示能够引起对大遗址的重视,并纠正认识上的偏差。遗址的直接的主要的作用之一是历史和科学教育。发挥这种作用是动员抢救保护的重要手段。与其他文物相比较,对遗址的欣赏和爱惜更需强有力的宣传和科学的引导。其次,这种展示应是针对威胁和破坏问题的,是与抢救保护紧密结合的,是应与考古和保护项目结合进行和连带进行的,并避免已知重要遗址遭到轻易的甚至耕种的破坏,或成为城市垃圾场。第三,展示是多层次、全方位的,不只是围墙盖房、门票旅游,也不是搞狭义的公园,而应与观光农业、城市绿地系统、生态环境建设、退耕还草、整治水系和改善交通相结合;而且,对已有不恰当的展示还要逐步改正。

中国确立的大遗址保护专项是对于中央方针和国家法律的落实,构成了综合性抢救文化与自然遗产的核心内容。其初步提出了大遗址保护的概念和框架方法,从"遗址、遗址群及文化景观"的概念出发,建立了包括考古调查发掘、规划设计、抢险加固、环境治理、安全消防、防灾减灾、展示设施、管理体系和重大专题调研等优先行动计划体系。问题是不仅要坚持下去,逆水行舟不进则退,还必须提升地位,扩大规模,以补偿历史上的欠缺,进一步转被动为主动。

强调已有研究成果的充分利用,不鼓励新的发掘是有道理的。事实上,已经确定为保护单位者肯定已具备一定的研究成果,并可以向保护、展示的行为转化,哪怕是最基本的。但是,不能因此将考古仅作为大遗址保护的前期准备工作,因为大遗址的考古在短期内不可能完成,必须要将包括考古调查、勘探和发掘在内的跨学科的长期的研究,作为大遗址重要保护手段和展示内容,突出出来,纳入有关规划和行动计划。传统的或在一般情况下的先研究、再保护、再展示的模式已不能适应城市建设的高速度发展形势下的保护。要三位一体的开展保护、研究和展示,使其全面开展并相互促进,注意展示已有保护和研究成果,同时展示正在进行的保护、研究的生动过程。

有计划、大规模的考古发掘走在建设前面包括配合基建项目的发掘,是历史文化遗产保护特别是大遗址保护的组成部分,必须长期进行,成为中国特色社会主义建设的一个特色。要争取更多的人们参与,壮大和充实队伍。因为那是对待人类和民族的文明史的态度,是创新与凝聚力之源泉,是社会文明程度的一个重要标志。

第6章　大遗址保护工作流程

大遗址保护是一项多学科、跨部门合作的复杂工作。机构、人员、信息资料的组织与管理对提高大遗址保护工作的质量和效率十分重要。

本章特别针对大遗址保护工作的实际情况和相关环节，依据现行法律、法规、准则、规程和技术要求，对保护工作的流程进行试梳理，希望能对实际工作提供一定的参考。

6.1　大遗址保护流程分析

1. 分析目的

针对大遗址保护工作的各个环节，依据现行法律、法规、准则、规程和技术要求，尽可能梳理出各相关保护工作所涉及的主体、业务流、数据流及其相互之间的关系，以便为涉及大遗址保护的方方面面工作以及信息系统设计提供下帮助：

（1）通过对各项工作相关主体的确认，分析信息系统未来潜在的数据提供者以及系统使用者。

（2）通过分析各项工作所需要使用的数据资料（输入）、形成的数据资料（输出），明确本系统要真正能做到为用户服务，则：①应该收集的数据资料；②系统有可能支持完成哪些数据加工处理功能；③数据加工处理所要求的最终产品形式。

（3）通过分析现行的传统业务流程，找出通过信息技术手段将业务流程简化或标准化、提高效率和共享程度的可能性。

2. 流程分析

由国际古迹遗址理事会中国国家委员会编制、中国国家文物局推荐的《中国文物古迹保护准则》（2002年，下简称《准则》），对文物古迹的保护提出了程序性的要求，特别指出："保护必须按程序进行。所有程序都应符合相关的法律规定和专业规则，并且广泛征求社会有关方面的意见。其中，对文物古迹价值的评估应当置于首要的位置"（第5条）。《准则》中建议的工作程序见图6-1。

但是需要注意的是，通过前面的分析知道，大遗址保护工作有其自身的特点和要求，因此大遗址保护的工作流程也有其自身的特殊之处，试分析如下：

（1）大遗址是以考古遗址为主体的文化遗产，其特点决定了它大部分遗存埋藏于地下，处于未知状态，因此考古研究和价值评估是持续性的工作，是大遗址保护的基础和核心工作，应该贯穿大遗址保护的全过程。无论是前期调查、制定保护规划还是实施保护工程中，无论是日常维护还是展示工作，考古研究和价值评估都应受到重视。

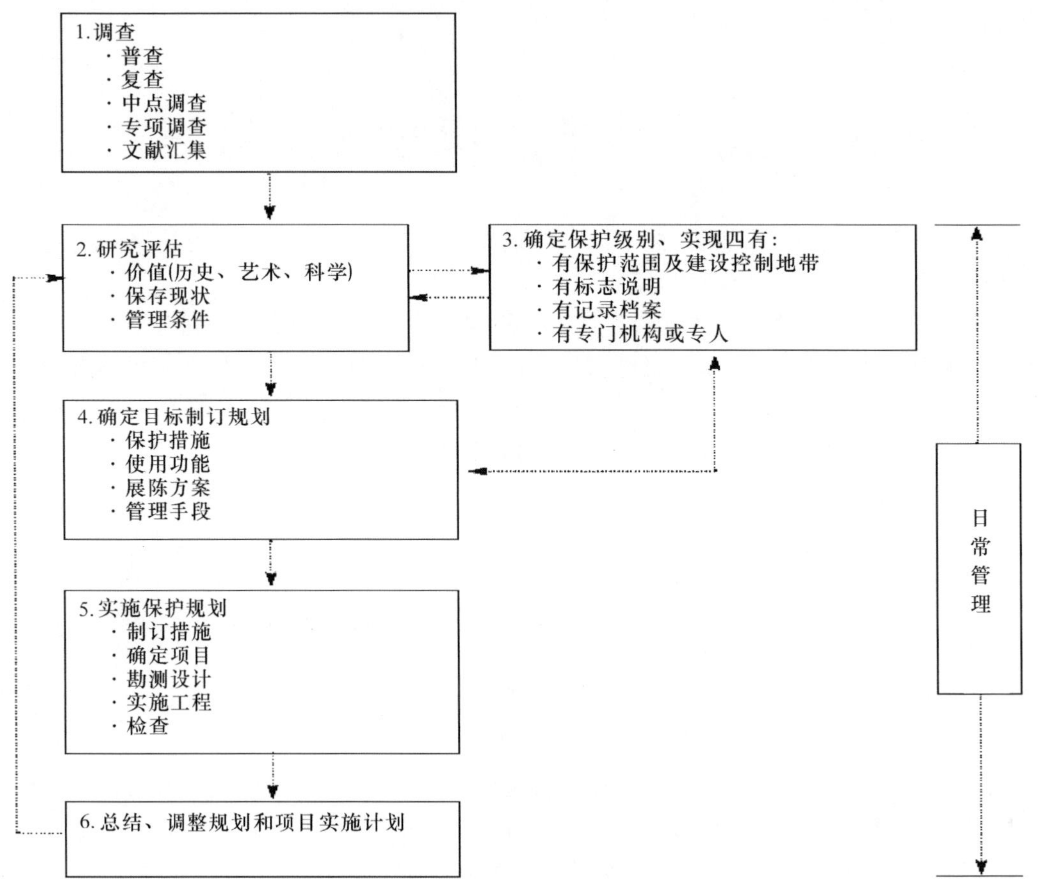

图 6-1　《准则》中的文物古迹保护工作程序表

(2) 大遗址是包括地上和地下文物的综合区域,区域性特点决定大遗址保护受到多方面因素的影响,因此保护工作程序也应该是开放的而不是封闭的,在保护工作的各个环节都应该考虑多学科、多部门、多地区的合作,这样才能保证大遗址保护工作实现可持续性。例如,在考古研究和评估阶段,考古工作者就应该与保护、规划、科技、经济、管理等多方面人员合作;在确定目标阶段和编制保护规划阶段,规划工作者则应该与考古、保护、城市规划、管理、地方政府、社区居民和旅游等各个方面的代表合作;在实施保护规划阶段,参与的方面就更多,几乎囊括社会各个方面,如保护工程、考古、科技、管理、城市规划、中央和各级地方政府、法院、公安、工商、环保、交通、旅游、园林和宗教等,不一而足。

(3) 针对以上特点,绘制适应于大遗址保护的总体工作流程图(图 6-2)和专项工作流程图(图 6-3)。

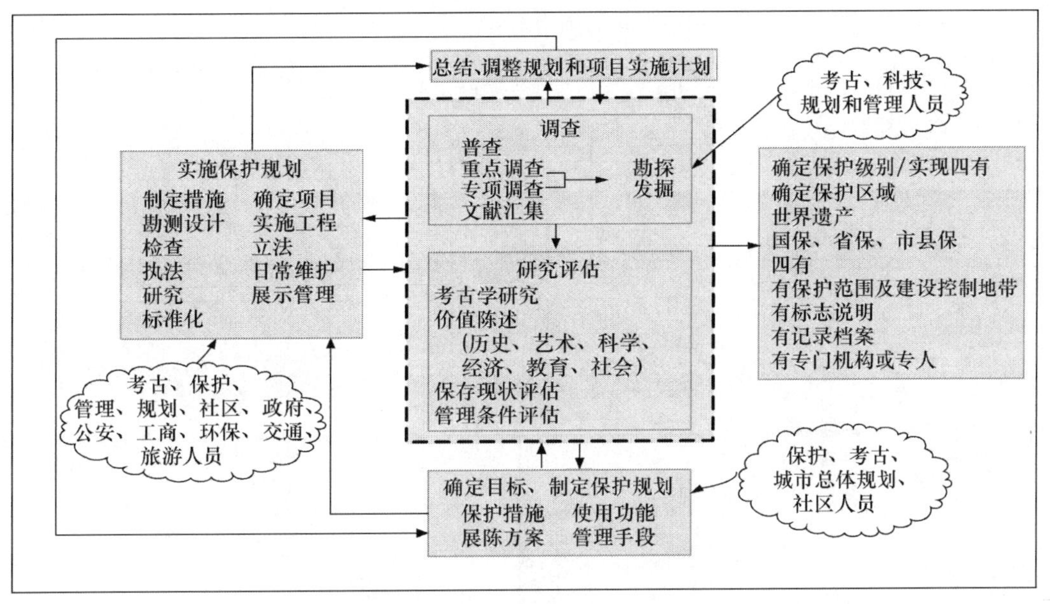

图6-2　大遗址保护的总体工作流程图

6.2　专项经费管理

财政部、国家文物局2005年颁布的《大遗址保护专项经费管理办法》，前文已推崇备至，主要是欣赏其提供的大遗址完整性保护的概念。更为重要的是，该办法提出了大规模抢救的综合性保护的框架方法，也可以称为抢救工作流程。使大遗址保护的概念通过这一流程建立项目库，并得到落实。

该办法共有文字6670个，可谓详尽。全文除总则、附则外，共分专项经费使用范围和支出内容、部门职责与权限、项目的申请与审批、经费的申请与管理和监督与检查等五章，并附《大遗址保护专项经费项目立项申请书》和《大遗址保护专项经费项目经费申请书》两种表格。

总则除界定了大遗址范围外，还指明：专项经费是指中央财政安排用于大遗址保护和开展相关管理工作的补助经费，重点支持中央政府推动的大遗址本体保护示范工程。按照“中央主导、地方配合、统筹规划、确保重点、集中投入、规划先行、侧重本体、展示优先”的原则，经费安排优先考虑遗址本体保护需求急迫、有较好考古勘查工作基础、已编制规划或规划纲要、宣传展示可行性强以及地方政府重视并有一定经费配套的项目。同时说明，按照大遗址保护工作需要和项目管理要求，专项经费实行项目库管理。项目库分为总项目库、备选项目库和实施项目库三类。

专项经费的使用范围：①中央政府主导的大遗址保护示范工程；②中央政府引导的大遗址保护工程；③大遗址保护管理体系建设。

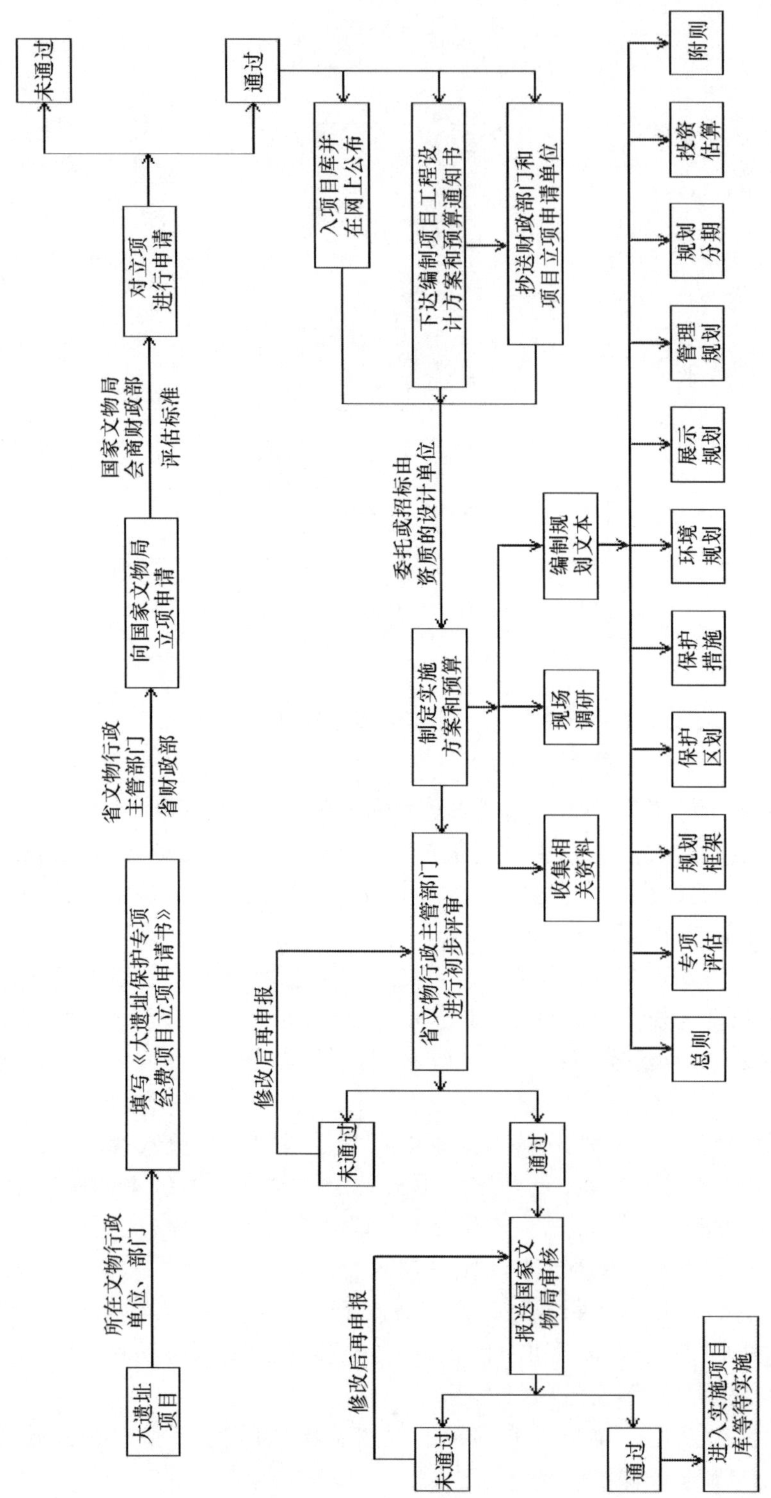

图 6-3　大遗址保护专项工作流程

专项经费的支出内容：

1. 前期费用支出。指为大遗址保护项目实施所进行的前期准备工作费用支出，包括考古调查和发掘、地形测绘、资料购置、规划设计、工程方案勘察设计、咨询论证和工程监理等。

2. 保护工程支出。指对大遗址本体和遗址保护工程费用支出，包括大遗址本体、载体的抢险、加固和科学保护，保护范围内大遗址保存环境治理工程等。

3. 保护性设施工程支出。指以大遗址本体保护、展示为目的的工程建设、设施建设支出，包括安全技术防范工程、消防工程、避雷及其他防灾减灾工程、展示设施工程等。

4. 保护管理体系支出。指为建立大遗址保护管理体系所需的工作费用支出，包括重大保护课题规划费、重大专题调研费、专家评审费等。

5. 其他支出。经财政部、国家文物局批准同意的其他项目。

纳入国家中长期文物保护规划的项目构成大遗址保护总项目库，符合条件的单位可按照《大遗址保护专项经费项目立项申请书》的要求，编写立项申请书，经省级文物行政主管部门会商省级财政部门后，向国家文物局提出立项申请。

《大遗址保护专项经费项目立项申请书》首先必须明确项目的意义和必要性，即：

1. 大遗址的历史、文化、科学价值，在同类遗址中的重要地位，本项目的意义；

2. 该遗址的保护现状和急需解决的问题；

3. 本项目曾经实施过的保护措施和取得的阶段成果。

该办法还明确了国家文物局会同财政部对立项申请进行评估的标准为：①遗址须符合大遗址的界定；②抢救保护工作急迫；③地方政府拟对项目采取保护措施并落实相应配套经费；④实施保护措施后具有良好的保护和展示效果。

该办法包括了有关大遗址保护的全部措施，符合中央方针和国家法律，体现了大规模抢救、整体性保护和以价值为驱动的保护，特别是综合性保护的基本理念。其管理层次分明，既突出重点又照顾全面，既严肃也活泼，是一个能够指导行动计划，特别是优先行动计划的好办法。

第7章 大遗址保护相关技术

本章将介绍以岩土工程技术为主的加固技术、安全防范工程技术以及对于遗迹的展示技术。

7.1 保护加固工程技术

这里只介绍在特定条件下的一类加固工程技术。长期以来形成了一种认识上的误区,就是面对自然力的侵害时,一味等待高科技的专家和手段,忘记了日常的维护保养和传统的保护修复技艺,忘记了考古学者一直没有停止发掘,古建筑保护专家一直坚持着传统的修复方法。物理的支护和遮挡以不触及或少触及遗址本体为限,不改变其本体性质,简便易行。用传统材料、传统工艺修复,并区别于原物,科学而合理。例如,在交河故城,当地文物保管所很早就施用了土坯砌筑的方法,来支护土质墙体,土坯塌下来再砌上去。使墙体状况,不再恶化;新疆自治区博物馆,则通过分析和实验,采取了传统材料和工艺加固古代夯筑和版筑的墙体。而物理遮挡有仿建和重建古建筑的方式,也有建设博物馆大棚方式。前者如陕西临潼华清池诸御汤遗址上建设了较大型体的仿唐建筑。后者如半坡博物馆、秦始皇兵马俑博物馆。但即使进行了遮挡,风化侵蚀仍不可逆转,这就要权衡,是否采取以下提到的一些措施了。

7.1.1 工程技术基础研究

1. 结构稳定性和病害机理研究

按照基本建设工程的要求,勘察多作为一种建设工程前期描述和获取基本物理参数的方法。但是对于遗址保护的前期研究工作而言,由于其问题的复杂性,一般建设工程所常规套用的设计规范往往无法满足需求。历史文化遗产地的前期勘察,不仅要完成对区域和场地条件的调查和分析,而且必须对专项工程问题进行科学的分析和评估,并且对工程保护技术措施提出建设性意见。目前该研究,主要表现在:

(1)地下水渗透变形破坏机理

1999年和2004年结合湖南省澧县城头山遗址、湖南省龙山县里耶古城遗址保护工程,中国文物研究所、中国地质大学对地下水渗透变形的影响进行了客观地分析与评价,为保护工程的设计提供了科学的依据。2005年,周丽珍等人通过多年现场工程地质调查发现,遗址内木构件霉变腐烂和遗址边坡稳定性破坏主要是由于地下水循环交替作用和水位的季节性波动引起的。并提出,遗址原地保护的关键和前提条件,是疏干遗址周围一定范围岩土体内的地下水,同时隔绝其他水源对遗址地下水的补给,为遗址提供干燥的保存环境。①

（2）遗址结构现状稳定性

2003年，结合集安历史史迹保护工程设计，中国文物研究所对国内城城垣、丸都山城城垣等遗址进行了详细的稳定性分析和评估，采用有限差分计算软件FLAC3D（Fast Lagrangian Analysis of Continua）分析技术，对部分存在稳定性问题的结构进行了专项计算分析，并且对自重应力场下、上层积水条件下、下层潜水渗流作用下及地震动荷载作用下的复合变形破坏趋势进行了系统地分析、评价和预测，使保护方案的制定更具针对性和前瞻性②。目前，该项研究已逐步在推广应用，如西藏江孜宗山抗英遗址地基与基础稳定性评价③。

（3）材料劣化机理

遗址所选择的建筑材料石材与夯土取自于地球表面或浅层，同时，多数的艺术造型和图案多塑造、雕凿或描绘于材料表层，而材料的劣化也多发生于此，因此，保护的关键和首要任务是研究材料表面在环境变化中的变异和引起质变的过程。这样就要求不仅要从宏观的特征表征数据去认识它，还需要从微观的结构、构造去探究其发生病害的根本原因，因此，必须从认识该材料的物理、化学、矿物以及水理性质开始，揭示材料的特性及劣化机理，为工程保护技术措施制定提供科学依据。2003年兰州大学、敦煌研究院在以往工作的基础上对西北干旱地区土遗址材料现存的主要病害及成因进行了系统地研究。通过大量的现场调查和室内分析测试研究发现，在我国西北干旱地区古代遗址所发生的主要病害是风蚀、雨蚀和易溶性盐反复溶解结晶等综合作用的结果。对该地区土遗址保护具有指导意义④。

2. 保护材料加固机理研究

通过室内材料的比选性研究和现场实验的取样分析，确定不同环境状况下加固材料的适用标准，并建立相关技术规程，可以为加固工程提供材料学和施工工艺方面的支持。我国从20世纪50年代开始在这方面进行了大量的研究工作，如：刘致和对西安半坡遗址所作的加固；单玮等采用丙烯酸树脂对秦始皇兵马俑炭化遗迹的保护；刘林学等采用有机硅单体、低聚物、高聚物等材料对秦俑弩弓迹、车轮迹、西安半坡部分土遗址、西安老牛坡商代古墓群中车马坑的保护等。目前比较有影响的研究成果有：

---

① 周丽珍、刘建军、刘佑荣，地下水渗流场数值模拟技术在文物遗址保护中的应用，中国力学学会学术大会2005论文摘要集（下），2005年

② 孙全，丸都山城瞭望台变形破坏机理及稳定性分析，中国地质大学（北京）硕士论文，2006年

③ 总装备部工程设计研究总院，西藏江孜宗山抗英遗址地基与基础稳定性评价及防护对策，砖石类文物保护技术研讨会论文集，2004年

④ 赵海英、李最雄、韩文峰、王旭东、谌文武，西北干旱区土遗址的主要病害及成因，岩石力学与工程学报，2003年S2期

（1）高模数的硅酸钾溶液（PS）

经过十几年研究和实践，敦煌研究院李最雄等在无机材料改性方面取得了重大突破。一种特别适用于西北干旱地区土遗址保护的加固材料，在甘肃秦安大地湾遗址、三门峡车马坑和洛阳含嘉仓等遗址的保护中经过试验逐渐研制完善。现代分析手段证明：经 PS 加固后的土遗址粘土矿物的结晶度有所降低，改变了其本身的微观结构，形成了一种非晶态的硅铝酸盐凝胶体，这种结构增加了土遗址的力学强度和抗风蚀能力，对土遗址的保护具有良好作用。

（2）丙烯酸非水分散体（BU）

根据对国内外防风化加固保护材料研究的结果以及对土遗址保护试验的总结，北京大学考古文博学院周双林、原思训等研制了一种新的土遗址加固材料。该材料是以工业品有机硅改性丙烯酸树脂乳液为原料，采用转化法制备的该树脂非水分散体材料①。通过对秦始皇兵马俑博物馆土遗址进行的加固效果的对比检验，丙烯酸树脂非水分散体加固剂在浓度非常低的情况下对土体就有加固作用，使土体具有很好的耐水性和耐冻融能力，耐盐破坏能力也有所提高，并且不影响土体的外观和透气性。他们还对该材料固结砂土能力进行了研究，结果表明：具有良好的加固效果。经过加固的砂土样颜色和孔隙率变化小，土样的力学强度得到提高，具有较好的耐水、耐冻融能力及耐盐能力。这种可用于加固砂土质遗址的材料，已在对辽宁牛河梁遗址土体加固研究中进行了实验②。

（3）含氟聚合物

根据含氟材料的优良性能及在工业保护中的成功应用经验，西北工业大学化学工程系和玲、梁国正等经过大量系统研究，以半坡遗址土质为保护对象，用偏氟聚物材料进行加固保护。经过固化物含量、加固剂渗透深度、抗压强度、耐水性、透气性、耐盐腐蚀和耐冻融等对比实验和评估，结果再次表明：含氟聚合物在土质文物的加固保护中具有良好的性能，是一种具有前景的土遗址加固材料。

7.1.2　岩土体的结构加固技术

对于岩土体的结构进行加固是确保遗址有形实体长期存在的关键。

早在 20 世纪 80 年代，在洛阳含嘉仓遗址保护工程中，龙门文物保护管理所开始研究遗址土体结构加固技术。当时选用化学材料结合竹质锚杆对松散的仓壁、木板和席片进行了加固保护，此成果后来推广到河南三门峡车马坑及宁夏北魏土筑房的加固保护中，获得 1988 年度文化部科技进步三等奖。

---

① 周双林，BU 及 BW 系列土遗址防风化加固保护材料综合研究，北京大学博士后报告，2002 年

② 周双林、王雪莹、胡原、黄克忠，辽宁牛河梁红山文化遗址土体加固保护材料的筛选，岩土工程学报，2005 年第 5 卷

1996年,由北京矿冶研究总院、大冶有色金属公司等完成的铜绿山陡边坡稳定性及加固技术研究①。在对诸多因素(天然地震、爆破地震、初始地应力、不同含水条件、不同开挖阶段及地下开采)影响下的边坡稳定性分析基础上,提出的以岩石坡面长锚索、坑道抗滑桩、束状砂浆锚索为主的一整套综合加固及治理措施,保证了边坡的长期稳定,从而可使古铜矿遗址得以长期保存。该项技术1992年获中国有色金属工业总公司科技进步二等奖。

2000年,敦煌研究院保护所研究人员采取砌筑土坯、夯土填充、锚杆锚固和裂隙灌浆等方法,对西夏陵的3号陵进行了保护性加固,并取得了良好的效果。2001年,北京市文物研究所技术室工作人员在敦煌保护所专家的指导下,对辽金城垣遗址博物馆的金中都水关遗址"关键柱"实施了加固保护工程,该工程采用敦煌保护所开发配制的土遗址加固材料,通过低浓度、多次渗入方式,改变关键柱体胶结泥质的微观结构,提高柱体强度,使关键柱体沙粒石层得到加固。

2002年,由西安文物保护修复中心完成大明宫含元殿复原夯土墙的保护试验②。

2003年,中国文物研究所针对国内城、丸都山城城垣遗址城垣结构自身的特点,进行了大量的可行性论证和分析,在加固工程中,首次采用膨润土垫防渗技术,有效地解决了土垣顶部渗漏问题,同时,首次采用柔性钢网支护结构,有效地控制了丸都山城南门城垣遗址的进一步破坏。

2004年,周口店猿人遗址加固工程被称为"百年大修"。此次保护工程采取两种原则,对出土文物、文化层采取了可逆的保护加固原则;而对不牵涉文物的地区采取灌浆加固、锚杆支护等技术。工程用时三个月,完成了鸽子堂、猿人洞灰烬层、第三地点、第四地点、顶盖堆积和第十二地点等六处遗址的保护加固工作。

7.1.3　大型木构件原地保护技术

古遗址保护中的大型木构件原地保护一直是悬而未决的问题。针对这一现状,"遗址大型饱水木构件原址保护技术研究"被列入"十五"国家重点科技攻关课题。该课题研究由湖北省博物馆、湖北省文物保护中心承担,涉及湖北、浙江和四川等省,西达成都商业街船棺遗址,东至浙江印山越王墓等各重要遗址点。课题研究中,取得了"遗址中高含水木构件脱水定型的微生物方法"③、"遗址中高含水木构件脱水定型的硅胶填充法"④和"遗址中木构件的尿素复合液脱水定型法"⑤等科研成果和专利。

课题研究,还与保护工程紧密结合,涉及的项目有"湖北随县曾侯乙墓遗址大型饱水

① 北京矿冶研究总院、大冶有色金属公司等,铜绿山陡边坡稳定性及加固技术研究,北京:333495,1996

② 甄广全、周伟强、甄刚,大明宫含元殿复原夯土墙的保护试验,中国文物保护技术协会第二届学术年会论文集,2002

③湖北省博物馆,遗址中高含水木构件脱水定型的微生物方法,湖北:1559764,2005

④湖北省博物馆,遗址中高含水木构件脱水定型的硅胶填充法,湖北:1559765,2005

⑤湖北省博物馆,遗址中木构件的尿素复合液脱水定型法,湖北:1559763,2005

木构件原址保护”、“中山舰防腐保护工程”、“印山越王墓遗址保护”和“浙江萧山独木舟遗址保护”等。

关于湖北大冶铜绿山古铜矿遗址原地保护与合理采矿方案的制定，湖北省文物保护中心联合了湖北师范学院和中国地质大学（武汉）工程学院，从环境地质的角度分析了古遗址及其大型木构件的主要环境地质病害，提出了“堵、截、排相结合”的疏干排水、锚杆加固边坡和化学加固木构件的综合治理措施。同时通过对二十一种防腐剂的研究，筛选出了霉敌、木宝、五氯酚钠等三种防腐材料，用于遗址古坑木的防腐保护①。

为了有效保护北京辽金城垣博物馆内金中都水关遗址中的木构件，中国林科院木材研究所和辽金城垣博物馆组成课题组，根据遗址木桩的败坏特征，共同参与制定了实施方案，并于2001年6月开始实施，经过近两年来的保护处理，基本形成一套处理工艺和保护方法。

7.1.4 保存环境治理与控制技术

遗址保护过程，尤其是考古现场的保护，保存环境治理与控制极为重要。

围绕湖北铜绿山古铜矿遗址围岩表层有害生物的防治工作，1991年，湖北省黄石市博物馆进行了有害生物的杀灭试验和改变围岩表层环境条件试验。该试验经历了小范围试验和大面积治理两个阶段。治理后，经过时间考验，取得了较好的效果，并改善了遗址的保存环境。上述大冶铜绿山古铜矿遗址原地保护与合理采矿方案②，还有效地解决了工业生产与文物环境保护间的矛盾。

在湖南澧县城头山遗址保护工程中，土遗址窄槽注浆防渗技术③的应用有效的解决了遗址发掘区周边的地下渗漏问题。在类似条件遗址的防渗技术方面，达到国内领先水平，填补了国内空白。

在保存环境治理与控制方面，如何通过建筑手段既充分保护发掘成果又兼顾发挥人文景观的功能，同时链接人们的情感，是工程技术工作者常常思考的问题。在集安大遗址保护工程中，中国文物研究所尝试地进行了一些概念性的设计，希望通过对某些精华区域的展示设计，使其在完成保护功能的同时更具人文意义。其中典型一例为国内城西墙涵洞遗址的展示。现在，当您步入涵洞遗址展示区时，映入眼帘的是一个微微从地下升起的双坡轻钢玻璃结构，从建筑尺度上看，其最高处仅一人高，而最低处只有二十余厘米，与高达三至四米的城垣遗址相比，并不影响其整体展示；从建筑结构上看，采用轻钢结构和独立基础，由于荷载轻对下部遗址影响较小，且具良好的可拆卸性；从保护功能上看，其外挂玻璃为吸收紫外线钢化玻璃，可保证内部环境温度的相对稳定。在周边的泛水区域下铺设了防渗层，可有效控制大气降水对涵洞边坡的影响；在下部保留的周圈通

① 周丽珍，刘佑荣，谢其勇，遗址大型饱水木构件原址保护技术初探，西部探矿工程，2004年第8期

② 湖北省文物管理委员会办公室，中国地质大学：大冶铜绿山古铜矿遗址原地保护与合理采矿方案，湖北：133259，1991

③ 澧县城头山古文化遗址博物馆，土遗址窄槽注浆防渗技术，湖南：340889，2002

风口又可保证地下潮气的消散,防止玻璃内表面结露而影响参观。由于这一展示结构的建立,人们可近距离地、清晰地俯视古老遗迹的全貌,而其整体造型犹如刚从地面渐渐掀开的一角,让您充分体会古老文化的悠远和神秘,这一结构在国内城西墙外大片绿地间,增加了一点文化气息,为当地百姓提供了一处新的人文景观。

7.2　遗迹实体展示技术

这里只就遗迹实体本身介绍常见的几种展示技术实现方式,在多数的地段,常常几种方式相结合,同时施加前面已介绍和未介绍过的保护加固措施。

1. 地表遗迹的环境烘托

通过环境的烘托形成原野和城市景观。凡属地表可见遗迹,不论是突出的还是低洼的,不论是人工有意为之,还是自然形成而为人类利用的,都弥足珍贵。大部分应利用自然物烘托,进行大地植被显示,退耕还草还水系最重要,原始的湿地、草原最好,浅种的低矮的农作物次之,尽量避免高大林带的遮挡,更要避免仿明清时期的、仿西洋的园林化。个别地点的适当修复、重建可以起到标示作用,应慎重并广泛讨论。新建现代化的设施更需考虑与大遗址大遗迹相协调的风景意义。属于此种情况的,如长城和运河、城堡与陵墓;河北易县战国时期的燕下都遗址,地表仍可见的大规模城墙遗迹,但极为短小的残段竟还被当地农民保存于田间地头;元大都遗址的部分城墙遗迹和明清的部分城墙遗迹仍雄踞北京市市区的路旁。

2. 发掘遗迹的直接展示

对遗址某些局部遗迹经发掘或部分发掘进行露天或复罩的展示。露天者如临淄齐故城遗址的水涵道,扬州宋大城西门遗址,泉州宋城南门遗址。复罩者如西安半坡遗址、甘肃秦安大地湾 F901 大型房址、秦始皇陵的兵马俑坑、广州西汉南越王的宫署御苑遗址和象岗王墓等。不少古瓷窑址也采取了此法。

汉景帝阳陵部分从葬坑遗址保护与地下空间的利用①是一个新的发展。那是我国第一座全地下式的遗址保护展示厅,兼顾了保护历史风貌、建筑与自然和谐共处以及文物的安全,充分体现了利用地下空间保护遗址和环境风貌的功能要求。

3. 发掘遗迹的部分修复

根据以考古发掘研究的科学资料,进行复原研究或局部复原研究的结果,采用原材料、原工艺并有所区别或标记,修补原有的遗迹到一定程度,特别是墙体的顶面或侧面的缺失部分,起到保护作用的同时,也展示了遗迹风貌。属于隔离设施的遗迹,修补还能起围护的作用。如:新疆交河故城的部分墙体和隋唐洛阳东都城遗址的应天门东侧遗迹进行过此类修复。江苏常州淹城遗址的河道清理、疏浚,并与墙体修补结合进行,都属此种情况。

---

① 张平,陈志龙,李居西,汉阳陵帝陵遗址保护与地下空间开发利用,建筑学报,2006 年第 2 期

4. 发掘遗迹的覆盖模拟

在回填覆盖考古现场遗迹后,原位地表模拟展现。有些是仿制遗址考古发掘揭露的状况;有的还保留或仿制了考古探方的隔梁;有的则根据考古钻探或局部发掘的成果做勾勒状的模拟,成为绿地或广场。前者如河姆渡遗址、姜女石遗址的黑山头宫殿址和西安汉长安城桂宫遗址等;后者如西安唐长安城延平门遗址的城门、护城河、城墙和里坊墙,以及杭州南宋太庙遗址等。

5. 发掘遗迹覆盖后仿建

指对遗迹覆盖或复罩后,根据复原研究成果仿建或部分仿建某一时期的建筑物。如唐大明宫麟德殿和含元殿遗址均为覆盖遗迹后在保护层上复原殿基。又如:西安汉景帝阳陵南阙门遗址、唐长安城天坛遗址和唐乾陵乳阙遗址,前二者仿建了完整建筑,后者建至阙台顶面。由于较原物尺度大,所以只能称之为仿建。而与原物尺度的差距越小就越逼真。

6. 发掘遗迹原位和易地重建

指根据发掘后复原研究的成果依照原尺度、原材料、原工艺重建建筑基台和建筑物、构筑物。由于很难获得确凿证据,重建往往是研究成果之一,是解释性的,是保护、教育等功能需要。一种是在遗迹原位原物上修复起建,建造完整。这种重建,几乎没有实例。广州黄埔军校旧址属此。而河南巩义宋昭陵地面建筑重建,则是在原遗迹上加保护材料后进行的。易地重建者较多,如半坡、大地湾等新石器时代遗址。

7. 与城市地下交通空间结合的展示

这是一种需要给与极大关注和开展研究的展示模式。地下较深的建筑遗存有可能正是地铁的城市相关地下空间的层位,因此,在城市土地高度紧张的条件下,在遗址无法组织进地上的相关展示建筑中时,就可以考虑组织在地下空间中展示,当遗址面积较大时,显然会对地下工程的施工方法提出较高的要求。①

8. 考古地层剖面的揭取

考古地层剖面薄层标本的揭取是展示遗址的重要技术。

考古地层作为人类活动所形成的土层包含了大量遗迹、遗物。对地层的研究和观察,可以帮助我们了解历史发展的真实过程。以往能见到考古发掘中地层实体的,只限于考古发掘专业人员,而更多的人只能通过绘制的剖面图及照片来了解古代遗址地层的状况。为了更真实的保留并且展出这些珍贵的信息,从 19 世纪人们就开始收集地层剖面标本。最初使用带有锋利刀刃的铁框打进堆积土壤中,进行剖面揭取。此后,逐渐发展为高分子树脂固化土壤然后进行揭取。进入 20 世纪,德国、英国先后对用于土层剖面

---

①朱光亚,城市化进程中的地下建筑遗产探查和保护,现代城市研究,2005 年第 6 期

揭取的高分子树脂进行了改良。80年代日本奈良国立文化财研究所保护科学实验室开发了用于考古采集地层剖面薄层标本的特制环氧树脂及聚氨基类树脂。2002年,中国文物研究所利用日本奈良文化财研究所开发研制的新材料和新工艺,在北京琉璃河遗址完成了地层剖面薄层标本揭取工作。

9. 大遗址虚拟展示技术

建立大遗址保护的虚拟展示系统,为专家和广大公众服务,开展研究、宣传和教育活动,非常重要。选择将虚拟现实技术作为虚拟遗产研究的技术支撑,是因为虚拟遗产研究所要表达的信息是多维的,既要有历史真实性,又要有文化艺术性,还要求有环境的现实性。在虚拟遗产研究中,还会涉及其他各类计算机技术,例如扫描技术、信息处理、计算机辅助设计和地理信息系统等。大遗址虚拟展示系统主要是针对古代环境、古代城市和考古遗址的三维重现,它不仅仅是一个考古对象的电子沙盘,还应具备对古环境重建与演变进行交互分析的功能。

7.3　安全防范技术

安全防范技术已在博物馆工作中发挥了明显的重要作用。但目前在大型野外遗址的安全防范工作中,还正在努力探索。

1. 集群数字地下拾音报警系统

针对全国田野石刻和寺庙文物被盗的严峻形势,1998年开始,由北京世纪之星应用技术研究中心研究开发了地下声敏传感器,并开始研究"集群数字地下拾音报警系统"。经过一年多的时间,该系统研制成功。经多次征求专家的意见进行完善后,于2002年11月研制成第一台样机,并在河南省巩义宋陵永定陵安装试验。经过一年多试验,该设备经受春、夏、秋、冬四季高、低温和湿度考验,运行正常。在试运行过程中,几次发现夜间有不明来路的人闯入陵区窥测,起到了监视不法人员入侵的作用,达到了预期的效果。该报警系统的特点:一是既能报警,又能听到现场一切声音;二是为了减少误报,报警信号幅度可由值班人员随时调节;三是与其他报警系统相比,价格较低;四是操作简便。

2. 振动监控报警技术系统

国家文物局《文物保护防范体系研究》课题组、中国文物学会和中国地震局地壳应力研究所三方共同协作,于2001年底对三门峡虢国墓地及博物馆现场进行了考察、研究和测试,开展了应用振动监测技术进行地下古墓葬防盗掘监测报警系统的设计和实验研究工作,研制了一套适用于三门峡虢国墓地现场条件的地下振动监测报警系统。这套报警系统的安装工程是全国第一个用于保护地下古墓葬的工程。该系统是一种实用新型技术系统。在模拟实验通过鉴定后,经国家文物局批准,先后在三门峡虢国墓地和荆门纪山楚墓群应用。通过制定《监控系统软件操作指南》和《振动监控报警系统日常值班记录表》,使系统的操作进一步得到规范和完善,促进了古墓葬群的安全防范工作。

3. 地波探测报警装置

2004年,由陕西乐通电子应用技术开发公司研制的地波探测报警装置,通过国家文物局专家组的评审。专家们一致认为:这一装置采用地波探测技术探测盗掘古墓是可行的,其功能、指标基本满足古墓防护要求,可以在保护古墓、田野文物等方面应用。地波探测装置针对犯罪分子利用盗洞、爆破等方法盗掘地下文物而设计研究,可广泛应用于古墓、古塔和地下文物等重要场所的防范保护。如遇犯罪分子在设防区内实施盗掘,这一装置可报警,完成对非法入侵时所形成的地下球形波的采集、数据传输和进行数模模型比对分析,并将结果及时输出。

7.4 空间信息技术

1990年初,由法国空间局、美国宇航局、欧空局和日本宇宙事业开发集团等遥感机构共同筹备了"空间考古研究"的国际学术会议;1997年3月,第一届"遥感考古应用会议"在美国明尼苏达州举行,会议讨论了卫星和航空遥感在考古、考古资源管理、居民地分布格局识别及环境考古研究中的优势及重要作用;2001年,由意大利文化遗产应用技术研究所和美国波士顿大学考古研究中心、遥感中心和考古系与NASA合作举办了"意大利/美国遥感研讨会:数字技术重建古地形",主要目的是针对GIS、空间分析和遥感技术开展古地形重建,以及把考古景观作为重要且丰富的文化资源进行评价和展示。2002年4月,在希腊召开了"考古学中计算机应用和定量方法大会",其会议主题为"考古的数字遗产",讨论了空间信息技术在考古领域上的独特作用,评价和分析了空间信息在世界遗产的监测、管理、制图和保护等方面取得的成果。这些都反映出以"数字化"为主题的考古学发展已成为当今多学科交叉发展的主流,遥感和虚拟现实技术已成为考古研究和古遗址保护与重建的主要技术手段。

对于情况复杂而形势严峻的大遗址保护,必须采用新的理论方法和技术手段做为支撑,并基于新技术方法实施综合性保护和高层一体化决策。空间信息技术具有将时间、空间、人间(过去、现在、未来)相统一并具有进行模拟、分析、预测、展示和虚拟现实的能力,是大遗址保护不可或缺的技术手段,空间信息技术在大遗址保护中应用的技术攻关具有重大意义。

7.4.1 大遗址保护对空间信息技术的需求

1. 开放性

大遗址保护是一项庞大系统工程。技术系统的开放性是成功的关键。一是收集数据的开放性。不仅应该兼容空间数据和文物属性数据,而且应该考虑各种数据的兼容性,包括城市规划与实施系统、农村规划与实施、交通规划与实施系统和水利规划与实施系统等。二是系统设计的开放性。系统设计过程中与各部门、各领域用户需密切结合,并且采纳和借鉴各部门、各领域现有系统的经验与优点。三是系统更新的开放性。系统数据要可更新与可扩展。四是系统使用的开放性。系统用户的有效管理制度下的充分开放和系统功能应不断完善与扩展。

只有拥有开放的眼界与胸怀,才能为大遗址保护提供真正有用的技术支撑平台,才有可能为大遗址保护涉及的各个部门、各地政府和基层用户提供真实的帮助。

2. 兼容性

大遗址保护是文化遗产保护总体工作的组成部分,大遗址保护空间信息系统设计,应该考虑与现有国家和地方文物管理信息分类与记录系统的协调性与兼容性。如单独建立一套系统,不仅不能提高大遗址保护工作的效率,反而可能造成人为的工作障碍。

大遗址保护空间信息技术设计还要考虑与相关其他行业信息的兼容性。通过技术手段,促进大遗址保护多学科、多部门和多地区的合作。以通用的语言使大遗址保护工作得到社会、决策者和相关行业的理解和支持。这与上面的开放性是相联系的,也是对创新的要求。

3. 可扩展性

大遗址保护是一项复杂的工作,不可能一蹴而就。系统设计应考虑在功能上和接口上的可扩展性。

4. 先进性

广泛吸取和借鉴其他行业应用空间信息技术的先进经验和教训,保证应用技术上的先进性,同时重视在技术应用机制上向先进经验的学习,避免走别人已经走过的弯路,尽量减少和降低新技术引进过程中的成本和风险。

5. 实用性

在考虑系统先进性的同时,更应该注意系统的实用性。实用性分几个方面:一是功能上的实用性,系统在设计时应充分结合大遗址保护工作的实际特点,以用户和需求为导向,而不是以技术和硬件为导向。二是运行上的实用性,在系统设计时,充分考虑大遗址保护管理和运行体制,与现行工作流程、机构设置、数据形式和人员队伍相匹配。三是经济上的实用性,充分考虑大遗址保护行业的经费承受能力和系统的运行成本。

7.4.2　高层一体化决策的需求

决策可以分为决策做什么和决策怎么做。决策做什么是在大遗址保护和社会经济其他行业之间,依据其相对贡献率(即所谓价值)进行资源分配。决定保护、还是发掘或暂不发掘、还是进行其他建设,是大遗址保护战略决策的工作范畴。它既涉及中央政府在全国各地区和各行业间的资源分析,也涉及各地方政府的战略布局和发展方向。决策怎么做,则是在决定开展大遗址保护的前提下进行保护方式的决策,是大遗址保护规划、方案设计等的专业工作范畴。

决策的基础除下面将分别说明的研究、规划、保护、管理和展示等工作外，还必须包括对其他领域的研究与分析，提高大遗址保护的决策层次和综合一体化的水平。空间信息技术的优势就是多源数据的综合处理。大遗址保护目前的重中之重是实现高层一体化决策，否则任何先进技术的应用都无法从根本上解决大遗址保护的真正问题。决策与规划是多方利益博弈的过程，保护范围与保护区划是综合权衡的结果，因此，掌握信息的全面性与分析判断信息的科学性是决策的重要基础。

遗址保护历来由少数专业工作者在努力实践着，既缺少与决策者的沟通，缺少与其他行业和领域的沟通，也缺少与公众的沟通，力单势微。除了认识上的缺乏之外，更大的障碍是这一领域专业性极强，使用着一门艰深诘奥的语言，外行极难理解。信息技术的管理功能、友好界面和可视化等技术的应用有助于实现大遗址的跨学科、跨领域和跨地区保护，提供综合一体化决策支持平台。

这一决策支持系统的重要基础就是全面收集各种与大遗址保护相关的数据资料，而不能仅局限于大遗址考古报告及考古资料和大遗址保护规划，还应该包括国民经济统计数据、城市规划、新农村建设规划、土地规划、交通规划、农业规划、水利建设规划、防洪规划和旅游规划等。对这些基础资料的全面比较分析，从宏观角度分析大遗址及其保护工作在整个社会经济中的地位、与其他行业的关系和区域分布特点，如果不借助信息技术手段很难实现。

国家文物局局长单霁翔高度重视城市大遗址保护的决策问题。他在 2006 年指出，“中国古代城市蕴含着极其丰富的历史信息，城市的起源及其发展是中国考古学研究的重点。……每个中国古代城市都有自己的发展特点，这是中国历史文化遗产中最宝贵的部分。特别是唐宋以后，这些城市的位置基本是固定的，像开封、徐州、广州等城市更成为‘重叠式的城市’。虽然历朝历代都有变化，但是由于当时生产力水平低下，城市的基本规模和街道布局很难改变”①。这些城市大遗址是中国城市发展脉络的重要见证，随着我国城市化步伐的加快和大规模基本建设的持续开展，这些珍贵的遗产正在遭受破坏。我国目前城市建成区的考古工作绝大部分属于配合基本建设的抢救性发掘。一方面，这种考古作业方式为收集、抢救和保护国家文化遗产做出了巨大贡献；另一方面，由于工期紧、任务重和人员不足等原因，配合基建的发掘工作主动性差，研究不足，除非有特别重大的发现才转入主动发掘外，大部分遗址未经全部揭露便因种种原因放弃了，造成了文化遗产的巨大浪费与破坏，更谈不上保护了。究其原因，固然与我国的基建项目较多和考古人员过少的国情紧密相关，但城市建成区考古和文化遗产保护没有跟城市发展、城市规划和城市建设相结合是一个重要的原因。只有将城市建成区考古、建成区文化遗产保护、城市发展规划和建设有机的结合起来，它们才能并行不悖，相得益彰，从而形成良性循环。

从工作程序上讲，上述三方面不能有机结合的根本原因是：目前，各个城市的考古工作者尚未或者无法给政府决策部门、城市规划部门提供一份详细的带有预见性的可作规划和建设参考的地面和地下文化遗产清单或遗产分布图；同时，文物法规条例尚不完备，

①单霁翔，关于大型古代城市遗址整体保护的思考，考古，2006 年第 5 期

而有关部门贯彻又时有不利。可见,这是一个认识问题,同时更是一个城市建城区考古的调查技术问题,文化资源的管理问题,还是一个国家政策问题。但是,首先是认识和技术问题,只有认识到位,技术路线明朗、可行之后,才可能敦促国家相关政策及时出台。

因此,面对大规模基本建设不断高涨,大批文化遗产面临威胁的现实,研究出一套能够摸清地下、地面文化遗产状况的调查方法和技术路线,建立和完善文化遗产资源管理系统,并为政府部门宏观决策提供科学依据已成当务之急。“在全面开展考古调查的基础上,划定地下文物埋藏区,并向社会公布”①,这已成为解决城市建成区考古和文化遗产资源保护并与城市规划和建设有机结合等问题的关键。

而要完成这一过程,只有充分发挥空间信息技术的优势方能实现。具体体现在:

(1) RS 技术与地球物理勘探技术的结合解决城市建成区地下埋藏分布问题;

(2) GPS 技术的应用解决城市建成区文化遗产资源的空间定位和监测问题;

(3) GIS 技术为文物登录(register list)制度和管理平台的完善提供科学的管理平台。

7.4.3　大遗址区域研究的需求②

1. 考古专题图基础信息系统

遥感考古研究的主要工具是遥感图像,图像本身具有可以长期保存的特性。因此,从早期保存的遥感图像上可以发现已被破坏的古迹,从现在的图像上发现现有的古迹,制成考古信息专题图,在图像上保存这些古迹的位置、范围以及古迹的真实外貌特征,以供将来分析之用。经过纠正的遥感图像会有很高的精度,因此,可以从图像上对遗址的范围及形状进行直接测量,并可将结果直接转绘到地图上,具有很高的参考价值。目前,在国际上利用遥感进行考古制图是遥感考古的主要内容,尤其是高分辨率卫星图像和航空照片是大比例尺制图的主要数据源。利用遥感和 GPS 技术进行大规模的遗址调查,并精确定位,以供未来进行环境监测、遗址定位以及预测之用。

2. 聚落考古研究

人类的生存必须依赖特定的自然环境,古代聚落的分布与环境特征之间有着密切的关系。环境变量中的地形、地质、土壤、坡度和水系等要素很容易在 GIS 中进行显示和分析,为聚落考古研究提供了行之有效的方法。有学者根据典型流域中适宜种植某种农作物的土壤的变化情况,分析聚落演变的特征。基于 GIS 的区域分析技术,在考古研究中有很多成功的应用项目,例如在波希米亚青铜时代末期聚落研究中,分析了六种地貌类型与罗马时期聚落分布之间的关系。GIS 区域分析方法能够为考古研究人员提供很多特殊的素材,拓展思维空间,使人们能够在已知一些聚落、遗址分布特征的基础上,理解古人选择聚落、遗址或其他活动场所的原因。

---

① 单霁翔,关于大型古代城市遗址整体保护的思考,考古,2006 年第 5 期

② 本节参考了刘建国:考古地理信息系统,科学出版社,2007 年。

3. 考古预测模型

考古预测模型的建立是以人类位置行为的模式化为基础，根据一个区域中某类已知考古遗址的分布特征，提取遗址及其周围的高程、坡度、坡向、土壤类型或距水系距离等环境因素，分析考古遗址及其周围环境的典型特征，并以此建立考古遗址的理论模型，然后再分析研究区域内其他地点，查找类似地点作为可能的遗址位置，最后通过实地调查，对预测结果进行检验。预测模型分析在欧美考古工作中取得了一定的成果，为区域考古研究和文化资源保护提供了很多重要数据，以便及时地对预测有重要考古资源的区域进行监测和保护，减少野外调查的时间和经费。有的学者还根据特定区域的具体情况，分析各种环境因素的影响程度，对不同的环境因素赋予不同的权值，建立更为完善的预测模型。

4. 遗址空间分配与地域观念

空间分配是一个常用的方法论术语，将遗址或位置与地域进行关联。GIS 使地域特性和人类行为的现实假设成为可能。研究中一般假设近处的遗址比远处遗址具有更大的经济价值，研究地点（一般是史前聚落）周围有确定半径（例如 1—5 公里）的简单圆形地域，分析地域中经济的或其他资源，以此解释聚落、墓葬等选址的原因。例如研究城堡与可耕地的关系、墓葬与土壤的关系以及大型遗址的位置与早期遗址的关系等。此外缓冲区与最佳路径分析也具有重要的意义，根据聚落、地形、土壤、水系等因素分布情况，分析相互的关系，研究古人从事狩猎、农耕等的行走路线。

5. 通视与可视域分析

通视，即景观中两点之间没有地形或地面特征（植被、建筑物）阻挡的情况，在 GIS 软件的支持下，两点（甚至大量点）之间视线的计算非常简单；可视域，则是研究从一点或几点上能够观察到的范围。欧美学者对可视域非常感兴趣，认为人类社会具有特定的地域观点，其视野非常重要。聚落等的可视性可能反映当时的一种社会结构，甚至是一种控制或防御手段，可视范围均在聚落的控制之下，防御性聚落都会具有最佳的可视特性，有时可视性甚至可能与天文观测有关，地面景观与特定时间太阳或月亮的位置紧密相连。

6. 区域考古模拟

区域考古模拟是在 GIS 技术的支持下，根据研究区域内现在的土壤、地质、地貌等物理景观的特征，以及已知古代聚落的分布情况，研究古人面对自然景观时的行为方式，同时为文化遗产管理服务。或者是对学者们的一些假设、推测进行模拟，以检验其可靠程度。澳洲学者根据一个区域中土壤分布情况、坡度、距农耕聚落和水系的距离、农作物单产等因素，分析某一时期中可耕地的面积，计算粮食总产量，由此再计算研究区域内特定时期中能够养活的人口数量，研究其社会结构。在区域考古研究中，很多基于 GIS 的模拟与聚落行为有关。GIS 还推动只能在考古研究中使用的位置配置模型，以已知位置区域的中心为基础，学者们模拟出不同的网络近似值、模型假设和参数范围，研究古代人们采集、剩余物品运输、人口管理等的模式。

7.4.4　大遗址保护规划的需求

长期以来,定性评价一直是大遗址保护规划中使用最多、最普遍的一种方法。这种传统评价方法最大的缺陷是缺乏分析过程和科学的逻辑关系,以此为依据所做出的决策往往主观性过强,尤其是在目前快速城镇化过程中保护和发展间的矛盾日趋复杂,遗产所面临的问题也越具有特殊性,因此,如果缺乏科学评价方法和客观分析过程,所做出的主观决策将缺乏针对性,有可能产生新的矛盾或激化原有矛盾,甚至使规划无法按计划实施。

由于大遗址保护规划过程需要进行大量空间信息的分析,而保护规划的最终成果也体现在空间布局的调整,因此,共同的时空特性成为大遗址保护规划和现代空间信息科学的结合点,空间信息技术也逐渐成为大遗址保护规划中不可或缺的分析方法和技术支撑。利用空间信息技术进行大遗址保护的研究不仅可以用于大遗址过去现状的分析,更重要的功能是辅助完成大遗址价值评估、保护规划对策的分析和选择、保护规划实施后未来的模拟和预测。

空间信息技术作为技术支撑平台,可以有效应用于大遗址保护规划的各个阶段。在大遗址保护规划过程中,可以利用RS和GPS快速、全面地获取大遗址现状资源与环境信息;利用GIS实现对所获取的多种形式数据的集成和数学模型的分析。大遗址保护规划辅助支持系统的设计应从大遗址保护规划各个阶段的业务流、数据流分析着手,搞清每个工作环节或岗位上的数据需求、业务需求和功能需求。

1. 现状调查的应用需求

现状调查是进行大遗址保护规划编制的基础性工作。由于现状调查过程中获取的大量文字、图形、图像等资料和信息都具有定位特性,属于空间信息的范畴,因此,需要利用空间信息技术有效获取、管理和利用,为保护规划编制提供精确、定量的设计依据。同时,提供灵活的信息查询机制,帮助保护规划设计人员实现调用不同分辨率的遥感影像和多种比例尺地图数据,快速、全面地获取研究区域的现状资源与环境的信息;提供二维、三维通用空间环境分析机制,使规划设计人员能够从不同角度对所规划的区域进行充分的研究和分析;具体包括:

(1) 基础地理数据,反映大遗址及周边环境现状的综合空间数据集,包括:道路、水系和植被等信息。地形数据描述了大遗址地表现状,是遗址空间分布信息、遗址基本属性信息以及参考资料的载体和联结纽带,是一切空间数据的基础。因此,地形数据必须具有足够的数学精度和良好的现势性;此外,还包括影像数据、矢量数据和元数据等。

(2) 自然环境数据,包括气象环境数据(如气候环境、降水特征、风向、风速频率特征等数据)和地质环境数据(如遗址地区地貌、地层岩性及其工程地质特征、水文地质特征等数据)。

(3) 历史沿革数据,包括考古资料数据、历史照片数据和档案记录数据等。

(4) 大遗址地区勘测数据,包括平面地形图数据、遗址现状图数据以及现状照片数据等。

(5) 大遗址基本属性数据,是对历年考古工作成果的全面反映,是保护规划信息收集工作的重点，包括空间信息，如遗址的位置、形状、面积、自然地面标高等；属性信息，遗址名称、所在地、完整性、土地利用情况及现状等。内涵信息：遗址年代、发掘时间、文化层深度、出土文物的种类、编码、图件或图片及研究文字等。遗址空间分布信息与遗址基本属性信息、地形数据、规划数据等相迭加，形成的大遗址“综合文物信息资源图”，是对遗址基础文物信息的综合反映，为遗址保护规划提供了全方位的数据服务。

2. 规划业务的辅助设计

充分利用 GIS 的集成能力，实现有关系统的有机集成，使大遗址保护规划业务与规划用地、建筑管理等有机结合，从而能够在一个统一的环境中解决规划辅助设计的问题、文档的跟踪、流程自动化的问题以及空间分析的问题。

提供规划方案的设计、评价和优化的高级决策支持，能提供各种综合评价分析模型，方便准确地进行规划方案的制定和比较，并提供辅助分析、评估和多媒体的表达。

（1）大遗址价值的再评估。基于该 GIS 系统实现多源的数据的综合评价，绘制大遗址综合评价分析图，反映出相关的多学科、多部门的资料，提高对大遗址价值评定的科学性和准确性，改变以往价值评价的人为性和不确定性。

（2）大遗址保护区划的再研讨。在大遗址综合评估分析图基础上，利用该系统提供的空间数据挖掘方法根据考古调查发掘情况、遗址保护优先等级、遗址破坏程度、自然条件、社会条件等因子建立数学模型，制定遗址分区指导原则。利用系统提供的空间迭置分析功能，将大遗址综合评价分析的数据做出评价，提出保护大遗址的正确的保护范围，包括重点保护区、一般保护区、考古区、展示区、建设区以及标识系统与有关工程等。

7.4.5　大遗址保护管理的需求

面向大遗址及其背景环境保护，综合应用空间信息技术对各种与文物保护法规相抵触的违法建设和不良发展倾向及时进行监测，为科学决策提供依据，既有利于文物保护工作的实施，也有利于经济建设的健康发展，努力实现相互促进协调发展。文物的不可再生性要求监管体系具有及早发现建设异常和预判的功能。大遗址保护监管系统要实现技术发现与公众监督并举，共同成为系统运行的信息基础。公众监督能够进一步促进公众增强文物保护的意识。

该系统应建立多级行政架构，面向和服务基层，实现对大遗址及其背景环境的动态、远程监测，包括自然环境、土地利用和违法建设监测等。

（1）系统的主要功能要求。在对数据库的综合应用基础之上，实现判定功能，即利用系统数据，对保护异常进行初步判断；实现维护功能，包括现状变更及规划调整等基础信息的更新与维护；实现查询功能，主要以区位、时间、土地性质等方面为索引，查询现状和规划的信息，包括历史信息。

（2）日常管理与监测。开展大遗址日常维护、工程情况、社区活动和宣传教育活动等的记录与分析工作，对遗迹本体监测数据的采集、记录与分析；进一步研究工作的记录，包括考古研究、历史研究和游客研究等；除日常监测，还应有对紧急情况监测和处理等。

第 8 章　我国大遗址保护的进一步发展

自财政部、国家文物局确立财政专项以来,大遗址保护工作增加了力度,取得重要进展。但由于历史欠账较多,仍存在较大困难,问题复杂。其主要表现如下:

对大遗址保护在经济社会发展中的战略定位和作用,仍缺乏正确的统一认识,被动应对局面未能改观;坚决保护和有计划发掘的重大遗产地区的观念尚未树立,缺乏突破传统专业局限的全局性战略发展研究,缺乏足够的、具有针对性的政策支撑,缺乏高层一体化决策和行政管理体制;面对公众的宣传和传播力度严重不足,缺乏公众的广泛参与和支持;专业队伍和从业人员过少,资金和人力资源配置尚不适应科学发展的需求;大遗址保护的科学技术研究和示范工作,远远滞后于实践,众多瓶颈性问题被长期搁置,科学和技术的支撑与引领作用有待进一步发挥。

本章将讨论大遗址保护对科学和技术的主要需求,考古学应当发挥的主导作用,最后,提出一个重大专项设置的框架设计,也称顶层设计。

8.1　大遗址保护体系的构建

胡锦涛总书记长期关注文化与自然遗产保护,强调方针与法律的落实。他 2003 年曾批示,“要注意保护历史文化遗产和古都风貌,关键在于狠抓落实,各有关方面都要大力支持”;2004 年,他向联合国教科文组织会议致辞,承诺中国将“保证文化和自然遗产的充分保护和适度利用,进一步促进人与自然和谐发展”。在他的关注下,大遗址保护在一些地方取得重大突破,中央财政专项确立。

以科学发展观为指导,国务院 2005 年颁布《关于加强文化遗产保护的通知》,重申中央方针,提出加大文化遗产保护力度、构建科学有效的保护体系的目标,还对自然遗产保护做出相应指令。如何实现国家目标成为各级政府、有关部门、科技界以及全体人民必须面对的问题。

大遗址是祖国重大遗产,与自然环境演变有密切关联,进一步加强保护、研究和展示,可振兴文物保护及考古、博物馆事业,并引领相关产业,促进我国社会物质、精神、生态、政治文明建设协调发展。大遗址保护必须坚持中央方针,科学规划,狠抓落实,为实现国家目标而努力。

1. 战略与政策

加强大遗址保护战略及政策研究是提升大遗址保护地位和发展水平的必要保证。

经验和教训告诉我们,大遗址保护成败的关键很大程度上取决于决策者的认识程度和政策的支持力度,仅仅从专项规划和技术层面无法根本解决大遗址保护扭转被动局面的核心问题,因此,大遗址保护战略及相关政策研究,作为重大科学问题,必须首先纳入国家科学技术发展体系。

战略研究,是在分析大遗址本身的外部环境与自身特点的基础上,对大遗址保护进行定位和战略目标的确定。只有放眼国内、外环境和行业内、外环境,站在全局的高度,同时又立足于大遗址本身的性质、资源特点与角色,通过科学的战略选择与定位,明确大遗址保护的战略目标,才能为一系列政策、方针和行动提供有效的指导。因此,大遗址保护的战略研究具有极为重要的意义。

徐嵩龄先生曾著文将文化与自然遗产保护提到与人口、生态环境同等地位的"第三国策",他认为遗产保护应由原初的边缘位置向中心转移,成为影响国家发展决策的"上游领域",构成其他领域发展的重要制约条件①。对于将遗产保护列为基本国策的建议,国家文物局《历史文化遗产保护中长期科学和技术发展规划战略研究报告》及相关论文,做出了积极响应。第三国策和重大遗产地保护的研究,作为了历史文化遗产保护领域科技发展的优先主题和战略研究重点,给予了高度重视。

这项研究应从全局出发,以认识大遗址保护在人与社会可持续发展中的地位与作用为起点,明确大遗址保护对社会、经济和文化发展的贡献与意义,构建中国特色的大遗址保护的战略目标。同时,研究和制定保障大遗址实现大规模抢救的相关政策、行政管理和法律体系,以科学的管理方法,促进资源合理配置,使得中央到地方、学术到行政、政府到公众的全社会的积极性得到发挥。因此,该项研究是提升大遗址保护地位和发展水平的前提和保证。

2. 国家遗产保护区划部署

区划是规划的基础。大遗址以大规模古代遗迹、遗迹群为主体,从一定地理单元出发,考虑了多种文化与自然遗存的层叠和群体分布,以及古今变化。或者,采用大遗址地区及线路的提法,更能反映其本质,更易理解,也更易与遗产区划相联系。以大遗址为核心要素,对国家遗产保护区划做出部署,可以增进人们对经济盛衰、政治兴替、生态演变的了解,指导复兴发展、人与自然的和谐相处;可以从更高目标和更大范围出发,统筹保护、展示和发掘,以致国土利用、城乡建设等各有关行业发展,破解难题;可以增强信心、决心和耐心,更有力的组织跨部门、跨学科、跨区域、跨单位和跨层级的合作,发动群众,争取广泛支持。这些是从单一的遗址、大型遗址概念出发难以达到的。

文物保护单位是一个科学的可发展的制度体系。对其区域性、整体性、可组合性以及保护措施综合性的认识仍在不断深化。以航运水利工程遗迹为主体,联系自古以来人口密聚的多个大遗址地区的大运河,由国务院整体公布为全国重点文物保护单位,有关部门继而将其列为大遗址保护专项、科技重大专项和世界遗产候选地,是世界范围的保护人类遗产的惊人创举,也为全国各地做出榜样。

---

① 徐嵩龄,第三国策:论中国文化与自然遗产保护,科学出版社,2005 年

8.2　科技的支撑与引领

大遗址保护是一项相当复杂的工作。从研究领域来看，涉及基础研究、应用研究和软科学研究等领域；从学科划分来看，涉及人文社会科学、自然科学、工程技术科学，包括考古学和历史学、建筑学和城市规划、生态环境科学、环境考古与历史地理学、体质人类学与文化人类学、地质学、植物学、区域经济学、社会学、博物馆学与传播学、文物保护措施和保护技术、新材料与新技术和航空摄影与遥感技术等；从组织单位来看，除了国家和地方文物系统的科研、管理单位之外，涉及很多高等院校以及其他相关科研机构，甚至公、私企业部门；从研究成果的发表刊物来看，也分散于文化遗产保护、考古研究、城市建设和地质地理等方面的报刊上。因此，为了更好的推进大遗址保护，需要积极实现科学和技术的支撑与引领作用，加强多部门、多学科之间的深入交流和整合，实现资源与信息的共享，以及联合攻关的能力。

1. 学科建设及拓展

大遗址保护存在问题的错综复杂使其成为综合性与专门性都很强的科学行为。大遗址保护问题的解决需要学科建设发挥基础与能动的作用。

复旦大学的蔡达峰先生曾著文探讨有关文物、文化遗产的学科建设，认为每一门学科都有自己特定的研究对象或是物质种类，或是现象原理。学科建设的目的是为“有效地处理更加复杂的问题而创造条件”①。

大遗址保护应属于研究文化与自然遗产保护的行为规律的科学。这样的学科目前尚未确立，需要努力作为，也需要一定的过程。但其他任何有关学科，不论是行为和技术的科学，还是属于基础科学，社会科学的考古学、历史学和各专门史学，自然科学的地质学、地理学等，都可以从本学科中生长有关的文化与自然遗产保护的分支科学。考古学和各专门史的学者们都可以是遗产保护的发起者也是学科建设者，都应受到欢迎。

以大遗址保护为对象的学科，将成为最交叉的学科。为解决更加复杂的问题创造条件！城市遗产保护问题的确是复杂的问题，现代市区占压而且面临房地产商大肆开发的大遗址保护问题和历史地区街区保护问题是更加复杂的问题。学科建设必须去解决这类复杂问题，研究保护规律，主动支撑和引领保护决策。

意大利一位教授在北京大学的讲座上曾自我介绍：他是研究遗产保护的，不是研究历史、考古，也不是研究物理、化学的；遗产保护是科学，包括考古学、历史学、城市科学、化学和物理学等。该次讲座中，他的助手，一位讲纳米技术的应用，一位讲的是对遗址的复罩保护，包括了卢浮宫前玻璃金字塔和我国秦兵马俑馆。这位教授的“是、不是与是”，特别是对“城市科学”一词的妙用是值得重视的。

---

① 蔡达峰，“世界遗产学”研究的对象和目的，文化遗产研究集刊，2003 年第 3 辑

我国一位考古学家，还是一个大城市遗产保护中心的领导，也曾谈起过类似问题：作为社会科学的考古学，是该中心的第二位的任务，列为首位任务的是支持政府遗产保护的考古学和对其他遗产的研究。该中心在确定名称时，还有意识的去掉“研究”二字，以强调保护的主导，认为保护可以包含研究。

该项研究，可以对大遗址保护的战略及政策研究并最终影响高层的决策提供理论的支持。

2. 评估与规划体系

深化大遗址保护综合评估体系及规划导则研究是认识和提高大遗址在区域社会经济发展中有效作用的前提。

如果让大遗址保护与地区社会经济发展产生有机联系，提升大遗址在其中的有效作用，那么，必须对文化遗产地价值评估体系和保护规划的一些基本问题进一步思考。这其中的首要问题是重新审视我们的保护对象和保护规划主体。

诚然，作为文化遗产地保护的首要目标，是控制有形实体及其相关环境地进一步破坏，但是，随着人们对文化遗产地认识程度地不断提高，全球范围内越来越多的学者开始呼吁应关注和保护文化遗产地内及周边原住民的生活状态。改善居民生活这也是城镇发展和社会发展的迫切需求。

因此，大遗址作为地区社会生活的历史背景，它与原住民生活间有着无法割裂的共生关系。我们必须要站在发展的角度上，建立为当地人民服务的宗旨，去面对大遗址的保护。我们不仅要有效地确保大遗址有形实体的长治久安，而且要让原住民在保护行为中获得更多回报，使城镇的发展和人文环境的保护有机结合。鉴于以上目标，大遗址价值评估体系和保护规划的主体对象就不应只局限在有形实体的范畴，而应将人与大遗址间的共生环境作为我们研究的对象，只有这样，才能真正发挥大遗址在地区社会经济发展中的作用。

3. 关键技术研究

大遗址保护的关键工程技术及标准研究是推进和规范大遗址保护工程的核心。

遗址作为一种人文资源，在具有科学、历史、艺术价值的同时，又具有其独特的不可再生性。一旦破坏，必将成为永久的遗憾。遗址属于不可移动的文物，对于规模不大的遗址，我们也许可以修建封闭性建筑，使其与自然环境隔离，但对于大遗址而言，我们无法选择其所处的地理环境，采取人工手段完全隔离环境也是不现实的。大遗址的大量文化遗存是埋于地下的，由于考古发掘揭露后的环境与埋藏环境间的差异性往往导致考古现场土体的自然破坏和遗存痕迹的逐渐消失。面对这些考古遗址，目前，缺乏成熟的保护技术，不得不选择回填保护。于是许多大遗址的信息无法真实地向世人展示，失去了其教育世人、宣传文化的意义。

一个不可回避的事实是工程行为不可避免地对保护对象产生一定的影响，因此，对于关键工程技术的研究就至关重要，只有建立了科学的研究方法和工作程序，才有可能将工程行为的影响程度降低至最小程度，真正达到对遗址的可持续研究和可持续保护的目的。

因此，为在自然环境中有效地控制遗址的破坏速度，对考古遗址进行保护和展示，大遗址保护的关键技术亟待研究开发。

4. 技术瓶颈的突破

开展大遗址保护展示园区建设的关键技术及标准研究，是实现大遗址价值与功能、突破目前大遗址保护的发展瓶颈的必要支撑。

承载着丰富的历史文化信息的大遗址是遗产保护的重中之重，其中，大遗址园区的保护性展示工作将集中体现大遗址的历史价值与社会价值，具有无可比拟的示范作用。然而，在全国各地大遗址园区的建设方兴未艾的形势下，却缺乏统一的指导思想与理论认识，缺乏先进理念与经验的借鉴与创新，缺乏符合文化遗产保护原则的操作体系与技术规范。

目前，传统的保护和展示方式已难适应新的形势，大遗址园区的规划设计、建设与管理中出现的种种矛盾已成为亟待解决的现实问题。因此，为突破目前的发展瓶颈，针对实践中的重点问题，以当下我国大遗址园区的建设为研究对象，追踪和借鉴国外博物馆、历史公园、史迹公园的先进经验，在遗址发掘、评估、规划、保护、修复、展示、建设、管理等方面探索新的理念、技术与规范，并着力于保护性展示体系研究，将对城市化进程中的大遗址保护发挥指导作用，具有重要的战略意义与实践价值。

5. 管理机制的建立

加强大遗址保护管理与运行机制研究，是提高大遗址保护效益、提升大遗址保护行业形象的必然要求。

随着社会的发展，大遗址保护工作从专业化向社会化发展、从手工传统技术向现代先进技术发展是必然趋势。同时大遗址的特点决定了该项工作将面临规模大、复杂程度高、组织要素多元化的客观事实，因此，管理在保证目标实现和提高效率方面的作用是必不可少的，我们必须清楚认识到大遗址保护管理研究的重要性。

该项研究要求我们深入分析既符合中国国情又符合大遗址保护特点的管理运行环境和要素流程，探讨符合时代特点的管理标准和考核指标体系，摸索遗址管理的非营利制度建设模式，估算大遗址保护投入需求和政府预算的依据。在此基础上，加强资金成本-效益分析，研究多种财政和金融手段、工具投入大遗址保护的可行性，规划大遗址保护人才队伍的短期扩张与长期储备的建设途径。只有这样才能提高大遗址保护效益，从而提升大遗址保护的地位和水平。

6. 示范项目的作用

设立重点大遗址保护与研究示范项目是突破学科、部门和地区壁垒的有效机制。

大遗址保护实施的整个过程中，高层一体化的决策、科学有效的管理手段和合理规范的工程行为，这三者之间是相辅相承、缺一不可的。要达到三者有机结合的目标，不仅需要多学科联合攻关，也需求研究与保护的联合行动。为突破跨学科、跨部门、跨地区合作的瓶颈,应由国家设立高层重大计划,选择若干具有典型意义的大遗址地区,开展战略决策、政策配套、规划设计与技术方案等一系列的联合研究行动,确立示范研究和实施项目,才能实现科技引领工程实践的作用。

因此,在全国范围内选择若干类型遗址地区,综合开展基础研究、战略研究、评估规划、保护工程与长期监测等工作,并结合当地人文特色与经济社会发展问题,探究大遗址保护、研究和展示的协同发展模式,提出系统解决方案,建立并实施大遗址综合性保护及科技示范的方法与机制。

8.3 考古学在大遗址保护中的作用

考古学是研究古代人类社会遗迹、遗物的最系统科学,是遗产保护领域最重要的基础研究之一。但是,难道考古学没有对于保护的能动作用甚至主导作用吗?

考古学特别是城市考古的价值取向和作为,早已成为大遗址及不少历史名城保护的决定性因素。目前,我国考古学及其他有关遗产研究,主要还停留在利用遗产的层面上,多以其他学科的目标为直接目的,如以史前史、古代史、水利史和建筑史等研究为目的。很多研究与主动、直接支撑保护存在相当的距离,有的仅一步之遥,有些却形成无尽干扰。

8.3.1 大遗址保护与考古学学科建设

关于学科建设的新生长点包含两重意义。首先是将大遗址保护也即大遗址保护研究展示体系和地区建设作为考古学的新生长点,生长历史文化遗产保护的分支学科;第二,以大遗址保护为突破口,拓展领域,与地质学、生物学等自然科学和历史学、经济学、管理学等社会科学深度结盟,探索建立新的一级学科,或称之为:文化与自然遗产(人类遗产)保护科学技术,即研究保护遗产行为规律的新学科。

科学考古学的诞生和成长一直伴随着对保护的探讨和对破坏的批评。研究考古学史的专家学者们对此多少有所涉略。

《中国考古学史》①,1936年9月,由卫聚贤著作。书的绪论就分辨了玩古与考古,其中涉及了保护、研究、博物馆收集与防范盗掘的关系:

> 玩古物的人,将古物装潢起来,陈列客厅,美其名曰古色古香。但古物时为目睹,在不知不觉中,生了复古的观念,有碍思想进步;又因收藏而出重价收买,人民无智,贪图小利,到处盗掘,致使毁坏古物不少;又收藏家大半是富有之家,一般欲依古物研究某一问题时,非与收藏家有特殊关系,不容易看到。若收藏家能将其古物捐送或寄存博物馆中,在人可以看见多数古物,在己可与其他古物比较出好坏与真伪。而博物馆以限于重复及陈列地位的关系,少为收买;海关禁止出口,使人民无利可图,自然就不盗掘了。

① 团结出版社,2005年3月出版。卫氏曾历任暨南大学、中国公学、持志大学、中央大学教授,曾任南京古物保存所所长

该书第五章余论:考古的厄运与幸运,从古物的毁坏起一直述及“古物保存及故宫开放并博物馆之成立”。最后的附录占据了全书相当大的篇幅,介绍各地发现古物志和古物保管法令。其中也多有名言,如:“学术团体不忠实的发掘,发掘出未陈列无报告,亦为考古上之损失。”

世界著名的考古学史家格林·丹尼尔教授所著《考古学一百五十年》一书①曾介绍:19 世纪上半叶,以及在此之后的一个相当长的时期内,发掘的目的主要是企图迅速发现掩埋在土冢、土墩或金字塔中的器物,攫取艺术品来装点欧洲的博物馆与满足私人的收藏。19 世纪大部分的年月中,盗墓和私人出售文物及艺术珍品的现象在埃及和美索不达米亚早已司空见惯,对严肃认真的考古研究来讲,这当然是个巨大的危害。他还介绍了考古学家们对种种盗掠和破坏行为进行的抵制和批评。

关于“抢救”首次出现在该书中:

1959 年,埃及和苏丹向联合国教育科学及文化组织发出援助要求,次年在联合国教科文组织的支持下,抢救努比亚考古文化遗产的战斗开始了。一年之内努比亚成了一处考古营地,二十多个国家参加了这场著名的考古会战。

……

22 个国家通过联合国教科文组织在努比亚所进行的工作是考古学史上的一件大事。……现在联合国教科文组织正在进行另一场类似的战斗,即奋力抢救濒于彻底毁灭的迦太基文化遗迹。

在该书的最后,极为重视的提到,面对城市建设的考古学的“挽救”托拉斯:

在结束这一章,也就是结束本书的时候,我们还是不要把话题落在有关作伪和赝品的问题上,也不要再谈论目前毁坏古物,盗掘考古遗址的歪风邪气了。这些都是考古学中危险和困难的一面。我们可以感到欣慰的是,全世界现在都很清楚地了解到古物的作伪和真正古物的非法交易。而且,现在比以往任何时候都更懂得考古学的本质和重要性。

……

毫无疑问,考古学终于在许多人的心目中占有了适当的地位,这一点是很重要的。不仅是由于它提供了消遣手段和历史学的前景,而且因为现在需要大家合作,共同记录我们消失了的遗产,保护我们遗产中的精华。环境事务部古代遗迹委员会近来的一份报告在谈到 1972 年的情况时说:“出现了空前的热潮,请求对全国受到毁坏威胁的考古遗址进行发掘。这种现象很大程度上源于公路扩建项目,以及影响大小城镇的重新发展规划,这些城镇的中心区往往就叠压在中世纪时代,有时是罗马时代的古城址上。”1971 年由一群精力充沛,富有远见的青年考古学者创办了《挽救;英国考古学托拉斯》刊物,当年在伦敦举行的第一次会议有七百多人参加,这或许可以说是历史上规模最大的一次考古

① 格林·丹尼尔教授(1914—1986),生前在剑桥大学工作。该书 1987 年文物出版社出版,黄其煦译,安志敏校,并作译序。序中介绍了作者简况及该书在英国剑桥大学考古与人类学系和美国哈佛大学人类学系等处,被选用为考古学史教材,有着广泛的影响

会议。

目前，环境事务部正在拟定并且执行一项广泛的援救性组织计划，投入到考古的田野工作中的资金比以往任何时候都要多。现在仍然存在着那么一些人，而且将永远有那么一些人，他们认为，“朝后看的古玩”在今天对我们毫无价值，我们应该向前看，看到未来。对于他们，要用最早出一位专业考古学家 J. J. S. 沃尔赛的话来回答：“一个自重并且珍视独立的国家却能够安于不去思考自己的历史，这是不可想像的。”

不久以前，由中国的青年考古学家们翻译，并由文物出版社出版的《考古学——理论方法与实践》（科林·伦福儒等著），开篇就介绍了考古学的本质和目标，并且表达了对遗产保护的强烈愿望：

考古学既是对古代遗产的发现，又是细致的科学分析，同时还是富有创造性构想的工作。烈日下在伊拉克沙漠里的辛劳发掘，在阿拉斯加的冰天雪地中与当代 Inuit 人一同活动，潜入佛罗里达海岸的西班牙沉船进行考察，调查罗马时期约克郡的地下排水系统，这些都是考古的内容。但考古学还有解释任务，这样我们才能了解这些东西对于人类历史的意义。考古学还包括对世界文化遗产的保护，使之免受盗掘和粗心的破坏。

该书还直言不讳的指出：“文物商是造成文物破坏的整个系统中的一个环节。”无数证据显示文物的被盗现象不仅在文明古国屡禁不止，在世界其他地方也有蔓延之势。世界各国的警察和文化遗产专家现已认识到，艺术品的盗窃和走私已成为仅次于毒品交易的第二大国际性犯罪行为。

“在今天，考古学面临着一个根本性的挑战：来自古代社会的遗产正在以越来越快的速度遭到毁坏。”这是前面讨论大遗址定义时，已经引用的《发现我们的过去——简明考古学导论》的第 10 章“今天的考古学”的第一句话。该书介绍，不断完善的文物保护立法需要更多考古学家参与必需的调查及其他工作。因此，考古学研究又增加了一个新的方向——文化资源管理（CRM）。文化资源管理在美国已经成为发展最快的考古学分支。私人的文化资源管理咨询公司是考古学家除了大学和政府以外的另一处去向。总体上来说，考古学家对文化资源管理的态度越来越积极，把它看作从事创造性研究的机会。很多考古学家都主动与政府官员合作，制定地区性的研究计划和优先目标。关于文化资源管理，该书第 1 章就有说明：

文化资源管理主要是辨识和评估考古学遗址，保护它们，使其躲过浩劫，并调查那些无法保存下来的遗址。文化资源管理是考古学领域发展最为迅速的部分。根据某些统计评估，多达 80% 的美国专业考古学家从事文化资源管理。文化资源管理有如此的成长是因为美国国内和全世界考古遗址遭到破坏的情况受到了重视。美国和其他许多国家都颁布了关于保护人类文化遗产的法规。这项发展也是环境保护（包括自然资源和文化资源）的一部分。与许多自然资源一样，文物是一种不可再生的资源。但是与自然资源不同的是，每一个考古遗址都是人类遗产的一个脆弱而独特的代表……一旦一个考古遗址被毁坏，一部分过去就永远丢失了。

本书的第一章“大遗址保护的兴起”,已经以较大的篇幅介绍了中国考古学的繁荣发展对大遗址保护的决定性的作用,不再重复。这里需要重点介绍的是:2007年7月11~14日,由中国社会科学院考古研究所、中国科学出版集团科学出版社和内蒙古文物考古研究所共同发起和组织的“中国大遗址保护研讨会”。会议代表来自全国26个省、自治区和直辖市的近60个科研院所、大学、行政管理和新闻出版等单位。会议具有里程碑意义,标志着考古学和大遗址保护都将进入一个新阶段。

会议上,中国考古学家,现已任中国考古学会会长的张忠培先生作了长篇讲话。他认为,会议由学术研究和出版单位发起、组织和主办,这么多领域的人员出席,来商讨怎样保护大遗址,在中国考古学史上和文物保护史上都是第一次。关于考古学在大遗址保护工作中的职能,他明确指出,考古学是大遗址保护工作的排头兵,考古工作者要为保护大遗址鸣锣开道。他从战略高度提出对考古工作的要求:

不仅仅是学科建设的问题,考古学科提升和纳入到保护大遗址体系里的目的,就是为了要保护好我们中华民族的文脉,为了推动我们文化的与时俱进。

关于考古工作在大遗址保护工作中的作用,张忠培先生认为:

第一,遗址学术价值的评估主要由考古学家来完成;第二,确定遗址保护的范围;第三,根据遗址的情况提出保护要求,或者参考目前保存和保护的技术发展的水平,提出利用的问题等。考古工作是大遗址保护和规划的基础……考古工作在大遗址保护工作中具有重要的位置,并且这个位置是任何学科所不能替代的,要充分发挥考古工作者的作用。①

这次会议确实有里程碑的意义。大遗址“一重要,二难保护”,必须重点保护和重点发掘。大遗址保护正是考古学家们发动起来的。在这大遗址保护前途未卜的关键时期,考古学家们必须坚持并采取更大规模的行动,将考古学与其他相关学科紧密地联系起来,拓展学科建设,促进大遗址保护进一步的科学发展。

已故著名考古学家苏秉琦先生在十几年前为《华人·龙的传人·中国人——考古寻根记》所作序文《六十年圆一梦》中,他曾庆幸自己从事六十年的考古学研究正成为人民大众的科学事业,并且向后人提出了希望:

一、考古是人民的事业,不是少数专业工作者的事业。人少成不了大气候。我们的任务正是要做好这项把少数变为多数的转化工作。

二、考古是科学,真正的科学需要的是‘其大无外,其小无内’。是大学问,不是小常识。没有广大人民群众的参加也不成,科学化与大众化是这门学科发展的需要。

紧紧抓住大遗址保护这个新生长点、生长线和生长面,通过广大人民群众的参加,实现考古学学科发展的科学化与大众化,并真正对大遗址保护的科学发展以及地位的提升,发挥决定性的主导作用,是时候了,而且不能再犹豫了。

---

①王学荣,中国大遗址保护研讨会纪要,考古,2008年第1期

8.3.2 考古学在大遗址保护中的主导作用

队伍问题已经成为能否维持和提升大遗址保护的地位和水平的关键性、瓶颈性问题。这不仅是大遗址保护和考古学发展的需要，也是扩大社会就业的迫切要求。

我国老一辈的文物考古的领导人和专家十分重视发挥文物考古科研机构的作用。新中国建立之初，郑振铎局长就对文物工作和考古工作有许多科学的论述，并且大力加强了文物考古的科研机构建设。

在1951年中央政府文化部、内务部令中就曾提出，在文物古迹较多的省、市设立“文物管理委员会”，直属该省市人民政府。文物管理委员会以调查、保护并管理该地区的古建筑、古文化遗址和革命遗迹为主要任务。

《文物保护法》的前身，1961年的《文物保护管理暂行条例》对此的要求比较具体：各省、自治区、直辖市和文物较多的专区、县、市应当设立保护管理文物的专门机构，负责本地区文物保护管理、调查研究、宣传、搜集、发掘等具体工作。现在很多地方都自称文物众多，但问问能承担前述各项工作的机构和人员究竟如何呢？恐怕就没什么可夸耀的了。

在历史文化名城的制度确立后，城乡建设环境保护部也提出过加强队伍建设的意见。1983年《加强历史文化名城规划工作的几点意见》中曾经提出：“积极培养人材，建立一支比较稳定的规划、设计、考古勘探和文物古建维修保护技术队伍。”

在《文物保护法》公布后的1986年，由文化部发布的《省、自治区、直辖市文物考古研究所工作条例(试行)》是一个很重要的文件，强调了文物考古科研机构在文物调查和保护中的作用与任务。

20世纪90年代，城市考古风起云涌，大遗址保护呼声高涨，对于文物考古科研机构及其工作者提出了更高的要求。有关专家曾经谋划过发一个《在大遗址保护工作中充分发挥文物考古科研机构的作用的通知》，兹将有关文稿内容作摘录如下，或对当今有所补益：

根据《省、自治区、直辖市文物考古研究所工作条例》的有关规定，各地文物考古科学研究机构应将文物保护作为所有工作的中心和出发点。要在地方文物行政管理部门的统一安排和部署下，加强对大型古代遗址和墓葬群的调查、勘探、发掘和研究工作，加强各级文保单位的“四有”工作，确定重点保护区，制定保护规划，并为其实施付出努力。除必须配合经济建设及抢救性考古发掘工作外，主动发掘项目应尽量安排为制定大遗址保护规划而必须进行的前期基础工作。

文物考古科学研究机构要以保护大遗址为己任，积极协助当地政府和各级文物行政管理部门制定大遗址保护规划。大遗址保护规划要坚持在保护范围内不安排大中型建设项目，坚持城市和乡镇发展避开大遗址的原则。大遗址的保护规划必须包括调查、勘探发掘、研究、展示、利用等项内容，与土地利用、城市建设、环境保护一起共同构成当地社会及经济发展的总体规划。

考古科学研究工作是大遗址保护的前提和基础，必须进一步加强。文物考古科学研究机构要重点抓住考古勘探这一环节，在搞清大遗址的性质、范围、布局及结构上下功夫，同时要加强以往发掘资料的整理和报告编写工作，特别是已勘探发掘的属于全国重点文物保护单位的古遗址和古墓葬要予以优先考虑，尽快出版发掘报告。提倡使用多学科的科学研究手段对大遗址进行综合性的分析和研究，使大遗址的科学研究在更高层次、更宽领域中展开。

在大遗址保护工作过程中要充分考虑到当地的社会经济发展，与当地社会经济发展有机地结合起来，充分考虑到当地群众的切身利益。要配合地方政府努力扶持当地群众开发既有利于大遗址保护，又能提高当地群众生活水平的生产活动，大遗址的展示、利用工作要尽可能吸收当地群众和基层组织参与，形成遗址保护工作与当地经济发展共同提高的良性体系。文物考古科学研究机构应注意在总结以往工作的基础上，加强大遗址范围内村镇所在地的遗址勘探、发掘工作。在对地下遗存和遗址风貌不构成破坏或影响的前提下，提请当地文物行政管理部门对群众近期改善居住条件的要求予以适当解决。

向世人昭示遗址的重要性和保护意义，是进行社会主义精神文明建设、进行爱国主义教育的需要，同时也是各级政府特别是所属文物考古科学研究机构对社会应尽的责任。文物考古工作者要积极开拓思路，以自己的科学研究成果，对照过去工作所取得的成功经验，借鉴国外的先进作法，努力促进大遗址的展示教育工作，使对遗址进行保护成为全社会公认的道德和义务。对于一些具有重大历史价值和社会意义的大遗址，应当在精心维护保养的情况下，采取各种方法予以展示并利用。文物考古科学研究机构要积极协助文物行政管理部门建设遗址的研究、咨询、监督、保护机构，积极参与遗址保护的专门工作委员会，同时要特别加强遗址考古工作站的建设，使之与遗址管理所、遗址博物馆共同构建遗址保护、管理、展示、利用的有效体系。

以上，要求不少也很高，但也是必须的。队伍的缺欠明显，首先表现在数量上与任务的差距，其次才是质量。当时，三峡工程的考古规划即将编制完成，专家们担心人员远远不够，也担心影响其他地方更为重要的抢救。

向世人昭示大遗址保护的意义，是考古学家的天职，也是充实和壮大队伍的基础。考古学家对科学的普及和对考古遗址保护的呼吁，在他们考古取得成果的同时就已经开始。在很多地方，很多人很早就做了很多工作。尽管人们特别是考古专家和分管领导也时常说起，大遗址的作用是许多其他文物无法替代的，但很多专家所言的“形势十分严峻，如不加强保护会铸成历史性的罪过”的提法，何以见得呢？也许直到现在也未达成共识。对于“地脚”没什么可保、可发掘的说法，说明了很多人包括大领导、大专家和人民大众对于考古遗址不太明白，也就不能重视。因此，我们需要加速和加强开展大遗址及其保护的宣传和展示工作，进一步使全社会包括学术界、有关部门、地方政府和广大群众认识到大遗址保护的重要性并愿意为此付出努力。否则，大规模建设和盗掘的威胁与破坏问题仍然不会得到解决。

科学是需要普及的。不普及，大多数人不明白什么是考古，什么是大遗址。单向的普及也不行，还需要在参与中普及。为什么不能动员群众性挖掘，不能个人交易出土文物,凡此种种,恐怕很多其他学科的大学者也不甚了解,何以教育群众。私人文物管理和文物市场交易,当然影响文物保护的大局。尤其在历史悠久的我国,古代盛行厚葬,而今农业人口多而贫穷,古遗址、古墓葬保护和出土文物处理的政策必须高度重视,并应予以科学和果断解决。人们合理的收藏需求包括"淘旧货"的心理、对传世的、近当代的艺术品的投资等都应给予适当的照顾,但决不可助长私下交易出土文物的黑色产业,这于人于国、于近于远都十分不利。

考古科学的知识普及是壮大充实队伍的基础。但达到目的,需要现有的政府部门和现有机构解放思想,改革创新,做出实实在在的努力。

一方面是提高队伍质量,培养大量创新型人才。这需要考古专业机构主动组织大遗址保护的跨学科的合作。这方面经验和教训已有不少。

一方面是扩大队伍数量,训练大量适用的从业者。这需要分层次、分种类、挖潜力,采取多种方式。这方面的来自基层一线的经验积累更多,关键是领导机关要提要求,有政策保障。

多少年过去了,中国已经成为了世界上经济发展速度最快而且颇具规模的国家。郑振铎、王冶秋所处的时代已经一去不返。但是作为他们的追随者,我们的人仍然是太少了。"沧海之一粟"的感觉仍迫使我们思考,在力量和需要之间,是数倍、十数倍还是数十倍的短缺?

差距之大难以想象。如与日本相比,据学者十年前的介绍,其国家登记的埋藏文化财就已达 37 万处,超过我国各类不可移动文物数量的总和;考古发掘项目为备案制管理,每年约 8000 个①,超过我国几百个项目的十几倍;每个县考古和保护的专业人员大概几百位,而我们少数的省能有几百位就不错了。又如以色列,不久前,中国文化遗产研究院院长接待其文物局局长时,交流了人员的情况:该院为一百几十多人;该局约为 1500 人,其中 500 人是专业骨干,这些人的一半是考古的博硕士,另一半是其他专业背景,但也要修个考古的博硕士,才能进入其骨干队伍。同行相比,处于低谷的状况令人备受刺激。是该从体制机制上去研究和解决队伍问题了。

大遗址的保护及考古学、考古事业、考古工作要科学发展,要适应建设需要的大规模快速度的科学发展,总之是要将少数人转化为多数。大遗址保护呼唤着少数人转化为多数人的大气候。

8.3.3　大遗址保护国际经验

关于大规模抢救的国际趋势、历史地区综合性保护和与某些外国的差距前面已有介绍。这里提请进一步关注和学习的,是专门对于考古遗产保护与管理的国际经验。或许,有利于明确和统一认识。

很多对遗产保护、历史名城保护和大遗址保护的研究者们,不那么关注这份分量极重的文件——国际古迹遗址理事会全体大会第九届会议于 1990 年 10 月在洛桑通过的

① 王军,日本的文化财保护,文物出版社,1998 年

《考古遗产保护与管理宪章》。而考古学者们也所知所言及者甚少。大遗址保护的核心内容其实就是考古遗产的保护与管理。仔细阅读该宪章将会发现,它是连接考古学和遗产管理以及大遗址保护的很好的纽带,认真学习,可以提高对于大遗址保护和考古工作的认识。

考古遗产就是根据考古方法提供主要实物资料遗产部分,它包括人类生存的各种遗存,它是由与人类活动各种表现有关的地点、被遗弃的结构、各种各样的遗迹(包括地下和水下的遗址)以及与上述有关的各种可移动的文化资料所组成。目前,我国考古工作对象的时代下限,由于黄埔军校遗址的发掘已延至当代。有人称之为黄埔军校三叠层,即建校期、日军占领期和解放军东海舰队期。正因为其科学发掘,黄埔军校得以科学复原重建,建校期的部分遗址,作为历史见证,原地保存并得到展示。

洛桑宪章的导言前两句话就简要阐明了考古遗产的最本质的意义:

众所周知,认识和了解人类起源与发展对人类鉴别文化和社会根源有及其重要作用。考古遗产构成记载人类过去活动的基本材料,因此,对其保护和合理管理能对考古学家和其他学者代表人类当前和今后的利益对其研究和解释起到巨大的作用。

导言中还交待了最基本的准则:考古遗产保护不仅依靠适用考古学方法,还需要较广泛的专业和科学知识与技能基础。其有些构成是建筑结构的组成部分,必须根据该类结构的保护准则进行保护。其他构成是当地人民生活习惯的组成部分,当地文化团体参与保护具有重要意义。保护必须依靠各学科专家有效合作,需要政府、研究人员、公私企业和一般民众的合作。

洛桑宪章将"整体保护政策"列为首条:

考古遗产是一种容易损坏、不能再生的文化资源。因此,土地利用必须加以控制并合理开发,将破坏减至最低限度。

考古遗产的保护政策应构成土地利用、开发和计划以及文化环境和教育政策的整体组成部分。保护政策必须不断检查,以便跟上时代的发展,考古保护区划定也构成此政策的一部分。

该条的每一个细节规定,都与考古遗产保护的特别要求紧紧相扣。例如强调土地控制并合理开发,并与文化环境和教育政策相联系;再如考古保护区划定政策,不断检查以跟上时代发展等等。如:

一般民众积极参与必须构成考古遗产保护政策的组成部分,涉及当地人民遗产时此点显得更加重要。参与必须以得到作出决定所需知识的机会为基础。因此,向一般民众提供信息资料是整体保护政策的重要组成部分。

洛桑宪章将"立法和经济"列在第二位:

考古遗产的保护应作为全人类的道德义务,是民众的集体责任。而此义务必须通过相应立法以及支持有效管理计划的足够资金的规定加以确认。

立法要求中,很多条款反映了国际包括我国在内的经验的积累。但有些提法还是值得仔细借鉴的。如:对没有受到法定财产清单保护或新近发现的古迹和遗址,必须制定暂时保护规定直至作出考古评估。

洛桑宪章将“勘察”列在“调查研究”之前，独立成章，似有深意：

对考古遗产资源进行全面的勘察，是考古遗产保护与管理的基本义务。尽管，对考古遗产的范围和性质尽可能全面了解是保护的基础，但编制考古财产清单应被认为是一个不断变化的过程，清单应包括各个重要和可靠阶段的资料，“因为即使是表面知识也能构成保护措施的起点”。

我国一些建筑师、规划师对于某些未发掘的遗址能否制定保护规划心存疑惑，总是要求彻底的发掘，可能与对上述的辩证关系参悟不够有关。其实，有些文物保护单位之所以被确定公布的表面知识，就已经构成了保护措施和规划的起点。措施与规划也包括进一步的勘察和下面一条的调查研究。

洛桑宪章的“调查研究”一条认为，考古知识主要基于对考古遗产的科学调查研究，包括广泛的方法，从非破坏的取样技术到全面发掘：

收集考古遗产的资料不应更多地毁坏为保护或科学研究目的所需的考古证据，这是一项最重要的原则。因此，与全面发掘相比，非破坏性技术、空中的地面勘查、取样等方法，应尽可能加以鼓励。

由于发掘总是意味着需要以失去其他资料甚至可能已毁坏整个遗址为代价来选择将要记录和保存的证据，因此，只有在经过深思熟虑之后方可作出发掘的决定。

发掘应该在遭受发展规划、土地用途改变、掠夺和自然蜕化的威胁的古迹和遗址上进行。

作为例外情况，为了阐明研究问题或为了向民众展览而更有效地阐述古迹遗址，也可以对没有遭受威胁的遗址进行发掘。在这种情况下，发掘之前必须首先对遗址的重要性进行全面的科学评估。发掘应该是部分的，留一部分不受扰，以便今后研究。

这最后两层意思最为经典，决定了在考古力量极度缺乏的我国，这一力量应当如何使用，使用的方向和重点。而且，请注意，不仅遗址需要考古，古迹即古建筑、历史建筑和纪念建筑等也是需要考古的。

洛桑宪章的“维护与保护”一条强调了就地保护原则、长期保管记录和藏品原则、得不到保障不暴露遗产的原则和积极寻求和鼓励当地承担义务和参与的原则等等。

洛桑宪章的“展出、信息资料、重建”一条认为，向民众展出考古遗产是“最重要的”、“至关重要”的：

向民众展出考古遗产是促进了解现代社会起源和发展的至关重要的方法。同时，它也是促进了解对其进行保护需要的最重要的方法。

展出和信息资料应被看做是对当前知识状况的通俗解释。因此，必须经常予以修改。它应考虑到了解过去的其他多种方法。

重建起到两方面的作用：试验性的研究和解释。然而，重建应非常细心谨慎，以免影响任何幸存的考古证据，并为达到真实可靠，应该考虑所有来源的证据。在可能和适当的情况下，重建不应直接建在考古遗址上，并应能够辨别出为重建物。

洛桑宪章的第八条“专业资格”和第九条“国际合作”也“极为重要”。

很有新意的提法是,“在各个不同学科拥有至高学术水平”对考古遗产的管理极为重要。因此,在“相应的专业领域培养足够数量的合格专业人员是每个国家教育政策的重要目标”。更加卓越的提法是:“考古学术培训的目标应该考虑到保护政策从发掘到就地保存的转变”。而且还应当考虑到,在保存和了解考古遗产方面,“研究当地人民的历史与研究著名的古迹和遗址同样重要。”不仅如此,还要更新知识,因为,又回到本质——“考古遗产的保护是一个不断变化发展的过程”。过程十分美好而且漫长,希望更多的人们分享!

国际的先进经验,本节本章本书涉及的也只是一部分。联合国教科文组织《会安草案——亚洲最佳保护范例》(2005)是一份极其重要的文件,是专门针对亚洲遗产保护问题的指导。这里不再赘述。

中国大遗址提供了作为世界古文明中心的历史悠久的文明古国的见证,是人类和世界遗产的不可缺少的一部分。国际的关注特别是对我国文明起源与鼎盛时期大规模考古遗存的关注早已有之。对国际力量应予引导。引导其依照我国方针的指导,开展遗产保护和考古的国际合作。让更多的人,也包括外国人,投入我国对大遗址的大规模抢救,投入到大遗址保护、研究和展示体系和地区的建设中来。

8.4　大遗址保护重大专项的顶层设计

重大专项的提出见于中华人民共和国国务院《国家中长期科学和技术发展规划纲要(2006～2020年)》

本纲要在重点领域中确定一批优先主题的同时,围绕国家目标,进一步突出重点,筛选出若干重大战略产品、关键共性技术或重大工程作为重大专项,充分发挥社会主义制度集中力量办大事的优势和市场机制的作用,力争取得突破,努力实现以科技发展的局部跃升带动生产力的跨越发展,并填补国家战略空白。

为了大遗址保护的发展,国家文物局《文化遗产保护科学和技术发展“十一五”规划》安排了重大专项——《重大文化遗产地及大遗址综合保护研究与科技示范专项》。财政部、国家文物局《大遗址保护专项经费管理办法》,也对重大课题调研给以高度重视,列为大遗址保护管理体系建设经费计划。科学与技术部、国家文物局已经安排了国家科技支撑计划项目《空间信息技术在大遗址保护中的应用研究——以京杭大运河为例》,为确立大遗址保护的国家重大专项创造了条件。

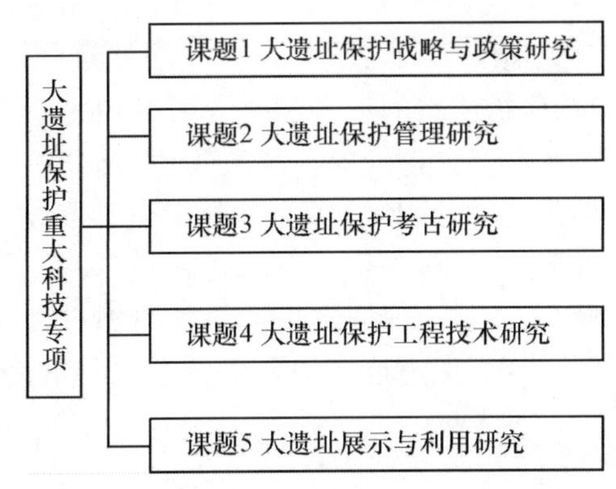

图8-1　大遗址保护重大科技专项设计框架

这一重大专项的设计框架如图8-1所示。

8.4.1　大遗址保护战略与政策研究

为使大遗址保护获得科学发展和地位提升，在中国城乡建设与发展中更好的发挥作用、传承文明，继续阻止以牺牲大遗址为代价的历史城市与乡村的建设，文化遗产保护及有关科学工作者必须从宏观战略和综合政策上积极开展研究。

1. 战略理论方法与体系研究

根据战略管理理论和实践研究基础，结合大遗址地区（历史城市）发展状况，提出大遗址地区（历史城市）保护战略的研究框架、体系、目的、技术路线、研究范围和内容，进行战略分析、战略评估与选择、战略制定、战略实施与控制等方面的研究系统，并且，提出大遗址保护战略管理工作指导性的方法手册。

开展战略定位的研究。通过对政治、经济、社会、文化、体制、政策等国内外环境的分析和自身优劣势的分析，了解大遗址保护的发展趋势；通过对环境的了解来判断对自身的战略要求，从而在趋势和要求的综合考虑中得出我国大遗址地区和历史城市发展战略的定位。

开展战略使命的研究。在保护职能价值链的分析中，了解当前保护成败的原因，通过职能的完善性思考，在价值链的解构过程中，形成评价的指标体系；通过利用指标体系评价对比案例地区和城市，结合战略趋势、要求和定位，利用战略评估与选择工具，明确战略方向，为寻找战略目标打下基础。

在系统研究的基础上，提出一个大遗址地区（历史城市）保护战略工作指导书的概念与形成方法、模型。

2. 保护战略与政策研究①

从国家中长期发展目标出发，结合国际大遗址地区与城市综合性保护经验，重点研究大遗址保护在城市社会经济发展中的定位和目标、各级政府和相关部门的职能和作用、保护经费的投入和融资政策和民众参与的长效机制等相关战略问题。

（1）大遗址保护与政体关系研究：目前，我国的政体设置基本没有考虑到历史文化遗产保护的因素，特别是对于重要历史城市的发展，其所在地的行政区划、政府职能设置、考核指标中也没有因地制宜，往往从体制上导致了大遗址保护受到忽视和阻挠。因此，从政体上研究大遗址保护与历史城市发展的关系是一项根本任务。

（2）大遗址保护和城市土地利用关系研究：由于大遗址有规模大、占地广的特点，许

---

① 清华大学国情研究中心胡光宇博士《大遗址（历史地区）保护战略研究》课题申请书，2006 年

多大遗址分布区域又是现代人口密集、工农业相对发达的地区。工农业生产、基本建设工程、基础设施建设、群众日常生产生活等都离不开土地的开发利用。因此，土地利用和大遗址保护的矛盾日益突出。“土地问题”是需要我们从全局和战略高度上深入研究的课题。

（3）大遗址保护和城市建设关系研究：现代城市的不断发展和扩张，必然要与位于其地下或附近的大遗址保护产生冲突。如何认识大遗址保护和现代城市发展的关系，如何调整城市建设的发展思路和发展方向，开展大遗址保护和乡镇发展协调共存、有序发展的研究是非常必要的。

（4）大遗址保护和城市人口发展关系研究：我国许多大遗址区尤其是大型城市遗址区往往是人口集中的区域。目前，大型遗址区内居住人口已增长至饱和状态。不断增加的人口压力使大型遗址及周边环境不堪重负，人们的生产生活与遗址保护之间的矛盾也越发尖锐。必须考虑制定大遗址区域内的人口发展战略和相关对策。

（5）大遗址保护和城市交通建设关系研究：一些高速公路、铁路等基础建设项目往往忽视对遗址环境的影响，有的新修建道路甚至横穿遗址，对遗址直接产生破坏。但是，交通等基础建设与城市发展紧密相关，必须制定合理的发展对策，才能科学地处理发展与保护间的关系。

（6）大遗址保护和产业结构关系研究：生产性破坏严重威胁着遗址的安全。在乡镇及其周边工业污染、开山采石、不协调的娱乐项目破坏遗址赖以生存的自然环境。进行产业结构的战略性调整，发展与大遗址保护、研究和展示协调一致的产业至关重要。

（7）大遗址保护和文化教育关系研究：文化遗产地要自主良性发展，要在一个地区发展中发挥其得天独厚的优势，必须引导原住民参与到保护事业中。同时还必须建立宣传、教育的长效机制，使原住民在建设中不断加强对文化遗产的了解，增强对文化遗产的自觉保护意识。开展文化教育活动，是大遗址保护的应有之义。

主要内容如表 8-1 所示。

3. 保护区划研究

从考古学区系出发，以反映我国文明起源与鼎盛时期的大规模考古遗址区为重点，开展大遗址保护区划研究。在确定我国坚决保护和有计划发掘的大遗址地区的同时，结合全国主体功能区的推进形成，研究不同区域的资源环境承载能力、现有开发密度和发展潜力，统筹谋划未来人口分布、经济布局、国土利用和城镇化格局。将我国大遗址保护区划体系纳入国土空间主体功能区区划。

开展大遗址地区战略规划创新模式研究及示范。根据大规模抢救和综合性保护的迫切需求，将概念性战略规划工作的理论方法引入大遗址保护，并选择典型大遗址地区进行示范研究。

表 8-1　大遗址地区(历史)城市保护战略研究

<table>
<tr><th colspan="2">城市和地区研究范围</th><th colspan="4">保护战略研究内容</th><th>涉及政府与公共部门</th></tr>
<tr><td rowspan="14">中国大遗址地区与历史城市相关选择和因素</td><td rowspan="14">大遗址地区:
特色、重要等级
历史城市:
西安、洛阳、凤阳等
相关产业与活动:
旅游、评选、公益、媒体、娱乐艺术等

社会与意识形态:
道德观转变
社会行为
社会与普遍认知考虑:
以人为本;公共产品判断;保护、开发博弈;历史、现实结合促进当代发展等</td><td colspan="4">1. 研究方法:PEST 战略分析</td><td rowspan="14">国际相关部门:
联合国
等国际组织

国内相关部门:
国家文物局
中国文化遗产研究院
涉及地方政府
等直接负责单位

媒体部门:
公安部
文化部
卫生部
教育部
外交部
等相关涉及部门

考虑:
名誉单位
执行单位
协助单位
相关单位</td></tr>
<tr><td>政治环境</td><td>经济环境</td><td>社会环境</td><td>大遗址地区发展环境</td></tr>
<tr><td colspan="4">2. 研究方法:SWOT</td></tr>
<tr><td>优势</td><td>劣势</td><td>机遇</td><td>威胁</td></tr>
<tr><td colspan="4">1. 政治稳定、经济发展等
2. 经验不足、评估评价能力欠缺等
3. 国际声誉提高趋势、国家软实力建设
4. 人为破坏、意外事件与灾害等</td></tr>
<tr><td colspan="4">3. 研究方法:价值链比较,先验总结</td></tr>
<tr><td colspan="2">国际、国内比较</td><td colspan="2">先验数据总结</td></tr>
<tr><td colspan="4">1. 国际、国内案例与政府职能比较
2. 总结案例特征性先验相关信息与数据</td></tr>
<tr><td colspan="4">4. 研究方法:雷达图,预测与决策</td></tr>
<tr><td colspan="2">指标体系</td><td colspan="2">大遗址发展评价</td></tr>
<tr><td colspan="4">1. 大遗址地区发展关联指标体系保护战略的指标体系
2. 整理当前可用于评价工作的指标体系支持性的数据</td></tr>
<tr><td colspan="4">5. 研究方法:SPACE、波士顿、V、通用、定向政策、多元化等矩阵的战略方法选择</td></tr>
<tr><td>1. 战略定位</td><td>2. 战略使命</td><td>3. 战略目标</td><td>4. 战略思想</td></tr>
<tr><td colspan="4">1. 保护大遗址地区(历史城市)发展是契机
2. 保护性开发与当代发展和科学创意
3. 贡献国家软实力
4. 促进中国文物与大遗址保护的改革</td></tr>
<tr><td>理论贡献</td><td colspan="6">1. 建立相关经济与社会发展战略与体系
2. 建立保护战略的参考指标体系,与评价系统
3. 提供关于保护大遗址地区(历史城市)的战略建议
4. 提供中国文物和大遗址地区(历史城市)改革与发展的政策建议</td></tr>
</table>

8.4.2　大遗址保护的管理研究

加强管理是落实中央方针和国家法律的基本要求,是大遗址保护的最重要工作。提高管理水平是大遗址保护得以又好又快发展的保证,同时可以促进专业技术措施的有效实施,促进日常维护手段的进步。

大遗址的复杂性对管理提出了更高的要求。大遗址保护需要跨部门多方参与,依靠传统的行政手段难以统筹协调,急需制定和推行专业的规范标准,借助技术政策实现保护的目标。大遗址分布面积广,传统的封闭管理方法难以在大区域内实现,急需创新管理模式。

大遗址管理工作以公益性为主要目标，为促进有效实施，急需建立科学化的管理流程，包括监测和绩效评价制度。大遗址管理工作环节繁杂，为处理海量多元信息、加强科学判断能力和提高工作效率，急需应用现代管理技术，如信息管理系统、地理信息系统等。

1. 大遗址保护行政管理体制研究

大遗址保护是政府义不容辞的职责，但目前职能划分不合理导致保护存在重大困难。分析大遗址保护各个环节的政府职能，比较大遗址保护行政管理体制模式及优选分析，提出不同层次的大遗址的行政管理模式，设计大遗址保护工作中各级政府及其职能部门的责、权、利划分方案，研究大遗址保护中政府部门在社会资源分配中的作用等。

同时在微观层面上研究大遗址管理机构的工作职能和工作特点，探讨大遗址管理单位运行模式，包括单位性质、经费来源、人员队伍建设和激励机制等及其与政府各部门、社区居民的关系。

2. 大遗址保护人力资源配置研究

大遗址保护工作任务急剧增长，专业人员队伍空前短缺，已经成为掣肘我国大遗址保护的关键因素。我们国家的财力已经可以保证资金的投入在短期内迅速增加，但专业人员队伍的培养却十分紧迫。研究体制机制的改革政策，提出鼓励从事和参与大遗址保护的各类从业人员的专业准入制度，探讨引进人力资源市场机制的可行性，建立培养跨行业的大遗址保护队伍，特别是基层管理队伍的激励机制，研究鼓励公众参与大遗址保护的制度。

3. 大遗址保护财政投入体制研究

对大遗址保护资金短缺状况进行调研与分析。从考古规划、建设立项评估、调查勘探、抢救性考古发掘与研究、保护规划编制、保护工程、日常管理、监测、展示等大遗址保护全过程分析资金需求，为保障大遗址保护工作经费的落实提供基础。

开展大遗址保护及相关资金投入模式的比较研究。调研国内外及相关领域的资金投入模式和管理方法以及绩效评价方法。研究公共财政政策与大遗址保护资金需求关系，与投融资体制的关系，以及大遗址保护利用社会投融资渠道的可行性和有关办法，对大规模资金有效管理提出相关建议。

4. 大遗址保护技术规范研究

(1) 大遗址保护行业标准及规范需求分析。调查现有与大遗址保护相关的国家及行业标准和规范，分析其针对大遗址保护工作的适用性，根据大遗址保护工作的特点和需求，制定大遗址保护行业提出大遗址保护相关行业标准体系框架。

(2) 大遗址调查技术标准研究。根据大遗址保护要求，研究历史、考古、遥感、地理、测量等各有关学科和技术在大遗址调查中的应用标准。

(3) 大遗址保护规划技术导则研究。根据大遗址保护规划内容和深度要求，建立大遗址保护规划分类体系，针对不同层次的大遗址保护规划编制办法、内容和深度进行技术导则研究。

（4）大遗址保护工程技术规范研究。根据大遗址保护特点和要求，研究遗址保护和修缮工程技术规范，研究环境监测与安全防范工程技术规范。

5. 大遗址保护监测研究

（1）大遗址保护监测计划编制方法研究。大遗址保护监测是大遗址保护的基本日常工作，为大遗址保护措施设计提供基础数据，为大遗址保护绩效评价提供参考尺度。根据大遗址的特点研究大遗址保护的监测目标、重点监测内容、主要监测方法和技术手段等。

（2）大遗址保护监测机制研究。研究大遗址保护监测工作纳入相关政策的可行性，研究大遗址保护监测工作的责任主体、执行主体、经费来源和协调机制等。

6. 大遗址保护管理技术研究

（1）大遗址保护地理信息系统建设研究。大遗址的规模和分布特点及保护工作涉及多维度海量信息。多学科，包括社会、政治、文化、历史、工程技术、地理、生态环境、经济、民族、宗教、军事等；跨时代，从史前、各历史时期到近现代及当代的时间演变；多维度，包括地上及地下，水上及水下，单体（点）、线性（线）、地区（面）等；综合性工作，调查、价值评估、状况评估、决策、规划、管理、保护工程、科学研究、展示、利用和教育等。研究大遗址保护地理信息系统在国家、地方和具体的大遗址保护中的宏观管理、区域规划和微观运行中的建设体系和建设技术。开展大遗址保护管理信息共享机制研究。

（2）大遗址保护项目管理技术研究。项目管理就是把各种系统、资源和人员有效结合在一起，在规定的时间内，以最小的成本和以规定的质量达到指定的独特目标的理念和管理方法。其核心为资源的集成。大遗址保护的特点需要加强项目管理技术的应用：大遗址保护的对象、内容和方式千差万别，具有强烈的独特性；大遗址保护项目要求跨学科、多部门的合作，需要集成资源；大遗址保护项目趋向大型化、群组化和应用性发展，大遗址保护过程具有极大的不确定性，影响目标实现的不确定因素众多。这些特点都要求应用现代管理技术对项目进行全程科学化管理。

分析大遗址保护的项目特点、项目流程分析和项目组织模式，重点研究大遗址保护项目的范围管理、时间管理、成本管理、质量管理、人力资源管理、采购管理、风险管理和信息管理等，并研究大遗址保护项目的评价方法，包括目标评价、过程评价和后评价等，研究大遗址保护项目管理软件系统的技术应用。

8.4.3 大遗址保护的考古研究

大遗址保护作为文化与自然遗产保护的一个重要门类与考古学的关系最为紧密。考古学以大遗址为主要研究对象，考古调查发掘是大遗址保护的重要手段，对大遗址保护起主导作用。大遗址保护的考古研究包括考古学与大遗址评估、考古学与大遗址规划和考古现场保护技术等重要问题。深入的展开研究必将使得考古学和遗产保护具有更高的关联度和互补性。这对于考古学和遗产保护的发展都是极为有力的促进。

1. 考古学与大遗址评估

(1) 大遗址定义研究。在梳理文献的基础上,结合文化遗产保护工作的实践,进一步探索大遗址这一概念的历史过程、时代背景以及大遗址保护的确切内涵与外延。

(2) 其他领域评估方法的整理与国外文化遗产评估方法研究。一方面,在现有条件下对建筑、林业和环境保护等其他领域的评估方法进行归纳总结;另一方面,对国外文化遗产评估方法进行研究。

(3) 考古学与大遗址评估的关联性研究。可分考古学与大遗址价值评估,考古学与大遗址保存现状评估等方面。

2. 考古学与大遗址规划

大遗址保护规划的编制中有关保护范围、建设控制地带和风貌协调等基本问题的解决与考古学有着重要的关系。只有在考古学上将大遗址的遗产构成、遗产边界以及该遗址所依托的历史时期的地理、环境等问题开展深入研究,才可以使得规划更合理、更有效。因此,需要在案例分析的基础上,对如下问题进行研究:规划理论的进展及大遗址保护规划方法总结,以规划为目的的大遗址调查体系的建立,遗产构成、遗产边界与大遗址保护范围的划定,考古学可持续发展与大遗址保护的动态规划,等等。

3. 考古现场保护技术体系研究

以考古地层和重要遗迹现象及遗物的辨识、认知和记录为目的,根据不同考古遗址的环境条件和不同包含物的材料特点,研究考古现场环境控制、遗迹及遗物原址保护以及科学提取的技术方法和工艺体系。

8.4.4 土遗址保护工程技术研究

土质遗址,是中国大遗址的主要物质材料构成。这既是中国特色,又是中国大遗址保护的难点和重点。对土遗址保护的共性关键技术进行攻关研究,形成突破,可以带动大遗址保护工程的全面进步,提高各类型遗址的保护水平,促进对大遗址的展示与利用。

1. 构造特点和环境条件分析

对我国干旱/潮湿地区土遗址的构造特点和环境条件进行分析:

(1) 从土遗址自身性质、制造工艺出发,揭示自然土体和人工夯筑土体在物理、化学、成分等方面的差异性和规律性;

(2) 从遗址所处地区的地质、水文和气象三大环境条件出发,研究和总结影响土遗址长期保存的环境因素和基本特征。

(3) 建立我国土遗址样品数据库,并完成干旱/潮湿地区调查对象的数据录入。

2. 典型病害特征及劣化机理分析

对我国干旱/潮湿地区土遗址的典型病害特征及劣化机理进行分析:

(1) 根据病害对结构稳定性的影响程度,系统梳理、研究和总结土遗址现存病害的分类标准、典型病害特征及涉及的工程问题;

(2) 从环境和土体自身特点出发,研究土体工程性能的劣化机理和外部控制因素,科学地探究遗址结构破坏的原因。

3. 表层防风化加固材料及工艺研究

(1) 进一步深化干旱区防风化加固材料的应用研究,形成适合不同环境中土遗址保护加固的适合材料和配套工艺;

(2) 开展潮湿地区防风化加固材料的应用研究,形成适用新型加固材料和配套工艺。

4. 整体加固技术及工艺研究

(1) 从遗址保护的特点和要求出发,开展对土体内部缺陷(裂缝、空洞、松散带)补强、增强技术的研究;

(2) 从遗址保护的特点和要求出发,开展对土锚杆、土钉墙、防渗工艺等的改进技术的研究。

(3) 针对遗址的不同构造特点及加固工艺的技术要求,建立加固技术评价体系及施工效果的评价指标。

8.4.5 大遗址展示与利用技术研究

大遗址的展示是在研究基础上对大遗址进行宣传、教育的基础,同时为进一步的广泛研究、合作研究及公众参与创造条件。这不仅能够促进对历史发展演变的了解,科学地指导现代建设,而且促进对大遗址进一步的保护。开展大遗址地区、园区、博物苑、博物馆及其相互关系的研究,将保护、研究和展示及其他相关活动融为一体,对最终实现大遗址保护促进现代社会科学发展的目的至关重要。

1. 展示与利用的评估体系研究

选取遗址展示典型案例,根据以下遗址展示与利用影响要素对遗址的展示状况进行预测与分级评估:

遗址所在地区的区位条件及经济发展状况;遗址本身具有的代表性程度;遗址的基础条件如市政交通状况等;遗址所在地区人们的文化需求;遗址所在地区的政府支持与财政实力;遗址考古资料的掌握情况;遗址目前的保存现状与管理现状等。

利用评估结果选择适当的展示方法,制定合理的投资预算,从而得出切合实际的遗址展示发展计划,为当前大遗址展示工作提供科学的决策依据。

2. 园区展示理论与方法研究

分析遗址园区的功能构成体系(如管理、宣传、教育、保护、研究等功能),明确遗址园区的建设目标，明确遗址展示的对象与任务；

开展国内外遗址展示调研工作，总结成功经验，借鉴优秀成果，提出符合我国大遗址特点的展示理论体系、主要原则与方法；

并针对我国多样化的遗址类别与形态，引入多学科合作研究机制，引入景观设计、城市设计、照明设计等创新思路，开展遗址展示的综合性研究与示范。

3. 展示工程技术研究

（1）设计标准研究。包括对遗址保护和遗址周边环境的保护为核心的场地和博物馆的设计标准研究。遗址展示的场地、博物馆，与一般意义上的场地与博物馆有所不同，由于场地、建筑物或构筑物所处的位置的地下可能有目前尚不清楚地遗址埋藏，所以不能全部套用目前现有的“场地设计规范”和《博物馆建筑设计规范》，需要建立适合其特殊要求的设计标准。

遗址展示场地设计标准：包括场地竖向设计要求，遗址本体对场地的要求，场地本身功能要求，无障碍设计要求，园林绿化设计要求，消防设计要求等。

遗址展示设施及博物馆的设计标准：包括结构选型要求，通风采光设计要求，温湿度设计要求，安全防范设计要求等。

（2）材料应用及施工技术研究。包括对遗址本体复制材料研究，建筑与展示设施结构维护材料研究，场地铺设材料研究、照明安防等设备线路铺设及生态节能技术研究等。

（3）施工和验收评估标准研究。包括遗址展示设计施工流程及技术人员要求、技术成果要求等。

下篇　案例研究篇

本篇用若干大遗址保护的案例，从不同侧面说明国内外大遗址保护的理论与实践发展。其中较多篇幅介绍了中国大运河保护与申遗的工作进展情况，包括对比国际上运河遗产的保护经验。选择运河类遗产，考虑到它是非常典型的“人与自然联合工程”遗址，尺度巨大，构成复杂，形态演变多样，与社会经济发展关系密切。而且“遗产运河”这类特殊世界遗产在2005年才正式列入《保护世界遗产公约实施操作指南》，在国际上也属于大遗址保护的前沿阵地。同时，中国大运河的申报世界遗产工作也已经启动，各级政府、管理机构、研究机构和规划设计机构都在探索开展运河遗产的保护。

第9章京杭运河遗产调查报告是科技支撑计划课题“空间信息技术在大遗址保护中的应用研究（以京杭运河为例）”的部分工作成果。课题承担单位——中国文化遗产研究院联合组织京杭运河沿线北京、天津、河北、山东、江苏、浙江的文物考古机构在以前调查的基础上进一步统一规范开展运河调查，作为大遗址（大运河）地理信息系统数据采集的基础工作。课题取得了相当成绩，在数据分析中也发现了问题。主要是对水利、水运工程设施缺乏基本认识；对河道这类超巨型遗产的时空变迁记录方式不足；对运河遗产以点登录，无法体现运河工程的综合系统价值。虽然这些问题无法在该课题中全部得到解决，但为运河遗产的后续调查、研究和申遗工作积累了宝贵经验。

第10章运河遗产保护规划是中国文化遗产研究院为承担国家文物局课题“大运河保护规划编制第一阶段要求”而开展的“大运河保护规划编制实施方案预研究”课题部分成果。大运河是特殊类型的大遗址，课题初步探讨了中国大运河遗产的性质，大运河保护的特殊性及我国遗产保护规划现行要求，在此基础上对运河保护中关于遗产构成、指导思想、保护原则等几个核心问题提出意见。

第11章选择国际上已经列入世界遗产的两条运河，着重从其价值评估和保护管理方面进行介绍。这两方面也是中国运河保护中比较棘手的问题，希望各个方面可以从中获得一些借鉴经验。

第12章以中国集安大遗址保护历程，说明只有高层一体化决策与大规模集中资金投入，才能在大遗址保护中取得卓有成效的突破性进展。

第13章内容摘译自美国盖蒂保护研究所的《考古遗址保护与管理规划》。遗产管理规划目前在国际遗产保护领域的政策和实践中都占有十分重要的地位。然而，我国的《全国重点文物保护单位保护规划编制要求》、《中国文物古迹保护准则》等虽然都参照了国际上遗产管理规划的相关原则和经验，但我国的保护规划还更多地侧重于专业技术层面。随道经济社会的发展，大遗址这类文化遗产面临着来自越来越多因素的影响和需求，对其管理和协调提出了更高的要求。管理规划做为一种利益相关各方协商讨论的手段在保护和管理中作用愈加突显，介绍国际遗产管理规划的理论与案例旨在推进我国大遗址保护的管理工作迈上新台阶。

第9章　京杭大运河遗产调查

9.1　京杭大运河遗产调查的意义

9.1.1　京杭大运河大遗址

历经两千余年的变迁，京杭大运河构成了一个庞大而复杂的系统，在工程体系之外又衍生出管理、使用以及围绕各类活动而形成的事物，从而留存至今的各类文化遗存呈现着异常复杂的局面。

不同历史阶段开凿的河道或因为淤塞废弃而成为遗址，或由于迁移改道而变作故道，当然还有一些局部保持着原有的状态；自清末漕运罢止以后，运河长期由官方经营的状态也不再继续，航运维持举步维艰，河道状况每况愈下，至抗战之初决花园口黄河改道，运河遂基本废运断航。新中国成立后对京杭大运河下大力着手整治，新开许多河段，截弯取直、避开城市繁荣区，逐步恢复运河的航运功能，至20世纪70年代后由于水源更难以保证，所以只是山东济宁以下河段还保持着通航的状态。而济宁之上诸河段，或干涸废弃，或局部利用，在调水、防洪、灌溉以及美化城市景观等不同领域发挥着作用。

正是由于各区段存在着不同的变化和不同的现状，所以京杭大运河作为历史文化遗存的状态具有极其复杂的性质，基本体现大遗址的重要特点，涵盖其保护与利用的方方面面。

即使用“线性”为定义也难于准确地反映京杭大运河真实的性质，涵盖其庞杂的内容。就长达1700余公里的干道而言，既有仍在沿用者，也有已遭废弃者，还有用途改变、间断利用等，各区段利用和保存状况异常复杂、不一而足。在干道上附着和蔓生的各支系水道则表现的更加复杂，因输水、排水功能的需要和变化，时溢时涸，长态无定。而作为运河历史文化遗产的体现，众多不可移动文物中既有屹立于地表者，也有埋藏在地下者，既有仍发挥功能者，也有已成为故物者。这种使用与保存状况的复杂性基本反映了我国大遗址保护的各种矛盾和需求。

9.1.2　空间技术在京杭大运河遗产保护中的作用

空间技术应用于遗址勘测在我国大体起步于20世纪80年代，随着现代科学技术的发展和进步，空间技术在文物保护领域的作用和优势已日趋凸显，学科间的磨合与交融渐入佳境，技术应用也更具有针对性和成熟感。

空间技术在文物保护与研究工作中的应用，目前已不限于地下遗存的遥感与探测。在定位、测量、分析、综合以及复原、展示等各领域或各层次都可以得到空间技术的有效支持。

作为大遗址的运河在分布特点、埋藏状况、堆积性状以及规模体量等方面都表现出一些区别于其他类别大遗址的特性。而这些特点决定了在调查和管理保护等方面,以历史文化遗产为主要角色的京杭大运河对空间技术应用的需求表现的更为迫切,而空间技术以京杭大运河为对象的应用,既具有其他技术方法所难以企及的独到性,也更有利于体现现代高精技术在大遗址保护应用中的效果。

例如,运河水道变化无常,许多已淤积无痕,仅从地表踏查很难就视距观察的范围寻找和确认,而通过利用空间技术获取的大尺度信息或数据,则有可能从更大视野的角度发现和判断;又如,作为曾经的河道,其堆积土壤的含水率理论上会比周围土壤要高,通过空中拍摄显示土壤含水率变化,将有助于运河古河道的寻找和确认。此外,诸如运河堤岸的特殊处理,砖石构筑的闸、坝等都有可能利用空中拍摄、测绘等手段获得信息与数据,进行分析而得以发现或确认。

作为延伸上千公里,地跨多个水系和自然地理区,枝蔓丛生、体系庞杂的人工大运河,无论是表现、研究、保护、利用和管理,都远非已有对各类不可移动文物的施行方法或经验所能够满足的。现代空间技术在拓展视野集约优势的基础上,有可能构架起一个大尺度、高精度的平台,将京杭大运河整体置于其中,所以本项工作无疑是历史文化遗产研究、保护与利用的一个创新,将为文化遗产的科学研究、永续保护和合理利用奠定坚实的基础。

9.1.3 京杭大运河遗产调查报告

1. 主要目标

基于课题设计,考虑到京杭大运河保护工作的实际需要,报告主要有如下三个目标:

首先,以统一的标准对京杭大运河的遗产资源进行较为系统的调查,摸清家底,为“空间信息技术在大遗址保护中的应用研究(以京杭大运河为例)”提供基础数据。

其次,通过对调查数据的整理分析,对京杭大运河及其相关遗产的保存现状、价值进行评估,对其遗产构成、遗产边界和保护范围进行研究,为下一步运河保护及运河申遗工作贡献力量。

最后,旨在摸清运河遗产资源的调查,将提供真实的文物资源保存现状和价值体现,为科学和合理利用运河文化遗产,为区域经济、文化建设提供支撑。从而实现历史文化遗产的有效保护的根本目标。

2. 结构介绍

作为基于实地调查与数据采集工作的专题报告,调查所获第一手的信息和数据将成为报告最重要的内容。调查的方法和采集数据的指标决定着工作的整体性和信息、数据的有效性。鉴于基础调查工作分别有近十个科研单位承担,而京杭大运河自身也因地域变化存在极大差异,所以工作所设定的指标因子往往要多一些,经过分析、综合后,报告再确定以哪些指标作为全线的统一数据,而另一部分则可能只反映在部分省域的报告之中。

为帮助读者更好地理解本项目，报告对大遗址的定义以及概念的形成进行简略地分析和介绍，并对选定京杭大运河作为项目的主要工作对象作了必要的阐释。

在反映调查工作的成果并加以科学分析、综合之前，对京杭大运河形成的历史过程和地理、文化背景的了解是项目执行的基础，报告在这方面着力较多，力图将问题交待的更清晰、准确。

项目将京杭大运河涉及的区域按照现行行政区划区分为六省、直辖市，虽然和运河的历史或自然以及现状区分并不完全相符，但为便于工作的落实和数据的分析、汇总，这一体例是目前最可取的一种方式。报告的信息和数据采集部分也按照行政区划的划分，以各省或直辖市分别叙述。为防止现代行政区划切割历史大运河由地貌、水系形成的区段特征，报告强调了不同行政区划间的衔接。

在以省市为范围的调查成果介绍和数据分析之后，报告又将视角扩大到整个京杭大运河系统下，按照不可移动文物的类别或性质，进行了以全系统为视野的分析、对比和综合，并在此基础上进行了评估。

采取不同角度的分析、评估工作完成后，对京杭大运河历史文化遗产资源的基本认识就自然形成，由此而产生的保护措施，无疑将会拥有比较坚实的基础。

9.2 京杭大运河遗产调查及数据采集

1. 组织、分工与技术方法

鉴于京杭大运河的时间跨度和空间分布以及涉及的历史文化遗产的复杂和多样性，作为系统的调查和数据采集工作将对整个京杭大运河区域的历史文化遗产进行比较全面的发现、定位和梳理，所以，工作首先明确以京杭大运河沿线历史文化遗存作为课题调查的基本对象，按照业务对口的原则，确定以京杭大运河沿线六省、市（直辖市）文物研究、保护机构为现状调查及数据采集的执行机构，分别协商确定了工作范围和目标，并围绕着课题目标和需求设计技术路线与组织方式。

在国家文物局的支持下，课题选定了北京市文物研究所、天津市文化遗产保护中心、河北省文化遗产保护中心、山东省文物考古研究所、江苏省文物考古研究所（南京博物院考古研究所）和浙江省文物考古研究所作为京杭大运河不可移动文物调查与数据采集子课题的项目承担单位。各单位具体负责本行政区域内京杭大运河相关遗存的调查与数据采集，并依据工作成果编制分省（直辖市）报告。

2. 调查对象的确定

鉴于运河的历史悠长、情况复杂的特点，子项目确定的工作与研究范围从保护和科研两个角度出发，本着调查阶段宜宽不宜严的原则，将时空范围和对象都放得大一些，而在分析与综合阶段则能够按照京杭大运河历史时空尺度以及关联度确定保护的对象。

由于各区域的情况互不雷同，为避免过分强调统一而忽视了地域性和特殊性，调查与数据采集项目中仅设定了一些具有基础性和共性的指标，作为全线工作的基本要求，其余则由各子项目承担单位根据当地实际情况确定。

在对象上，首先明确不可移动文物是工作的基本对象，是必保项，而相关的可移动文物以及非物质文化遗产是否纳入工作范畴，均由具体实施者根据情况而定，没有强制性的规定和要求。

在实地工作阶段，主要采集的数据分为属性数据和测量数据。属性数据主要指与大运河本体以及其他不可移动文物相关的内涵信息和描述信息，如文物名称、类型结构、年代、行政区域、地理位置、地貌特征、保存状况和管理情况等。测量数据是需要用数字表现的有关运河不可移动文物的量化指标或形象信息，一般需通过地面测量而获得，如GPS 测量的定位信息、文物遗存空间分布信息以及其他信息等。

此外还可能涉及到与京杭大运河相关的重要城市空间数据，如管线数据、地籍数据和规划数据等。

考虑到社会经济统计数据等非空间信息对制定大运河及其相关历史名城、名镇的保护规划也十分重要，因此数据采集还应包括以各种文档、报表、图片、影像和多媒体等形式存在的非空间数据。

3. 调查工作实施情况

本项目的开展正值第三次全国文物普查筹划和开展工作期间，为避免重复投入和有利于信息、数据的共享，京杭大运河专题调查参照了文物普查的标准和规范，设定的数据采集项目或指标尽量保持与普查工作的接轨。

在调查工作筹备和实施期间，大运河申遗的前期工作也在积极推进之中，各子课题项目承担单位接受委托后协调工作安排，积极将相关调查成果及时提供到运河申遗工作中，实现了资源共享的初衷。

子课题项目承担单位基本全程参加了项目组组织的历次调研考察和研讨会议，随时交流、反馈工作进展和信息，相互参考、借鉴，及时调整工作思路和总结经验教训，为实地调查工作的顺利开展提供了基础。

9.3 京杭大运河遗产调查

按照现行行政管辖区域，京杭大运河调查与数据采集工作由项目组委托沿线六省（直辖市）的文物考古机构承担。各单位承接工作时间不一，对于工作范围、调查对象以及调查登记的方法也多少都存在着一些差别，其中有的属于理解的偏差，有的是受运河在当地的特点所决定。所以项目组在基本能够满足课题需要的前提下，并未强求统一。

9.3.1 北 京 段

1. 历史沿革

京杭大运河北京段的发端或可以东汉末曹操开凿平虏渠为肇始，但当时可能只是局部区域有所涉及。隋朝大业四年(公元608年),隋炀帝下令开凿永济渠,北通涿郡,开通了中原北达蓟城的水运航道。以涿郡蓟城(今北京)为最北端,上游为桑干水,在蓟河道约长25公里。

辽代设南京析津府位于今北京市,辽与北宋以白沟为界,南北对峙,辽南京的地位和作用极其重要,设有掌管水陆转运粮食、盐铁及其他货物的衙门等。辽圣宗太平九年(公元1029年),幽州大灾。为了发辽东米赈救饥民,需要从辽河流域及辽东半岛运粮赴幽州。当时粮船可能自辽东浮渤海到达平州海岸,利用蓟州河进入今北塘地区的蓟州河口后,沿龙湾河(今称青龙湾河)抵幽州。除此之外,辽南京还开凿过两条运河,一称“辽运河”,一称“萧太后河”。前者位于蓟县、玉田两县间,修建的目的可能是为了改善蓟州河运道,以漕运蓟州河盆地的粮食,因为对于南京地区而言,蓟州河盆地是主要的农业区之一。后者由辽南京经通州至北潭入渤海,它是在萧太后的主持下,约于统和二十二年至二十七年(公元1004~1009年)间开凿的一条运河,以解决辽东粮秣南运的问题。后世称为萧太后运粮河,民间有“铜帮铁底运粮河”的说法,意喻河道之坚固。

金迁都燕京后,中都成为北部中国的统治中心。当时山东、河北的漕粮都需运到首都,故考虑开发利用发源于北京西山的高粱河接引漕船。从此,高粱河水系以引水灌溉为主,转向以发展航运、城市供水和灌溉等多种目的综合开发利用。金世宗大定十一年(公元1171年)下令开凿金口河,并引永定河水以济漕运。但是金口河河道地势高峻,含沙量大,水性浑浊,河道经常淤浅而难以行舟,至大定二十七年(公元1187年)废弃。金章宗泰和五年(公元1205年)重点开凿通州至中都段运河,也就是“金闸河”,其以白莲潭(今积水潭)为水库补水,但因水浅,常难通航。

元世祖忽必烈中统初年建都燕京后,于至元四年(公元1267年)至十三年(公元1276年)营建大都城作为首都,旋即开展大规模的水利工程,以便南粮北运。坝河开凿于至元十六年(公元1279年),后经整治称作“阜通河”,为元代开凿通惠河之前北运河水系中重要的漕运通道,是大都至通州的北线运河,因其沿线有七座坝而得名。江南漕粮北至通州后,再由坝河运抵大都城中。元末,由于通惠河上源失修,坝河水源锐减,最终导致全部废弃。考虑到通州至大都仅有一条坝河,运量有限,又常患浅涩。于是,水利专家郭守敬于至元二十八年(公元1291年),提出开凿大都至通州的南线运河——通惠河的建议,并被采纳。

通惠河建成后,大都城漕运迅速发展、兴盛起来,积水潭成了繁华的码头,“舳舻蔽水”,热闹非凡。运粮船可以由北运河入通惠河,在大都城丽正门(今北京正阳门)东北过枢密院、冲着万寿宫折向西,在海子桥入海子(今北京什刹海)停靠码头。这条水运通道担负了大都重要的漕运任务,为大都的经济繁荣和政治稳定发挥了巨大作用。

这期间,至正二年(公元1342年)元朝曾有开凿金口新河、改造金口闸等工程,但旋即失败,倡议者被杀。此外,元初为了供应驻守军士所需的粮饷,于至元元年(公元1264年)曾发北京都元帅阿海所领军,开凿双塔漕渠,疏凿的是通州沿温榆河北上至双塔河的运道。至元二年(公元1265年)曾重开金口河,“上可致西山之利,下可广京畿之漕”,以运西山木石,供给营建大都所需物料,为大都建设做出过重要贡献。

但终元一代,运河全线通航的时期甚少。为保证大都的粮食供应,海运发挥了有效的补充作用，与官署漕运并行。元末明初，由于上游水源减少，坝河、通惠河遂湮废。

明洪武年间，为防范已败逃漠北的元朝残余势力，将原大都北城墙南缩 2.5 公里，以原坝河大都城内段为北护城河，赶筑明代北京城的北城墙，燕王朱棣率兵镇守。朱棣夺帝位后，于永乐十九年（公元 1421 年）迁都，北京又成为明王朝的宗庙社稷所在。无论是明初，还是迁都以后，北京所需的食粮主要都依赖江南供应。因此，水路和漕运的畅通，仍然是明廷的重要政务。

元末明初，白浮瓮山河完全湮废，坝河及通惠河只剩下西湖为水源。又由于明宣德七年（公元 1432 年）改建北京城，将都城内城南城墙南移至今崇文门、正阳门一线，把通惠河圈入皇城中，城内不通航，漕船不能入城，遂改大通桥（东便门外）为起点，通惠河改称大通河。后由于昌平为陵寝地等原因，大通桥以上河段尽废，又在大通桥北岸开支河，使漕运可达东直门、朝阳门。经明初几次修治，至嘉靖七年（公元 1528 年）改建五闸和通州石坝后，通惠河完全改成剥运制。漕粮一部分由石坝起岸转至通惠河，另一部分由土坝起岸，车运至京通各漕仓，保持着“水路并运”的局面。万历后期，朝政日益腐败，通惠河修治不及时，运道艰阻，部分漕粮改折征银，故抵北京的漕粮减少，由全盛时期的年入京漕粮 4 百万石，至万历三十年（公元 1602 年）仅有 138 万石。天启、崇祯年间，天下萧然烦费，岁供愈不足支。

除大通河外，明代还有昌平河、密云河、蓟州河等漕道，都是为供应昌平、密云、蓟州等地驻军的粮饷而开浚的。昌平河即温榆河，舟船从通州溯流而上，可达沙河巩华城外安济桥，以转运守卫皇陵官军粮饷。隆庆六年（公元 1572 年）和万历元年（公元 1573 年）都曾进行疏浚，以提高其漕运能力。密云河指密云以下一段潮白河，嘉靖中，总督刘焘曾发卒浚牛栏山以上潮河，用小舟从通州向密云转粟。嘉靖三十四年（公元 1555 年），总督蓟辽、保定军务都御史杨博疏请并获准开通密云白河以济粮运。其方法是于杨庄地方堵塞向西南流的白河，使之循其故道侧密云城西南向南流；同时，于密云东南堵塞向西南流的潮河，使之从密云城南向西流。这样一来，二河于密云城西南河漕庄汇合，流向牛栏山。为防密云城墉不被白河水冲塌，乃于密云城西北修筑泊岸。这一工程被称为“遏潮壮白”，对于改善驻守北京东北大门主客兵的粮饷具有重要意义。蓟州河是运输蓟州官军粮饷的河道，成化、正德及嘉靖年间曾先后对其进行疏浚，以济从古北口至山海关的千里长城防线上屯驻的重兵。

清顺治年间，修治石坝及通惠河上五闸，恢复了漕运。以后屡次修治，基本上沿袭明代的旧制，漕粮由石坝倒入通惠河，由土坝起车运至通仓或径至朝阳门，至清末停漕，变化不大。值得注意的是，从康熙年间开始利用东护城河接运大通桥漕粮入京仓，减少了起车陆运路程。另外，清代对通惠河上的滚水坝与月河用功最多，以求处理好运河的蓄泄关系。

清代在大运河的治理上，较明代投入更多，尤其是皇帝都很重视，成效尤为显著。康熙三十五年（公元 1696 年）疏浚大通河，保证了河道的畅通。乾隆年间，除继续疏通河道外，还大开昆明湖，加筑大堤，但由于当时不再引昌平、西山诸地水源，使得运河水量减少，航运作用不如元代。嘉庆十二年（公元 1807 年）疏通温榆河。清代前期重视修整河道，除了保障南粮北运外，还有一个目的是供帝王南巡之用，运送东南粮米财货的大运河,渐渐地成了皇室银子来源的一个主要渠道。咸丰五年(公元1855年)黄河大改道,运河从此由盛转衰。从自然地理条件上看,黄河改道从山东西部平原横穿运河,在利津入海,此后黄河漫流,清政府在治河问题上发生争执,使得河务荒废,北京地区运河运力大为减少。从社会环境上看,农民起义不断,清政府忙于战事而无暇顾及整治河道。同治十三年(公元1874年)曾疏浚河道,使光绪前期运河运输能力有所恢复。

此外,清代曾利用清河向圆明园八旗驻军拨运粮米,也曾借潮白河水向密云驻军转运部分粮饷。1900年京津铁路通车,铁路运输的优势日益凸显,北京段运河遂废。

2. 现状概况

作为京杭大运河分布在北京的区段,一般是指通惠河和北运河的相关河段。但作为运河起始的一端,北京地区围绕着京杭大运河所形成的河道体系十分复杂,所以相关运河河道的情况并不简单,其中最主要的是为解决枯水季供水和丰水期排洪的问题而不断更改途径的河道。

鉴于北京西北高东南低的自然地理形势,运河水源的解决一直依赖于京西北山区的汇水,无论是瓮山泊,还是白浮泉都源于西山,而当西部水源紧缺时,运河维系也颇费周章。自辽金经元代至明清,北京城的位置和规模都有较大的变化,对水系的改造和变更无疑也产生了很大的影响。

今天北京的水系已不再是以北运河航运为节点的格局,而基本是以输水、防洪、排水(污)和灌溉和景观营造为目标,所以多数区域河道变化只能通过点滴迹象和文献考证来辨识了。鉴于北京地区运河的变化,课题设置以北运河北京段为基本调查对象,至于其他相关河道则根据具体情况或略或详,不强求完备。

隋唐时蓟城位置今大致可考,根据文献记述和地下遗存的线索,大致可知当时的永济渠由蓟城城南取道今凉水河,南折至大红门街道石榴庄公园,向东至成寿寺路南流,在丰台区亦庄镇东南,过通州区台湖镇、马驹桥镇、永乐店镇及于家务乡,向东南出市界。现台湖镇高古庄东南至于家务乡东马各庄东北尚保留长约6公里,底宽12米的古河道,此外在永乐店镇半截河村也残存长近1公里、宽达60米的河道。

辽代的萧太后运粮河约自朝阳区西大望路南端起,向东南在十八里店地区世豪家园东折,经大鲁店北路到黑庄户地区,进通州后穿京沈高速路,过大高力庄穿六环路,在张湾镇村入凉水河。其中通州一段长约9公里,河床均宽31米。上世纪70年代,在河道上建有前营、田府、大高力庄和张家湾诸水闸,以发展灌溉。

金代金口河西接永定河东岸,利用高梁河的西段故道东行,至八宝山入车箱渠,到西郊半壁店附近转西南,入中都北护城河,后出东郊,与萧太后河相连,入通州北潞水。

坝河西起大都光熙门(今北京东直门北面),向东到通州城北,接温榆河。这条河道长约20多公里,地势西高东低,差距20米左右,河道的比降较大。为了便于保存河水,利于粮船通航,河道上建有七座闸坝,即千斯坝、常庆坝、郭村坝、西阳坝、郑村坝、王村坝和深沟坝。

通惠河的水源主要来自白浮堰,从白浮泉(今北京市昌平区东南五里龙山)引水,沿西山山脚,汇聚西山诸泉水后,东南汇入瓮山泊,自西水门入城,环汇于积水潭。然后出什刹海，过今地安桥，东南折经东不压桥胡同、东板桥，沿东安门北街南下，经望恩桥、御河桥、正义路，向东经台基厂二条，板船胡同，沿金口河故道至通县西水关附近，转入城中。

自皇木厂村北经南水塘、张家湾东口外河道至定福庄南小盐沟，系清嘉庆十三年之前的明清运河故道，遗迹尚十分清晰，历年来出土过不少和航运有关的遗存。

上述历史阶段运河的河道大多已淤塞、湮废，个别区段被后世开凿新河所利用。北京地区现存运河河段主要是元明清三代经营京杭大运河的北运河以及通惠河河道。

新中国成立以后，党和政府十分重视对京杭运河的治理，在认真调研和科学规划的基础上，对北京北运河水系进行了重新疏通。1959 年因兴建北京东郊热电厂，在高碑店建闸以取水。1965 年疏浚通惠河上游河道，改宽庆丰闸口，至 1977 年先后改建、新建通济桥、卧虎桥、新八里桥、花园闸、普济闸和通惠河闸。1981 年改建高碑店闸，投资 800 万元兴建污水处理厂，1984 年投入使用，城市污水 70% 得到有效处理。1995 年起自上游开始清淤、加宽、调直，修筑水泥护坡。1997 年，对西起八里桥东至卧虎桥的通惠河下游河道进行治理，河道按 20 年一遇洪水设计，50 年一遇洪水校核。河底宽 41 米，上口宽 70 米，河底两侧各 10 米用连锁板护砌，河坡以六角水泥砖护砌，边坡以上设 15 米宽平台。河道两侧各修筑路面宽 9 米、行车道宽 7 米的沥青路，路侧各为 15 米绿化带。在保留筛子庄桥的基础上，增建外环桥、市场桥、四中桥、永新桥、西海子桥，改建通惠闸桥，拓宽卧虎桥。

按照传统的分段，北运河系指通州北关至天津三岔口河段，所以在北京地区仅涉及通州一区，作为北运河上游支流的通惠河、坝河为大都至通州的两条重要运道，流程涉及海淀、朝阳、东城、崇文、西城等区。北运河在通州区域流程约 42 公里，自北关拦河闸东南向流经牛牧屯入河北香河境。河道上现仍在利用的闸、坝均为当代建设，在通州东南潞湾设有橡胶坝调节水量。在通州城区，北运河两岸已辟为运河文化广场，河道拓宽、河水净化，作为旅游、休闲的场所已成为当地一道靓丽的风景线。除城区和关键地段外，北运河北京段多仍保持着比较原始的土质堤坝，河道形制与规模也多是一仍其旧，具有比较理想的保存状态。

3. 工作情况

由于反映第二次全国文物普查和近年来北京地区文物调查成果的“文物地图集”的编制工作由北京市文物研究所负责，为有效利用既有成果，“空间信息技术在大遗址保护中的应用研究”项目组由北京市文物研究所承担京杭大运河北京段调查与数据采集工作。

北京市文物研究所组成课题组开展工作。在充分调研的基础上，课题组派专人对涉及大运河的区县遗迹进行实地踏查。运用先进设备，进行了遗址定位、拍摄、资料整理等工作。工作区域涉及东城区、西城区、朝阳区、海淀区，通州区、昌平区及门头沟区等，各区县文物管理机构给予了积极的协助和配合。至 2007 年 11 月，基本完成了运河河道、周边设施及与运河有关的不可移动文物点的实地考察，并对调查资料和数据初步进行了整理、分析和录入的工作。

在实施实地调查的同时，课题组查阅了大量文献，稽核相关运河资料，考辨河道源流与变迁。对各区县文物机构收藏的相关出土文物进行观摩和考察，为准确判断相关遗存的年代提供依据。

利用长期开展北京地区考古的优势，课题组对历年来北京地区发现、发掘的相关运河以及河道水系的遗存进行全面分析，利用实物遗存印证和弥补文献之不足，对一些错误进行纠正。对正在开展的西城区什刹海水系的澄清中闸的考古发掘进行全面考察，通过对发掘出土的元代修建的古河道、旧闸石槽及雁翅上镇水兽等的分析，确定了元代的澄清中闸的位置以及运河走向。

针对城市建成区和乡村田野的不同特点，调查工作所设定的范围和采取的方式也有所区别。在城区，与运河存在着联系的遗存比较复杂，分布的位置也可以距离运河较远，所以调查的范围不宜用与运河的距离来设定。而在乡村，一般和运河发生关系的遗存多分布在河的两岸，通常距离不会太远，故而设定一个基本距离就能够满足调查的需要。

根据上述思路，调查工作范围的确定，基本以通州之外的北京城区以和京杭大运河存在直接关系的水利、水工设施为主，而对于大运河北端的通州则关注的范围要广泛一些，那些属于和运河存在间接联系的遗存也被纳入调查的范畴之中，此外对于乡村旷野，由于考虑到在通州等区段运河变化比较频繁，河道以及相关设施涉及范围较大，所以调查的区域并不仅仅限于今天所见的运河河道，对于那些早已湮废河段相关遗存也进行了调查和登记。

4. 基本收获

通过本次调查工作，其调查登录的京杭大运河北京段的不可移动文物共计 47 处。此外对于此前相关区、县调查发现的 100 多处运河不可移动文物进行了确认，其中 17 处和文物地图集中的文物点相符合。另外一些文物点经北京市文物研究所的工作人员进行确认已消失或与运河缺乏联系。项目组通过对既往资料检索和求证，认为尚有 19 处不可移动文物可以纳入京杭大运河北京段历史文化遗产资源的范畴。上述运河不可移动文物在北京市相关各区县的分布如表 9-1。

表 9-1　北京段运河文物统计

河段	区县	北京所调查	其他资料	合计
上游水源	昌平	4	4	
	海淀	5	5	
	西城	9	1	10
通惠河	东城	6	6	
	崇文	2	2	
	朝阳	3	2	5
北运河	通州	18	16	34
合计		47	19	66

由于北京城市建设巨大的变化和调查有针对性设定的工作范围，使城区所登录的运河文物相对薄弱，但是随着近年来文物保护意识的提升和考古规模的加大，城区一些掩埋地下和运河相关的遗存陆续有所发现，所以城区运河相关遗产的发现还将增多。

5. 分析评估

作为京杭大运河北端的北京段运河历史文化遗产当具有重要的意义和独特的价值。尽管在现代城市变更和建设中京杭大运河文化遗产遭受了极大程度的破坏或影响，但在如下方面仍能够体现运河于京师的特殊地位和价值。

现水系自白浮泉直至昆明湖仍循元代古道，仅小有调整。由于永定河水系的变化莫测和上游水源的淤塞、干涸，使得北京至通州一段的河道也处于一种无定的状态。北方地区降雨量偏少，河流水量的季节性差异巨大，洪枯水变化使漕运的维持异常困难。为运河寻找稳定的水源就成为运河工程的重要环节。自辽金到元北京近畿漕河几经变化，一直到郭守敬引白浮泉保障通惠河水源，才将京杭大运河北端的河情基本固定了下来。解放后北京开凿京密引水渠，自白浮泉以下直至昆明湖，仍循元代的古道，仅小有调整，足以说明当初郭守敬对地形观察勘测的精确性。

水工遗迹残存，历史、科学价值当不容置疑。来自西山的诸泉经由瓮山泊的存储，就西高东低之势由高粱河引入积水潭，因此通惠河航运一度可以直达积水潭。今天尚有遗迹残存的高粱桥、白石桥、后门桥、庆丰闸、澄清闸等基本都是当年为配合西山引水和汇源通惠河的重要水利工程，也是京杭大运河北端水工设施中为数不多的幸存者，具有不容置疑的重要的历史、科学价值。

通州是运河北端重要的码头，遗址尚存。通州作为通惠河的终点和北运河的起点，可以说是漕运于京师外围最重要的节点，现存的石坝和土坝不仅是重要的挡水设施，也是运河北端重要的码头，特别是在通惠河淤浅后，南来北往的物资大多由此装卸、仓储、转运。

仓储遗迹遍布，具有较高的价值。运河的开凿以漕运为基本目的，作为漕运对象的粮食是按照生长周期成熟收获的，而人们的粮食消费则是常态、不可欠缺的，所以收获的粮食运输到目的地后必须进行仓储以被日常消费。作为元明清三代京师的北京作为粮食最大的消费城市，仓储设施可以说是至关重要。历史上北京就留存下许多以仓储命名的地名，今天仍有遗迹存世者，以东城区南新仓、北新仓为著，通州所存大运西仓、中仓虽然均已为遗址，但仍具重要的价值。另外，通州发现的仓神庙时空也是比较重要的史料，对古代仓神崇拜和祭祀制度研究具有较高的价值。

纪念郭守敬的汇通祠具有重要意义。经重新修建的汇通祠，是纪念郭守敬的专祠，对于京杭大运河历史而言具有重要的意义。结合城区一系列水利设施的重新揭露和修葺，可以形成运河工程的专题展示与宣教。

宗教祭祀设施与运河存在着关联。宗教崇拜和民神祭祀是古代人民主要的精神活动之一，调查登记的这方面遗存较多，其中大多数都与运河存在着关联。坐落在朝阳门外的东岳庙是运河北端最热闹的集聚场所之一。在通州一些道观中，拜祭多有天后（妃）的场所，而南来北往的商旅更愿意向关公圣帝祈求平安生财。自元代以来，运河沿线一直是穆斯林聚居的乐土，通州和张家湾等地的清真寺无疑就是这一段历史的写照。

运河的交通留下了众多历史名人的脚步，同时在运河沿线催生了一批名人志士。在通州的李卓吾墓是名人寄寓的典型遗存，而一系列名垂近现代史人物的故居，则成为当地区域文化的亮点。

地近京师的地域优势，使通州往往能够得风气之先，现存众多质量上乘的西方风格建筑应当重点保护。更早一些反映中外交往的遗存，还有琉球国人士的墓地和墓碑。

6. 问题与建议

作为数千年来的北方重镇和元代以来的首都，北京积淀了深厚的历史文化，保存着众多高品质的历史文化遗存。因此京杭大运河北京段的调查范围，很难做出合理的界定，与京杭大运河的关联度是实际工作中最难判断和取舍的因素，无论宽严都将影响调查的结果。所以即使到工作的阶段性终结，调查人员仍难于达成普遍接受的共识，从而也不免对调查数据的登录产生一定的影响。

元代之前，运河在北京的地域就曾作为重头戏之一，屡有表演，虽然成功者有之，但更多的是失败或教训。难以稳定的永定河在咆哮中不断地摧毁着人类的创作。这些早期运河遗存目前大多只是遗留在文字中，而如何在沧海桑田式的城市建设中发现、确认并保护好它们，无疑需要灵敏的感觉和持之以恒的守望。而将支离破碎的点滴信息缀合成完整的页面，则是对工作者的考验。

作为荒废近百年的运河，毕竟已是历史的陈迹，因此在现代化城市建设高潮的形势下，相关研究、保护责任方，必须回答为什么要保护？保护什么？如何保护？而更重要的还有如何处理建设和保护的矛盾，实现所谓的双赢或多赢的结局。据调查所见，张家湾古城有大面积房地产建设破坏，发生普遍的盗掘，情况不容乐观。

运河申遗为京杭大运河历史文化遗产的保护带来前所未有的机遇，政府作为保护的主体和全社会的广泛参与，将给运河的研究、保护和科学利用提供雄厚的基础条件。在保护的前提下，如何体现京杭大运河北京段的完整性和原真性，应当是需要回答的关键问题。

政府和群众的积极性被引发起来以后，如何科学地引导和制约，应是整个运河沿线城市认真思考的问题。利用是有限的，而保护则是无限的。坚持“保护为主、抢救第一”是根本，而其他只能服从于保护，利用要以保护为准绳和主导。

9.3.2 河　北　段

1. 历史沿革

据文献记载，河北地域由人工营建运河的历史肇始于东汉末年，当时曹操为了军事的需要利用天然水系开凿、疏通形成了河北境内的一些运河，如白沟、平虏渠等。隋朝开凿北通涿郡的永济渠对曹魏及其之后形成的一些水运工程多有沿用。唐王朝对涉及河北段的运河主要是利用与维护，虽然新开河段较少，但在300年间基本上保持了畅通。

宋朝，将永济渠称御河，其走向与唐朝永济渠基本一致。但由于当时已以开封为政治中心，所以运河的漕运也多以汴京为核心点。又因五代时石敬瑭将幽云十六州割给辽国，形成宋辽以白沟为界对峙的局面，涿郡也成为辽之南京，因此永济渠的作用已遭到很大程度的消减而致使许多地段淤塞。

元代，公元1289年会通河开凿完工后，京杭大运河正式形成。尽管随着政治格局的改变，运河已不再是以洛阳、开封为核心的局面，但元朝政府调整的大运河线路，对于临清以北特别是原永济渠河北段的河道并无太多改变。明清时期河北段大运河之路线，则基本沿袭元朝大运河之旧。

19世纪60年代中叶到80年代初，由于战乱以及清政府的腐败而疏于管理，加上咸丰五年黄河的改道，运河河北段多被淤塞，维持航运举步为艰。至1905年，漕运总督一职被裁撤，以京杭大运河千余年的漕运历史就此宣告结束。漕运废止后，一直到20世纪中期，河北段大运河虽有淤浅，但尚无断流之虞，一些河段仍可通行千石以下民船。

新中国成立的初期，大运河河北段仍是海河流域的航运干线，当时交通部曾设卫运河航运局负责管理、经营，通航能力大，航程长，发挥了较好的航运与社会效益。后因上游修建水库，截留了水源，沿河农业灌溉的用水量大，致使航道内水量枯缺，导致航运逐渐衰退，至1967年全线断航。

2. 现状概况

京杭大运河流经河北段按照历史区段划分，分别归属于北运河和南运河。北运河自北京通州杨洼闸东向流入河北香河县安平镇鲁家务村，然后折向南至土门楼闸与青龙湾减河相交，沿香河、武清边界成为两县界河，在王家摆乡南分出龙凤减河，到五百户镇双街村南出境进入天津武清境。北运河在河北省境内流程20.378公里，现均属廊坊市香河县所辖，流域面积237.52平方公里。

北运河河北段现状是主要承担着上游北京的排洪和排污作用，为防止对天津造成污染或威胁，上游来水主要通过减河排入渤海。此外也有部分河段承担着作为天津市输水河道的作用。

由于地貌和水文情况变化较大，本区段河道多已形成甚宽的湖泊状，河道平均宽度2125米，最宽处的安平镇草沙河村达3450米，最窄处五百户镇东双街村也有800余米，本区段京杭大运河河道原貌发生的较大变化，已远非历史之原貌。

由于行政区划所致，河北省境的京杭大运河区段，被天津段运河相隔。北运河流入天津武清段后至天津三岔口与南运河相接，南运河自南向北由河北青县入天津，所以京杭大运河青县至临西的南运河段才属于河北区段(表9-2)。

天津市静海县梁官屯的九宣闸，是南运河河北和天津区段的分界点，以北属天津，向南归河北。南运河由山东德州德城区二屯镇进入河北省吴桥县境，此前在临西至吴桥段京杭大运河是作为冀鲁两省的界河，河东为山东，河西属河北，临界流程大约公里。京杭大运河干流跨河北省邢台、衡水、沧州和廊坊四个设区市的13个县(县级市、区)，流程约472公里。

表 9-2　京杭大运河河北省河段基本情况一览

<table>
<tr><th rowspan="2">河段</th><th colspan="2">行政区划</th><th rowspan="2">河道长度（公里）</th><th rowspan="2">减河情况</th><th rowspan="2">备注</th></tr>
<tr><th>设区市</th><th>县、区（市）</th></tr>
<tr><td>北运河</td><td>廊坊</td><td>香河</td><td>20.38</td><td>2</td><td>青龙湾减河
龙凤减河</td></tr>
<tr><td rowspan="12">南运河</td><td rowspan="7">沧州</td><td>青县</td><td>45.7</td><td>2</td><td>马厂减河
兴济减河</td></tr>
<tr><td>沧县</td><td>31.9</td><td>2</td><td>兴济减河
捷地减河</td></tr>
<tr><td>沧州市区</td><td>33</td><td></td><td></td></tr>
<tr><td>南皮</td><td>21.8</td><td></td><td></td></tr>
<tr><td>泊头</td><td>36.3</td><td></td><td></td></tr>
<tr><td>东光</td><td>36.98</td><td></td><td></td></tr>
<tr><td>吴桥</td><td>34.8</td><td></td><td></td></tr>
<tr><td rowspan="3">衡水</td><td>阜城</td><td>30.7</td><td></td><td></td></tr>
<tr><td>景县</td><td>73.2</td><td></td><td></td></tr>
<tr><td>故城</td><td>75.2</td><td></td><td></td></tr>
<tr><td rowspan="2">邢台</td><td>清河</td><td>23.98</td><td></td><td></td></tr>
<tr><td>临西</td><td>9</td><td></td><td></td></tr>
<tr><td>合计</td><td>4</td><td>13</td><td>472.94</td><td></td><td>含与山东省共用界河段</td></tr>
</table>

由于历史的原因，河北境内的京杭大运河自上世纪 70 年代以后基本处于断流状态，一些区段成为排污的孔道，也有部分河段在临时性的调水、泄洪或灌溉中发挥着作用，而流经中心城市的区段在近年的城市发展改造中又衍生出美化景观的效果。

航运停止后，根据各地域的不同影响因素，各区段的河道也产生了不同的变化或形成了不同的形态。廊坊香河段运河因地处燕山山脉冲击扇地带，受永定河、潮白河等上游洪水的影响，主河槽频繁改道，致使运河故河道极宽，最宽处可达 10 余公里。很多村庄分布在运河故道之内，其中的耕地也被列在国家的合法耕地之列。运河进入沧州境内以后，河道与河槽基本重合，河道宽度基本都在 100 米之内，保持着比较稳定的状态。运河进入衡水后，自景县段始为河北与山东之界河，河道很宽，最宽处在 2000 米左右，主河槽两侧的河滩地全部辟为农田，河槽内均为污水。河道和大堤基本保持了历史上的规模、形制。运河上至今保留着部分古代水利设施。

运河的开凿使得两岸村庄密布，在东部工业文明已经比较发达的今天，河北大运河的两岸至今仍保持着原生态的农耕文化。

3. 工作概况

长期以来，京杭大运河河北段的文化遗产调查和保护工作未能得到应有的关注，仅是在局部区域进行过一些调查或沉船的清理等工作。2006 年年初，河北省文物局为京杭大运河申报世界文化遗产作好前期准备，在国家文物局的支持下，率先启动了大运河文化遗产调查，由省文物保护中心开展对京杭大运河河北段进行全面的调查工作。科技部科技支撑计划项目“空间技术在大遗址保护中的应用——以京杭大运河为例”启动后，为合理调配力量，实现资源共享，在国家文物局的支持下，河北省文保中心以已实施的运河调查项目作为课题的基础并加以了延伸。

京杭大运河河北段的不可移动文物的调查，虽曾在局部区域开展过，但从未就全流域进行过大范围、新手段、拉网式的全面细致的文物资源的调查与整体数据采集工作，所以，以往关于河北段京杭大运河文化遗产的基本情况了解的甚少。据不完全统计，截至2003年，当地文物机构所登录的京杭大运河河北段相关不可移动文物共计30处，其中地下文物17处，地面文物13处。

在此次调查的过程中，为全面了解、掌握河北段京杭大运河文化遗产资源的基本情况，本着只要与运河相关，就决不漏掉任何一处文物点的原则，对于通过调查自主发现、文献记载、口头采访、地方文物部门提供等途径获取的相关遗存均予以记录，室内整理阶段再给予甄别、梳理并分类。按照与运河有直接关系的文化遗存、与运河有间接关系的文化遗存和分布在运河两岸的其他文化遗存，做出了调查之后的基本分类。当然，由于每一处文物点的背景资料比较完善，还可以根据不同需求做出其他的分类。

本次调查的范围，确定以运河两岸的村庄为基础调查区域，但与运河有直接关系的城镇、相关的管理机构、或据文献记载与运河有关联的文物资源，即使距运河较远也被列入本次调查范畴。由于调查的各类不可移动文物与运河的关系分别处于不同的层次，因此，必须明确重点。本次调查以运河本体为脉络基线，将河道、水利、河工及其附属设施作为重点，而对于那些依附于运河或者因运河而兴衰的相关文物资源也同时给予关注和掌握。

4. 基本收获

截至2008年9月，京杭大运河河北省段的野外调查工作在沿线各级政府和有关单位的大力支持下，已经全部完成。通过在廊坊、沧州、衡水、邢台4市14县（区、市）的实地调查工作中，共调查登录分布在运河两岸的各类文化遗存309处，其中属于廊坊的14处，沧州的163处，衡水的116处，邢台的16处。具体在各行政区域的分布见表9-3。

本次调查共发现与运河有直接关系的文化遗存119处，约占38.5%，与运河有间接关系的文化遗存35处，约占11.3%，分布在运河两岸的其他文化遗存155处，约占50.2%。如图9-1所示。

调查登录不可移动文物的保护情况不容乐观，由于多数文物都系本次调查发现与确认的，所以被公布为各级文物保护单位者不多。

已登录的309处不可移动文物按照通行的类别划分大致如表9-4所示。

表9-3　河北段运河文化遗产分布情况

河段	行政区划		文物数量	比例/%	备注
	设区市	县、区(市)			
北运河	廊坊	香河	15	4.85	
南运河	沧州	青县	48	5.54	
		沧县及沧州市区	47	15.2	
		南皮	7	2.27	
		泊头	29	9.38	
		东光	21	6.8	
		吴桥	10	3.24	
	衡水	阜城	30	9.71	
		景县	34	11	
		故城	52	16.82	
	邢台	清河	13	4.21	
		临西	3	0.97	
合计	4	12	309	100	

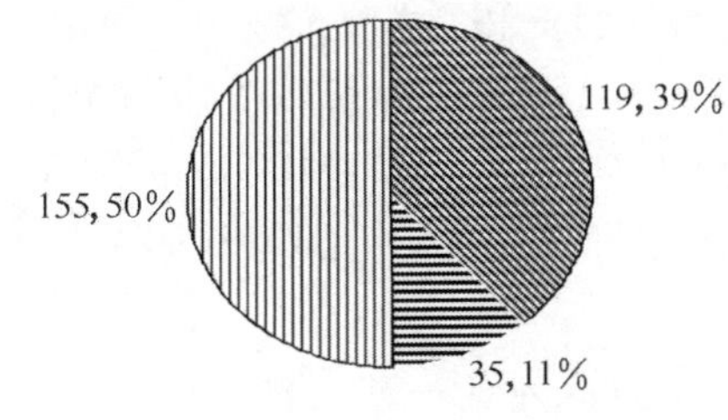

图9-1　与运河关系分类图示

表9-4　分类统计

项目	古遗址	古墓葬	古建筑	石刻	沉船	近现代	其他	合计
数量/个	102	53	18	33	55	16	32	309
比例/%	33.1	17.15	5.83	10.68	17.8	5.18	10.35	100

在古遗址类别中包含了22处运河古码头。虽然这些码头中多数在地表都残存一些砖石遗迹，但随着运河当地段的废弃，这些码头都已失去了原有的功能，所以划归在遗址类别中。

古建筑主要是寺庙，其中包含了较多清真寺。虽然部分寺庙近年来进行了一定规模的修葺，但基本能保持原有的形制和材料、工艺，仍可以视作古代建筑。

沉船单独列出一类，主要是着眼于其属于与运河航运关系最直接的遗存，其数量之多，可能是其他水域所不可比拟的。

近现代重要史迹和代表性建筑类中包括了传统民居、商贸建筑和工业遗产等，其中收录的两处铁路给水所恰恰反映了近代铁路运输取代运河漕运的历史变化。

5. 分析评估

京杭大运河在河北省域流程约472公里，基本纵穿了河北的东部地区，成为该区域千余年来最重要的交通路线。伴随着河道中橹桨摇摆，在培育了沿线城镇繁华的同时，也使相关区域的人口密度得以较大幅度的提升，从而也留存下比较丰富的历史文化遗产。

运河河道与堤岸保持优美的遗址风貌。运河河北段虽然大部分河段已基本干涸，全线处于断流、断航的状态，但大部分河道与堤岸还保持着比较原始的状态，特别是那些远离城市的区段，受现代人工工程干涉较少，在较少污染的环境下仍具有比较理想的遗址保存效果，如在青县马厂、沧县捷地、南皮段和东光段等河道基本维持着原有的形制与规模，两侧堤岸突出地表，在岁月的磨削中棱角均失，在绿化植被覆盖衬托下，较好的体现了运河废弃后作为遗址的优美风貌。

谢家坝、捷地减河闸等特殊水工遗存具较高价值。在河北段按照原貌保存至今的特殊水工工程遗存一般已很难寻觅。其中，东光谢家坝处在运河转弯处，驳岸受水流冲击影响较大，为保障堤坝安全，于是这里的堤坝由三合土夯筑形成，保存至今，仍颇为壮观。此外一些经过发展、改造的设施也具备较高的文物价值。如在沧县捷地，运河与减河之间水闸所安装的设备系20世纪30年代德国制造的，至今仍在发挥着作用，无论是作为运河工程设施还是工业遗产，其都具有较高的历史和科学价值。

沉船遗存是重要埋藏。千余年的运行中，运河故道及其支流里沉没的多少船只无疑是永远之谜。运河河北段陆续发现和确认了56处沉船遗存，是重要的运河文化遗产，也是废河和故道文化遗存埋藏的显著特点之一。调查登记的运河码头虽然数量不少，但基本都已成为遗址，其埋藏也十分重要。

通过对河北境内运河全线的考察，我们认为这一线运河，尤其是南运河河北段基本上保持了古代京杭大运河的历史面貌，具有运河作为历史、文化遗产所应具备的原生态、原真性，充分体现了中国古代文明的精粹。

6. 问题与建议

由于大运河河北段在建国以后的五六十年代仍然保持通航，当时，国家在各段设有专门的航运站负责运河的交通运输，两岸居民的饮用水也取自运河，水质清而甘甜。运河的使用，也让它得到了良好的保护。直至70年代运河逐步断流，许多地方河道干涸，运河的水运交通职能随之废止，河道归水利部门管理。断流使得运河陷入了重重危机，保护面临着种种难题。

通过这一阶段对运河的调查，发现两岸文化遗存非常丰富，文化内涵十分复杂。但是运河文物本体保护方面和环境方面在不同程度上都存在一些问题：

第一，本体方面：有些河段存在挖河取宝的现象，盗掘严重的地段虽经文物部门屡次查办，也难以禁止；廊坊香河境内存在多处堤岸破口，堤岸两侧及堤内有大量现代坟地及房屋；堤内的河滩大量辟为农田；绝大部分堤岸为土质护坡，部分河段取土现象严重；河堤两岸的植被栽培缺乏统一的规范管理,各段的情况参差不齐,不利于水土保持,缺乏长久的绿化机制。

第二, 环境方面:与运河相关的自然、人文、民居、经济环境等缺乏有意识的保护和统一规划。有些河段已经成为工业和居民用水的排污河;部分河段垃圾遍布;堤上分布有违章建筑。城市化进程也给大运河带来了威胁。在旧城改造的过程中,因对运河文化的缺乏了解和认知,大运河遭到漠视。新城区的不断蚕食,使得大运河正在丧失其历史内涵及未来发展的延展性。

9.3.3 天 津 段

1. 历史沿革

天津古称退海之地、九河下稍,地势低下,加之黄河曾由此入海,海侵河漫,反复无常,所以形成了复杂而多变河道体系。自曹魏平虏开渠,隋唐为通河北伐借用水道济漕,多对当地水系有所改造和利用,辽金南扩对水路的建设也着力不少。历史上各时期借水营运的工程,为起于大漠、盛自马上的蒙元帝国却以舟楫水运作为维系国运的要害,应当既有借鉴又有铺垫的重要作用。

有据可考的天津人工开河营运的历史,大约以东汉末年曹操开平虏、泉州两渠为始。建安十二年(公元208年)为彻底摧毁袁绍的势力,翦除北方异己,曹操挥师北伐三郡乌桓。为利于兵力和物资的北运,曹操听取谋士的建议相继开凿了南部漳、卫诸河,与海河相通的平虏渠,沟通海河与滦河的泉州渠,使中原到辽西的水路往来成为可能。这为曹魏统一北方乃至在三国争霸中据有优势奠定了基础。而更具影响的结果是造成了流域甚为宽广的海河水系,使天津湾的水文形势发生巨大的改变。

隋朝开凿南北大运河,北通涿郡的永济渠,对曹魏的白沟、平虏渠等,多有利用。唐朝对大运河在基本沿用的基础上,也有许多增益或改变,为保障河北漕运,以曹魏泉州渠为基础,新开平虏渠直连渤海,实现了河漕与海运的交会,由此天津也被称作"三海会口"。

澶渊之盟,宋辽对峙于冀中,海河成为界河。出于军事的需要,宋辽双方都对相关河渠加以改造和利用,故而对天津界段水系形成了较大的影响。宋朝统治者沿界利用河流与淀泊修建了西起太行山脚下,东至泥沽海口的塘泺防线,形成所谓"深不可舟行,浅不可徒涉,虽有劲兵不能渡"的防御体系。宋辽双方沿界河都构建了一些军事防御的寨铺等。辽统治者还在统和年间开凿由辽南京经香河、宝坻至宁河入海的漕运河道,以转运辽东物资,供给京畿。这条后世称作"肖太后运粮河"的人工运河,为维护辽王朝的稳定发挥了重要作用。

女真南进,海陵迁都,金中都成为北方的政治、经济中心,而物资供给多仰仗黄淮,漕粮运输关系重大,故对漕河的经营着力颇多。泰和五年,金章宗"以故漕河浅涩,敕尚书省发山东、河北、河东、中都、北京军夫,改凿之",新开漕河由静海独流北上,至三汊口会潞河入通州。众水辐辏、群舟汇流的形势使天津成为金代漕运的咽喉要地,直沽寨的设置和地位的不断提升充分表明了该区域对金朝漕运的影响或作用。

元代在历代营运的基础上实现了京杭大运河的贯通,作为拱卫京城,特别是海运、河运均为要冲的天津更具有特殊的地位。有元一代的漕粮北运，无论河海都需要由直沽转运大都，所以河西务成为元大都外围最大的仓储基地。同时直沽也逐渐由军事意义上的堡寨转变为商业性的城镇。元延佑三年，“改直沽为海津镇”，表明天津的发展在元朝统治体系中的地位。尽管，元代多数时间内京杭大运河在官漕方面发挥的作用还十分有限，但天津作为河海交汇的重镇，漕运地位显现的更为突出。

明成祖朱棣以“清君侧”之名争立，率军于海津渡运河南下夺沧州，继而攻陷南京取得帝位，以运河之渡奠基大业之由，赐海津更名为天津。明代天津进入一个更盛的时期，朱棣曾设天津三卫，充分体现了该地位据咽喉重要地位。经过对山东段运河的改造，京杭大运河进入了比较稳定的通漕阶段，南北运河交汇的天津也逐渐成为北方商贸的中心之一。

清朝天津的地位进一步得到加强，由明代的“卫”先升作“州”，进而设“府”，成为京畿首邑。而自明代以来的为刺激积极性和保障漕运兵夫利益而允许官漕夹带“土宜”的政策，使天津逐渐成为南北货物集散、交易和物流的重镇，也奠定了天津作为北方商业中心城市的地位。鸦片战争后，天津成为通商口岸和设立列强租界，受到了强烈的西方经济、文化影响。清末以天津为基的北洋独大，在洋务运动的带动下，官营和商办的民族工商业又使天津成为北方最大的工商业城市。

2. 现状概况

京杭大运河分布在天津市辖地的区段，北自武清木厂闸由河北香河进入天津境，南至静海九宣闸出天津入河北省青县境。境内主河道全长近 180 公里，流经武清、北辰、红桥、河北、南开、西青、静海等个 7 区县。按照传统分区天津段运河分别属于北运河与南运河两个主体河段，北运河自河北香河入境天津，由北向南至三岔口与南运河、子牙河接汇流海河，流程约 94 公里，流域涉及武清、北辰、红桥和河北四区县。南运河自静海九宣闸由河北青县入境，自南向北流至三岔口前与子牙河、北运河并流汇成海河，流程约 86.5 公里，流经静海、西青、红桥和南开四区县。由于城区河道复杂、变化频繁，运河河道与海河水系的各河段多有关联，所以除干流河道外，作为运河系统，在城区特别是与其他河渠发生关系以及排、供水系列下，还存在着一些支渠或扩展与延伸的河道，其中比较重要的是南运河上的独流减河和马厂减河，北运河上的青龙湾减河以及汇合口附近的新开河等(表 9-5)。

表 9-5　京杭大运河天津段各区县河道分布示意

区县	北运河/km	南运河/km	支系	合计/km	备注
武清	60		减河 1	60	青龙湾减河
北辰	23			23	
红桥	6.1	6.7		12.8	北运河段部分与河北区为界，南运河段部分与南开、西青区为界
南开		1.5		1.5	
河北	5.078			5.078	新开河
西青		30	减河 1	30	独流减河段部分与静海县为界
静海		48.21	减河 2	48.21	马厂、独流减河
合计	94.178	86.41			

由南北相汇穿境而过的京杭大运河与由西迄东的海河系水道共同构成了天津河网的基干，在陆路交通尚欠发达的古代更成为交通往来的干道。河海相通、津济京畿的特点使天津的运河在京杭大运河各区段中具有更显要的地位。

就 180 余公里的天津段京杭运河干道而言，主体状态基本是属于季节性河流的性质，大多数区段河道处于平时干涸，雨季排水的处境。在流经城镇区段往往采取使用橡胶坝拦蓄的方式，为城市提供景观或休闲服务。一些区段存在着无序排污和富营养化的污染现象。

流经城市的河道大多数已将堤岸用石或砖进行了封砌，堤顶作为道路也进行了固化。在乡村田野，河道堤岸基本保持原貌，各部地段有崩塌或漫没现象。

3. 工作情况

京杭大运河在天津相关 7 县区的分布并不平衡，以郊县区的河道规模较长，而在城区运河的长度则都十分有限。尽管长度或规模城区不及郊县，但建筑密度大、人类活动频繁等因素也会使城区的历史文化遗产的数量和密度高于旷野。

根据天津市文物业务机构的实际情况，天津段的基础调查工作主要是在天津文化遗产保护中心指导下，由相关区县文物机构具体实施的。受到需要与第三次全国文物普查结合等因素的影响，天津段的调查与数据采集实地工作相对启动略晚，主要工作时间集中在 2008 年度 5 ~9 月份。工作的安排，分作地下文物和地面文物调查两部分内容分别实施。由于工作开展相对滞后，目前资料整理与汇总工作尚在进行中，对本报告的编制也产生了一些不利影响。

天津作为城区规模较大的大型城市，文物相对密集，本次工作对调查对象与运河关联度的掌握标准相对要严格一些，以避免出现登录文物体量过大，反而难以体现重点的现象。在调查具体操作中按照时空和性质，以不同的尺度判断相关不可移动文物与运河之间的关系，同时作为取舍的标准也不能不考虑到一些管理、利用的综合因素。

首先，在调查中设定一个基本的空间范围，在天津段一般是以运河干道向外延伸 500 至 1000 米为限，城区和旷野视具体情况会存在一定的区别。在干道之外对于相关的减河、支渠等也有所考虑。

在时间上，原则以运河形成和存续的历史阶段为重点调查范围，但对于空间位置密切相关的非上述时段的不可移动文物也被纳入工作的范围，此外，由于各区段河道的形成或存废情况不一，所以也并非能以整齐划一的时限加以框定，因此，同空间范围类似，调查对象的时间范畴也会存在着一些模糊因素。根据历史的真实情况，课题大体将自汉末至民国的千余年的时间段，作为考察京杭大运河天津段历史文化遗产的时间范围。但对于那些在金元之前的遗存，调查登录时会更谨慎、严格一些。

4. 基本收获

作为滨海的城市，天津东部的大部分区域成陆较晚，上古历史遗存相对稀少，考古遗存多数在战国汉代之后，随着辽金以北京为重镇的经营，对天津的开发也逐渐加强，所以这一阶段的遗存也相对多了起来。元明清三代定都北京，天津成为京都通海和南下的要津,地位更为显要,历史遗存的密度、规模和价值都有较大幅度提高。近代开埠,天津成为帝国列强分割的禁脔、租界、通商,域外风格建筑鳞次栉比。洋务运动,天津开风气之先,官营商办,诞生了近代民族工业,也形成了众多的工业遗产。这些大体体现了天津历史文化遗产的特色和价值。

按照本次调查的结果分析,天津作为京杭大运河最重要的节点之一,历史文化遗产的保存基本体现出天津自成陆到繁华的历史过程以及运河存废或变迁的影响,登录的历史文化遗产也多能表现地域历史和文化的基本面。

通过本次调查确认京杭大运河天津段现存不可移动文物 79 处,涉及天津的 8 个区、县,其中,地下文物 43 处,地面文物 36 处。分布在北运河段文物 34 处,南运河段文物 45 处,具体不可移动文物的区域分布及分类详见表 9-6。

表 9-6　运河天津段不可移动文物分类统计

区县	数量							备注
	古遗址	古墓葬	古建筑	石刻	近现代	其他	合计	
武清	21	2	1	7	31			
北辰		2		2				
红桥		2	5	7				
南开		1	1	2				
河北		1	3	4				
河东	1			1				
西青		2	5		7			
静海	9	3	2	7	3	1	25	
合计	31	5	15	8	11	8	79	

调查确认的 79 处不可移动文物,属于以往发现、本次调查仍存在的有 70 处,其他 9 处为本次调查新增文物。由于本次工作和第三次全国文物普查重迭,按照国家规定的工作程序,一些新增数据还需经统一审核认定后才能发布,所以新增不可移动文物点远不止如此。

8 个涉及京杭大运河不可移动文物区县中,除河东区不属于京杭大运河干道直接流经区域外,其他区县都有京杭大运河干道经流。而河东区天妃宫遗址被纳入本次调查的范围则出于该遗址的确和大运河以及漕运存在着密不可分的关系。

对运河河道的调查主要着眼于重要节点和相关历史记载明确的地段。在天津段主要以三角坝、河西务、三岔口和九宣闸等区段的河道作为调查的对象。具体调查内容参见表 9-7。

5. 分析评估

据以第二次全国文物普查为基础的《中国文物地图集 · 天津分册》中"运河文物专题图"的统计,截至 2002 年,文物机构登录的京杭大运河天津段相关不可移动文物共计 85 处,其中,地下文物 39 处,地面文物 46 处。文物地图集收录的 85 处不可移动文物按照本次调查的分类统计结果如表 9-8。

表 9-7　天津段运河典型河道调查

河道	地段	所属县区	河道宽度/米	堤岸类型	现状	备注
北运河	三角坝	武清	80～100	土堤	干涸	堤岸残损
	河西务	武清	70～80	土堤	干涸	
	城区	武清	75	砌石护坡	拦蓄水	水质差
	屈家店	北辰	50	土堤	泄洪存水	水质差
	三岔口	河北、红桥	150	砌石护坡	拦蓄水	水质略好
南运河	三元村	红桥、南开	60～70	水泥护坡	拦蓄水	水质略好
	杨柳青	西青	50～60	水泥护坡	拦蓄水	水质较差
	九宣闸	静海	50	土堤 堤顶为路面	基本干涸	

表 9-8　天津文物地图集收录运河文物情况

区县	数量							备注
	古遗址	古墓葬	古建筑	石刻	近现代	其他	合计	
武清	11	2	2	3		24		
北辰	1	2	1	4				
红桥		1	5	10	16			
南开		1			1			
河北	1	2	1	5	9			
西青	3	5	3	3		14		
静海	5	4	8	1	18			
合计	20	12	10	20	6	17	85	

通过表 9-5 和表 9-7 的对比分析，不难看出近年来天津段运河文物所面临的处境和遭受的损失。从结果看出，在第二次普查到本次调查的十余年间，京杭大运河天津段不可移动文物由原登录的 85 处减少为 79 处，而现存的 79 处文物中含本次调查新发现或新确认的 8 处文物，所以实际消失文物达 14 处。从文物损失的情况分析，城市建成区运河文物消失的比例大于城郊区、县，地下文物保存好于地面文物。

调查确认的 31 处古遗址基本都属于分布在京杭大运河沿线两岸的遗址，年代一般仅限定在金、元之后，而其他一些时代略早的遗存由于难以了解与京杭大运河的联系，所以未作收录。31 处遗址中既有城址也有仓储址，当然更多的还是普通聚落址。

收录的古墓葬仅有 5 处，年代分别属于宋金和明清，作为调查、登记对象主要是由于它们和运河地理位置的关系。其中宋金墓葬以往曾有遗物出土，而明清墓则多保留有地面遗迹或铭刻。

属于古建筑类别的文物共有 15 处，以寺庙建筑为多，既有天后宫，也有佛教寺、庵，而清真寺所占比例也不在少数。其他建筑以运河沿线的富商豪绅的宅院为主。

石刻类文物基本是散布在运河两岸或与运河事物相关的碑刻。涉及内容比较庞杂，而年代一般并不久远。

沉船是运河文物中独具特色的一类。被归并在“其他”类别中的文物，基本是运河干支流发现的沉船，年代自宋迄清，多是在河道清淤或改造等工程中发现的，一般都出土有瓷器等遗物。

作为运河文物的实体，相关水工设施应是最重要的组成。根据调查，城区段河道堤岸尽管已基本由砌石或水泥硬化，但多数地段仍基本保持着原有的规模，所以仍有保护和利用的价值。分布在乡村的河道虽然多已干涸淤积或成为泄洪排污的沟渠，但对于堤岸却较少改变，在经过治理后可以发挥应有的作用。在不同现状的河道中，三岔口河段历史价值最高，此外西青杨柳青段、九宣闸段、武清筐儿港段等也都具有较高的历史价值和现实意义。

由于现代工程建设改造，天津运河段所保留原貌或完整历史信息的闸，已很少见。清光绪六年建成的九宣闸，是李鸿章以北洋马厂驻军开凿马厂减河时设置的大石闸，现基础和闸墩仍基本保持原貌，是南运河天津段最重要的水工设施之一。始建于 1919 年的耳闸是天津目前保留下来较早的近代水利工程设施，虽然其设备已基本为现代制作，但仍具有一定的保护价值。

桥梁是京杭大运河天津段较具特色的文化遗产，由于天津是中国近代化跨入进程较早的城市，所以在天津地区海河、运河上所建的桥梁也基本是近代钢铁结构的作品。目前在运河相关区段保存尚好的，仅存有金钢桥。

作为京畿要镇、河海码头的天津，明清两代形成了一系列会馆建筑，保存至今尚比较完整的是南开区的广东会馆。

近现代重要史迹和代表性建筑类文物，由于收录的标准较严，所以显得数量不多，但品位和质量都较高，特别是其中那些体现抗击帝国主义侵略活动的史迹在全国范围内都具有典型性和独到的地位。清朝末年的义和团运动曾经轰轰烈烈地在北方展开，运河沿线的鲁、冀是义和团运动的重要策源地，经由运河进入京津是当年义和团的主要途径。在天津运河沿线保留着最重要的义和团运动遗存，如红灯照黄莲圣母停船场、义和团吕祖堂坛口遗址，都已成为全国重点文物保护单位，并充分确定了其历史价值。

近现代欧式风格建筑是天津城市最具特色的风貌，运河沿线保留着一些品质颇高的近现代建筑，如望海楼教堂等。

6. 问题与建议

第一，从本次调查的情况反映，京杭大运河天津段不可移动历史文化遗产保护的形势不容乐观。对比《天津文物地图集》和本次调查的情况，不难发现在近年间运河历史文化遗产消失的速率正在加快，虽然从数量上分析，消失不可移动文物的比例只在百分之十几，但消失文物的品质和价值都不容小觑，其中有些还具有唯一性或典型性。对于建筑和人口密集的城市建成区而言，一些文物建筑、构筑物的合理保存，对于维系城市根脉、加强区域文化建设、提升城市形象和满足人民群众的精神文化需要等，都具有十分积极的作用。

对此，建议予以高度重视和警惕，严格管理。

第二，京杭大运河天津段在基本丧失了运输的功能，经历了数十年以泄洪、排污为主要功能的阶段后，伴随着大规模的城市改造，建设在追求现代化的同时，也对运河历史文化遗产产生了极大的危险。近年来对运河文物关注度的提高和城镇发展的需要，在运河干道流经的一些区域，管理者开始注意利用运河美化景观改善群众居住环境的工作，往往采取拦蓄、净化水流的措施，同时也开展对运河河道、堤岸以及沿岸的改造建设。这些措施对于保存运河遗产、改善运河形象都具有积极的作用。但由于这些工作同时还负有提升运河沿岸开发价值，促进旧城改造的使命，所以改造工作往往容易忽视了运河本身的历史原真性，随意扩宽河道、加大建筑体量、改变原材料和工艺。结果使运河的历史信息遭到较大损失，完全改变了运河的历史原貌。

对此，建议加强对相关决策的科学论证，同时抓紧开展有关决策和专业的跨部门、跨学科研究。

9.3.4　山　东　段

1. 历史沿革

1）简史

在文献中，山东运河也称“会通河”，她由历史上的“济州河”与“会通河”两段人工水道合并而成。

元人定都大都（今北京）后，决定开凿水路以加强南北联系。早在至元十三年（1276年）正月，元朝政府就已决定开凿济州漕渠。但由于当时伯颜伐宋未回，尚不知江南运河的便利，并未马上动工，直到至元十九年十二月正式开工，次年八月完工。这段自济宁到安山的运河被称为“济州河”。

至元二十四年（1287年）三月，元朝政府为使运河直通京师，命令都水监开凿自须城（今东平）安山西南至寿张，西北过东昌，又至临清连接御河的一段运河。次年完工，称为“会通河”，至此京杭大运河全线贯通。但由于会通河常患浅塞，难以满足运输需要，因此，元朝南北漕运仍以海运为主，而会通河只起辅助作用。

可见，元朝时期只是将自安山至临清并与卫河连通的一段运河称为“会通河”，而安山至济宁并与泗水连通的一段运河有专名“济州河”。后来，“济州河”之名逐渐被人淡忘，而“会通河”之名却日益显赫，以至到了明代，原来“济州河”段运河尽归“会通河”名下。于是，“会通河”的范围就是指临清至济宁南60里的鲁桥这一段运河。

在明代277年中，尤其是在明代前期，会通河段航道改变、水源调整、修筑湖泊水柜、借黄行运、引黄济运、修防御黄等一系列工程日不暇给，而添闸辟源、维修管理则终明一朝未曾停过。明初会通河未淤积之时，自南而北的漕运除经会通河外，还可自淮安向东由淮河入海，走海道，或沿淮河西行，经颍河、沙河至开封西侧过黄河，再经一段陆运转入卫河，此举就是所谓的“陆海（水）兼运”。但自卫河转运，“由江淮达阳武，发山西、河南丁夫陆挽百七十里入卫河，历八递运所，民苦其劳”。

有鉴于此，永乐初年便有请开此段运河者，九年济宁州同知潘叔正建议：会通河道450余里，淤塞三分之一，开通后非唯山东之民免陆路转运之劳，亦国家永久之利。同年二月动工，六月完成重开会通河之举。明代重修后的会通河位置与元代会通河稍异。明代重开后的会通河以汶、泗两水为水源补充，二水汇于济宁，在天井闸（即会源闸）分流南北，南流通淮，北流就是会通河。北流入南旺湖，过开河闸，至袁口闸处新开河道自安山之西东移20 里，绵延50 里后至寿张县的沙湾接旧河，于是明代新开河道袁口闸至寿张沙湾以西约20 里处便出现了一段元代运河的故道。

清朝咸丰五年（1855 年），黄河铜瓦厢处决口，黄河穿运河处由苏北清口移至山东张秋之南，汶水也随黄河东下。运河之废实起于此时，而首废之处便为临清至张秋段运河。同治四年，曾经打算重修运河，但由于穿黄乏法、治黄无术，加之山东张秋至临清间水源缺乏（汶水亦随黄河东去），此举并未成功。治运必先治黄，治黄既然无术，那么运河废弃的命运便在劫难逃了。

自此以后，会通河段虽有闸坝废兴、机构增减之变，但都属细枝末节，其走向、规模大势未变。我们今天所说的山东运河到此便基本定型。

2）分水枢纽的设置及变迁

历史上，山东运河曾经先后设置过金口堰、堽城坝、济宁枢纽、临清枢纽、南旺枢纽（戴村坝、南旺分水口）等重要的分水枢纽。其变迁深刻反映了山东运河的特点及古代高超的筑河技术，现分述如下。

金口闸堰

金口闸堰为泗水济运的枢纽。此坝在兖州城东五里的泗沂二水故道内。隋朝薛胄积石筑堰，往西引水便为丰兖渠；元朝至元年间，建滚水石坝，坝北河西岸建有金水闸引水，往西穿兖州城为府河，再西至济宁入运河，闸名黑风口；明初，元代滚水石坝坍塌，改筑临时土坝，时常维修，正统十四年（1449 年）正月才开始对金口堰进行大修工程，重新改为石坝。建石坝后，夏秋多水则开闸泄水，南泄之水汇沂水经港里闸入师庄闸河；冬春少水则关闭泄水闸，将水约束至黑风口出济宁。后来，金口坝后淤土堆积，堰身变低，水小则不能分入闸门，为分水至闸门则每年春天于坝上培土，水涨则将其冲毁，来春重筑。万历二十五年，大雨将金口堰彻底冲垮，总河杨一魁拨款重修，当年十月滋阳主簿徐时泰主持此项工程，以粘米汁、石灰并加铁锭砌石，次年四月此功始毕。

堽城坝

元朝之时，于堽城段汶水建堽城坝以分汶水入洸河，于洸河下游汇合泗水入济宁，再分流至南北运河。明永乐九年重开会通河，仍修复堰闸引水到济宁分水，为主要的引汶枢纽。成化九年（1473 年），工部员外郎张盛改修坝闸，新坝移至旧坝西南8 里的青川驿。新坝为永久性石坝，设有7 个泄水孔，以木板闸启闭来调节过水量。引水入洸的分水闸在坝东分两孔，闸南开新河9 里接洸河旧道。当时此处仍为主要的引水枢纽。

堽城石坝建成30 年（1503 年）后，山东巡抚徐源受元代马之贞的影响，认为水大时土堰不至于壅沙入洸河，可自动冲垮堰坝西向流走；石坝则难以冲垮，逆水横流，冲毁民田，淤积洸河，故请求拆毁石坝，恢复土坝。次年工部侍郎李遂、山东巡抚徐源等实地勘查后则认为，堽城石坝拦沙可减少南旺湖淤积，拦水可减缓冲击戴村坝体，不能拆毁而要修补坝体，近坝挑沙。此外，他们又看到了堽城坝引汶入洸只便于接济济宁以南运河，而以北因南旺地势颇高接济不及的弊端，于是决定由南旺分水，以期接济两端（所谓“七分朝天子，三分下江南”）。这次勘查及其结论，总结了堽城、戴村两坝及天井、南旺两分水口的作用，为兼济运河两端，堽城坝由主要枢纽降为辅助设施。

济宁枢纽

济宁于金代建城，元朝时在此设置济宁路，并于南门外建会源闸，汶、泗之水皆于此汇合济运，济宁遂成运河南北分水枢纽。明朝初年，济宁撤路设州，改会源闸为天井闸，重开会通河后此处一直到明朝中叶都为分水枢纽。如上所述，随着治运专家对地形地貌、运河分流规律认识的加深，精力开始向南旺倾斜，随着南旺分水口的日益完善，天井闸最终不免堽城坝的命运——被南旺分水口取代。此后，济宁遂仍为运河港口，但在运河工程上已经失掉了举足轻重的地位。

临清枢纽

临清为卫河与会通河的连接处，原为县，景泰年间建一周长9里有余的砖城，弘治年间升为州，嘉靖年间建周长20里的土城，跨越卫河和会通河，作为临清的商业区使用。汶水自东南来通卫河，转弯处有鳌头矶（又名观音嘴）。元朝时于鳌头矶北、砖城以西建会通闸，于其东建临清闸。然而，这段河道颇为陡峭，不便航行。永乐九年重修两闸，六年后，陈瑄自鳌头矶南折开渠再接卫河，增设“新开上闸”、“南板闸”，此道平缓，便于航行。于是，南道兴，北道废。

南旺枢纽（戴村坝、南旺分水口）

南旺分水枢纽是京杭大运河上一重要的系统工程，其地形选择、水源蓄泄、运黄关系、管理机制，无论从哪个方面来说皆可谓运河的缩影，都在相当程度上代表了运河的复杂程度和重要地位。

戴村坝和南旺分水口是南旺分水枢纽的有机组成部分，两者相互配合，共同完成济运任务。戴村坝引汶，现在能看到的最早的文献记载是《漕河图志》，距离永乐开凿此河也有85年了。《漕河图志》记载，“本朝永乐九年，既修辅国（毕辅国）旧坝（堽城坝），复于东平戴村汶河入海之处筑坝，以备涨溢，而汶之水由是尽入漕渠矣！”。又说，用汶上白英老人计策，于“东平州东六十里戴村旧汶河口筑坝，遏汶河西南流，由黑马沟至汶上县鹅河口入漕河，南北分流，遂通舟楫”。这说明堽城坝仍承担分汶水入洸河任务时，有水仍然涨出西流，为了收拢涨水，始于戴村筑坝（既诸泉汇入汶水之坎河口下游，坎河口又扮演了汶河戴村坝上游不远处溢洪道的角色）截水通过小汶河（即南旺分水河道）“尽入漕渠”。其实，戴村坝截断汶水，并通过小汶河使之尽入漕渠的只是主流，而坎河口溢洪之水、坎河口诸泉水在坎河口坝（亦起到戴村减水坝的作用）的约束下却是继续西流而为沙河（又称大清河、汶水故道、盐河）。到了清代，坎河口坝延伸加长，逐渐与戴村坝合拢，此后坎河口坝之名渐为戴村坝取代。

由上可知，南旺分水口地位的突出，与两事件紧密相关：①堽城坝功能的改变，即由重要的引汶入洸的分水枢纽变为拦沙过水，缓解冲击的辅助设施；②戴村坝的修建，以及对其引汶入南旺漕渠的决定。然而，南旺分水口初期并无任何控制，各种设施还不甚完善。例如万历年间的万恭及清朝康熙年间张伯行均指出戴村坝及分水口是未完成的工程，这是因为宋礼主办此事之际，会通河仍以堽城枢纽和济宁天井闸分水为主，而南旺只起到辅助作用。宋礼开分水口70年后(即成化十七年),管河右通政杨恭始建南旺南北闸,南闸称柳林闸,又称南旺上闸,在分水口南5里;北闸称十里闸,又称南旺下闸,在口北五里。南旺分水口的南北分水量相传是南流3/10,北流7/10,即所谓"七分朝天子,三分下江南"。而对于这种不靠闸门控制而自行流成这种比例的真实性及其原理,明清之人多有猜测,但至今不明。但有一点是清楚的,那就是南旺分水口凭借其在运河的"水脊"位置,逐渐取代了济宁分水枢纽、堽城坝分水枢纽,而成为会通河段最为重要的分水枢纽,承担了引汶济运的主要任务。

3) 水柜建设、闸坝设置

水柜建设

水柜建设对南旺段运河的正常运行意义非同寻常,尤其是到了后期,"南旺运道全赖水柜维持"①。据明朝人记载②,元代即以南旺湖为水柜蓄泄。明代嘉靖三十八年总河副都史王廷说,自宋礼、陈瑄起,就建议设水柜以济漕运,以汶上的南旺湖、东平的安山湖、济宁的马场湖、沛县的昭阳湖为四大水柜,并奏请禁止垦殖安山、南旺一带水柜。其中,会通河的水柜,又以南旺湖最为重要。南旺湖有广、狭两义:广义的南旺湖,泛指南旺周围相互连通的一片水域;狭义的南旺湖,则具体包括南旺湖(也叫东湖)、马踏湖、蜀山湖等,各湖并无阻隔。而安山湖即古梁山泊的余存,在东平州西南15里。正统三年(1438年)知州傅霖于湖口建闸蓄水。元代时,运河河道途径安山湖西岸,洪武二十四年黄河决阳武黑洋山,北流冲断运河,安山湖淤积。永乐九年,重开会通河后,运河改道安山湖东岸。此湖四面筑堤,正如于慎行《万历兖州府志》卷十九《水渠志》记载的那样,"正统三年知州傅霖置减水坝于河岸。规其中三十八里,四面筑堤。水涨则泄漕水入湖,水涸则出湖水入漕,谓之水柜。"而据明代中叶刘天和《问水集》载,安山湖"萦回百余里而不详其界"。弘治十三年派人勘查四界:东至马家湖、西至旧东河,南至安山,北至运河……湖广15里,周围共80余里。

明代后期,虽然修缮甚勤,然而会通河诸水柜也逐渐毁坏。总体来说湖面逐渐缩小,如安山湖几近淤积垦殖,到了嘉靖年间能做水柜的面积仅是10余里了。到了清代,修缮水柜的工作也一直没有停止。雍正元年,齐苏勒等清查山东蓄水济运诸湖,结论是"山东湖泊可以蓄水济运者,汶上有南旺、马踏、蜀山,东平有安山,济宁有马场,鱼台有南阳、昭阳、独山等,滕峄有微山、郗山等。随时吞吐济运,称为水柜",但是,"昭阳湖因昔年黄河水淤积有肥土,尽为豪富占种。安山、南旺等湖原有堤界,近因居民私种开垦与昭阳相同,湖干水少,一望禾黍。近只俟湖水消落,就其未经耕占者,严加丈量,树立封界,永禁侵占。将湖之水收蓄济运。至马踏、蜀山、马场、南阳诸湖,原设斗门闸座,需加土坝收蓄。"后来,南旺由于年久淤积,还发生过分水无效,大多南流的事情,对此治运专家也提出了一系列建议和措施。

---

① 姚汉源,京杭运河史,中国水利水电出版社,1998年

② 《行水金鉴》卷一一零引《明实录》成化三年九月,户部上奏

闸坝设置

由于运河正常运营的需要，会通河上设置配备了许多闸坝等附属设施。据姚汉源先生统计，单会通河干道上就先后设有制水闸34座、减水闸28座、外减水斗10座、积水及进水闸12座、月河闸3座、减水坝5座、拦水坝5座（包括戴村坝）等①，是名副其实的“闸河”。

2. 工作情况

1）调查过程

2007年5月，在借鉴全国第三次文物普查和相关行业标准的基础上，中国文化遗产研究院运河项目组制定完成了《京杭大运河现状调查与信息采集工作导则》、《京杭大运河现状调查名称使用规范》、《京杭大运河现状调查与空间数据采集规范》、《京杭大运河不可移动文物调查登记表》、《京杭大运河河道本体及周边环境调查登记表》等五份标准、规范、表格文本，用于指导京杭大运河的现状调查和数据采集工作。

2007年8月，山东省文化厅、文物局在济南召开了运河沿线德州、聊城、济宁、枣庄、泰安等地市文物部门参加的工作会。此后，山东省文物考古研究所组织德州、聊城、济宁、枣庄等地市的业务人员对京杭大运河山东段的运河遗产进行详细的摸底调查工作。

2）调查特点

此次调查是在京杭大运河被整体公布为全国重点文物保护单位并列入《世界文化遗产预备清单》的情况下，在国家科技支撑计划课题《空间信息技术在大遗址保护中的应用研究（以京杭大运河为例）》框架内进行的，其主要目标是系统地摸清运河沿线不可移动文物及河道本体的现状，更重要的是归纳总结京杭大运河保护的现存问题，从而进一步探讨如何发挥以GPS、GIS、RS为代表的空间信息技术在大遗址保护工作中的作用的应用研究性课题。

因此，此次调查不但注意对不可移动文物的调查摸底，同时注重对运河河道本体及水工设施的调查摸底；不但注重发现新的文物点，更加注重发现、归纳、提炼京杭大运河现存的问题；不但利用传统的地面调查，还利用航片、卫片等遥感影像辅助调查，这是此次调查工作的重点，也是特点。

3. 基本收获

目前，经过调查的不可移动文物共有229处，其中德州17处，聊城102处，济宁42处，枣庄22处，泰安38处。

1）不可移动文物的分类统计

根据上述的《京杭大运河不可移动文物调查登记表》中的分类，沿运不可移动文物可

---

① 姚汉源，京杭运河史，水利水电出版社，1998年

分功能相关和史地相关两类。经统计，山东运河不可移动文物中功能相关者52处，史地相关者177处，两类遗产分别占23%和77%（图9-2）。

如果在“功能相关”和“史地相关”遗存分类的基础上，观察其具体遗产类别的组成，则有古建筑64处，古遗址45处，古墓葬39处，近现代重要史迹及建筑8处，石刻23处，航运工程27处，交通工程10处，漕运设施8处，水源调节2处，其构成比例如图9-3所示。

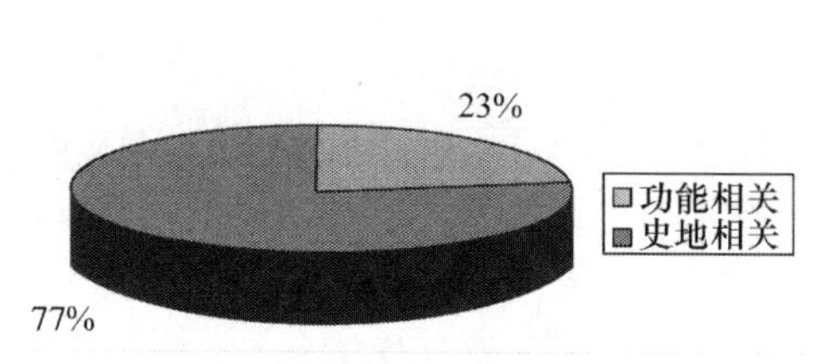

图9-2　山东段运河不可移动文物分类统计图

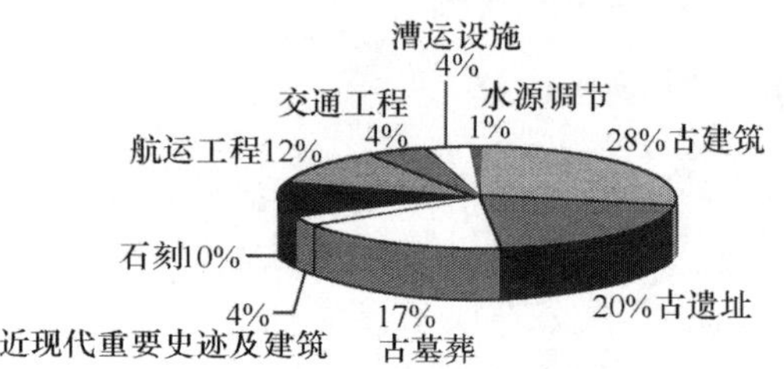

图9-3　山东段运河遗产类别比较图

2）不可移动文物的分类描述

京杭大运河山东段目前仅存50余处“功能相关”不可移动文物地点，它们分别为：德州码头、临清鳌头矶、临清运河戴湾闸、临清运河二闸、临清运河问津桥、临清运河会通桥、临清运河月径桥、临清魏湾钞关、临清运河钞关、辛闸、李海务闸、土闸、梁乡闸、周家店船闸、运河大码头、运河小码头、东昌湖、张秋上闸、张秋下闸、金堤闸、张秋水门桥、阿城闸、阿城刘楼闸、七级码头、七级上闸、七级北大桥、永济桥、清水石桥、东平湖、靳口古闸、袁口古闸、寺前铺闸、十里闸、柳林闸、南旺湖、马踏湖、蜀山湖、太和桥、夏桥、大石桥、会通桥、天井闸、金口坝、戴村坝、漕井桥、火头湾通济闸、仲浅闸、师庄闸、枣林闸、南阳闸、建闸、通惠闸和台儿庄运河古码头。各市具体分布文物点情况如表9-9所示。

表9-9　各市与功能相关不可移动文物点分布统计表

分类 城市	航道建筑		水源调节		漕运设施		交通工程	合计/处
	闸	坝	水柜	堤坝	钞关	码头	桥梁	
德州			1	1				
聊城	13	1	2	3	5	24		
泰安		1	1		2	4		
济宁	13	1	3		5	22		
枣庄			1	1				
合计	26	1	5	1	2	5	12	52

在山东省境内，从各市分布的情况来看，京杭运河主干道上分布有关河道闸26处，集中分布在聊城和济宁两市；有关桥梁12处，集中分布在聊城、济宁和泰安三市；漕运码头5处，分布在德州、聊城和枣庄三市；水柜5个，分布在济宁、聊城和泰安三市，其中以

济宁的南旺分水枢纽处最为集中;与航道相关、水源调节相关的坝各 1 处,分布在泰安、济宁两市。

4. 分析评估

经过调查,京杭大运河山东段的运河河道基本可以归纳为四种类型:

类型一　景观河道。德州、聊城、济宁、临清、台儿庄等城市区段由城市建设部门修整绿化,辟为城市景观河道和市民休闲场所。此种类型的河道一方面水质污染严重,另一方面房地产沿景观河道两岸开发,破坏了京杭大运河的原真性和完整性。

类型二　通航河道。济宁以南的京杭大运河河道每年都承担了大量的运输任务,如韩庄运河,两岸多位农田、码头,水质尚可,保存较好。但为提高其运力,航运部门对原京杭运河的河道进行了较多的裁弯取直、河道拓宽工程。

类型三　掩埋废弃河道。济宁以北的京杭大运河,由于水源缺乏河道断流,许多河段被填为平地建设房屋或种植农作物;有些河段成为污水坑、垃圾场;有些河段承包给村民建窑烧砖、取土,面目全非。

类型四　文物密集重点河段。京杭大运河德州城区段、聊城段、济宁段、南旺分水枢纽工程和龙王庙建筑群段等,文物密集,代表性强。此种类型的河段跟前三种河段又有所重合。其中像南旺分水工程和龙王庙建筑群段等虽已废弃但属于关键点位,单纯的地面踏查难以满足需要,需要进行较多的考古系统调查和发掘研究工作。

京杭大运河山东段的重要价值在于:

(1) 文化遗产保存类型全面、代表性强。无论是正在通航的,还是已经缺水断流废弃的;无论是与京杭大运河功能相关者,还是与京杭大运河史地相关者;无论是运河文化遗产所面临的人为因素还是自然因素的影响,都一应俱全,颇具代表性。

(2) 京杭大运河山东段历史上称为“闸河”,是京杭大运河南北畅通四百年的关键。山东段运河处于京杭大运河的中段,涉及 5 个市、17 个县区。经过调查运河在山东段内全长 570 余公里,约占京杭运河总长度的三分之一。在历史上,先后有济宁会源闸、临清枢纽、堽城坝分水枢纽、金口坝枢纽等多个关键点位,而后来演变到南旺——这一京杭大运河的水脊位置作为南北分水的关键点位,这在京杭运河的发展史上具有举足轻重的地位。

5. 问题与建议

1) 面临的问题

京杭大运河河道面临的问题主要是: ①水源缺乏河道断流(尤其是济宁以北)、不当改造使河道的原真性受到威胁(主要是城区景观河道)、水质污染使环境恶化严重(基本属于有水必污染,重点如城区景观运河、排污河等)、房地产开发影响景观、填平废弃等;②管理权限归属紊乱,政出多门;③京杭大运河山东段运河河道与南水北调线路的关系较为复杂;④将大运河河道整体作为一项重要的文化遗产的认识不足,尚未引起重视。

从遗产构成来看。通过对调查资料的初步分析可见,京杭大运河山东段运河遗产中功能相关者占 23% ,接近总数的四分之一。这是文化遗产保护理念更新和进步的结果,也是此次调查的重要突破。桥涵闸坝等重要的水工设施作为维持京杭大运河正常运行的必要条件,是京杭大运河的正常运行的体系核心所在,也是作为珍贵遗产的京杭大运河的价值核心所依。然而,在过去相当长的时期内,尤其是在改革开放以来我国高速发展的三十年间,没有受到重视,而对其中一部分的破坏几乎是毁灭性的。

从保护级别来看。在京杭大运河山东段的229处不可移动文物中,全国重点文物保护单位25处,省级重点文物保护单位27处,市级文物保护单位45处,县级文物保护单位59处,未定级别者73处,达到31% 。目前,在中国的文化遗产保护领域,不同的保护级别意味着不同的保护力度和保护投入。因此,运河遗产的极端重要性,与保护级别的低下不可避免的出现冲突。虽然,2006年国务院将京杭大运河整体公布为全国重点文物保护单位,但由于京杭大运河的遗产构成分辨得不够清晰,在沿运的各省市、各方面的理解并不统一,这在很大程度上制约和影响了科学合理的保护措施的决策和实施。

从管理现状来看。在京杭大运河不可移动文物的管理方面,普遍存在政出多门的现象。在运河沿线与运河功能相关的桥梁、闸、坝、码头等的不可移动文物中,仍然维持原有功能者多归属于水利、航运部门;已经失去原有功能而濒临现存水道者(包括行洪通道)文物部门虽参与部分管理,但缺乏权威,一旦其他需要即被改造,甚至拆除;只有彻底跟现存河道脱离关系者,文物部门才拥有比较完整的管理权限,但遗产所依存的原来的环境已完全改变。在运河沿线的与运河史地相关的遗址、墓葬、石刻等不可移动文物,其管理权限虽归属文物部门,但在具体的管理中,保护级别较低者甚至连"四有"工作都没有开展,更不要说"加强管理、合理利用"了;保护级别较高者管理状况较好,也仍缺乏专门的管理规划的编制和落实,尤其缺乏基于整体保护的管理措施的出台和落实。

从保存状况来看。运河沿线不可移动文物(尤其是功能相关者)所赖以生存的环境已经遭到了较大的改变,遗产的原真性受到了较大的改变;而种种保护性破坏、建设性破坏又常常将其本体作了较大的改变,周边环境也被割裂的支离破碎。

水源缺乏、河道断流,年久失修、盲目开发,环境污染、容貌失真是运河沿线不可移动文物普遍存在的三个问题,而其深层次的原因则是社会整体文化遗产保护意识的低下。

2)相关建议

第一,继续加强运河文化遗产的科研工作。加强运河资源的调查和摸底力度,根据需要增加系统的考古调查和发掘的比重,更加注重对运河文化遗产分布状况、分布特点的调查研究,力争使得运河文化遗产的保护工作建立在坚实的科研基础之上,做到有的放矢,事半功倍。总之,加强多学科、多层次的研究工作,无论对于运河文化遗产的保护还是加强京杭大运河申报世界文化遗产都是十分重要的。

第二,加快大运河的立法和规划编制工作。运河涉及到众多的历史文化名城、不同级别的文物保护单位,沿线群众的生产生活和遗产环境的状况十分复杂,因此加强和加快国家层面的专项立法工作十分必要也十分紧迫,是有效保护京杭大运河文化遗产真实性和完整性的根本要求。

第三,申请世界遗产要与文物保护工作相结合。要把积极申报世界文化遗产的过程变成为加强京杭大运河文化遗产保护的过程。当前主要的任务应该是继续做好京杭大运河文化遗产现状的调查和认定工作。同时建议设立专门经费,启动以重点文物为中心的区域性文化遗产保护工作。

第四,运河文化遗产保护要切实纳入到当地经济与社会发展规划中去。要正确处理基本建设中运河文化遗产保护的实际问题。首先应该大量整治环境,解决脏乱臭的问题,妥善解决村民烧砖取土盖房等实际问题;其次在南水北调东线工程中,要具体考虑南水北调与京杭大运河的关系,同时希望国家有关部门能够在南水北调工程中切实考虑运河文化遗产的保护,尊重历史,努力增加其文化含量,延续京杭大运河的历史文脉。

第五,努力协调并理顺运河文化遗产的管理权属问题。京杭大运河作为一类特殊的遗产类型,其管理必然不同于一般意义上的文物保护单位。因此需要通过组织专门的管理部门,或下达统一的囊括各个部门专业视角的法律法规,在统一的标准下采取措施,从而做到既能延续京杭大运河的既有功能,又可以延续历史,切实的保护好京杭大运河这一人类共同的珍贵遗产。

9.3.5 江　苏　段

1. 历史沿革

江苏省大运河的开凿肇始于春秋时期,至隋代成为南北大运河的一段,以后历代又进一步开凿和疏浚,成为南北水上交通要道,至今仍在通航。

吴王夫差十年(公元前486年),在扬州开凿邗沟,沟通江淮两大流域。东汉、东晋均有疏浚。隋大业六年(公元610年),隋炀帝“敕穿江南河,自京口至余杭800余里,广十余丈,使可通龙舟”。为了便于漕运,唐开元二十二年开伊娄河,自扬子桥直通瓜州渡口,不再走仪征入江,缩短南北航程。宋代重点治理楚扬运河(即邗沟)。南宋绍熙五年(公元1194年)至清咸丰五年(公元1855年)黄河夺淮,洪泽湖、高宝湖、骆马湖、南四湖等形成。①

江苏江淮间的运河西汉时称渠水②,汉代已经成为东南地区的重要运道③,《水经》称中渎水。大致走势为自今扬州南引江水北流,过扬州,更北过广武湖和陆阳湖之间,再北穿过樊梁湖转向东北,通博支、射阳二湖,过湖转西北出夹邪至淮安北的末口入淮河④。

东晋南北朝,南北裂土分疆,军事征战频繁,江淮间运河与巢肥通道⑤同样有效。此时,邗沟渠化堰堤出现。一直到了隋代开山阳渎、通济渠,才形成由汴入淮,由淮入渎的局面。经过进一步的改造、疏通,唐代已成南北通途,在维护国家统一、南北经济文化往来方面发挥了重要的作用。

江淮间运河,在五代时不是很重要,而北宋时,漕粮自江淮至汴京最多每年至800万

① 参考《中国文物地图集·江苏分册》

② 《汉书·地理志》“渠水首受江。北至射阳入湖。”后人皆指为江水通射湖,湖水可通淮

③ 《通典》“孝文时贾谊上疏曰:天子都长安而以淮南东道为奉地”

④ 姚汉源,京杭运河史,中国水利水电出版社,1998年

⑤ 主要即为现在的连接巢湖与长江的峪溪河一线

石，少也不下600万石，成为当时最主要的河道，修治最勤。修治的重点在解决淮阴至泗州经过一段淮河所带来的风险问题。这一时期，可以说从工程到运输管理都是鼎盛时期。南宋由于金人多次南侵，这段运河骤然衰落，但是仍然比较重要。①

明清期间对南北大运河淮北段进行改道工程，先后开挖了南阳新河、泇河和中运河，使运河与黄河分离。经过明清两代的疏浚，大运河苏北段由里运河、中运河和不牢河三段组成。明代成化十四年，从淮阴杨庄至瓜州，筑新堤于高邮、绍伯、宝应、白马湖老堤之东，基本形成里运河。清康熙二十年及二十五年，先后开凿中运河，使黄运彻底分开，奠定了中运河的基础。明清时期水工增益之频繁，耗费库银之高昂前所未有。其面临的主要问题为如何处理好黄河与运河的关系，例如"避黄行运"、"借黄行运"等，可以南阳新河、泇河和中运河的开通以及淮安清口-码头镇一带闸坝兴废为典型代表。这种状况一直持续到咸丰五年黄河北徙才有所稍减。

2. 工作情况

（1）调查过程。2007年8月，结合第三次文物普查及以往的工作基础，南京博物院组织业务人员对京杭大运河江苏段的运河遗产展开较为详细的摸底调查工作。

（2）调查特点。此次调查注重对运河河道本体及水工设施的调查摸底，注重发现、归纳和提炼京杭大运河现存的问题。除利用传统的地面调查方法外，还探索利用多学科合作的方式开展运河田野调查方法（如淮安码头镇的调查）。

3. 现状概况

总体上看，大运河江苏段可分为苏北运河跟苏南运河两段。苏北段自徐州沛县大沙河口刘香庄起至扬州邗江区六圩都天庙，长475.35公里，属于长江、淮河水系；苏南段自镇江谏壁镇船闸至吴江鸭子坝，长211公里，属于长江、太湖水系。② 历史上，其名称不一，包括有不牢河、中运河、里运河和江南运河等。从河道的保存状况来看，江苏段运河的河道现在基本常年通航，具有较高的运力，在2007年年底南方发生特大雪灾的情况下，江苏所需电煤的93%都来自京杭大运河，体现了京杭大运河直到目前仍然在国计民生中扮演重要角色。与此相关，为提高运力，历史上江苏段运河多有裁弯取直、拓宽河道和开挖新河的工程出现。

不牢河段，从徐州蔺家坝经邳州大王庙汇入中运河，沿途经有蔺家坝、解台和刘山等3座船闸。

中运河段，自山东台儿庄向南经骆马湖、皂河闸，终于淮安市清江区。该段运河为发源于山东的泗水下游故道，后为黄河所夺，又为南北漕运所经，成为大运河的一部分。

里运河段，指淮安的清江大闸至扬州（瓜州入长江）段运河，又称淮扬运河，元明清各代对该段运河屡有疏浚沟通。纵观京杭大运河全段，该段运河连接黄河、长江，地位十分重要。

---

① 姚汉源，京杭运河史，中国水利水电出版社，1998年

② 参考《中国文物地图集·江苏分册》

江南运河段，北起镇江市长江谏壁闸，南至杭州三堡船闸，跨江苏、浙江两省，该段运河途经镇江、常州、无锡、苏州等江南重镇。从整个京杭运河看，该段运河的城市化程度最高，所处地区经济实力最强，应能够成为文物保护的先行地区。

4. 基本收获

江苏省境内的大运河全长 690 公里，约占运河总长度的三分之一，由北向南依次穿过徐州、宿迁、淮安、扬州、镇江、常州、无锡和苏州等八座城市。目前，调查登记 167 处不可移动文物。按照行政区域划分，其中，徐州段 37 处、宿迁段 28 处、淮安段 56 处、扬州段 18 处、镇江段 4 处、常州段 5 处、无锡段 2 处、苏州段 17 处。确定为各级文物保护单位的有：全国重点文物保护单位有 9 处，省级文物保护单位 10 处，市县级文物保护单位 74 处，还有省级历史文物保护区 1 处。

从所调查的文化遗产的数量上看，此次调查较全国第二次文物普查有了较大增长，《中国文物地图集 · 江苏分册》所著录的沿运河的文物点有 70 余处，此次增加近百处。一方面，此次专题性质的调查较文物普查有了更强的针对性，工作相对更为仔细系统；另一方面调查的时代背景有所不同，此次京杭大运河的调查是在文化遗产保护受到社会日益重视，文化遗产概念的内涵外延有了极大扩展以后进行的，因此，调查登录文物点的数量有了较大增长。

根据《京杭大运河不可移动文物调查登记表》中的分类，沿运不可移动文物可分功能相关和史地相关两类。经统计，江苏运河不可移动文物中功能相关者 54 处，史地相关者 113 处，两类遗产分别占 32% 和 68%，如图 9-4 所示。

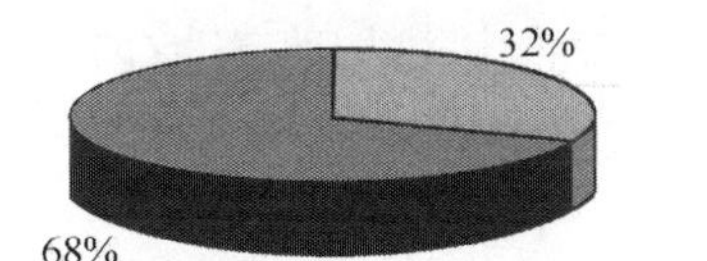

图 9-4　江苏段运河文物分类图

从地域分布上来看，江苏段运河沿线的不可移动文物点主要分布在江苏北部（徐州、宿迁一带，有 65 处）、江苏中部（淮安一带，56 处）、江苏南部（扬州、苏州一带，35 处）。由于黄运关系的复杂情势，历史上徐州、宿迁、邳州一带就受黄河、泗水等或淤、或徙、或泛滥的影响，险工、堤工等多有增益；而至少早在夏商时期，徐州贡道“浮于淮泗，达于河”即为南北交通要道，生齿日繁，经过战国、秦汉诸朝的大力经营，此地更显繁盛，其要冲地位一直到近代的淮海战役、徐蚌会战还在以不同的方式表达演绎着。作为一个区域中心，或交通要道，客观上会留下相对丰富的物质遗存。淮安位于京杭大运河的中部、大运河与古淮水的交汇处，作为京杭大运河最早的人工河段——邗沟入淮处，以及中运河的前身——古泗水入淮处……位于淮河、泗水交汇处的泗口镇和淮阴故城，与位于淮河、邗沟交汇处末口的北辰镇，各据要冲，同为南达长江、北达河济、西出中原之绾毂，三位一体，而淮阴故城居中策应，襟带两口，并西控江淮。① 此地为“九河聚首“之处，水利情势极端复杂，黄淮运关系及其微妙，为维持运河的正常运营，历史上曾先后在淮安一带及其周边修建了大量的水利水工设施，同时也留下了丰富的物质遗存。

① 荀德麟，“运河之都”的形成及其嬗替，“运河之都——淮安”全国学术研讨会论文集，中国书籍出版社，2007 年

苏州一带为典型的水乡特点,从此次调查的成果看,苏南一带的桥梁较其他地区多,这在一定程度上可以体现苏南水环、水绕、水连,成网成片的运河景观。

5. 评估及建议

(1) 在各类文化遗产中,国保、省保所占比例很小。目前,大运河的总体保护工作大多局限于沿线单个重要文物点(主要是国保单位和一些省保单位)的保护维修,将大运河作为线形文化遗产的总体保护意识不强。这样,大量的所谓保护级别较低、未定级别的文化遗产,在面临城市建设、房地产开发甚至运河河道的拓宽疏浚等工程中,极有可能受到忽视,从而造成建设性破坏。

(2) 大运河的保护涉及文物、规划、建设、水利、交通、环保等部门,多头的管理体制使沿线一些文物管理单位监控力度很小。一些地方的水工设施被改拆,毁旧建新等现象时有发生;有些运河河段成为排泄废水、倾倒垃圾的场所,环境污染严重;航道建设、城镇建设工程使不少重要的文物遗存无力、无法保护修复;当前开工的南水北调工程也涉及到大运河的保护、管理和利用。确定大运河的调查勘探与保护规划已是刻不容缓的大事。

(3) 虽然在此次调查中,与大运河功能相关的遗存有了大幅度的增加,但对于这类遗产的重视程度仍然有待提高,如何将这些看似独立单个的桥梁、闸坝、码头进行关联保护,并将其与京杭大运河江苏段运力提高的矛盾问题处理好,是十分急迫的工作。

9.3.6 浙 江 段

1. 历史沿革

浙江地处东南沿海,京杭大运河分布在浙江境内的河段主要属于江南运河的一部分,处于钱塘江流域与太湖流域之间,属亚热带湿润和暖温带半湿润季风气候区,湿热多雨,这一大的区域自古就是河道纵横、湖泊罗列地区,所谓"三江五湖"。新石器时期至春秋战国时期,多为水网沼泽地带,杭嘉湖平原平均海拔 3 米左右,属吴越先民栖憩地,这一带习俗"以船为车,以楫为马"擅长水上航行,所以我国运河的开凿也以东南沿海的太湖平原和江淮平原为先。

浙江境内运河开凿的最早文献记载见于《越绝书》,该书记载了多条人工水道。《越绝书卷二《越绝外传记 · 吴地传》记载:"百尺渎,奏江,吴以达粮。"百尺渎又名百尺浦,位于杭州萧山东北河庄山侧,流经海宁境内盐官西南四十里许,经长安直达钱塘江边,是一条吴国国都(苏州)通钱塘江的水道。根据间接文献记载,这条水道从苏州向南,通过吴江、平望、嘉兴、崇德,南下直达钱塘江边。据考证开凿于越王允常与吴王阖闾在位期间或更早时期。公元前 496 年和公元前 494 年吴越之间进行的两次槜李之战,应该是利用两国之间这条已有的水道。百尺渎所经过的崇德,也就是今桐乡市崇福镇,有"吴根越角"之称,多处遗址有春秋战国时期大量兵器出土。由此可见至少在距今 2500 年前的吴越争霸时期,今嘉兴境内已经出现了沟通太湖流域与钱江流域的人工渠道。在上述河道西侧也有一条水道，经山阴故水道至钱塘江，借诏溪水道入太湖，直达姑苏。除上述连接吴越两国规模较大的运河以外，还有多条规模较小的人工河道，分布在杭嘉湖平原与浙东水网地带，形成四通八达的水运网络。其一是从嘉兴到海宁的长水塘，该水道就是现途经嘉兴落帆亭附近的长水塘，至今乃是海宁进入杭申线的主航道；其二是嘉兴到海盐的海盐塘；其三是嘉兴到平湖的平湖塘；其四是山阴故水道，《越绝书》卷八记载：出东郭，从郡阳春亭，去县五十里，吴越争霸时，越国兵船循水路从山阴直达今天的夫椒、檇李、姑苏、广陵等地。

秦始皇开凿江南运河，《越绝书》等文献多有记载。《越绝书·吴地传》卷二记载："秦始皇造陵道，南可通陵道到由拳塞，同起马塘，堪以为陂；治陵水道到钱塘越地，通浙江"。"陵水道"是开河筑堤形成的水路并行的通道，据推测，正是该"陵水道"的开凿，使嘉兴由春秋时"檇李"改名为"由拳县"，"钱唐县"则在今杭州市灵隐山下，"通浙江"是指通现在的钱塘江。秦始皇开凿的另一条水道称为马塘，宋《新定九域志》卷五："马塘堰，《图经》云：秦始皇三十七年东游至此，改长水为由拳县，遏水为堰，既立，斩白马祭之，因名。"在多处文献中都可找到相关记载，秦代"遏水为堰"、"掘紆其地"、"截其直道"等，实际上就是运河开凿工程。通过这一系列的运河开凿工程，秦始皇终于开通了江南运河。从《史记》记载的秦始皇上会稽祭禹线路可以推测，江南运河南起钱塘江的北岸钱塘县，循今杭州上塘河往东北而上，经临平、长安、崇德、嘉兴，再折而西北，经江苏平望、吴江、苏州、望亭、无锡、常州、奔牛、吕城、丹阳、丹徒，接镇江京口与长江相通，南面过钱塘江接山阴故水道到会稽。

秦代江南运河虽然雏形已备，但还严重受自然环境制约。《史记·秦始皇本纪》"始皇东游至钱塘，临浙水，水波恶，乃西百二十里，从狭中渡"，说明就连秦始皇遇"水波恶，"也需绕道"从狭中渡"。因此，汉六朝不断在秦江南运河的基础上进行改造、扩展、延伸，以提高通行能力。其中新开运河有平望至乌镇的烂溪塘、嘉兴至嘉善的红旗塘和頔塘。頔塘为江南运河向浙西山区的延伸，西起浙江湖州南，东到江苏平望，使江南运河交道湖州，连接西苕溪，是始筑于西晋，两堤夹一河的早期水利设施。《吴兴记》云："晋太守殷康所开，旁溉田千顷。"又载"其塘西引言溪，东达平望，南望官河，北入松江。"頔塘由于与太湖以溇港相连，既可挡水防洪，又可引水排涝，还是京杭大运河的重要水源补充。

江南运河向浙东地区的延伸，是浙东运河。由于本项目设计暂未包含浙东运河的内容，所以以下不做涉及。

隋朝是我国运河建设大发展的时期，在浙江境内大规模重新疏凿了江南运河。最直接的记载见《资治通鉴》卷一八一：大业六年十二月，"敕穿江南河，自京口至余杭，八百余里，广十余丈，使可通龙舟，并置驿宫、草顿，与东巡会稽"。根据唐代李翱《来南录》和南宋陆游《入蜀记》等文献记载：当时江南运河的路径，"北起镇江京口港与长江相接，东南经丹徒、丹阳、吕城、奔牛、常州、无锡、望亭、苏州、吴江、平望、嘉兴诸城镇，折而西南，再经崇德、长安、临平、循上塘河至杭州"，直通钱塘江。可以看出，隋朝江南运河"基本因循秦始皇时代形成的江南运河，但是规模已大为改观。"（《杭州运河历史研究》）根据资治通鉴的记载，以隋制估算"广十余丈"则河宽在20米左右，"使可通龙舟"，可见有一定深度。唐代政治家、诗人白居易曾治理西湖，"修筑湖堤，加高数尺"，湖水经石涵、下湖进入上塘河，解决农田灌溉与航运争水的矛盾。唐代创设长安闸，用于调节上塘河水位，保证通航能力。武则天天授三年下诏钱塘、于潜、余杭、临安四县“租税纲运”迳取东苕溪北运，开辟了东苕溪水道。

五代吴越国天宝三年，钱镠于运河与钱塘江交汇口“置龙山、浙江两闸，以遏江潮入河”。同时开挖茅山河，连接上塘河与钱塘江。

宋代对江南运河亦有修凿。元佑四年苏东坡治理西湖，疏浚盐桥河、茅山河，在城南设闸，保持城内运河通畅。由东河、中河、小河、清湖河等构建成运河水运网。南宋淳祐七年大旱，上塘河不通，杭州府尹凿渠引东苕溪自余杭塘河入注西湖，开奉口河，漕运改走杭州西北部的奉口河、宦塘河。北宋庆历年间，重筑长堤八十里于太湖塘堤之东，“为渠，益漕运”，运河遂与太湖相隔而成河。

元代疏浚龙山河、浚治跨浦桥（今江干三郎庙）入江段运河；元至正年间，张士诚疏浚自余杭塘栖武林港至杭州北新桥、江涨桥的新运河，河广20余丈，江南运河改走北线，上塘河降为支流。隋、元运河线为平望、嘉兴、石门、崇福、长安、临平至杭州。元末，农民起义军首领张士诚将运河从崇福改道西去塘栖，再到杭州（武林门）的运河线路为东线。

明洪武年间，朱元璋下令全线疏浚镇江、常州、苏州、松江、嘉兴、湖州、杭州等地运河，修建闸坝。

清朝据《清史稿 · 河渠志》卷一二七载“京口以南，运河惟（丹）徒、（丹）阳、阳（湖）、武（进）等邑时劳疏浚，无锡而下直抵苏州，与嘉、杭之运河，固皆清流顺轨，不烦人力。”杭嘉湖地方政府也屡兴工役，疏浚改造。浙江行省多次改造运河入（钱塘）江口，“开河增闸”，“以河通窄隘，军舰高大，难于出江，拓广一十丈，浚深二尺，仍置闸限潮，舟楫出江为始便。”又因“以河高江低，改闸为坝”。康熙、雍正年间，多次兴工治理。光绪二十七年漕运停办，运河日趋衰落，但江南运河至今仍保持常年通航。

中华人民共和国成立后，对古老的大运河进行了一系列恢复和扩建工作。交通航道部门为了提高水运能力，挖修整治“烂溪塘”，1989年，前后通航行船，形成从平望到乌镇、湖州的练市，到德清的新市，再到余杭塘栖的江南运河西线。

综上述，可以说浙江段运河发轫于春秋，初成于秦，定形于隋，唐宋时期不断完善扩展，形成密集的水运、水利网络，至明清时期繁荣一时，依托运河形成密集的城镇体系，清嘉道年间开始衰落，到清光绪二十七年漕运停办，民国时以商运为主，客货兼营，新中国成立后至今仍发挥着黄金水道的作用，货运吞吐量巨大。

2. 现状概况

京杭大运河浙江段是运河原有功能仍保持较好的河段，经历了千余年的沧桑变化，至今还在社会的生产和生活中发挥着巨大作用。目前京杭运河浙江段日平均船舶流量达1200艘次，日均货运量超过15万吨，主要是矿建材料、煤炭、石油以及超长、超重物资。

尽管现代铁路、公路运输已十分发达，但水运的低成本优势，使京杭大运河在用段仍是我国最繁忙的航道之一，每逢枯水季节运河航道内等候过闸的船只首尾相接可达数十里。由于航运需要，新中国成立后对浙江段运河进行了疏浚、拓宽等改造，并根据需要新修凿了河道。目前，与原京杭运河河段同样南北走向的河道共有3条，分别被称为东线、中线和西线。其中，中线为从平望至乌镇澜溪塘，经练市、到含山塘，过新市，穿韶村漾到塘栖的这段河道；而东线则是从平望至嘉兴，经石门、崇福，到塘栖的这段千年古河道。在“九五”航道改造期间，交通部从运输功能方面考虑后，将中线定为了京杭运河，而将古河道定为杭申乙线，原西线则被定为杭申甲线。航运部门确定航线，主要着眼于航道的运输功能。而在现存的东中西3条航道中，中线的航程是最短的。

其中嘉兴段，自桐乡大麻镇至秀洲区王江泾镇，全长81.22公里，加上元代上塘运河与长安到崇福的老运河段，长度可达100多公里，占浙江省京杭大运河总长度的三分之二以上，也是浙江段运河保存情况较好的一段。

由于20世纪50年代以来京杭大运河主河道产生了较大的变化，现存的其他河道也仍然在发挥着作用，所以京杭大运河浙江段不能单纯以主河道为对象，各历史阶段的河道及设施都应作为历史文化遗产保护和研究的对象，因此本次调查的工作范围也以这一基本原则为指导。

值得一提的是，京杭运河浙江段三级航道整治项目日前已经获准开展前期工作。该项工程完工后，京杭运河浙江段将由四级航道升格成三级，航道通过能力也将从500吨级船舶提高到1000吨级船舶。京杭运河浙江段三级航道整治工程总长为122.1公里，项目总投资约95亿元。起自浙、苏两省交界处的嘉兴鸭子坝，沿京杭运河经乌镇、练市、含山、新市、韶村、塘栖，向东至博陆，并沿余杭与桐乡交界处往南新辟航道，终于杭州八堡。全线航道改造95.7公里，新建航道26.4公里，新建、改造桥梁约54座，整个工程预计在2011年竣工。这项工程，对于大运河的保护，是挑战，亦可成为机遇。

3. 工作情况

2007年2月到4月，浙江省考古研究所成立课题组，迅速与杭嘉湖三地文物主管部门联系，组织成立各市运河普查队，组织专业力量，调整工作计划，下发各种工作要求与技术标准，组织各地消化学习，进行工作前期准备与预热。2007年5月16日至2007年5月27日，浙江省考古研究所派两位专业人员参加运河全线调研工作，了解运河沿线文化遗产分布状况与保护中存在的问题。

2007年7月15日至2007年7月17日，浙江省考古研究所组织杭州、嘉兴、湖州三地的运河资源普查队在杭州举办调查培训班，并以运河河道、上塘河水闸、拱宸桥桥西历史街区为例，开展调查记录试点工作，安排进行了：①示范性的讲解运河遗产资源普查；②示范运河遗产普查登记表格的填写，各类资料的调查，评估文物价值及存在的问题；③对杭州段运河文化遗产资源进行价值分类、分级；④按全国第三次文物普查的要求进行普查资料的登记，测量相关空间坐标数据，汇总史料，进行数据库建设；⑤了解大运河保护中存在的问题。

2007年7月18日以后，杭、嘉、湖三地分组进行运河主干河道本体调查，以及两岸各500米范围以内的不可移动文物资源调查。三地文物专业人员冒着四、五十度的酷暑，行船徒步，走村串巷，拉网式排查相关文化遗产资源。

省考古所课题组专业人员深入三市调查一线，进行实地辅导，讲解调查要领和表格填写要求，示范调查方法，修改调查表。

2007 年年底,三市运河课题组提交第一阶段运河调查报告和相关调查基础资料。省课题组对各地提交的资料逐份进行修改完善。

2008 年 5 月,由省政府召开浙江省大运河保护工作会议,杭州、嘉兴、湖州三地文物主管部门和省市有关部门参加。部署大运河(浙江段)保护与申遗工作。将运河相关不可移动文物调查的范围扩展到运河流经的乡镇,确定新的工作计划和工作要求。会议以后,各地按照会议要求,扩大调查范围,开展运河有关不可移动文物的调查,并按全国第三次文物普查的要求进行本阶段普查资料的整理、汇总和数据库建设;着手筛选大运河(浙江段)国保单位保护名单,划定文保单位保护范围,建设控制地带,为京杭大运河(浙江段)全国重点文物保护单位的保护管理提供依据,协调沿线各地的保护行为;筛选大运河(浙江段)列入推荐申报世界遗产的名单,开展相关材料的研究准备工作。同时,省考古研究所整理编写《大运河(浙江段)课题结题报告》。

2008 年 10 月 10 日,由浙江省文物局组织浙江省考古所、杭嘉湖三地文物主管部门以及普查单位在杭州召开大运河遗产保护规划编制会议。会议对课题工作进行了检查与督促。

4. 基本收获

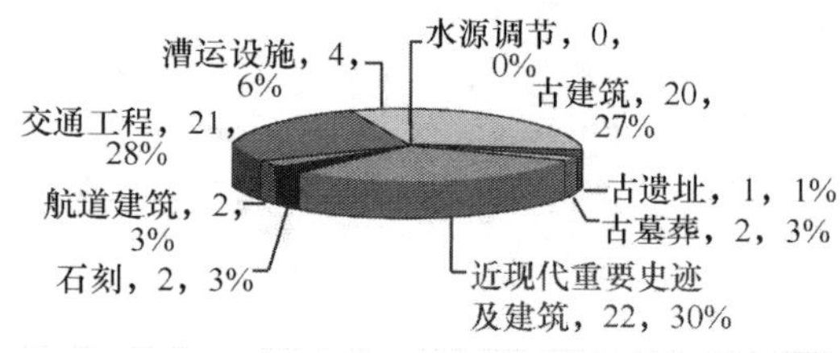

图 9-5　浙江段运河不可移动文物类别比例图

目前,经过调查的浙江运河不可移动文物分布点共有 74 处,其中杭州 21 处,湖州 9 处,嘉兴 19 处,海宁 8 处,桐乡 11 处。其中古建筑 20 处,古遗址 1 处,古墓葬 2 处,近现代重要史迹及建筑 22 处,石刻 2 处,航道建筑 2 处,交通工程 21 处,漕运设施 4 处,水源调节 0 处,其数据及构成比例如图 9-5 所示。

经过此次本课题的调查,共调查京杭大运河浙江段的运河河道 84 段,其中 1 段属于上塘河、上闸涧、崇长港,5 段属于上塘河,2 段属于崇长巷,76 段属于江南运河(表 9-10)。

表 9-10　浙江运河河道调查情况

编号	名称	所属河段
1	杭州市下城区文晖街道段	上塘河
2	杭州市下城区东新街道段	上塘河
3	杭州市下城区石桥街道段	上塘河
4	杭州市江干区丁桥镇段	上塘河
5	杭州市余杭区良渚镇段	江南运河
6	杭州市拱墅区祥符镇段	江南运河
7	杭州市拱墅区拱宸桥街道段	江南运河
8	杭州市拱墅区小河街道段	江南运河

续表

编号	名称	所属河段
9	杭州市拱墅区湖墅街道段	江南运河
10	杭州市拱墅区米市巷街道段	江南运河
11	杭州市下城区天水街道段	江南运河
12	杭州市下城区长庆街道段	江南运河
13	杭州市下城区潮鸣街道段	江南运河
14	杭州市江干区闸弄口街道段	江南运河
15	杭州市江干区彭埠镇段	江南运河
16	杭州市江干区四季青街道段	江南运河
17	新市镇蔡界村二龙桥——新市镇孟溪村齐界桥	江南运河
18	新市镇孟溪村齐界桥-新市镇城东村急水桥	江南运河
19	新市镇城东村急水桥-新市镇城西村新市大桥	江南运河
20	新市镇城西村新市大桥-新市镇韶村村韶村大桥	江南运河
21	新市镇韶村村韶村大桥-韶村漾北灯塔	江南运河
22	韶村漾北灯塔-韶村漾南灯塔	江南运河
23	新市镇韶村漾南灯塔-新安镇陈家圩村轮船码头	江南运河
24	新安镇陈家圩村轮船码头-新安镇舍东村新安高桥	江南运河
25	湖州市含山镇含山界-新市镇蔡界村二龙桥	江南运河
26	新安镇舍东村新安高桥-雷甸镇和平村邵家坝	江南运河
27	丰登村	江南运河
28	含山村	江南运河
29	金塔村	江南运河
30	练市镇	江南运河
31	施浩村	江南运河
32	严家圩村	江南运河
33	许村镇段	上塘河
34	长安镇天明村-镇区段	上塘河、上闸涧、崇长港
35	长安镇-泰山村段	崇长港
36	泰山村-陆泽村段	崇长港
37	江苏、浙江交汇段	江南运河
38	京杭运河杭州闸至桐乡妙智	江南运河
39	京杭运河嘉兴市城段	江南运河
40	王江泾北到嘉兴市北郊	江南运河
41	利顺村	江南运河
42	联丰村	江南运河
43	上莫村	江南运河

续表

编号	名称	所属河段
44	五丰村段(运河左岸)	江南运河
45	东安村	江南运河
46	李家坝村	江南运河
47	民利村	江南运河
48	五丰村	江南运河
49	新益村	江南运河
50	星火村	江南运河
51	百富村	江南运河
52	海华村	江南运河
53	吉字浜村	江南运河
54	永丰村	江南运河
55	光明村	江南运河
56	麻溪村	江南运河
57	湘漾村	江南运河
58	单桥村	江南运河
59	龙泾村(原大王渡村)	江南运河
60	南王村	江南运河
61	杨园村	江南运河
62	皂林村	江南运河
63	新东村段(运河右岸)	江南运河
64	新妙智村段(运河右岸)	江南运河
65	油车桥村段(运河右岸)	江南运河
66	新濮村	江南运河
67	新星村段	江南运河
68	白马塘村(运河右岸)	江南运河
69	桐乡市石门二度埭(原二大埭)段	江南运河
70	桐乡市石门镇羔羊段	江南运河
71	石门(运河右岸)	江南运河
72	叶新村(运河右岸)	江南运河
73	石门(运河左岸)	江南运河
74	同星村(运河左岸)	江南运河
75	颜井桥村(运河左岸)	江南运河
76	合星村	江南运河
77	建胜村	江南运河
78	城东村	江南运河

续表

编号	名称	所属河段
79	城西村	江南运河
80	东方红村	江南运河
81	民安村	江南运河
82	钱林村	江南运河
83	三新村	江南运河
84	逾桥村	江南运河

由于浙江段运河仍然承担着交通运输的功能，是我国的黄金河道，每年都承担了大量的运输任务，因此主河道一般水量较多，能够承载船只往来。沿运河非大城市、非工业区域两岸多农田、码头等，河道上也多闸、坝、桥等设施，较好的保存了运河功能。但由于目前实际使用的需要，为了进一步提高运河的运力，航运部门对原京杭运河的河道进行了较多的裁弯取直、河道拓宽工程，而且还有更多新的工程在计划中，对原有河道及周边水工设施、文物古迹等造成一定破坏和进一步的威胁。

而城市中的河道段大多由城市建设部门修整绿化，辟为城市景观河道和市民休闲场所。此种类型的河道一方面可能存在改变原有河道的问题，一方面存在改造中硬化河堤河底等问题，另一方面房地产沿景观河道两岸开发建设，对沿岸文物特别是地下遗迹造成破坏和威胁。

5. 分析评估

经统计，浙江段运河不可移动文物中功能相关者27处，史地相关者47处，两类遗产分别占36.49%和63.51%。桥涵闸坝等重要的水工设施作为维持京杭大运河正常运行的必要条件，是京杭大运河遗产体系核心之所在，是京杭大运河实现其功能的必要基础因素，也是作为珍贵遗产的京杭大运河的价值核心所依。然而，在过去相当长的时期内，这一类水工设施等并未作为重要的文化遗产而得到人们的重视，尤其是在改革开放发展的三十年间对其部分的破坏几乎是毁灭性的。今天，随着文化遗产保护理念的进步，在本课题的调查中，将功能构成作为大运河遗产构成的一种单独列出，其数量接近总数的三分之一。这是文化遗产保护理念更新和进步的结果，也是此次调查的重要突破。但是，功能相关不可移动文物所占的比例仍然比较低。由于浙江运河一直承担航运功能，新中国后对原有河道进行拓宽改造等，原有堰、坝、闸等水利工程保存情况较差。

在京杭大运河浙江段的74处不可移动文物中，有全国重点文物保护单位1处，省级文物保护单位8处，市级文物保护单位13处，县级文物保护单位11处，未定保护级别者33处。未定级的文物达到49%，将近一半。数据清晰表明：浙江段运河遗产在我国文物保护级别中地位较低，而目前在我国的文化遗产保护领域，不同的保护级别意味着不同的保护力度和保护投入。因此，运河遗产的突出价值、重要性与其保护级别的低下不可避免的出现冲突。虽然2006年国务院将京杭大运河整体公布为全国重点文物保护单位，但由于沿运各地、各部门的理解并不统一，对于大运河遗产保护措施的制定和真正落实都造成了很大的制约和影响。因此,尽快明确遗产构成、明确大运河遗产体系各地区详细清单,是需要解决的急迫问题。

京杭大运河不可移动文物的管理普遍存在政出多门、管理不统一的现象。在运河沿线与运河功能相关的桥梁、闸、坝、码头等不可移动文物中,仍然维持原有功能者多归属于水利、航运部门;已经失去原有功能而濒临现存水道者(包括行洪通道)文物部门参与部分管理,但缺乏权威,一旦需要即被改造,甚至拆除;只有彻底跟现存河道脱离关系者,文物部门才拥有比较完整的管理权限,但遗产所依存的原来的环境已完全改变。

6. 问题与建议

浙江段运河河道错综复杂、水网纵横。虽然南方相对北方水源比较充足,大部分河道仍然能够保持水量,干道河段仍具备航运功能,但浙江段运河河道面临的主要问题有:

主河道虽然仍旧保持航运功能,但由于水源相对缺乏,部分地区、部分河段出现河道水量偏少、甚至导致船只搁浅等问题。在一些小城镇区域内,末端河道出现淤塞、断流情况,相应的其水环境也比较恶劣,对周围群众生活造成不良影响;

城市内一些历史河段,被打着所谓环境整治或景观改造的名义,进行改造、甚者硬化河底、河堤,对运河河道的原真性造成一定的威胁。运河两岸大量的房地产开发,严重影响了运河景观。

水质、环境需要进一步改进。大城市作为城市景观的运河段,周边环境经过治理的比较好,但水质仍需要改进,而大量市镇、农村地区的运河周边环境较差、水质恶劣,小部分河道淤塞、变臭。

运河遗产的管理权限分属各家,水利、交通、文物、旅游等各个部门的政策、管理等措施落差大,政出多门,造成遗产保护难以落实。

从提高航运交通能力出发的、对河道的大规模改造,对于大运河古河道以及其他水利工程遗迹的保护和列入世界遗产已经造成严重威胁。

有关建议如下:

从管理角度来看,对于大运河这样的世界级、国家级的文化遗产,应该也必须由高级别、统一的管理部门进行管理,或者由相关机构组成联合委员会、管理会进行管理,统一协调政令,无论河道疏浚、环境治理、开发建设等事情都必须与文物保护、遗产保护协同统一规划、思考。文物部门应该主动与其他相关部门、特别是航运交通部门多沟通交流,就运河的保护和利用统一进行科学规划。

从规划角度来看,由于沿线保护局面十分严峻,遗产随时受到各方面的冲击,急需保护规划控制指导保护与建设活动,因此,应该在调查、研究的基础上尽快开展保护规划的制定和审批工作,建议总体规划、控制性详规同步开展,全面启动保护规划的编制工作。各地已经编制批准的各类规划,有的正在实施,应尽快纳入保护管理体系,由国家文物局组织审查,对关系重大的建设项目、对重要遗产进行保护利用的项目或者有争议的项目暂缓实施。这也是大运河未来申报世界遗产的必需。

从调查研究角度来看,京杭大运河历史悠久、体量巨大、内涵丰富,穷几代人亦无法完全结束对他的调查和研究。应该持续不断开展多学科的、严谨的调查、整理和研究工作，为大运河的保护提供可持续的支撑。

从宣传教育角度来看，沿运河各个省市镇都应该开展相应的宣传教育工作，特别是针对各政府部门、学校和工厂等单位，在群众中推广保护大运河、保护文化遗产的意识，这样才能争取最广大人们一起保护大运河遗产，才能将保护落到实处。

9.4　京杭大运河遗产调查数据分析

9.4.1　数据汇总与分析

数据汇总分析工作依据《京杭大运河现状调查与信息采集工作导则》、《京杭大运河不可移动文物调查登记表》、《京杭大运河河道本体及周边环境调查登记表》等材料进行。大运河涉及的不可移动文物可以大体区分为：运河功能相关文物、运河地理相关文物和运河历史相关文物。不可移动文物的分类参照了国家文物局第三次全国文物普查的实施细则，并针对大运河特点对水利、水运类与运河功能相关的文物进行了细分，包括航道建筑、水源调节设施、漕运设施和航运设施等。

各省调查数据按照不同分类汇总如表 9-11 和表 9-12 所示。

通过对本次调查数据进行分析，总体调查数据情况总结如下：

（1）本次调查在以前调查的基础上，突出了运河水运与水利设施的专门调查，包括河道的调查。但由于水运与水利设施的专业性较强，各地对运河功能相关的设施认识差

表 9-11　各省（市）运河遗产调查数据统计表

类型		北京	河北	天津	山东	江苏	浙江	合计
历史地理相关	古墓葬	1	5	10	121	54	2	193
	古建筑	22	9	11	115	42	27	226
	古遗址	5	12	24	174	75	4	294
	近现代重要史迹及代表	0	0	0	35	4	18	57
	石窟寺及石刻	1	4	10	52	9	2	78
	小计	29	30	55	497	184	53	848
功能相关	航道建筑	11	7	1	64	46	5	134
	水源调节设施	1	0	0	2	0	0	3
	漕运设施	6	0	0	2	2	2	12
	航运设施	20	14	0	18	19	19	90
	小计	38	21	1	86	67	26	239
合计		67	51	56	583	251	79	1087
水运、水工遗产占各地/%		56.7	41.2	1.8	14.8	26.7	32.9	22.0

表 9-12　运河遗产类型与年代统计表

类型		其他	元	明	清	现代	合计	%
历史地理相关	古墓葬	158	4	20	10	1	193	17.8
	古建筑	130	5	34	54	3	226	20.8
	古遗址	254	14	21	5	0	294	27.0
	近现代重要史迹及代表	28	0	1	2	26	57	5.2
	石窟寺及石刻	38	2	8	25	5	78	7.2
	小计	608	25	84	96	35	848	78.0
功能相关	航道建筑	46	20	41	14	13	134	12.3
	水源调节设施	3	0	0	0	0	3	0.3
	漕运设施	2	0	8	1	1	12	1.1
	航运设施	31	5	33	16	5	90	8.3
	小计	82	25	82	31	19	239	22.0
合计		690	50	166	127	54	1087	100
水运、水工遗产占各时期/%		11.9	50.0	49.4	24.4	35.2	22.0	
各时期运河遗产占总数/%		63.5	4.6	15.3	11.7	5.0	100.0	

距较大。作为运河遗产主体的水运和水利设施，总体仅占调查总数的22%，个别省市所占比例严重偏低。

（2）本次调查对运河沿线历史、地理相关的文化遗产做了较充分的工作，但对这些遗产与运河的相关度把握存在问题。例如与运河关系不大的古遗址、古墓葬合计占调查总量的45%，不能合理反映运河遗产的组成结构。

（3）从本次调查运河遗产的年代构成看，以明清时期为鼎盛时期的京杭运河，明、清时期的功能相关遗产占功能相关遗产总量的47%，较为符合实际情况。但其他时期（元之前）的运河遗产占遗产总量的63.5%，主要是因为大量古遗址、墓葬进入运河遗产，因此存在偏差。

（4）本次调查专门设计了河道本体调查表，各地文物部门也花费了大量精力沿河道开展调查，但在数据汇总时体会河道调查是十分困难的，调查结果也较难直观表现。河道调查存在的困难主要包括：不同部门管理、河道无法通行、河道分段困难、河道时期难以判断和河道调查记录方法不完善等。

9.4.2　综 合 评 述

围绕京杭大运河由沿线六省市实施的专题调查，总体而言，基本都能够按照一定的规范进行，并达到了预期目的。但由于古运河作为文化遗产的复杂性，如何分层次把握或认定京杭大运河文化遗产的内涵和外延，特别是在调查登记阶段以什么范围作为工作实施的对象，虽然原则比较清楚，但操作中确实在尺度上难以把握。

1. 关联度

为了尽可能地科学、准确地反映京杭大运河历史文化遗产的现状，更有针对性地实施对运河历史文化遗产的保护与利用，调查规范按照历史文化遗产与京杭大运河之间关联性的程度不同，区分为功能相关与史地相关两大类别，各类别之下还可以进一步细分，同时抛开和运河的关系，每一不可移动文物本身又归属于各自的文物类别。

京杭大运河不可移动文物中与运河功能相关者，大体指运河本体的河道以及对运河而言不可或缺的那些工程设施。就表现形式来看，大体分作运河本体文物和运河工程设施文物两大部分。运河本体历史文化遗产：运河作为一个以航运为主要功能的黄金水道，人工开凿的沟渠是最重要的工程设施，也是运河赖以形成和存在的前提，而一切人工的干涉，都是为了有效地管控和利用水为载体以达到载舟运行的目的。人工河流的形成依赖于人工工程的干涉行为，正是一系列人工工程设施决定了运河的产生和维系，所以这些人工设施虽然有些是作为附属的形式出现在运河或相关位置，但对于人工运河而言，它们却是必不可少的因素。

京杭大运河不可移动文物中与运河史地相关者，大体可以分作历史相关和地理相关两部分内容。所谓历史相关者主要是哪些由运河而生、因运河而兴的物质文化遗存，由于它们的出现、存在或历史与运河密不可分，所以它们大多可以视作京杭大运河的衍生物。由于运河催生的活动或行为复杂多样，在围绕着运河所产生的事物也区分于不同的层次。在派生、衍生的方式下环环相扣、生生不息，所以对运河沿线不可移动文化遗产性质或和运河相关联系的判别，也必须划分层次。而所谓地理相关者，是以地理分布与运河的关系所确定，至于这些历史文化遗存是否同运河存在着必然的因果关系则没有要求，所以这部分内容仅仅是分布在运河沿线的文化遗存，在调查中各地所关注对象和范围的差别，实际主要也反映在这部分内容之中。

运河衍生历史文化遗产：作为黄金水道的京杭大运河在源源不断地将物资北运南贩的同时，也为沿途带来生机，催化出一个个繁华的城镇或聚落。随着聚集生活的人们的增加，表现社会生产、生活以及精神需求的相关建筑、构筑物也不断增多，极大地丰富着运河历史文化遗产的内涵。按照调查登记数据和信息的分析，运河沿线能够归属于因运河的形成和存在而衍生的不可移动文化遗产，是最大宗的一批文化遗产。

运河沿线历史文化遗产：系指分布在京杭大运河沿线相关地理范围之内的与运河不存在直接或必然联系的不可移动文物。主要包括了运河开凿之前和运河主要功能废弃或转变之后形成的那部分文物。对于这部分性质的文化遗产，由于一些区域在调查中采取了相对比较审慎的态度，所以最终纳入调查、登录范围的数据并不齐全。

关于这类文物的认定当前主要存在着两方面的问题，其一，运河虽然在主体构成上呈现为一个贯穿五大水系、南北近两千公里的线性遗存，但除去河道本身因淤塞、疏浚以及自然河流夺道等因素而经常处于变动之中外，围绕着供水、排洪、航运、灌溉以及交汇等不同功能的需要，还形成了一个系统的水网体系，犹如在一条主干上附着、延伸出不同规模枝蔓与根系的大树，所以对于“运河沿线”的界定并非一目了然，需要从宏观和动态的角度进行观察；其二，京杭大运河的形成经历了千余年的过程，而其使用与废弃也存在着阶段性和区段性现象，既不是一蹴而就，也不是戛然而止，这些不确定的因素对于认定所谓的“之前”和“之后”都会产生一定的影响。

2. 运河遗产与区段的关系

京杭大运河各区段形成的时代不一，经由区域人类活动的密度也各不相同，受政治、经济、文化的影响，各区段历史文化遗存的形成和保存都存在着一定的变化，特别是运河用途的变化对相关物质文化遗存也会产生巨大的影响，这些因素都有可能决定京杭大运河不同区段历史文化遗产的构成和规模。

3. 运河遗产与年代的关系

从吴王夫差北上黄池会盟而开凿邗沟起至清末罢漕运，运河发展、延续了两千余年，不同历史年代对运河的形成产生过不同的作用，而不同阶段的历史活动所留存下的遗产也多寡不一。相对而言，时间的车轮总是在不断碾压着脆弱的历史痕迹，年代越久远，所能留存至今的遗存就会越稀少。但历史的发展并不平衡，政治局面的稳定和动荡、经济与文化的兴衰、人类对自然适应和改造的能力等等，都会影响到各历史时期营建活动的速率与规模，所以不可移动文物的形成和时代的形势有关，而留存的条件则还要取决于人类和自然所施加的影响。

9.4.3 专题分析

1. 运河本体与相关设施

1）河道

人工开凿或利用天然河流改造的河道是运河最基本的载体，以南北流向为基本特征的京杭大运河，主要以工程设施约束水的流向，保障水的供给和平衡，因此河道是最重要的本体设施。尽管随着京杭大运河的变迁，其河道发生了很大的改变，但无论其现状如何，仍都是运河调查与数据采集的最基本对象，也是最应当搞清楚的内容。

就用途分析整个京杭大运河，基本以山东省济宁市为分界，向南河道属于在用河段，往北的则属于不再通航或废弃河段。济宁至杭州的在用河段受现代改造影响比较突出，许多河段已是新中国成立后重新开凿、疏浚的河道。现运行河道上的闸、坝等基本已全部改造更新为现代设施，大多数经由城区的河堤等也进行了现代工程的加固改造。相当一批现代水工营建的地点沿袭了古代水工的地点，同时也说明古代水利学家规划选点的科学性。在江南一些运河与支系的交汇、进、排水口等设施还保留着部分古代遗存，但保存情况也不容乐观。在济宁向北至北京通州的废弃河段或运河故道，大多数区域处于干涸的境地，在部分经由现代城市的河道，由于采取了拦蓄的方式，使河道中存有用于景观美化的水流。此外在黄河以北由于近年来引黄济津工程部分利用旧运河河道输水，所以在个别区域存有一些积水。当然雨季的泄洪和部分城市的排污也往往会利用运河河道，所以各区域、各时段在这些所谓废河或故道，运河所表现的情况也会有较大的差别。

总体来看，京杭大运河在用的河段大体可以区分为河道改造沿用和新开凿河道两种类型。而废弃河段则分别表现为景观、泄洪、排污、输水和遗址等不同的形式，各种功能也经常处在转换之中。

2）堤岸

运河河道是以人工堤坝来约束水流的，与自然河流由水流下切形成河槽与河岸以束水不同。流水在堤坝的范围内按照人的意志运动，所以堤坝是运河工程的根本，没有堤坝也就不存在运河。

除了利用原有自然河流的区段外，运河的堤坝都是人工构筑的。依据筑堤材料或工艺的不同，京杭大运河的堤坝大致可以分为堆土堤、夯土堤、砌石堤、护砖堤和立桩堤等形式。此外按照文献记载，在一些险工区段为防止冲刷溃堤，还附有埽堤。总体而言，堆土堤仍是河岸的最主要形式。在近海等地势低洼区域，为防止运河溃堤而危害地方，往往在河道之外还设有外堤，以加强防护。

按照现存的情况分析，运河故道的堤岸保存相对较好，特别是在一些农村旷野，河床虽然干涸，但河道、堤岸基本仍保留着原生的状态，在植被绿化较好并能够避免污染的环境下，更多地体现了作为遗址的沧桑感和历史真实，具有比较理想的保存状态。

3）坝堰

作为拦截江河渠道水流以抬高水位或调节流量的挡水建筑物，坝可抬高水位、调节径流、集中水头，用于防洪、供水、灌溉、水力发电、改善航运等。此外，调整河势、约束河道、保护岸床的建筑物也可以称作坝，如丁坝、顺坝和潜坝等。

由于运河以航运为主要目的，所以一般在主河道上不能设置单纯拦河蓄水的坝，故以截流阻水的坝大多设置在为保障运河水源、抬升运河水位的支系或湖泊水口上。如著名的戴村坝。此外还存在着一些分布在险工等特殊区段的顺坝，如东光谢家坝。

4）闸

南北流向的京杭大运河以人工工程汇聚水源和控制水流的方向，河道的落差变化各异。为了控制水位和保障航运就必须应用各种闸来调节，闸与坝的区别就在于可以灵活开合。就闸的功能而言，有位于主航道之上的船闸，也有平行于主河道建在堤坝或支汊上以调节水出入的斗门（或称水口）。

5）桥梁

河流形成的水道在沟通着上下游的联系的同时却阻断了两岸陆地的往来，于是跨越河道的桥梁便应需而生。南北走向的京杭大运河人为地在中国东部经济发达地区纵切一道鸿沟，使跨河通行的需求更为强烈，从而在京杭大运河河道上历代建设了难以数计的桥梁。这些桥梁虽然经历了千余年的风雨大多已遭废弃或改建，但仍有部分在延续使用或保留着珍贵的历史信息，成为运河文物的基本构成之一。

6）码头

按照现代知识，码头是供船舶停靠、装卸货物和上下游客的水工建筑物。是港口的基本组成部分，也是水域运输的必备因素。运河本身由运输为最基本的需求而生，码头自然而然成为必不可少的设施。伴随着码头的设立，在运河沿岸还形成了仓储、商贸以及陆路交通、居停等管理、生产、生活的设施。

7）纤道、驿道

运河最主要的人工工程就是开槽筑堤，人工筑造的堤岸往往就成为沿河通行的道路，为庇荫行人沿途设亭植树，逐渐使道路成为固化的设施，及至今天演化为文化遗存。由于官府沿运河设有馆驿，所以运河沿线的驿道成为京都与东南沿海邮传的要道，百里廷寄的健马驱驰，超过河中摇曳的舟楫，定格为历史题材影视的画面，其实并非凭空臆造。

在高程有差的河段，逆水行舟，特别是承载重货的船只，就要靠拉纤以行船，堤岸上的道路这时又成为纤夫负纤绳行走的纤道。此外在一些堤岸陡峻处，还专门辟有供纤夫行走的纤道。

8）水柜

有违自然的京杭大运河，以人工工程调节水势来控制水量。为保证缺乏自然径流供给的河段用水，设置了一系列蓄水、补水的工程设施，其中最重要的就是为运河补充水源的水柜。虽然运河沿线类似调节水源的设施并不少见，但严格意义的水柜，通常是指在围绕着运河河道高差较大的区域，而以人工工程形成的蓄水泊、池从文献记载和调查发现看，规模较大的水柜主要分布在运河最高点南旺附近。

9）沉船

严格意义讲，沉船并不宜视作不可移动文物，航行运河中的船只由于种种原因而沉没，年久淤积而成为沉船遗址，后世发现、发掘清理，遂按照古代遗址来处理，故视作不可移动文物。人工运河本较之天然河道要安全、平稳，但受丰枯水影响，特别是洪水交汇、旱季淤浅等因素仍会对河道行船形成一定威胁，加之货船重载、水盗出没等因素，致使在京杭运河干支水道中沉没的船只也不在少数。历年来在运河河道中，特别是济宁以北的运河废道中不断有沉船及船货出土的现象，以至在运河中盗挖瓷器（片）贩卖成为沿运少数居民的经济来源之一。

2. 运河管理遗存

1）衙署

运河的管理和维护对于明清两朝政府而言，具有鼎足轻重的地位。两朝政府一直都设有专门管理运河的机构，其中有负责漕运的，也有负责工程的。在运河沿线设立的机构分布不一，因时变化，主要是视区域的单位和管理的需要而设。现存之比较重要者当以淮安漕运总督府为主。

2）钞关税关

明清两朝设的钞关，系中央设在地方的税务机构。明代禁海，京杭大运河是全国商品流通的主干，全国八大钞关有七个设在运河沿线，从北至南依次为：崇文门（北京）、河西务（清代移往天津）、临清、淮安、扬州、浒墅（苏州城北）、北新（杭州）。清初运河七关基本保留下来，并大体沿袭了明代的制度。除规模大、税额丰厚的大钞关外，小规模的税关在运河沿线也有一些。根据本次调查，在京杭大运河沿线现存的钞关、税关计有：临清钞关、临清魏湾钞关、淮安板闸税关。其中临清钞关属于全国重点文物保护单位，也是目前唯一的国家级保护的古代钞关建筑，其重要价值当不言而喻。

3）馆驿

在近代邮传进入中国之前，区域间的通信（讯）主要依赖于驿传。由于远距离通信往往要远超出一日的行程，所以驿道上每隔一定距离就会设有驿站。据文献记载明代在京杭运河沿线共设有46个驿站，而依清康熙四十二年张鹏翮辑《治河全书》所附《运河全图》所绘京杭大运河沿线有名可记的馆驿共有24处，光绪年间绘制的运河全图则收录了47处馆驿，如表9-13所示。

表9-13　运河全图收录馆驿统计

所属河段	馆驿名称			属地	距前站里程（华里）	备注
	康熙图	光绪图	其他			
北运河		潞河驿		通州	40	至崇文门
		漷县码头		通州	80	
	河西务	河西务		武清	80	
	杨村	杨村驿		杨村	90	
南运河		杨青驿		天津县	80	
	奉新驿	奉新驿		静海县	90	
	流河驿	流河驿		青县	70	
	乾宁驿	乾宁驿		兴济镇	70	
	砖河驿	砖河镇		沧州	70	
	新杨驿	新桥驿		泊头镇	70	
	连窝驿	连窝驿		连镇	70	
	桑园驿	良站驿		桑园镇	70	
	安德驿	安德驿		德州	70	
	梁家庄驿	梁庄驿		故城县	70	
	甲马营驿	甲马营		武城县	100	
	渡口驿	渡口驿		清河县	70	
	清源驿	清源驿		临清州	70	

续表

所属河段	馆驿名称			属地	距前站里程(华里)	备注
	康熙图	光绪图	其他			
鲁运河	青阳驿	清阳驿			166	
	崇武驿	崇武驿		聊城县	67	
		安山驿		张秋镇	90	
	安山闸	安山闸		东平州	60	
	开河驿	开河闸		汶上县	63	
	南城驿	南城驿		济宁州	90	
	南阳镇	南阳镇		鱼台县	80	
	夏镇	夏镇		沛县	116	
	万年仓	万年关		峄县	110	
中运河	二郎庙	二郎庙		邳州	124	
		钟吾驿		宿迁县	120	
		众兴集		桃源县	100	
		杨家庄		清河县	70	
里运河		淮阴驿		山阳县	70	
		安平驿		宝应县	80	有迹可寻
		界首镇		高邮州	60	
		盂城驿		高邮州	60	现存国保
			仪真驿		45	至广陵驿
	邵伯镇	邵伯镇		江都	66	
		广陵驿		甘泉县	50	
江南运河		京口驿		丹徒县	55	
		云阳驿		丹徒县	75	
		毘陵驿		阳湖县	90	今常州
		锡山驿		无锡县	81	
		姑苏驿		苏州府	90	横塘古驿为省保单位
		松陵驿		吴江县	50	
		平望驿		平望镇	50	
		西水驿		秀水县	60	
		皂林驿		石门县	100	
		武林驿		仁和县	130	
浙东运河		绍兴府			115	

4）仓储

营建京杭运河的主要目的就是沟通南北的物质运输，对于元、明、清三代政治中心远离经济发达粮食主产区的政治、经济格局而言，南粮北运、保障供给是营国之本，由于海运存在着诸多不确定因素，尤其是明代以来的倭寇为患，海防成为要务，海运漕粮更无从谈起，遂使京杭大运河具有命脉的地位。从粮食产地将食粮运送到主要消费区在近代运输尚未形成的古代，水运是成本最低且便捷的方式。由于粮食的收获是季节性的，而粮食的消费则是常态的行为，所以粮食的储备就成为将季节性的产物转化为常态供应的保障，沿河而建的仓储设施就成为关系到国家稳定的重要物质条件。

3. 运河相关（衍生）

1）寺庙

往来南北的运河汇聚了热闹的人气，繁华了沿线聚落，反映聚集人群精神寄托的宗教设施自然也会形成气势。在运河沿线除去各历史阶段人民群众普遍信奉的佛、道以及城隍、土地、关帝、天齐诸圣之外，与水势、航运有关的天妃（妈祖）、龙王以及由域外经商人士引入的清真古寺当更具特别的意义。

2）会馆、公所

会馆是中国古代封建社会后期发展起来的一种社会组织，是当时社会政治、经济、文化发展变迁的特定产物，是在商品经济繁荣发展的基础上，受科举制度影响而形成的同籍人士在客地设立的聚集场所和为流寓异乡的同乡服务的机构。会馆是明清商品经济社会高度发展的产物，大规模的社会人员流动是会馆产生的基础，在京杭大运河沿线，伴随着商贸贩运、求学应试、履职放差以及行旅游历等活动，积聚着大量的流动人口，为了满足这些流动人员的需求，会馆的设立当然也十分普遍。据文献记载在运河沿线的各级城市中曾存在着大量的会馆，近代社会的激烈动荡，会馆组织也逐渐退出了历史舞台，而随之而来的城镇建设中，会馆建筑也遭到了极大的破坏。在本次对京杭大运河的专题调查中，登录会馆建筑中保存比较完整的为数不多。

公所较之会馆形成的要晚一些，虽然它也具有某些同会馆类似的功能，但所服务或管理的对象不是按照地域划分的人群而是依行业论，所以它基本是一种工商业行业组织，具有更浓厚的行帮色彩。运河沿线的公所现存者不多，基本都分布在商品经济相对发达的长江下游地区。

3）造船厂

漕运是明清时期的重要财政制度，漕船制造业作为整个运输活动的前提和基础随之兴盛。漕船由漕运衙门统一管理，制有厂地，料有岁办，艘有定数，造有定期，最多时年漕船数量达 14000 余。漕船制造设有专厂，沿运有清江、江宁、临清、仁和、钱塘等大造船厂。以当时全国最大的内河造船厂淮安清江督造船厂为例，其下设 4 个大厂和 80 个分厂，沿里运河分布总长达 23 里，仅在 1490 年至 1544 年间制造漕船 30557 艘。根据调查运河沿线仍可发现造船厂遗迹。

4）砖窑

明朝为建设北京以及长城在运河沿线设置了一些专门烧制城砖的窑址，清代仍有沿用者，故民间也有“飘来的北京城”的说法，意即当时建设北京城的物资多依赖运河的运输。在现存的北京城砖上发现有不少来自运河沿线的戳记，其中最著名的是临清等地。根据调查，至今运河沿线仍可以见到一些明清时期的砖窑，出土的残砖等遗物证明其当时是专门为营建北京城所设立的。

4. 运河沿线（地理）

1）聚落址

运河经由多属地势低下的区域，上古期间尚不适合人类的居住，所以早期聚落很少发现。本次调查一般以运河之起源作为收纳古遗址的年代上限，而对于那些早在运河开凿之前的遗址则未加特别的关注，仅视作运河沿线的相关文物资源而已。

2）墓群

对埋葬遗存的处理大体和古遗址相类似，其中一部分历史名人墓葬，往往会同运河发生一些联系。调查对登记范围的确定，除了地理相近等因素外，知名度可能也发挥了一定的影响。

3）工业遗产

工业遗产是指近代工业革命发生后形成的一些工业遗存。正是数百年间运河的区位优势，使沿线相关城市或区域获取了物质和人才的优势，积淀起近代工业赖以发生和发展的基础，并提供思想准备。相关运河城市成为中国近代，无论是官办还是民营的民族工业的重要发源地之一绝非偶然。

本次调查一般仅以运河干流两岸作为工作范围，所以调查、登录的工业遗产数量并不很多，但仍包括了一些比较典型的遗存。

9.5　问题总结和行动建议

9.5.1　问 题 总 结

应用新技术、贯彻新理念的全面调查，将京杭大运河置于大尺度的时空框架下观察与分析，从而获取一些以往未曾关注的信息与数据，将对京杭大运河历史文化遗产的理解，更为深入与具体。

1. 重点与层次

作为纵贯1700多公里，河道变换、沟叉蔓生，流域涉及以万平方公里计的庞大体系，所关联的文物有何止千数。因此科学界定运河文化遗产是研究、保护和利用的最基本前提。

课题立足于将运河视作大遗址的立场，按照历史发展脉络的实际，动态地确定运河历史文化遗产的时空范畴，从事物的逻辑关系和历史真实寻绎运河历史文化遗产的属性和特质。

在空间上运河虽然主体表现为线性，但处于变化中的线相加就变成了一条宽带，而在这条带上所附着的一个个城市，可以将线、带的影响辐射成一个广大的面。空间关系的复杂使运河历史文化遗产的界定成为非常难于把握的工作。

面对繁杂的变化，我们认为运河历史文化遗产的范围并非越大越好，登录的不可移动的运河文物也绝非多多益善。强调了普遍性就会削弱了特殊性，不区分主次，何以体现重点。因此，在全面调查的基础上，宜对调查对象进行科学的分析、甄别和评估，由此确定运河历史文化遗产的核心内涵和重点保护的对象，也唯有此，才能使运河的申遗切实做到有的放矢，从概念到具体。

按照上述处理原则，被列入京杭大运河历史文化遗产名单的不可移动文物，真正体现运河历史价值的首先应当是那些各历史阶段的水利、航运工程和设施，即使那些已经成为遗址、但仍保留较多历史信息的河道、堤坝、闸涵、码头和桥梁等，仍然是世界和国家遗产保护最应关注的对象，特别是南旺分水枢纽、淮安清口枢纽等区域应当整体作为重点保护的对象。

在运河沿线遗存了众多因运河的特殊活动而产生的建筑和构筑物，其中管理与维护运河以及漕运的机构、组织，无疑和运河的关系最为直接，蕴含的信息也最为丰富，所以它们也应受到同运河工程设施相同的关注和保护。近年来清理揭露的淮安漕运总督府、临清钞关、河西务城址以及相关仓储遗存等反映着运河历史的最重要的内容之一，所以也应是国家保护和申遗的重点。

运河的活动涉及到特定的人群和特定的事物，那些体现航运文化的天后（妈祖）、大王、龙王等特定祭祀对象的庙宇，反映特定经商群体穆斯林信仰的清真寺，商品经济发展到相应阶段而产生的会馆、公所等都从不同的角度表现着运河文化的独特内涵，脱离了它们则会使运河的文化意义大打折扣。

沟通南北的交通是运河的主要功能之一，元明清三代北方和东南沿海地区的交通大多会通过京杭大运河来实现，而反映中外交流的许多遗存，无疑也应当是运河历史文化遗产中价值较高的一个方面。德州苏禄王墓、南京渤尼王墓和普哈丁墓园，乃至通州的琉球国墓地等都是十分珍贵历史文化资源，对运河历史文化的表述具有特别的意义。驿传活动是体现运河交通的重要内容，明清两朝沿京杭大运河曾经设立过数十个驿站，目前有迹可寻的只有高邮盂城驿和苏州横塘驿，其历史价值显然不言而喻。

古老的运河经历了千余年的变迁后，到了现代交通运输高度发达的今天，仍有很大部分仍在发挥着作用，这无疑也是运河历史文化遗产的一个突出的亮点。所以，京杭大运河的保护并不能排斥现代的利用和改造，一些优秀的近现代工程或设施似乎也应当纳入关注和保存的视野。关键在于辨析它们和古代遗产传承，注意风貌的保护。

运河沿线还分布着一些历史文化遗产，虽然它们同运河之间或多或少也能寻找到一些关联，但由于它们并非体现着运河文化的特殊内容，也缺乏同运河兴衰的必然联系，所以尽管仍可以将其作为运河沿线历史文化资源的一部分，综合考虑保护、利用或开发，但在强调京杭大运河历史文化遗产时，不宜特别关注和渲染，以免喧宾夺主的后果。这类不可移动文物一般有：古代城市的文庙、佛道寺观、传统民居、上古遗址和墓葬、工业遗产和包括所谓革命文物在内的现当代文物等。

2. 完整性

完整性体现是衡量遗产价值的重要指标，年代的久远、自然或人为因素的影响往往会使遗产的完整性受到一定的削弱。京杭大运河作为一类特殊的文化遗产，完整性的体现也同一般的遗址或建筑类遗产有较大的区别。

由于功能的变化使京杭大运河划分为在用和废弃两大区段，在用区段更多的表现着工程建筑的性质，而废弃区段则以遗址、旧迹的倾向为基本。总体来看，由于历史上运河的形成和维护就处于不断的变迁之中，所以尽管河道时有改变，位置或有变更，但这些变化以及近代以来的荒废与存留，严格的说对京杭大运河作为世界遗产特别是遗址类遗产的完整性基本没有大的影响。

根据《实施〈保护世界文化与自然遗产公约〉的操作指南》的要求，“所有申报《世界遗产名录》的遗产必须具有完整性”。现在我们从大运河遗产的实际探讨其完整性的体现。

大运河遗产体现了超大时空的完整性。从公元前五世纪的吴王开凿邗沟算起，历经秦、汉、南北朝、隋、唐、五代、宋、元、明、清直至现代，我国大运河的开凿、维护、更新就从未停止过，是人类运河开发史上的特殊现象。究其原因，一是国家工程的性质始终未予改变，二是运河工程的特定目的未予改变。从遗产角度而言，各个时期的运河遗存都有迹可寻，充分体现了时代上的连续和完整。大运河和京杭运河加起来近四千公里，在全国八个省市都有遗迹完整保存，虽然有些段落已经深埋于地下，从已经考古发掘的段落看，依然保存完整。这些是世界上其他运河所不具备的特征。

大运河遗产体现了水工技术的完整性。引水、蓄水、排水、平水技术无所不包，其遗存充分体现了这些技术的完整，还反映了这些技术的水平和发展。文中各处多有论述，在此不赘言。

大运河遗产完整体现了其对中国东部经济发展的历史作用。杭州、扬州的持续繁荣，沧州、德州、临清、济宁、淮安等一批城市的兴起，均与大运河的航运有直接关系。正如《操作指南》所说，“能完整地代表体现遗产价值的特色和过程”。

反映运河遗产保存完整性的缺陷，主要是废弃区段相关工程设施的损毁和在用区段更新改造工程设施中缺乏对古代遗存的保存。北方运河废弃后，原有的闸、坝因丧失了原功能而逐渐废弃，以至被拆除或毁去。据记载运河济宁以北至少有上百处河闸，而现存者即使是遗址也不过数十，其他如坝堰、桥梁的保存状况也大致如此。而在济宁向南的在用区段，由于河道的拓宽等需要，原有的水工设施基本都进行了更新和改造，由于缺乏对保护古代遗存的意识，所以这些改造对原有设施造成了破坏。因此，虽然运河总体上的完整性破坏不大，有些遗存尚待发现，但就构成而言，运河遗产的完整性已遭受了一定程度的削弱。

3. 原真性

由于运河功能或性质的转变,运河的原真性自然会受到改变。无论是变为故道、遗址,还是经改造后使用,作为运河产生之原始以及维系国之昌盛的角色,运河都已风光不再。

环境的改变是运河变化的最主要因素,近现代生产的发展使人类对自然的索取达到前所未有的高度。北方地区降水量的减少使主要靠人工调节水量的运河运行难以为继,运河赖以形成和维系的环境发生了根本性的改变。而在南方,虽然自然环境仍能够使运河维持和运转,但河水承载的船只已由自然动力发展为机器动力,运输船只的运力和规模都大大升级,原有河道早已难以适应,必须进行拓宽和加深等改造。在自然和时代变化的推动下,运河所谓的原真性当然也不可能得以维持。

虽然原真性受到挑战,但如果变换角度,对运河原真性似乎还可以有不同的理解。

其一,运河特定的性质决定了即使在其正常运行历史阶段,其也经常处于改变之中。例如河道淤塞、自然河流夺道等都会使原本的运河河道遭到废弃而另开新道,所以究竟哪条河道是运河之原始?已无法厘清。明代的遗存可能建立在对元代运河原真性的改变之上,而清代又可能对明代运河的原貌进行了大幅度的改变,所以动态的运河,真要搞清楚各历史阶段的原始既不可能也无必要。在动态下运行、于变化中发展是在用遗址、在用运河类遗址以及中国大运河遗产的特质。那么如果为保证所谓的原真性坚持要求仍在使用的运河区段对原有河道的位置、规模、设施等不得进行任何改变,似乎也是不现实、缺乏科学的。因此对于运河在用区段,航运的保障就是最根本的原真性,当然这些保障应当以对古代遗产的尊重、了解、研究和保护为基本出发点。

其二,北方运河遭受废弃以后形成了古运河遗址,那么衡量其原真性,就应当按照运河遗址的概念来要求。通过调查,在济宁以北,京杭大运河的河道基本保持了原有的位置、形制和规模,大多数区段一般较少受到改变。所以从这个角度而言,其原真性是得到一定的保障的。一般在田野地段,运河的堤岸仍是培土筑就,岸坡倾斜、河底平缓,基本表现着河道干涸状况下的原始状态,在植被覆盖较好的区域,表现了古老运河遗址的特有韵味,应当是北方干涸运河保存的一种比较理想的状态,也是作为古遗址原真性追求的常态。然而在一些运河经由的城市区段,近年来在保护、利用运河的动机下,以建设运河景观为目标,将原有的土堤封砌砖石或水泥,在河底用水泥铺砌硬化,以橡胶坝拦蓄雨水或人工注水,造成了所谓的人工景观。由于缺乏对古代遗存的理解,虽然出发点可谓用心良苦,政府也投入颇大,但对遗址的风貌和原真性却往往造成了破坏或威胁。加之水环境维持的难度,和对生态系统的改变,往往会使其效果大打折扣,反而不如采用传统材料和工艺的修复。

联合国教科文组织《会安草案——亚洲最佳保护范例》在定义文化景观时称:“第二类文化景观是指有机演变而成的景观、遗迹或生活景观。该景观源自某一社会、经济、行政和宗教动机,通过与自然环境的联系及对其所做出的反应发展成为当前的形态。这一类景观在其形态和组成特征上反映出了其演变过程。”又说:有机进化的文化景观,包括两种类别，“一是残遗物景观，代表一种过去某段时间已经完结的进化过程，不管是突发的还是渐进的。它们之所以具有突出的普遍价值，还在于显著特点依然体现在实物上。二是持续性景观，它在当今与传统生活方式相联系的社会中，保持一种积极的社会作用，而且其自身演变过程仍然在进行之中，同时有展示了历史上其发展演变的物证。”在提出保护历史城区的原则时称：“历史城区的集合体是一个有机的单位，通常由代表不同时期的建筑构成。不能将所有建筑都恢复到某个单一的历史时期；而是应该清晰展现出该城区随着岁月变迁的过程，以参观者辨认出城区的多个层次，解读相关建筑群落的历史。①”

《关于文化线路的宪章》是2008年10月在国际古迹遗址理事会16届大会上通过的重要文献。根据文化线路的定义，中国大运河当属于此类遗产，且全程工程性是其有别于丝绸之路、香料之路等文化线路的最显著的特征。

《宪章》的序言指出，文化线路是一个新的概念，其“传达的创新思路，展示了人类迁徙和交流这一特定现象的遗产内容，这些线路最初被用于或是有意识地服务于特定的目标，而使人口流动和文化往来成为可能并不断发展”。大运河是为实现南粮北运的特定目的，由强有力的中央集权朝廷组织建造的交通运输工程。在长达两千年的历史时期内主要服务于漕运的特定目的，而它又造成了中国东中部南北的大沟通和大交流。同时，隋唐时期的大运河还分别与丝绸之路和海上丝绸之路的重要节点都会洛阳、明州相联系，成为沟通陆海丝绸之路的内陆航运通道。淮安作为运河咽喉，正处在上述经济、文化大通道的要冲地位。马可波罗、明清传教士对淮安的记述，美国水利专家费里门于1914年开始的治淮计划，码头镇回民聚居的现象，也都从不同角度折射出其在大运河文化线路上的历史地位。因此，它满足定义所规定的条件：“A)必须来自并反映人类的互动，和跨越较长历史时期的民族、国家、地区或大洲间多维、持续、互惠的货物、思想、知识和价值观的交流；B)必须在时空上促进涉及的所有文化间的交流互惠，并反映在其物质和非物质遗产中；C)必须将相关联的历史关系与文化遗产有机融入一个动态系统中。”

《宪章》对文化线路的识别指标作了专章叙述：“线路的结构及其地层基础；为特定功能服务的历史数据；与线路使用功能相关的结构；交通元素和线路中表现共享文化的遗存；在诸如音乐、文学、建筑、美术、手工艺、科技发展方面的互相影响，以及其他源自线路自身历史功能的物质与非物质文化遗产。”这既可视为文化线路识别的指标，也可以作为文化线路的主要构成要素。作为大运河这类工程性文化线路的指标或构成要素，还可以分析为技术要素和非技术要素两大类，二者应具有同等重要的地位，不可偏废。在对淮安清口运河遗产进行价值评估时，亦应持此科学态度。

《宪章》还对文化线路的真实性作出符合实际的表述。真实性是展现文化线路价值的基础。对真实性的基本要求可概括为：通过文物遗存证实其结构布局的真实性、通过物质和非物质遗产评估其自然和文化环境的真实性、通过史料文献证明已被拆毁文物存在的真实性、通过科学的保护管理尊重其真实性。淮安清口运河遗产虽然在“文革”中遭到严重破坏，但是河道尚完整保存，闸、坝、堤、堰、引河、转水墩等水工遗址清楚，码头镇聚落的基本格局基本保持，回民聚居的背景环境犹存，相关史料文献舆图资料完整，惠济

① 联合国教科文组织世界遗产中心等编，国际文化遗产保护文件选编，文物出版社，2007年

祠等神庙遗址可寻,甚至连顺黄堤埽工遗址及沉币祭祀遗址均完整保存,置于村民宅基院内的石工材料更是数不胜数,这表明此地作为大运河文化线路关键地区的遗产真实性基本符合《宪章》要求。当前的优先行动是立即由政府出面制止一切进一步妨害遗产真实性的活动。在大运河保护规划实施前,这一点越发显得重要。

值得注意的是《国际运河古迹名录》有一句重要说明,“真实性并不适用于运河这类功能型的结构或形态,因为建造这类结构或形态的首要目的是不断满足经济需求,因而它们总是不断得到维护或部分翻新。1994年9月在加拿大召开的国际专家会议达成的意见就是:运河所经历的技术变迁本身也许正是水道遗产的重要组成部分。”

《实施〈保护世界文化与自然遗产公约〉的操作指南》要求的真实性必须从以下诸多方面来认定:①外形和设计;②材料和实体;③用途和功能;④传统、技术和管理体制、位置和环境背景;⑤语言和其他形式的非物质遗产;⑥精神和感觉;⑦其他内外因素。

两相对照,大运河遗产更应当从遗产运河真实性认定原则加以考虑,从而更加符合大运河发展变化的历史规律。

9.5.2　行动建议

以京杭大运河为主要对象的大运河已被中国政府列入申请加入世界文化遗产的预备名单,从国家到地方以至社会广大民众对运河历史文化的认同达到前所未有的高度。在大遗址保护理念主导和空间技术支持下实施的本项研究,对运河历史文化遗产进行了比较全面的调查和分析,从恢复历史真实的视角出发,对作为运河历史文化遗产的范畴进行了梳理和界定,同时对于以往研究很少涉及的运河河道本体给予了较多的关注。

通过项目的实施,感觉到运河遗产尽管得到越来越多的关注,但要使其真正走上科学保护和利用的轨道,还有相当长的路要走,仅仅依靠在“申遗”的动机下迸发出的热情显然是不够的。

为了科学的认识、研究、保护和利用京杭大运河历史文化遗产,在本项目实施的基础上,我们认为应当在以下方面提高认识,促进工作。

第一,继续加强运河历史文化遗产的科学研究工作。加强运河资源的调查和摸底力度,只有明确运河历史文化遗产的范围,才有可能使重点保护做到有的放矢,实施有效保护。在一些特定区域,特别是运河枢纽工程和关键工程,应该组织多学科参加的专题性调查,而一些重要节点也可以根据需要适当开展考古发掘工作,以搞清历史真实,为科学保护和利用提供前提。科研应注意多学科的结合和高新技术的运用,在传统的考古、历史学科参与之外,水利、航运和相关自然科学的介入是必要的保障。应尝试运用遥感、物探等新技术和装备,探寻已湮没的河道及工程设施,在避免对文物造成损伤的情况下,充分发挥现代高新技术的效能。

第二,加快大运河保护的立法和规划编制工作。运河涉及到众多的历史文化名城、不同级别的文物保护单位,沿线群众的生产生活和遗产环境十分复杂,因此,加强和加快国家层面的专项立法工作十分必要也十分紧迫,也是有效保护京杭大运河遗产真实性和完整性的根本要求。科学有效实施对历史文化遗产的保护,必须有规划的引领和支撑。

作为东部沿海地区的运河沿线，正处于经济高速发展的时期，城市、城镇乃至新农村建设日新月异，没有大运河世界遗产地的保护规划，使地方建设发展规划有所遵循并与之协调，科学保护则无从谈起。

第三，理顺运河遗产管理体制。现行运河的管理，根据各区域具体情况分别由水利、交通、城建等部门负责的情况本无可厚非，但作为运河遗产的管理，则不应当政出多门。现行体制下，对于相关历史文化遗产，文物部门以文物保护单位体系实施保护，建设部门用历史文化名城、名镇来进行约束，而水利部门也设有水利风景区加以管理，此外，宗教、民族、民政等机构也都对涉及到本行业运河历史文化遗产保护实施管理的职能。以申遗为契机，理顺体制，在充分协调的基础上，设立较高层次的机构以统筹中国大运河遗产的管理。

第四，申请世界遗产要与遗产保护工作相结合。要把积极申报世界文化遗产的过程变成为加强大运河遗产保护的过程。要合理引导，将地方的积极性转变为科学保护的动力，将高涨的热情落实为遗产保护的措施。当前主要的任务应该是继续做好大运河遗产现状的调查和认定工作。在此基础上确定申遗的内容，编制申遗文本。同时设立专门经费，启动以重要工程遗迹为中心的区域性遗产保护工作。

第五，加大投入，建设大运河遗产保护、研究和展示的三位一体的现代化体系，扩大内需和就业。以较大的力量，以调查评估为先导，进行环境整治和维护；同时划定重要大运河遗址考古区，以稳定投入组建队伍，有规模的长期开展考古勘探和发掘。通过这一现代化的保护体系的建设，促进运河沿线地区产业结构有所调整，生态环境建设达到世界遗产地的水平，同时起到扩大社会就业以及拉动内需的作用。

第六，大运河遗产保护要切实纳入到国民经济与社会发展规划中去。要正确处理基本建设与遗产保护的关系。除上述外，目前急需开展的，一是主动的政府公共行为，大力整治环境，解决脏乱臭的问题，妥善解决当地居民各种实际问题；一是认真开展对涉及大运河遗产保护和申遗的基本建设工程的研究论证，根据世界遗产保护的标准进行科学决策。在已开工的南水北调东线工程和航道运力升级工程前期研究中，更要具体考虑大运河遗产保护和申遗的新要求。大运河遗产保护本身就是最为重大的建设，其他建设都应尊重历史，延续大运河的历史文脉，避免在全世界人民面前的被动。

第 10 章　大运河遗产保护规划探讨

10.1　中国大运河的性质

遗产性质决定着遗产保护的原则和方法,也与遗产构成有着密切联系。限于现有我国文物保护单位的分类①,京杭大运河作为水利工程类文物古迹,如都江堰、灵渠等一样,是列入全国重点文物保护单位"古建筑及历史纪念建筑物"类别的。但从实际情况看,京杭大运河自 1855 年黄河改道和漕运停止后,国家停止了对运河的管理,在全长 1700 多公里的河道中,通航里程仅余 800 多公里,季节性通航里程也只有 1000 多公里,济宁以北河道及附属设施已基本废弃。而隋唐运河淮安以北更是随政治和时代变迁而掩埋于地下。因此,京杭大运河尽管作为"古建筑及历史纪念建筑物"类文物保护单位,但也包括相当大部分的古遗址。而中国大运河,包括了京杭大运河,更以古遗址为主。我们在为国家科技支撑项目"空间信息技术在大遗址保护中的应用研究(以京杭大运河为例)"起草申请书时,曾经写道:

"大运河是我国历史发展的大动脉,是超巨型的、部分正在使用的大遗址,是世界公认的人类工程奇迹,具有极其丰富的文化和自然的内涵与景观。将京杭大运河公布为全国重点文物保护单位,是党中央、国务院的重大决策。保护好大运河,是落实国家法律和世界公约的要求,是引领我国历史遗产全面保护的重大举措,是各有关部门和科技界面临的艰巨、紧迫而光荣的任务"。

对于大运河这样跨区域、跨年代、弃用兼备、形神具丰的超巨型遗产,我们需要广泛参照各类文化遗产的特点对其性质加以分析和确定。下面我们选择现有世界文化遗产运河及几种相关类型的文化遗产定义和特征进行对比分析。

10.1.1　遗产类型比较

表 10-1 中,世界遗产法国米迪运河的申报类型为建筑群(group of buildings),米迪运河也可属于文化景观,但申报国并未按文化景观类进行申报。加拿大里多运河的类型为遗址(site)。米迪运河修建的目的是缩短大西洋与地中海的航运距离,修建后在持续使用,目前仍兼通航功能。里多运河最初是英国政府出于军事防御美国独立运动的目的而修建,修建后从未发挥原有作用,通航功能也随着其他运输方式的兴起而荒废,到 20 世纪 70 年代休闲热兴起后才开始重新利用于旅游休闲目的,因此按遗址类申报世界遗产。

---

① 共分为古遗址、古墓葬、古建筑及历史纪念建筑、近现代重要史迹及代表性建筑、石窟寺及石刻及其他六类

表 10-1　国际及我国相关遗产类型比较

类型	建筑群	遗址	遗产运河	文化线路	大遗址
类型来源	联合国教科文组织（UNESCO）《保护世界文化和自然遗产公约》	联合国教科文组织（UNESCO）《保护世界文化和自然遗产公约》	联合国教科文组织（UNESCO）《保护世界文化和自然遗产公约操作指南》	国际古迹遗址理事会（ICOMOS）《ICOMOS 文化线路宪章》（草案第 5 稿）	财政部、国家文物局《关于印发〈大遗址保护专项经费管理办法〉的通知》
定义	“从历史、艺术或科学的角度看，在建筑、风格统一或与景观结合方面，具有突出普遍价值的单体建筑群或关联建筑群”	“从历史、审美、人种学或人类学角度看具有突出的普遍价值的人类工程、自然与人联合工程以及包含考古遗址的地区”	“运河是人工建造的水道。无论从本质上或者作为代表此类文化遗产的突出范例，运河从历史或技术角度看都具有突出的普遍价值。运河可能是具有纪念意义的工程，一个线性文化景观的确定性要素，或是某个复杂的文化景观中不可或缺的一部分。”	文化线路应具有自身独特动态的和历史的功能，必须满足以下条件：“a）反映长期人类交互活动以及种族、国家、区域、大洲之间在货物、思想、知识和价值观上多维度、持续和相互的交流；b）在物质和非物质遗产上体现出所及文化在空间和时间上的互动发展；c）相关历史和文物与动态系统融为整体”	“主要包括反映中国古代历史各个发展阶段涉及政治、宗教、军事、科技、工业、农业、建筑、交通、水利等方面历史文化信息，具有规模宏大、价值重大、影响深远特点的大型聚落、城址、宫室、陵寝墓葬等遗址、遗址群及文化景观。”
特征	以建筑物、构筑物为核心	以地区概念和考古遗址为核心	强调运河功能与技术变化构成遗产真实性要素。运河价值体现在遗产本体与可移动物体、附属建筑（桥等）和景观之间的关系上。运河的重要性可以从技术、经济、社会和景观方面分析	文化线路的特征要素是自然环境、物质要素和大于各组成部分、赋予整体文化价值	大遗址是保护政策的概念框架，它强调遗址的区域性、保护的综合性、展示与保护的结合、考古研究与专门研究的重要性
示例	法国米迪运河	加拿大里多运河	尚无	尚无	“十一五”规划已将大运河列入 100 处大遗址示范工程项目库中

而我国的大运河情况更为复杂，它既包括仍在使用和发挥作用的构筑物和建筑物，还应该包括已经废弃和掩埋的运河发展过程中所保留下来的遗迹和遗物，既包括主要的工程遗迹，还形成独特的政治、文化、经济、景观地域特色。大运河属于复合型遗产，简单的遗址或建筑群遗产类型不足以概括其丰富内涵。

10.1.2　世界遗产名录中的运河

中国大运河与上述两条世界遗产运河的不同之处，更在于其代表了不同历史阶段的工程技术水平。尽管两条国外运河申报世界遗产时的类型不同，但有相似之处。两条运河都修建于 17 世纪至 19 世纪。由于工程力学和建筑材料的革命性突破，使得建造大型船闸、大坝成为可能。船闸和水库的运用，使运河水路路线更加缩短。这两条运河无疑是工业革命时期留下的伟大工程。

法国米迪运河修建于 1666 ~ 1694 年，它创造了世界现代史上最具辉煌的土木工程奇迹，为工业革命开辟了一条航线。代表性工程有为运河提供水源的圣费雷奥勒大坝：大坝坝顶长 780 米，坝底长 140 米，蓄水库容 6 374 000 立方米。大坝工程的创新之处还在于它在不同高程设计的泄洪和清淤设施。圣弗雷奥尔大坝坝高 35 米，在其后 165 年之中一直保持世界第一高坝的地位。在丰瑟拉恩，由八个船闸组成的梯级船闸在不足 280 米的区间内水位落差为 21. 5 米。还有世界上第一个可以航行的地下运河河段马尔帕斯隧道，隧道长达 173 米。

加拿大里多运河于 1826 年开建，工程规划时考虑到当地人烟稀少，放弃了绕开湍流的较长河道路线而选择了由高坝和船闸组成的平水体系（slackwater system）。在 202 公里长的运河沿线，共建 74 座大坝和 50 座船闸，以抬高水位保护通航。里多运河的船闸长可达 37. 8 米，宽达 9. 1 米，提升机高度达 4. 6 米，可供当时在北美刚刚兴起的蒸汽船轮船通过。里多运河的挡水坝大多为土坝，还有 7 座石拱坝。例如金斯顿船闸由一组土坝、砌石拱坝和砌石挡水堰组成。在约翰瀑布的石拱坝长 107 米，高 19 米，是当时北美地区最高坝的两倍。

10.1.3　中国大运河的古代水利工程技术

中国大运河及京杭运河是与它们不同性质的文化遗产，所代表的是工业革命之前古代水利规划和土木工程所能达到技术顶峰的杰作。

江河以地形差异而分流别派，运河是通过工程措施将天然河流联系起来的人工水道。水路沟通，运输完成还需要水源保障。水量不足，不能承舟；洪水横流，依然不能承舟。因此运河是一个具有水源、水量节制和航道控制的工程体系。在中国的文明进程中，开凿的运河不计其数，但是，堪称大运河者无一不是经过数代数百年的建设完成的。唐末永济渠衰落约 400 年后，元代开通惠河、会通河，与隋唐永济渠的北段（白河和卫河），以及春秋末年形成的淮扬运河、江南运河形成了北京至杭州长 1700 多公里纵贯南北的运河，即京杭大运河。京杭大运河从全线贯通到漕运中断，全程运用了 700 多年。

春秋至秦汉时期是中国运河的创建时期。技术成就主要反映在规划技术方面，对河流分布、流向以及区域地理等知识的认知，实现了对运河线路的成功的规划，还产生了设置堰埭、跨越山岭的运河技术。这一时期的运河实现了江淮、黄淮，以及长江与珠江水系的连接。留存至今且在使用的运河，主要有邗沟、胥溪运河、灵渠等，以及尚存者，有三国吴开凿的破岗渎。

隋唐宋时期，中国古代运河工程技术达到高峰。隋代大运河开凿贯通，中国内河的航运网形成。大运河具备了交通调度、水源供给和泥沙防治等综合功能，开始作为相对独立的工程体系运用。与天然河流相交的运口枢纽工程，包含了工程规划、水资源利用和工程管理技术等多方面的技术进步。以宋代复闸，如真州闸（今仪征）、京口闸（今镇江）、长安闸（今浙江海宁）为代表的工程运行系统，成为这一时期中国水利工程技术领先世界的标志。

元明清时期，首先由元代大科学家郭守敬主持进行测量制定和论证了沟通海河水系、黄河、淮河及穿越山东地垒的方案，完成了京杭大运河纵贯南北的壮举。其后进行了长期的治理和经营。此期正值黄河夺淮，黄河洪水和泥沙对运河所造成的工程问题的难度超过以往任何时期。为确保京杭运河的全线畅通，清代甚至国家财政有近 10%～20% 经费用于徐州以下治黄与防洪。

京杭运河运用的后 300 年即 16 世纪末至 19 世纪中期，黄淮运三河交织在一起，黄河对运河的干扰随着淤积的加重而更为严重。在黄河洪水和泥沙严重影响下，清口-洪泽湖水利枢纽工程体系发挥了重要的作用，保证了数百年运河成功地穿越黄河。

在淮安码头镇东南明代筑高家堰，利用地形和大堤形成人工湖以蓄积淮河清水，抬高水位实现对清口的冲刷，即实现了河道总督潘季驯“蓄清刷黄”的治水方略。高家堰至清康熙时形成长约 30 公里，最高坝段高 15 米堤坝组成的具有蓄水、冲沙、泄洪等功能的水库-洪泽湖，并对清口形成了有效冲刷，延缓了黄河泥沙在清口段的堆积速度。清口枢纽运用了 200 多年后虽然失效，但却是与黄河泥沙搏斗的重要工程实践，为黄河泥沙研究和治理留下了科学财富。清口枢纽运用中诞生的高家堰，成为 17 世纪前世界上规模最大的砌石坝。黄河夺淮期间，在自然环境改变，以及维系运河运用所进行的持续 400 年的大规模水利活动的共同作用下，造就了人工湖-洪泽湖。淮河改道后，洪泽湖成为苏北地区重要的水源工程，也是今后南水北调工程的骨干调蓄水库之一。

清口-洪泽湖古代水利枢纽完善的工程体系，集中了中国传统水利主要的水（河）工建筑、结构型式，并将工程管理与运用提高到前所未有的水平。它代表了 17 世纪西方工业革命前水利工程规划、坝工建设的最高水平，是工程规模最大，运用时间最长的水利枢纽工程，其丰厚的文化遗产价值和可持续运用的功能应当在京杭运河保护规划中据有重要的地位。

10.1.4　中国大运河的遗产性质

中国大运河应该明确自己在世界工程史上的独特地位。鉴于大运河跨区域的复合性特点，兼顾运河申遗及运河保护与发展的长期目标，应综合考虑我国大遗址保护体系和世界遗产公约中新增加的遗产运河类型,建议中国大运河遗产性质确定为遗产运河类的大遗址。

用最为简单的一句话概括大运河的性质:人类工程奇迹为核心的世界最庞大的运河体系。大运河,首先是人类工程、人与自然联合工程的伟大奇迹。一位英国学者编著的《世界古代70大奇迹——伟大建筑及其建造过程》一书,列入了中国大运河(Chinese Canals),认为"是始修于公元前5世纪迄今仍在使用的世界上最庞大的运河体系。"就以上的评价而言,大运河的世界遗产价值,已毋庸置疑。

中国的大遗址保护概念的提出以及基础的奠定,至少可以追溯至中华人民共和国建立之初。当时的政务院的通知,就已提出注意一些坚决保护和有计划调查发掘的地区,主要指具有重大历史意义的古都遗址。新中国首任文物局局长兼考古所所长郑振铎,曾在1954年8月31日《人民日报》发表《在基本建设工程中保护地下文物的意义与作用》一文,系统讲解了基本建设和文物保护工作的关系,一开始就首先提出:"有的地下埋藏,像安阳小屯的殷代遗址,西安附近的西周时代的丰镐二京,洛阳的周代王城、汉城,西安的汉城,都是不能有二的极重要的古代和中古的文化遗址,可以提供出不少历史上重要的实物资料,而且必须坚决的加以保存、保护,即使在发掘了之后,…需要极精心在意的发掘清理工作…也还需要把这些地区保留下来,像保护意大利的庞贝古城似的保护它们;它们的本身就是重要的历史,就是古代和中古的计划都市的生动的具体的例证。"

苏秉琦先生是中国考古学的"一代宗师"。他所创建的区系类型理论、对文明起源与国家形成理论的探索,以及对如何确定文物保护重点的讨论,为中国考古学理论和古史研究作出重大贡献,同时为我国历史文化遗产保护特别是大遗址保护,进一步奠定了基础。他的《中国文明起源新探》一书(商务印书馆,1997年出版)有下面的论述:"古文化、古城、古国这三个概念,分开来看不是新课题。它们的提出可以追溯到1975年,当时我提出应当把古城古国当作文物保护重点的原则。提出这样的原则是因为我从多年实际工作看,古城址往往埋藏很浅,高平低垫,很容易就被破坏,一重要,二难保护。当时这一提法主要指历史时期的大遗址(古城址),现在看来,应该把史前时期的大遗址也作为重点,即把古城古国与古文化联系起来。"苏秉琦还是从文物考古角度提到大运河重要性的第一人。他在1987年发表于《文物天地》的《给青年人的话》一文中,在谈到当代考古学发展的新趋势时指出:"考古这门学科从表面上看似带老古董味道,仔细想并非如此。长城作为旅游点经年吸引了以百万计的中外游人,《话说运河》受到亿万人的热烈欢迎。两者不都是大文物、大的考古课题吗?《话说运河》的结束语中提到长城的阳刚之美与运河的阴柔之美,两者交汇在首都北京正是我们伟大中华民族的象征。这是多么令人神往的艺术语言啊!一条丝绸之路引申出北方草原、西南山区与海上的三条丝绸之路。这哪是老古董能干得了的事业!"

财政部、国家文物局2005年出台的《大遗址保护专项经费管理办法》,是政府部门首次对大遗址的专门定义:"本办法所指的大遗址主要包括反映中国古代历史各个发展阶段涉及政治、宗教、军事、科技、工业、农业、建筑、交通、水利等方面历史文化信息,具有规模宏大、价值重大、影响深远特点的大型聚落、城址、宫室、陵寝墓葬等遗址、遗址群及文化景观。"该专项提出了大遗址保护的概念和框架方法。从"遗址、遗址群及文化景观"的概念出发，从行动计划切入，明确了优先考虑遗址本体保护需求急迫等原则，建立了考古调查和发掘、地形测绘、规划设计、工程方案勘察设计、遗址本体载体的抢险加固、环境治理工程、安全技术防范工程、消防工程及其他防灾减灾工程、展示设施工程，以及保护管理体系建设、重大专题调研等项目库。这其中的规划，主要是基于当时对于价值认知的规划。规划任务的内容当然包括继续的急需的价值认知、损害及原因的调研。由于历史欠账较多，规划重点考虑战略决策、行动计划与协调落实，并争取高层次解决城市总体规划和土地利用规划以及基本建设工程存在的问题。

10.2　大运河遗产保护规划编制的必要性和可行性

大运河保护已经开始行动，保护规划的编制即是第一步，其必要性和重要性如下。

10.2.1　大运河申报世界文化遗产的需要

2006 年 12 月，国家文物局已将大运河（北京市、天津市、河北省、山东省、江苏省、安徽省、浙江省、河南省）列入《中国世界文化遗产预备名单》。这意味着世界遗产申报工作已成为大运河保护工作的有机组成部分。

根据联合国教科文组织世界遗产委员会（WHC）2005 年《实施世界遗产公约的操作指南》规定，申请世界遗产提名的遗产地需要在提交的申请资料中包括九点内容①。在第四点“保护状况与影响因素”中，要求明确受保护遗产资源的现状、影响因素、环境压力、自然灾害与事故防治、旅游者压力、遗产保护区与缓冲区的人口数量等内容。在第五点“保护与管理”（Protection and Inscription）中，要求提供受保护的遗产资源清单、具有实施性的保护措施、区域或城市已经获得通过的相关规划（例如区域规划、保护规划或游憩发展规划等）、资源管理规划或管理体系、各级资金来源等内容。并在第六点“监督”（Monitoring）中，确定衡量保护状况的主要指标、安排遗产监督的行政管理部门等。可见，包括以上相关内容的保护规划的制定是申请及获得世界遗产提名的根本要求。

10.2.2　京杭大运河作为全国重点文物保护的需要

2006 年 5 月 25 日，国务院将京杭大运河（春秋至清）整体公布为第六批全国重点文物保护单位，分布范围为“北京市、天津市、河北省、山东省、江苏省、浙江省”。

---

① 参见 WHC. Operational Guidelines for the Implementation of the World Heritage Convention. 2005, 30-33, 97-109. 九点内容分别是：（1）资源判别（Identification of the Property）；（2）资源表述（Description of the Property）；（3）提名理由（Justification for Inscription）；（4）保护状况与影响因素（State of Conservation and factors affecting the property）；（5）保护与管理（Protection and Management）；（6）监督（Monitoring）；（7）文档（Documentation）；（8）责权部门的相关信息（Contact Information of Responsible Authorities）；（9）代表缔约国签名（Signature on Behalf of the State Party(ies)）

依据《全国重点文物保护单位保护规划编制审批办法》的规定，“文物保护单位保护规划是实施文物保护单位保护工作的法律依据，是各级人民政府指导、管理文物保护单位保护工作的基本手段。”因此，规划编制是全国重点文物保护单位保护工作的首要任务。

按照我国文物保护及相关条例的规定，各级文物保护单位应在公布一年之内，要完成“四有”工作，即有保护范围、有标志说明、有记录档案、有专门机构或者指定专人负责管理。而大运河因其本身构成复杂、尺度巨大，“四有”工作至今未落实和完成。

10.2.3　大运河保护综合协调和长远发展的需要

在当前快速城市化进程的影响下，大运河本体的完整性和安全性正面临着严重的威胁，同时文化遗产保护工作的重要性越来越得到广泛的认同。如何在保护运河遗产的基础上，再现其历史、科学、社会等价值，并促进区域与城乡的可持续发展，是目前急待全面思考和综合布局的重要议题。

不论是京杭大运河还是大运河，都可视为跨流域的、大型的水运体系；不论是运河申遗，还是运河作为国家级文物保护单位，其目的都是指向运河遗产的长久保护和持续发展；同时保护工作又涉及文物、水利、交通、环保等诸多部门，文物保护、城市规划、社会经济、休闲旅游、生态建设等多个领域，并与运河沿线城乡地区都有着密切的关联，因而需要通盘考虑运河保护与发展问题，全面协调利益相关主体，并从整体上构建运河规划体系以及保障机制，编制和出台一系列能够全面协调和长期指导大运河保护与发展的规划体系。

而且，由于大运河自身体系的复杂多样，相关调查研究、规划编制、保障机制以及具体实施也都将经历一个不断调整和完善的过程。

因此，运河保护规划的编制和规划体系的建立，是目前急待开展的工作。但由于运河“申遗”和作为文物保护单位以及着眼于大运河长远保护，是既相关联又不尽相同的工作，因此在规划编制工作中要处理好运河当前工作需要与长远保护之间的关系。

10.2.4　大运河遗产的国际关注

国际遗产保护领域对大型的文化遗产地越来越关注，相关保护理念、保护方式以及实践中主要有以下几种。

1. 线性文化遗产

“文化线路是一种陆地道路、水道或者混合类型的通道，其形态特征的定型和形成基于它自身具体的和历史的动态发展和功能演变；它代表了人们的迁徙和流动，代表了一定时间内国家和地区内部或国家和地区之间人们的交往，代表了多维度的商品、思想、知识和价值的互惠和持续不断的交流；并代表了因此产生的文化在时间和空间上的交流与相互滋养,这些滋养长期以来通过物质和非物质遗产不断地得到体现”①。

2. 遗产廊道

遗产廊道概念,首先是在美国提出的,是文化遗产保护领域区域化趋势和绿道(greenway)思想结合的产物,不仅强调了遗产保护的文化意义,而且强调了其生态价值和经济价值。这一思想不但应用在已有廊道遗产的保护工作中,同时也在新廊道文化遗产的塑造中发挥着重要的作用②。

3. 文化景观

文化景观是“人类与大自然的共同杰作”。它们见证了人类社会和居住地在自然限制和(或)自然环境的影响下随着时间的推移而产生的进化,它们也见证了外部和内部社会、经济和文化的发展力量;“文化景观”一词包含了人类与其所在的自然环境之间的多种互动表现;文化景观通常能够反映持续性使用土地的特殊技术,反映了其所处自然环境的局限性和特点,以及与大自然特定的精神关系。保护文化景观有利于将可持续性土地使用技术现代化或增加景观的自然价值。持续性的传统土地使用形式的存在保持了世界大多数地区的生物多样性,因此,对传统文化景观的保护对保持生物多样性同样有效③。

4. 遗产运河

UNESCO 新一版的《实施保护世界文化与自然遗产公约的操作指南》④中,对“遗产运河”也已做了界定,并作为新的世界遗产种类可供申报。

“运河是人工修建的水路。无论从本质上或者作为代表此类文化遗产的突出范例,运河从历史或技术角度看都具有突出的普遍价值。运河可能是具有纪念意义的工程,一个线性文化景观的确定性要素,或是某个复杂的文化景观中不可或缺的一部分”⑤。

目前,就运河遗产而言,法国的米迪运河和加拿大的里多运河目前都已成功申报世界文化遗产,不过因其各自的特点不同,申报的类型分别是“建筑群”和“遗址”。

10.2.5 大型文化遗产地保护的探索

近些年来我国文物保护部门,在传统的文物保护单位基础上,也开展了一些大尺

① CIIC. Considerations and Recommendation. ICOMOS 13th General Assembly Meetings of the Internationa lScientific Committees. Madrid, Spain, 2002

② 李伟,俞孔坚,李迪华:遗产廊道与大运河整体保护的理论框架,城市问题,2004 年第 1 期,28-54 页

③ http://whc.unesco.org/archive/opguide05-en.pdf

④ http://whc.unesco.org/archive/opguide05-en.pdf

⑤ http://whc.unesco.org/archive/opguide05-en.pdf

度的、跨区域的文化遗产保护，例如关于长江三峡、长城和丝绸之路的保护规划编制探索。

财政部、国家文物局为了有效的促进全国范围内的大遗址保护工作，选定了"'十一五'期间重要大遗址(100 处)"作为国家指导或者引导要开展的保护工程，其中大运河和长城、秦直道成为三项大尺度的跨省、自治区、直辖市的大遗址代表。目前，有关部门已经完成了多项大遗址保护的规划编制纲要。

这些文物保护工作的开展，以及相关规划编制工作的探索和相关研究的深化，为大运河保护规划的编制奠定了一定的基础和经验。

10.2.6　社会对大运河保护的期望

面对大运河保护工作的重要性、综合性、复杂性以及迫切性，近两三年来从中央到地方自上而下或自下而上针对运河保护已经有针对性的开展了不少的工作，或运河全线，或重要区段，或重要结点，或重要专题，这些有益的保护尝试，为大运河保护规划的编制奠定了基础。而且，随着大运河保护与申遗的呼声的高涨，带动了社会各界对大运河保护问题的关注，以及了解对运河文化的热情，这将无疑有利于增进公众对运河的了解，并自觉地加入到运河保护和发展的行动中来。

(1) 南水北调工程的启动和实施后，国家文物局、水利部联合发布了《关于做好南水北调东、中线工程文物保护工作的通知》(2003 年 6 月)。而且在国家文物局的领导下，南水北调东线工程江苏、山东等省已经完成了文物调查报告。

(2) 在国家文物局和财政部确定的"十一五"期间重要大遗址(100 处)"中，"大运河"名列其中。

(3) 2006 年 5 月 25 日，国务院将京杭大运河(春秋至清)整体公布为第六批全国重点文物保护单位，分布范围为"北京市、天津市、河北省、山东省、江苏省、浙江省"。

(4) 2006 年 12 月，国家文物局正式将大运河(北京市、天津市、河北省、山东省、江苏省、安徽省、浙江省、河南省)列为《中国世界文化遗产预备名单》。

(5) 2007 年 9 月 26 ~ 28 日，在中国大运河的发轫地著名历史文化名城扬州，举办了 2007 年中国扬州世界运河名城博览会暨运河名城市长论坛等系列活动，一方面就运河保护和旅游、城际交流合作、经济发展等问题展开了讨论；另一方面确立扬州为运河申遗的牵头城市。

(6) 自 2004 ~ 2008 年，全国和地方政协委员针对大运河保护提交了多项保护提案，组织了多次运河考察和研讨，发表了很多重要的保护建议，政协由此成为目前运河保护中一支引人注目的力量。

(7) 大中小学师生和一些传媒机构也组织了运河调研、宣传系列活动。

10.2.7　大运河保护基础研究的进展

由于大运河在我国历史发展中的重要地位，关于大运河开凿、管理以及相关社会文化生活的记载和研究成果都是极为丰富的，涉及漕运、水利、交通、城镇、社会文化、治理管理等多方面的信息①。

随着近年来对运河保护和"申遗"等问题的关注，针对"大运河遗产保护及其发展"开展的调查以及研究成果急剧增多，成为大运河研究中极为重要的组成部分，为大运河的积极保护和利用发展提供了支撑。

运河重大专项调研主要包括：

（1）2003 年 6 月 18 日，国家文物局与水利部联合下发了《关于做好南水北调东、中线工程文物保护工作的通知》。国家文物局成立了"南水北调工程文物保护工作领导小组"，专门负责组织、协调工程中的文物保护工作，而且在国家文物局的领导下，南水北调东线工程江苏、山东等省已经完成了文物调查报告，在干渠及输水库区（绝大部分在运河周围）发现 230 处文物点，其中江苏省 142 处，山东省 88 处，这些文物点中属于文物保护单位的 30 余处，基本涵盖了运河沿岸各个时期的文化遗存②。

（2）2004 中国文物研究所撰写了"大运河整体综合性保护研究立项可行性报告"（内部）。比较系统地对开展这一项目开展的意义和必要性、基础条件、总体目标、实施计划、研究内容、技术路线、课题设置方案、关联行动以及项目经费、效益以及风险做了阐述和研究，并对沿线大运河部分省市的主要遗存做了梳理，还调研了国外重要的运河基本情况和保护现状，在此基础上形成了 10 多万字的《大运河整体综合性保护研究立项可行性报告》以及《资料汇编》③。

（3）2004 年 7 月，国家文物局委托北京大学景观学院进行"为实现整体保护目的的京杭大运河遗产廊道"研究（项目编号：20030100）。俞孔坚教授和他的学术团队，当年夏天带着学生骑自行车从北京——杭州分段考察一个月，并广泛搜集资料，建立运河遗产廊道的基础数据库，开始了对运河遗产廊道的深入研究，并发表了不少系列报道和有分量的学术论文④，从多方面阐述大运河相关保护事宜，包括对大运河遗产构成、价值分析、保护目标、保护行动等多方面的内容。他们提出，由于大运河遗产具有尺度巨大、资源类型多样、构成的整体性和线性分布等特征，可将大运河建设成为集生态与环境、休闲与教育及文化遗产保护等功能为一体的"国家生态与遗产廊道"；同时，由于大运河特别是江南运河对中国工业特别是近代民族工业的发展起到过重要，她又是一条工业遗产廊道。该团队提出，无论是"大遗址"还是"遗产廊道"的概念，都强调将大运河遗产资源作为一个整体，要全面认识其遗产价值。在完成的《为整体保护京杭大运河遗产廊道研究报告》中，对运河遗产数目、现状以及遗产廊道要素、空间范围以及保护层次和方法，都有系统的介绍。

（4）2005 年，清华大学建筑与城市研究所，受国务院南水北调办委托，承担了"南水北调工程建设重大关键技术研究及应用项目"（南水北调工程建设监管中心-清华大学，

---

① 可参考王云：近十年来京杭运河史研究综述，中国史研究动态，2003 年第 6 期

② 穿越历史与现实：南水北调文物保护工程，中国文化遗产，2004 年冬季号

③ 中国文物研究所，大运河整体综合性保护研究立项可行性报告资料汇编，内部版 2004 年

④ 李伟，俞孔坚，李迪华，遗产廊道与大运河整体保护的理论框架，城市问题，2004 年第 1 期

2005),在区域-城市-地段思想的指导下,以骆马湖到微山湖段为重点,完成了《南水北调东线一期工程大运河历史文化环境保护与建设研究》总报告和多项分报告。

(5) 2006 年 6 月京杭大运河列入第六批全国重点文物保护单位之后。国家文物局随后以河北作为试点省份,对境内运河物质遗产和非物质文化遗产做了极为详细的调查。本次调查发现属于运河两岸的各类文化遗存 309 处,其中遗址 63 处,城址 4 处,墓葬、墓群 52 处,码头 22 处,渡口 31 处,沉船点 55 处,石刻及其他 33 处,窑址 8 处,窖藏 2 处,炮台 1 处,给水所 2 处,瓷器采集点 1 处,寺庙 15 处,茶庄 2 处,古钱庄 1 处,古会馆 1 处,古民居 3 处,砖井 3 处,桥 1 处,坝 1 处,闸 2 处,险工 1 处,烈士墓 3 处,近现代重要史迹 1 处,工业遗产 1 处。而且,在这 309 处文化遗存中,调查前已知的文化遗存 19 处,本次调查新发现文化遗存 290 处,占总数 93.86% 。

(6) 2006 年,"阮仪三城市遗产保护基金会"对运河江苏和山东段重要历史城镇和街区开展了比较系统的调查,包括高邮、邵伯、湾头、周店、七级、阿城和临清等地。并在上海成立了"京杭大运河文化遗产保护观察站"①。

(7) 2007 年 1 月,国家科技支撑项目——"空间信息技术在大遗址保护中的应用研究(以京杭大运河为例)"正式启动,成为国家科技支撑计划重点课题《大遗址保护关键技术研究与开发》四项子课题之一(任务书编号 2006BAK30B0104),执行时间为 2007 年 1 月 ~2008 年 12 月。项目组织单位为国家文物局,由清华大学、中国文化遗产研究院、中国科学院遥感应用研究所、中国水利水电科学研究院四家单位承担,北京市、天津市、河北省、山东省、浙江省、江苏省以及东南大学、扬州市文物局等多家相关单位共同参与。目前,课题组也已经完成了多项研究报告,如《大遗址保护空间信息技术需求分析总报告》、《大运河历史文化遗产保护空间信息技术应用需求分析报告》、《大遗址定义、分类、分级、编码及大遗址保护现状研究报告》、《空间信息技术在历史文化遗产保护中的作用与应用现状研究报告》、《大遗址总体设计报告》、《京杭运河发展简史》等多份研究报告,以及约 70 万字的《调研报告》(上中下三册)。

此外,在借鉴全国第三次文物普查和相关行业准的基础上,课题组制定完成了《京杭大运河现状调查与信息采集工作导则》、《京杭大运河现状调查名称使用规范》、《京杭大运河现状调查与空间数据采集规范》、《京杭大运河不可移动文物调查登记表》、《京杭大运河河道本体及周边环境调查登记表》等五份标准、规范、表格文本,用于指导京杭大运河的现状调查和数据采集工作。为方便数据录入和相关分析工作的开展,清华大学与中国文物研究所还依上述标准规范为底本,共同开发完成了"京杭大运河河道本体及文物调查资料录入系统",提供有关省市调查使用。

关于运河保护的相关成果也急剧增长。以"中国期刊网"中 1994 年 1 月 ~2007 年 3 月期间发表的大运河论文主题和数量为例见表 10-2,可以看到有关运河保护的研究主要从 2004 年开始,2006 年起明显增多,这实际上正是大运河遗产保护的问题逐渐升温、政府和公众广泛关注的一个反映见图 10-1。

---

① 阮仪三, 我们应当怎样保护京杭大运河,参见 http://ly.gdcc.edu.cn/n10819c117.aspx

表 10-2　中国期刊网 1994 年 1 月 ~ 2007 年 3 月收录大运河论文的主题与数量分布表①

序号	研究主题(古)	论文数量	序号	研究主题(今)	论文数量
1	沿运近代企业	1	12	沿运遗产点分布与利用	17
2	运河制图	3	13	沿运产业用地更新	1
3	黄运关系	2	14	大运河国土生态基础设施	6
4	运河防务与管理	7	15	南水北调与运河	6
5	运河与沿运地区农业	1	16	沿运地区经济发展	8
6	运河人物史	8	17	运河地带开发/城市开发	5
7	运河与沿运地区经济	16	18	沿运历史街区、园林建设	10
8	运河沿革与变迁	26	19	运河水利	6
9	运河与沿运城市	27	20	运河旅游与游憩	17
10	运河文化	17	21	运河航运	14
11	漕运与运河	10	22	运河水环境	32

注:检索所用关键词为“大运河”,搜得文章 1307 篇,选出其中与大运河相关的研究性论文计 240 篇,按研究内容分为以上 22 个主题。其中前 11 个主题主要是关于运河史、运河文化、古代运河与沿运地区关系的研究,后 11 个主要是对运河在当代的利用改造、水利与航运、沿运地区/地段开发等的研究。

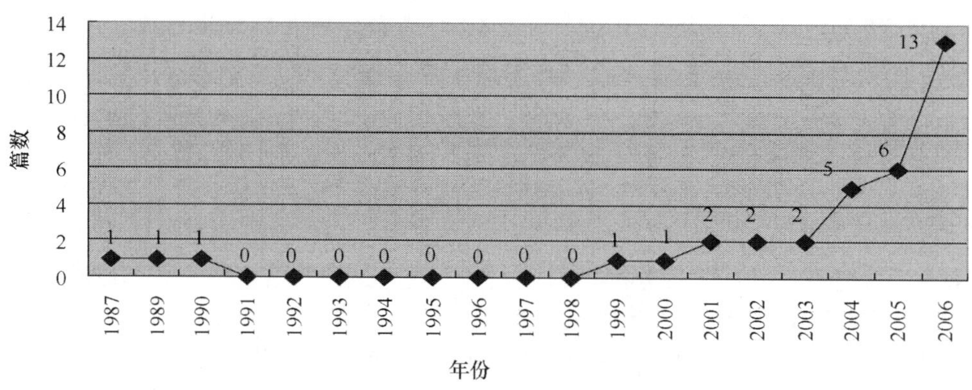

图 10-1　中国期刊网上关于大运河遗产保护相关论文年份统计图

资料来源:根据中国期刊网同时以“运河”、“遗产”两个关键词对 1979 年至 2006 年 12 月所有期刊进行检索,共查文章 35 篇

虽然从这些论文的内容来看,多是关于运河遗产和“申遗”工作一些原则性问题的探讨,但也不乏比较翔实和深入的基础调研和保护研究。

10.2.8　大型文化遗产地保护的科技支撑

基于 GIS、RS、GPS、VR 为代表的现代空间信息技术,在运河资源调研、保护规划、管理决策、展示利用等方面都有很大的帮助。国家科技支撑项目“空间信息技术在大遗址

① 朱强,京杭大运河江南段工业遗产廊道构建,北京大学博士论文,2007 年

保护中的应用研究(以京杭大运河为例)”就是致力于这方面的研究,该课题关于运河遗产登录系统、规划辅助系统、展示利用系统的建设为即将开展的大运河保护规划可提供科技支撑。

10.3　大运河遗产保护的复杂性

运河沿线自然环境千差万别,深受当地水系和气候条件的影响,使建于其上的水利工程具有显著的地域特点。在几千年的运行过程中,以运河本体为中心不断向两侧辐射,衍生出丰富多彩的运河文化。然而,由于各种原因,运河河道屡屡变迁,沿线水利工程几经沿革,或被破坏,或被改建,或被挪为它用。目前,运河河道和沿线水利工程遗址及文物遗存面临主要问题有以下几方面:

10.3.1　大运河遗产的认识问题[①]

大运河贯穿之地,都留下了丰富的文物古迹,保存了具有内河特色的文化。运河作为一种特殊的文化遗产,无论是借水行舟的过船设施,还是截江横渡的水陆枢纽,都证明了古代工匠的科学方法和聪明才智,甚至部分干涸淤塞的主干河道也显示了古代工程技术的创造发明,包含着丰富的历史、科学、艺术内涵。

但是大运河作为人工长河长期以来未被界定在文物保护的领域内,更谈不上申报世界文化遗产,因此需要我们在性质判定、价值评估、管理体制、资源利用等方面认真反思。造成这种局面的原因主要由以下几方面的:

在性质判定上,对于文物古迹中的人工水系遗存,不论是现存地表者,还是已被掩埋者,都长期未得到文物考古、城市规划及有关各学术界的重视。而大运河不少段落是利用了天然湖泊和自然河流,一些人还认为天然的自然的不能算做历史文化遗产,忽视了祖先利用先天优越自然条件的劳动和智慧。

在管理体制上,大运河一直被认为是商货运输的航线,始终由水运局或交通局管理,行业形成的壁垒使运河管理体制处于分散状态。至今文物部门仍难以介入大运河的管理与监控过程。

在资源利用上,人们更关心水资源、航运资源的利用,很少考虑运河文化资源对环境生态、风土建筑等方面的巨大影响,或是只注意“黄金水道”内河货运量增长,不注重文化资源保护和合理利用。运输体系的利用和文化资源的保护,仍难以统筹协调。

在文化认识上,重运河工程利用价值而轻视运河文化的脉络。这在运河沿线并不是个别现象。许多运河的管理者常常不了解运河对中国历史文化发展的贡献,甚至在一些有关运河文化的基本常识方面都存在许多的误解。

在战略发展上,更多的地方只顾及眼前经济效益,忽视文化遗产的综合社会效益,无法树立长远战略眼光来推动大运河遗产地保护与建设的协调发展。

---

① 中国文物研究所,大运河整体综合性保护研究立项可行性报告,2004年(内部)

10.3.2　大运河遗产保护与地区经济发展的矛盾①②

大运河遗产整体保护的重点是处理好保护与开发的关系。在快速城市化的今天，开发活动对运河的改变将是根本性的，因此如何处理好运河的开发建设与运河遗产及其真实性与完整性的保护的关系，是运河遗产保护规划的重点。

2003 年 6 月 18 日，国家文物局与水利部双方联合印发了《关于做好南水北调东、中线工程文物保护工作的通知》，这标志着包括大运河在内的文物保护工作揭开了新的一页。如何保护好、利用好原有运河故道，是我们需要重视的问题。正确处理目前已开工的南水北调工程涉及到的大运河保护、管理和利用问题，更是刻不容缓。

此外在部分经济较发达地区，由于缺乏科学的研究和指导，盲目地开发和利用，导致运河历史文化遗产的真实性大打折扣，而所依托的环境、背景也发生了根本性的改变，反映出强烈的保护性破坏的色彩，如一些城市将运河改造为休闲广场，有些地区拆除传统建筑搞仿古街区以促进旅游开发等。

10.3.3　大运河本体完整性和安全性面临的威胁③

目前大运河本体的完整性和安全性正面临着极大的威胁，主要表现在以下几方面：

1. 水污染严重

随着经济的发展，污染问题开始困扰京杭运河。

工业污水是影响运河水质的重要因素之一。近几年各地政府对污染的整治力度加大，向运河排放的工业污水已减少。但企业向运河排放污水问题，仍然存在。

生活污水是影响运河水质的另一重要原因。运河沿线许多河段堤防上建有向河中排放生活污水的管道。运河沿线许多河段存在不同程度的富营养化现象，有的已遭到严重污染。如海宁长安镇上下塘河河道宽不过几米，河水已严重富营养化，南宋时期长安镇“舳舻蔽天来”的繁盛景象一去不复返。山东济宁的仲浅闸、师庄闸、利建闸所在的水域都存在着不同程度的污染。济宁市区古运河的水已经发黑，且有臭味逸出。

船舶污染也在发生。船舶造成的水域污染主要有油污染、承运的化学品污染、船上垃圾污染以及生活污水等，其中油污染对水质的影响最大。

2. 河流生态系统退化

运河有些河段两岸大量采用混凝土或浆砌块石作为衬砌或防护材料，这些使河岸硬

① 中国文物研究所，大运河整体综合性保护研究立项可行性报告，2004 年（内部）
② 北京大学景观设计学研究院，为整体保护京杭大运河遗产廊道研究报告，2007 年 2 月（内部）
③ 水利水电科学研究总院，京杭运河调研报告，2007 年（内部）

化、光滑的做法增加了行洪能力,但光滑的堤岸使得贴岸水流的速度增高,增加了水流冲刷堤岸的风险,也破坏了水系与土地及其生物环境间的物质能量循环,降低了河流的自净能力,加剧了水体的污染程度。目前也有做得较好的,仍坚持了传统的河岸处理方法,允许河岸粗糙不平,即将木桩、石块、植被等分布于岸边。有的地区效法日本在 20 世纪 90 年代初开展的“创造多自然型河川计划”做法,在有条件的河段尽可能利用木桩、竹笼、卵石等天然材料修建“生态河堤”。

为满足城市规划或现代航运的需求,许多流经城市的蜿蜒曲折的运河河道被裁弯取直。而蜿蜒的河道形态能减低流速,洪水来临时,可通过水体渗透和两岸树林的储水加以调蓄。人工渠化多年后将出现洪水下泄过快等问题。而且人工取直的河道失去了原来蜿蜒多姿的美感。

3. 河道结构设施改变

目前,运河河道仍然处于不断的变迁中。随着经济的发展和技术的进步,古运河的一些航道基础设施已无法满足现实的需要。如现代船只吨位不断提高,这些船只行驶在运河中,引起的波浪对河道两岸具有很大的冲击力,严重影响堤岸的安全。随着船只船体的不断加宽,运河航道动辄堵塞。如此,运河许多河段需浚深河道、拓宽河面,方能通航。此种情况下,有些地带不得不破坏了古运河原有结构和设施。

4. 两岸景观高度趋同

大运河的许多经过城区的河段,两岸拥有很长的景观带,而这些景观带高度趋同,即住宅楼、石栏、绿地、树木和亭台楼阁。还有许多城市在运河沿岸修建所谓的“运河广场”,如杭州、淮安、济宁等,这些广场大多以块石和水泥铺地,其上竖立着有关本地运河的开凿和演变过程的石雕像。运河沿线承载着深厚历史记忆的丰富多姿的景观正日益减少。

10.3.4　大运河遗产管理及体制问题

由于对相关遗存价值的认识存在差异,因而各地、各部门的保护力度、方法也有较大差异。

对于桥、闸、坝等地面尚有遗存的遗址点,有些已采取了一定的保护措施,并树立了标志牌,如杭州西兴浙东运河起点、临清鳌头矶、沧州捷地减河闸等;但大部分的遗址点都没有采取任何保护措施,如济宁的仲浅闸,具有文物价值的石块散落在地。更有相当部分遗址点成为倾倒垃圾的场所,如济宁周店闸的下闸。

对于运河河段,总的来说城市周边的河段,由于是城市水系的一部分,并且能够纳入城市休闲、旅游体系之中,因而受到较多的重视。扬州段古运河当地文物部门对于各个节点(如各水交接处的闸、码头)情况掌握比较全面,在整个河段的处理上也比较灵活,采取了以传统为主的多种方式。而济宁城内的运河河岸处理却千篇一律,对相关的闸的位置与遗存情况没有详细的了解,明显是古码头的地点也生硬地砌筑了驳岸,破坏了遗产的真实性。

部分河段，特别是新运河开通导致通航功能消失的河道，或因水量不足而废弃的河道，保护工作似乎没有受到足够的重视。比如绍兴浙东运河，虽然古纤道设置了标志牌，河岸也有一定的景观设计，但仍有部分河道被作为垃圾倾倒与焚烧的场所；沧州的谢家码头与谢家坝的河道已经干涸，附近农民在河道中公然盗挖文物，当地行政部门似乎也无力管理。

针对以上情况成立跨行政区联合办公的大运河文化遗产管理机构是极为必要的，它不仅可成为申报世界遗产的主体单位，同时可加大整体管理的力度，并在总体上把握运河遗产的保护与管理工作①。

大运河遗产与生态廊道的建立涉及国家、各地政府、沿线居民等各阶层的利益，同时还包括农业、工业、商业、旅旅业、文化遗产保护、河流生态系统保护等问题，因此也需要成立一个代表保护与发展双方利益的协调管理机构，来平衡运河的遗产保护和经济开发的关系，并可通过立法进行保护和实施。国际上的运河遗产保护管理也都建立了类似的机构，如 1996 年列入世界文化遗产名录的法国米迪运河，由法国航道管理局管理，这是一个国家公共事业单位，而米迪运河的直接管理权下放给图卢兹大区航运局，国家建筑与城市管理局负责保护遗址和景观的管理，具体通过大区环境管理局进行管理；文化部下属的大区文化管理局专门管理列入名录的历史纪念物。协调工作主要在大区级别上进行，已经编制了一个运河全面恢复(rehabilitation)的规划，计划在十年期间完成所有恢复工作。再如 2007 年列入世界文化遗产名录的加拿大里多运河，运河全线的所有权归加拿大公园管理局，并由加拿大议会及总理指派的一名部长监督。

这一管理协调机构的成员必须具有广泛的代表性，能代表各个方面的的利益，达到多赢的目标，并负责运河区域的协调，制定规划、法律，为运河遗产廊道的建立进行宣传、教育。该机构应该是站在国家的角度，统领运河区域的文化、自然遗产保护和经济开发，落实各级运河资源保护与利用的机构②。

10.3.5 大运河遗产保护的科技支撑

大运河沿线各地的文物考古部门，对隋唐以后的历史地理变迁和大运河保护的研究比较滞后，考虑不多，家底不清，对许多历史文化遗迹和古代科技问题了解不够全面与深入。对大运河沿线地区的文物调查和考古发掘，过去重视不够，规模很小，缺少普查勘测基础资料，尤其是对潜藏于地下、水下的文物遗迹可能的新发现估计不足，直接影响到地面和地下文物保护工作和各类基本建设部署的决策，要在有限时间内拟定不同保护措施非常紧迫③。围绕大运河保护规划的编制，专项考古、调查和保护问题的科学技术研究工

① 东南大学，京杭运河调研报告，2007 年(内部)

② 北京大学景观设计学研究院，为整体保护京杭大运河遗产廊道研究报告，2007 年 2 月(内部)

③ 中国文物研究所，大运河整体综合性保护研究立项可行性报告，2004 年(内部)

作,无论是技术还是经费方面都应该给予全面和充分地考虑。

对于古运河河道的变迁,与运河直接相关的桥、闸、坝、码头等设施的遗存状况、历史变迁情况等方面的调查与研究还有待深入。调研所见,各地方文物部门对于运河相关水利设施(包括码头)遗存的现状与历史状况都掌握得不够,比如杭州附近的长安坝,在宋代为复闸,水利工程史上非常有价值,后来因管理方面的问题才改为坝,目前尽管遗迹尚存,相关碑文也建亭保护,但该坝由于经过文革期间的改造,原来复闸的确切位置、坝的原状皆不具详细信息;又如济宁微山湖之师庄闸,只能概指其位置,原状如何,地面石条究竟是原来的河岸还是闸石,也都有待确认;至于济宁市内的井口闸,更是只能遥指其位置,而不知确切地点。与桥、闸、坝相比,码头因形式简单,数量较多,似乎更不受重视,但从运河的功能而言,码头是在河道与陆地之间,将人流物流贯通起来的重要节点,没有码头,运河将毫无意义。因此至少对码头的遗存现状也应作深入调查。

至于运河河道,尤其是城市周边,比如扬州附近的河道,在历史上变化较大,也是个需要深入研究的问题,否则会导致运河本体无法界定。针对这一问题,急需实地调查、测绘与文献研究等多管齐下,同时展开必要的考古勘探与发掘,摸清运河相关水利设施的地上、地下、水下遗存状况,从而为保护工作的开展奠定基础。

同时运河有相当部分的河道仍在实际使用当中,有关这部分河道及相关水利设施的保护工作如何与其实际功能相协调,也是个需要探讨的问题。作为文物保护单位,运河的特殊性在于相当多的河道仍在实际使用当中,闸坝都有可能随实际情况的变化而重筑或重修,像捷地减闸、天津九宣闸等都属这种情况。对这些遗址点或河段,需要多学科、多部门共同研究、协商,寻找合适的保护策略。

运河遗产保护,与沿线随运河开通而发展起来的建筑及城镇保护之间的关系,还有待进一步梳理与研究,这直接关系到运河保护范围的划定。京杭大运河自开通以后,便不仅仅是一条交通运输线,而成为南北文化交流的通路,刺激了运河沿线的建筑与城镇的发展。围绕运河的漕运功能,沿运河分布有特定的建筑类型;随着运河经济价值的显现,沿运河也逐渐发展出一批商业市镇,并直接或间接推动了运河沿线地区中心城市的发展,这也是京杭运河作为文化遗产的最大价值所在。而这些建筑、城镇(包括历史街区)由于其变迁与运河息息相关,因而它们的文物、社会价值与运河之间也有着不可割裂的关系。但以往是分别公布和管理的文物保护单位(如聊城山陕会馆)、历史文化名城(如扬州)、历史文化名镇(如邵伯)、水利风景区等,而且名目越益增多,于是使得运河与这些建筑、城镇之间的密切联系被人为剥离,给保护工作的有效开展带来不少问题。因此,这些建筑、城镇的变迁与运河兴衰之间的关系需要仔细的梳理研究,在划定京杭运河保护范围和制定管理政策时进行整体考虑①。

综上所述,大运河遗产规划编制工作面临的核心问题是管理问题。对于这一跨区域、跨行业的超巨型文化遗产保护而言,如果没有一个统一的管理协调机制,如果没用一套统领保护工作的规范体系,就无法实现大运河遗产长期、可持续地保护和利用的目的。

---

① 东南大学,京杭运河调研报告,2007 年(内部)

所以我们建议在大运河遗产规划编制工作之前，应联合各相关专业编制一部《大运河遗产保护规划编制导则》，作为全面协调和长期指导大运河保护规划和实施工作的技术管理文件，将是这一保障体系中必不可少的组成部分，也是今后管理体制和机制建设中的重要技术措施。

10.3.6 大运河遗产保护的特点①

我国传统的文物保护对于独特的线路型文化遗产和区域型文化遗产一直缺乏法律和政策上的支持，因此，使大运河的整体保护面临极大的挑战。通过调研分析，我们认为大运河整体保护是一个复杂的系统工程，其自身特点决定了这种复杂性表现在以下几方面：

1. 保护对象的复杂性

首先是运河主干道。它随着时代地变迁，古道、故道及现道的交错与叠压，目前整体面貌不清，或废弃或疏竣，或掩埋或改造，因此，需要进行大量细致的文献与考古调查工作才有可能逐步加以清晰。

其次是运河水系。作为水利工程，它是通过挡水工程、引水工程、湖体工程、退水工程和生态工程等将水源系统、输水系统与天然河网等连接起来的系统工程。因此，它与环境已形成了一个有机的整体，因此，自然水系和人工水系是很难截然区分，但也需要辨别。

再有运河文化遗产，或称之为线路，或称之区域。其涉及的领域则更为广泛，有与运河相关的历史遗迹、城市村镇等有形遗产，又有与运河管理体制、民间文化习俗等有关的无形遗产，这些都是承载和传承运河遗产血脉的基础。它们之间关联紧密，但辨别也需清晰。

2. 保护主体的复杂性

在政府管理体制上，大运河的航运水道由各地水运部门或交通部门分段管理，运河的河道与水量调配由各地水利部门分段管理，运河水质的环境保护则由各地环保部门负责，直到2006年大运河被公布为全国重点文物保护单位，文物行政管理部门才开始承担运河文化遗产的保护职责，但复杂的管理体制必将对运河的整体保护带来难度。

在运河资源的利用上，交通部门主要关注“黄金水道”内河货运量的增长，不惜拆旧建新以提高运力；水利部门主要关注当代城镇的防洪与抗旱，通过河道的改造与水量的调节决定着运河的兴废；随着国民经济与社会发展，有些地方政府、旅游部门，甚至水利部门，也开始关注运河的生态景观和旅游资源，开展运河的环境保护、景观改造与旅游开发工作。同时运河保护的特点在于目前它还与民众的生活息息相关，这里既包括了人们

① 于冰，运河调研报告，2007年（内部）

沿运河休憩游览、捕鱼作业、洗衣浇灌等相对积极的生产生活活动,又包括了诸如污水排放、垃圾倾倒、挖宝盗掘等破坏行为。

所以,由于运河拥有如此众多的利益相关者,缺乏任何一方的参与,运河的保护都无从谈起。如何协调众多部门与广大百姓的利益,如何协调各方的行动,是大运河遗产保护成败的关键。

3. 保护目标的复杂性

从具体工作的角度来看,运河保护的目标似乎很明确:制定保护规划、申报世界遗产。但再进一步思考,这些只是工作步骤,保护的最终目标并没有从中得到解决。

遗产的真实性和完整性是保护的根本目标。对于延续了2500余年,经历代改造,与自然水系联为整体的运河而言,如何认识其真实性和完整性,如何认识和处理运河保护与使用的关系,甚至是矛盾,是我们必须面对的问题。

摆在我们面前的现实是真实性与现实性的矛盾,完整性与可行性的矛盾。因此运河保护目标的确定十分重要,它既是决定运河保护对象及范围的基础,又与运河保护各方的利益密切相关,同时是运河保护方法的指导原则。

4. 保护方法的复杂性

运河保护对象与主体的复杂性,决定了运河保护方法的复杂性。运河及其沿线,面临着城市发展、农村建设、企业经营、居民生活和大型基础设施建设等种种生产生活活动,在这一形势下,任何单一的保护方法都会显得苍白无力。这种区域型、线路型和跨地区型的文化遗产地应该是既包括政策的,又包括管理体制的,既利用行政手段,又利用经济手段和技术手段的综合保护方法体系。

10.4 文化遗产地保护规划编制的特点

10.4.1 我国文化遗产保护规划的发展历程

我国拥有众多的文化遗产地,目前有世界遗产35处(其中文化遗产24个,自然与文化双遗产5个),全国重点文物保护单位2352处,省级文物保护单位6000余处,还有市、县级保护单位及未列入各级文物保护单位的不可移动文物数十万处。

20世纪80、90年代,随着国力的不断增强,文化遗产地保护工作的重视,国际合作交流的加大,其时国际文化遗产保护的理念正逐步更新并影响我国。1988年,世界遗产委员会专家对我国第一批世界遗产考察后,在报告中对当时我国文化遗产地保护的状况做了整体的分析。该报告涉及的突出问题是档案资料和保护规划。在这样的背景下,作为一项新的保护手段,我国的“文化遗产地保护规划”自20世纪90年代初开始起步。第一个真正意义上的区域性的文物保护单位的保护规划,是1991年的《牡丹江市文物保护单位保护区规划》。国家文物局批准的第一个全国重点文物保护单位的保护规划是《清东陵保护规划》。第一个大型的跨区域的保护措施的规划,是自1992

年开始编制2000年6月国务院批准的长江三峡工程库区文物保护规划,其中包括了淹没区和迁建区规划。多年来,我国文化遗产地保护规划大致经历了肇始期、探索期和完善期三个发展阶段。

1. 肇始期(1963~1995年)

早在1963年4月,文化部所颁《文物保护单位保护管理暂行办法》就提出了对文物保护单位的保护管理的四项要求:

(1) 为了防止人为的破坏,必须为文物保护单位划定必要的保护范围,作出标志、说明,建立科学的记录档案和组织具体负责保护人员。

(2) 为了解决和生产建设的矛盾,更好地发挥文物的作用,要进行文物保护单位的规划工作,以便纳入城市或农村建设规划。

(3) 为了防止自然力对文物的侵害,应逐步开展科学技术的研究工作和保护措施。

(4) 广泛的运用各种方式,对文物保护单位进行经常的宣传与介绍工作。

其中第2项,对文物保护单位的保护规划,提出明确要求,目标指向十分清楚。但是这一要求,在很多文物保护单位,特别是复杂地区,并未得到落实。

这期间大体存在着四种类型的规划:第一种类型是"原则要求"型,主要是划定保护范围,提出对保护的原则要求。这种规划,产生一定作用,但比较笼统。第二种类型是"工作计划"类型,主要规划目标为"保护工程"。规划内容仅涉及文物本体的保护工程和经费需求,设计深度类似工程可行性研究报告,规划文件以文字陈述为主,配以实景照片和示意图,编制人员主要是文博系统的管理和专业人员。第三种类型是"专项规划"类型,主要规划目标是"整治工程"。规划内容以文物环境的景观整治和基础设施改善工程为主,基本不涉及文物本体保护内容,设计深度为城市规划的控制性标准,规划文件由规划文本和规划图组成,编制人员主要是规划师。第四种类型是"详细规划"类型,主要规划目标为"展示工程"。规划内容以市场需求甚强的游客服务和展示设施的建设工程为主,不仅包括新建博物馆、仿古建筑群和道路广场等,有时还包括为了展示而对文物本体进行一定的添加工程设计,设计深度基本属于建设工程的详细规划或工程设计的总图设计,规划文件主要由文字说明陈述和设计方案组成,编制人员多是建筑师。

2. 探索期(1996~2003年)

该阶段文化遗产地保护规划依然没有形成固定的编制体例和编制要求,但规划理论和保护理念的探索和研究不断深入,为出台规划编制要求奠定了基础。编制队伍有了一定的专业合作。

文化遗产地保护规划理论的探索过程有:

(1) 1997年3月,《国务院关于加强和改善文物工作的通知》明确提出继续坚持"保护为主、抢救第一"方针,努力建立适应社会主义市场经济体制、遵循文物工作自身规律、国家保护为主并动员全社会参与的文物保护体制,指令各地、各有关部门将文物保护纳入当地经济和社会发展计划,纳入城乡建设规划,纳入财政预算,纳入体制改革,纳入各级领导责任制。通知要求正确处理文物保护与经济建设以及人民群众切身利益的关系,切实做好文物的抢救与保护工作。对古文化遗址特别是大型遗址,要采取调整产业结构、改变土地利用规划,努力扶持既有利于遗址保护又能提高当地群众生活水平的产业,从根本上改变保护的被动局面;尽量减轻由于保护遗址给当地群众生产、生活造成的负担,必要时采取适当方式给予补偿。可以说,《通知》的意义在于提出了加强宏观管理、搞好总体规划的要求,提出了加强文物部门力量、有关职能部门都要明确职责,抢救保护工作要与其他规划相衔接,并须充分考虑社会协调的内容。还提出了为大型文物保护单位制定专项法规、规章的要求。

(2) 1997年10月,国际古迹遗址理事会中国委员会与美国盖蒂保护所、澳大利亚遗产委员会合作,开始编制《中国文物古迹保护准则》。到2000年《准则》出台,世界遗产地保护规划的基本理念和要求得到了进一步的研究和应用,并结合我国的实际情况进行了调整。可以说,《准则》使我国文化遗产地保护规划的编制内容更加清晰化。

(3) 2003年5月,文化部发布《文物保护工程管理办法》将文物保护规划的编制和审批工作正式纳入国家文物行政管理部门的管理程序;7月,国家文物局发布《文物保护工程勘察设计资质管理办法》对保护规划的编制队伍进行了规范性的资质管理。同年,国家文物局增加了文物保护规划的专项经费,这一决策切实推动了全国的文物保护单位的保护规划编制工作的进展。

(4) 国家文物局将文化遗产地保护规划的编制作为一项重要的基础工作,开展了一系列的规划项目,如《西夏陵保护规划》、《新疆吐鲁番地区文物保护与旅游发展总体规划》、《集安高句丽王城、王陵及贵族墓葬保护规划》、《城头山古文化遗址保护规划》、《牛河梁红山文化遗址群总体规划》、《甘肃秦安大地湾遗址保护规划》、《内蒙辽上京遗址保护规划》、《汉阳陵保护总体规划》、《良渚遗址保护总体规划》、《赵家堡文物保护和开发详细规划》、《党家村民居保护规划》、《敦煌莫高窟保护与管理总体规划》、《避暑山庄及周围寺庙十年保护规划》、《龙门石窟保护规划》、《云冈石窟保护规划》等。国家文物局《全国重点文物保护单位保护规划编制审批办法》与《全国重点文物保护单位保护规划编制要求》,于2004年8月正式颁布实施。我国文化遗产地保护规划编制规范和管理体系初步建立。

3. 完善期(2004年至今)

该阶段是一个文化遗产地保护规划依照颁布的编制要求的实践过程。

一方面具有文化遗产地保护规划编制资质的单位在不断的实践过程中,逐步总结经验。2006年4月,中国文物信息咨询中心举办的全国重点文物保护单位保护规划编制培训班对编制办法颁布以来发现的一些问题进行了研讨和总结。

另一方面,部分已经颁布实施规划正在检验其可行性和实效性。2006年底至2007年初,中国文物信息咨询中心对《周口店遗址文物保护规划》和《浙江温州永昌堡保护规划》的2006年度实施情况进行了监测,并对完善编制要求提出了建议。

第三方面,国内外新的发展形势和新的保护理念也要求我们对编制要求进行完善。2005年10月,在西安召开的国际古迹遗址理事会年会发表的《西安宣言》,强调了古建筑、古遗址和历史区域周边环境的保护,其关于文化遗产地环境的含义延续了《威尼斯宪章》的文物古迹周边环境的概念并加以扩展。2006 年,在立陶宛维尔纽斯召开的第 30 届世界遗产大会上,代表们对近年来世界遗产保护中普遍遇到城市新的建设项目对世界遗产环境形成的巨大压力,如何解决城市历史环境保护等问题进行了研讨。这些都是国际文化遗产保护体系的完善和发展。

与此同时,我国的文化遗产地保护形势也有了新的发展。2005 年 12 月,国务院印发了《关于加强文化遗产保护的通知》,要求"切实做好文物调查研究和不可移动文物保护规划的制定实施工作",在认真摸清底数的基础上分类制定文物保护规划。

此外,近年我国正在准备申报世界遗产的丝绸之路、大运河等项目均属于跨国家或跨地区的大型、超长距离的遗产项目,对于我国文物保护领域而言,也属于前沿性研究课题,如何编制保护规划将是一个极大的挑战。

10.4.2 保护规划编制的特点

1. 全国重点文物保护单位保护规划编制特点分析

《中国文物古迹保护准则》和《全国重点文物保护单位保护规划编制要求》是我国文化遗产保护规划编制的主要指导性文件。

《中国文物古迹保护准则》规定文物古迹的保护工作总体上分为六步,依次是文物调查、评估、确定各级保护单位、制订保护规划、实施保护规划、定期检查规划。制订保护规划必须根据评估的结论,首先要确定主要的保护目标和恰当的保护措施。评估的主要内容是文物古迹的价值,保存的状态和管理的条件,包括对历史记载的分析和对现状的勘察。一般规划应包括保护措施、利用功能、展陈方案和管理手段四方面内容,特殊的对象可制订分区、分类等专项规划。各类保护规划特别是历史文化街区(村镇)的规划都要与当地的总体规划密切结合,并应当依法审批,纳入当地的城乡建设规划。实施保护规划必须进行专项设计。列入规划的保护工程的专项设计,必须符合各类工程的规范,依法审批后才可实施。列入规划的展陈和教育计划,也应当进行专项设计。定期检查规划的目的是总结规划实施的效果和经验,如发现缺陷或新的情况,可对规划作适当调整。

从《中国文物古迹保护准则》的要求来看,保护规划主要强调"保护措施、利用功能、展陈方案和管理手段"四方面的内容,其突出特点是建立在基础工作(调查、评估、保护区划等)已经较为充分完备的前提下,仅涉及遗产本体及周边环境的保护、利用和管理,不涉及社会发展方面的复杂问题。

由于我国的文化遗产保护工作基础非常薄弱,对于遗产本身的了解、评估以及划定保护区划的工作起步较晚,而对于遗产本体及其周边环境的保护往往要涉及社会民生等各个方面的问题。因此,2004 年颁布的《全国重点文物保护单位保护规划编制要求》提出了更加符合中国国情的保护规划编制要求。

《全国重点文物保护单位保护规划编制要求》总体特点是遵循国际文化遗产保护的理念、结合中国国情、参照中国城市规划设计规范的相关技术手段,利用考古、古建、规划等多学科的研究成果,形成的综合性的规划评估体系和对策体系。

从技术层面看,其特点主要体现在:

规划性质,属于资源保护;

规划目标,来自传承文化遗产的任务,真实、全面地保存并延续遗产的历史信息及全部价值;

规划指导思想,来自"保护为主、抢救第一、合理利用、加强管理"的文物工作方针、科学发展观;

规划原则,是保护文化遗产的真实性、完整性和延续性;

规划内容,不仅包括文化遗产本体及其环境的保护、利用、管理和研究等方面,还涉及保护区划的界定或调整,保护区划内土地利用性质的变更以及居民经济结构、城市或村镇结构体系调整等社会发展的复杂问题;

规划评估和对策,涉及多领域、多层次、多学科的交叉;

规划文本构成、编制结构、陈述体例和图纸,参照城市规划学科的基本技术方法。

2. 跨区域保护规划特点分析

我国第一个大型的跨区域的保护规划,是 2000 年 6 月国务院批准的《长江三峡工程淹没区及移民迁建区文物保护规划》。

1992 年 4 月 3 日,七届全国人大五次会议通过了兴建长江三峡水利枢纽工程的决议。在此之前的 1991 年年底,国家文物局派员参加了国家环境保护局主持的对《长江三峡水利枢纽环境影响报告书(送审稿)》的论证。会后,国家文物局向国家环保局发出正式函件,对三峡文物保护提出建议。1992 年初,国家文物局主动部署湖北、四川省文物部门开展保护规划调研编制工作。当年 6 月组织了跨部门、跨学科、跨地区、跨层级和单位的对三峡文物调查规划工作的考察指导,考察后对下一步工作的建议主要为:①立即组织建立三峡工程文物保护工作的指挥领导机构。②组织全国力量,确定一批干部专门做三峡文物工作,在三峡地区设工作站。③尽快提出三峡工程文物抢救保护规划大纲,包括:法律依据、价值评估、指导思想、课题项目和力量组织等,使各方面和各地政府及业务人员有所遵循,较顺利的完成规划制订工作。国家文物局根据专家意见立即组成包括四川、湖北两省主管部门和科研机构的三峡工程文物保护工作领导小组及分省工作站,并于 1993 年 8 月向国务院三峡建设委员会报出了该领导小组组织编制的《三峡工程文物保护规划大纲》。

1993 年秋天,全国政协钱伟长副主席率团考察后对三峡文物保护规划编制提出了更高的要求,并向中央领导作出汇报。于是国家文物局在当年底发动了全国有关科研单位进峡开展包括勘测、试掘的规划调研工作。全国三十个单位约三百多名文物保护科研人员,在三峡工程库区 22 个区县范围内,对地面、地下文物古迹进行了深入细致的基础调查。1994 年 3 月,国家文物局决定,由原中国历史博物馆和中国文物研究所共同组建"三峡工程库区文物保护规划组"(以下简称"规划组"),以俞伟超馆长、黄克忠副所长为正副组长,全面负责三峡水利工程淹没及移民迁建区文物古迹保护规划的编制工作。1996 年,规划组编制完成了《长江三峡工程淹没及迁建区文物古迹保护规划报告》。该"规划报告",1998 年 9 月,经专家论证会通过,于 2000 年获国务院三峡建设委员会批准并全面付诸实施。由于时不可待，实际上海拔较低、工作量较大的文物考古工作，已经于批准之前的规划阶段进行。

该规划，涉及地面、地下文物1200多处的保护和取得资料，类别包括古墓葬、古遗址、古建筑、石刻等，时代自旧石器时代至民国年间，具有典型的、跨区域的、以保护加固、迁移、发掘、展示等措施为主的特点。虽然与目前所界定的文物保护规划的内容和要求有很大的区别，但作为文物系统第一次牵头组织开展的跨区域、跨学科、跨部门、跨层级、跨单位合作的大规模抢救保护文物的具体行动，有许多经验值得在开展类似工作中借鉴，总结起来有如下几点：

（1）建立了统一的规划组织体系。保护规划由国家文物局在中央的直接关怀下直接发动，国家级业务单位具体承担，同时组织各大专院校和科研院所分区域承担分项规划工作。总承担单位把握和指导规划的全局，承担区域规划的单位发挥各自优势，在总体框架内开展分区和分专业研究工作，为总体规划提供技术支撑。

（2）分专业完成分区域专项规划。区域规划即为分县规划，一般由两支队伍共同完成，考古队负责县域内的地下文物调查，古建筑专业队伍负责县域内地面文物的调查。并在统一的规划框架内完成各自的规划，提交“规划组”进行协调和最终完成分县规划。各承担区域规划的单位不仅要完成分县规划，还要承担专题调查研究，分别完成了宗教寺庙、航运交通、民俗学、三峡民居、三峡石刻、古桥梁等专题研究成果。同时在当时条件还不太成熟的情况下，规划工作依然引进和尝试性地开展了物探、遥感、水下考古和航空摄影测量等现代技术，运用于考古调查和建筑群测量等工作。

（3）地方行政管理部门的支持。各级地方行政管理部门的支持是规划顺利进行的重要保障。重庆市和湖北省的文物主管部门分别成立三峡工程库区文物保护管理办公室、并在库区成立的工作站，以协调各入峡工作的单位开展工作。而具体安排、引导和提供信息的工作，则是由各县、区的文物管理所承担的。

（4）工作成果形成体系。最终的成果包括了总体规划报告、分省规划报告、分县规划报告、专题规划报告。总体规划报告即《长江三峡工程淹没及迁建区文物古迹保护规划报告》，是综合性的、控制性规划报告，是在两省的报告的基础上完成的。分省规划报告即《湖北省文物古迹保护规划报告》和《四川省文物古迹保护规划报告》（后归重庆市管理），是在两地各分县报告的基础上完成的。分县规划报告是在各单位完成的分县地面和地下文物调查及提出保护意见的基础上，由规划组统一协调完成的，包括库区所有22县、区的分县规划报告。五项专题规划是总规划的重要组成部分，包括《四川省涪陵市白鹤梁题刻保护规划报告》、《四川省云阳县张桓侯庙保护规划报告》、《四川省忠县石宝寨保护规划报告》、《民族民俗文物保护规划报告》和《博物馆建设规划报告》。

（5）编制了概算细则。为统一该规划地面文物的概算标准，规划组专门组织有关专家制定了《三峡工程库区地面文物保护规划经费概算细则》，分文物建筑、桥梁、石刻等不同结构类型的文物，分搬迁保护、原地保护、异地复制和留取资料等不同保护措施，制定了经费概算计算办法。

（6）作为超大型的综合性保护项目，规划工作较好的组织了包括考古学、历史学、建筑学、文物保护学、水资源管理、宗教学、民俗学、航运学、水文学、博物馆学等多个领域和学科的精诚合作,并形成了多专业合作模式。不同领域的专家,在共同的考察中,伴随着争论,成为挚友。

10.4.3　保护规划编制的现状

经中国文物信息咨询中心统计,自 2003 ~ 2007 年,全国重点文物保护单位已经编制完成并上报国家文物局审批的规划约有 228 个。加上部分较早编制的文物保护规划及世界遗产地保护规划,迄今为止,我国文化遗产地已经编制完成规划的估计约有 300 个左右。我国现有文化遗产保护规划编制资质单位 23 家,其中国家文物局颁布的第一批资质单位 16 家,第二批资质单位 6 家,扩充资质范围单位 1 家。

我国文化遗产地保护规划编制工作起步较晚,虽然近年发展迅速,但仍然落后于我国的社会发展形势,不能满足国家发展、建设的需求。主要表现在以下几个方面:

1. 规划编制队伍严重缺乏

根据近年规划编制情况分析,23 家文物保护规划编制资质单位中能够承担规划编制工作的在编从业人员也就在 100 人左右。相对于数量众多的文化遗产,显然是杯水车薪。此外,规划编制队伍的结构组成尚不够合理。文化遗产保护规划编制工作是一个涉及多领域、多层次、多学科的综合体系,但目前的规划编制队伍往往组成的结构单一,而且出于经济效益的考虑,缺乏与任务要求相适应的跨学科、跨层级合作。

2. 规划编制经验缺乏总结交流

文物保护规划编制任务繁重,从业人员中的很多人长期处于超负荷工作状态,也没有条件进行系统的培训学习和经验总结。保护规划编制经验的总结交流极其缺乏。近几年来,全国仅有两次较大规模的总结交流活动。在缺乏总结交流的情况下,许多从业人员对《全国重点文物保护单位保护规划编制要求》的理解不足,造成了保护规划的编制工作常常是“貌合神离”,规划框架虽然与《编制要求》相吻合,但实际规划内容往往达不到保护的要求。

3. 规划的可操作性令人担忧

《中国文物古迹保护准则》要求对保护规划实施“定期检查”,总结规划实施的效果和经验,如发现缺陷或新情况,可对规划作适当调整。但目前,我国对保护规划的实施缺乏监测,已经颁布保护规划的实施前景令人担忧。中国文物信息咨询中心实施的“文化遗产地保护规划实施情况监测”项目,正力图通过试点开展保护规划实施情况监测,积累经验,探索模式,推动监测工作早日步入正规。2006 年 12 月 ~2007 年 1 月,该中心分别对北京周口店遗址和浙江温州永昌堡保护规划 2006 年的实施情况进行了调查。监测发现规划实施过程中面临的一个主要问题是可操作性问题。如:周口店遗址保护范围内征地拆迁与环境改造面临较大难度。《周口店遗址保护规划》中划定保护范围 4.8 平方公里,在这个区域内涉及军事用地、居民住宅、工厂、铁路、油库等诸多敏感因素,仅依托周口店北京人遗址管理处这样一个处级机构，很难完成相应协调工作，执行规划。保护规划在执行层面的薄弱，也反映了《全国重点文物保护单位保护规划编制要求》的不足，其"分期规划编制内容"对规划实施步骤、实施难易程度等考虑较少，没有明确规定，导致规划分期目标过于笼统，不够具体，可操作性不强。

10.5　大运河遗产保护规划的几个核心问题

10.5.1　大运河遗产的构成

1. 一般概念

大运河遗产，系指大运河水运体系及其沿线分布的、反映大运河水利工程的历史作用和地位的、并有相关考古证据和确切文献证明的，与大运河发展历程直接相关的、具有突出普遍价值的包含文物、建筑群的遗址、遗址群及文化景观。大运河遗产是以不可移动的物质文化遗产为主体的。其构成应是体现遗产核心价值的遗存群体。它们也是大运河申遗的有效内容。

2. 大运河水利工程遗产

（1）河道

运河河道：包括正河、月河及支线运河等，主要是人工挖掘的河道、天然河道、湖泊等，用于通航、运输或运河系统的维护等。

自然河道：与运河连接，对运河的水位和水量具有一定的调节作用。为维持运河的正常运行，历史时期曾在河道上修建水利工程或在岸边组建管理机构。

减河：与运河连接，用于汛期分洪的河道，边界为古代水利工程或管理机构的涵盖范围。

人工引河：为解决运河的水源问题而挖掘或利用的河道，其上曾建有水利工程控制引水。

城河、内河：运河流经的城市内，与运河相接并建有工程控制的护城河和城市内部河道。

（2）水源

泉：为运河提供水源，利用人工或自然的引河，并通过水利工程控制引水。

湖泊、水柜：对运河的水位起主要的调节作用，并通过水利工程控制引水或泄水，包括天然湖泊和人工挖掘的塘。

水库：通过修筑坝（堰）等工程形成的蓄水体，为运河提供水源。

（3）水利工程设施

为维持运河正常航运，修建于河道、水源上的各种古代水利工程。包括：闸、坝、堰、堤防、引水涵洞等，以及为满足它们正常运行而修建的附属设施。

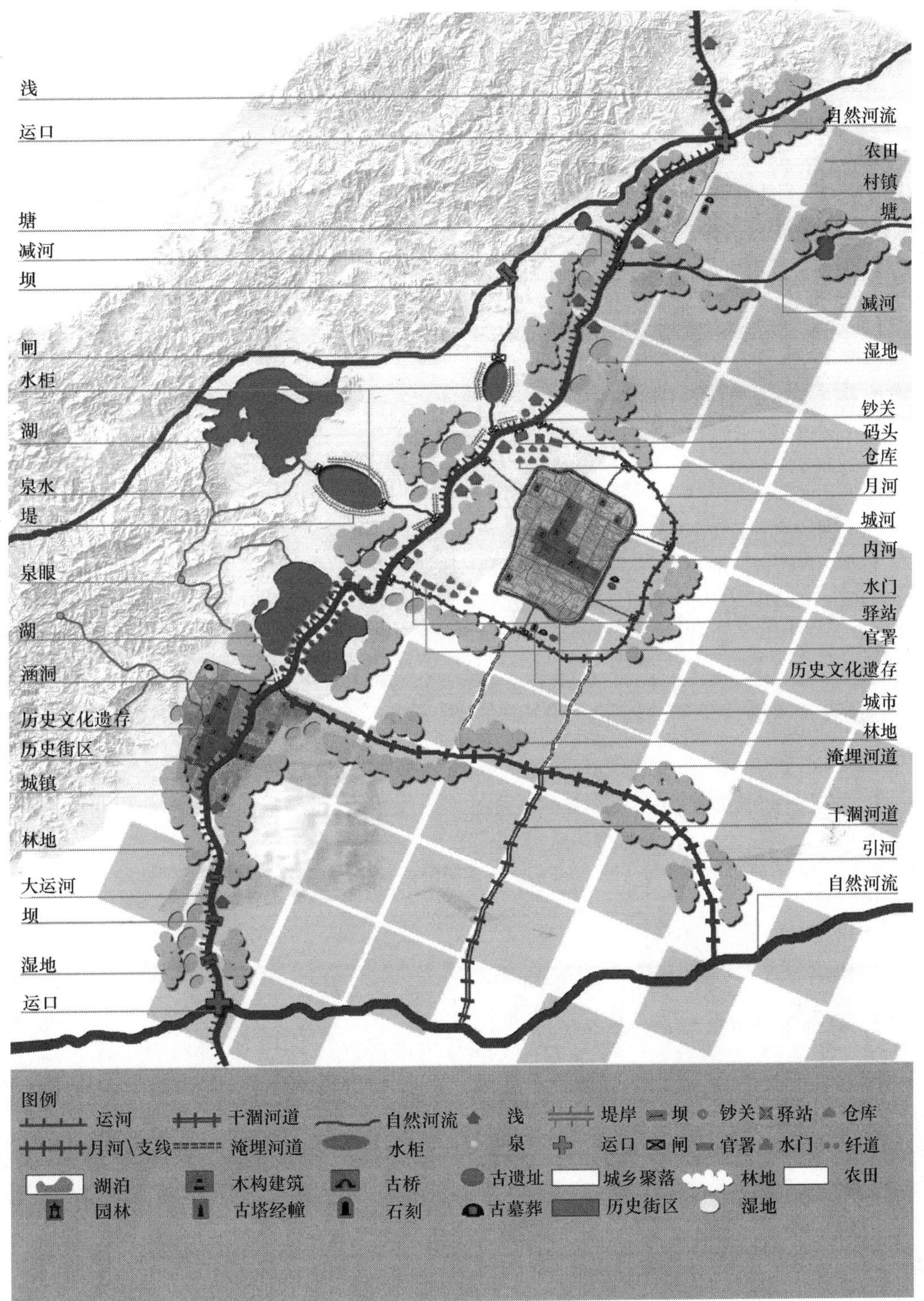

图 10-2　大运河遗产构成综合示意图

（4）航运工程设施

船闸：运河河道上修建的用于控制船只通行的闸门，包括附属设施，如升船机、澳等。

桥梁：修建于运河河道上的古代桥梁。

码头：修建于运河河道上的古码头。

运口：运河与天然河道的平交处。

纤道：由于水力坡度较小，水流缓慢，在运河上修建的用于供拉纤人行走的道路，如浙东运河上的纤道。

（5）古代运河设施和管理机构遗存

河道管理机构：古代负责运河河道治理的相关机构。如明代，在济宁设河道总督，下设分司，分段管理；清代，河道总督一度分设为三，即南河、东河和北河，下辖文职和武职两套管理机构，设道、厅、汛等级，分段管理。

漕运管理机构：古代负责漕粮征收和运输的管理机构。

钞关：古代建于运河河道上，用于征收过往船只税费的机构及其建筑群。

浅铺：沿运河修建的最低管理机构，一般建有房屋，里面有一定数量的浅夫，负责疏浚河道。

仓库：古代建于运河沿线存储粮食等货物的仓库。

造船厂：明清时期于运河沿线设造船厂，用来制造和维修漕船，如淮安清江督造船厂、临清造船厂。

（6）运河档案文献遗产

运河河工档案；

历代运河志；

历代漕运志；

历代运河古地图见图 10-3。

3. 与大运河历史相关的其他遗存

其他的历史遗存，是指未能纳入运河遗产主体中的运河遗存，包括在大运河两岸独立分布的、能够见证大运河历史发展进程、与运河经济和文化发展直接相关的各类不可移动文物，以及在地理关系上是见证大运河沿线重大历史事件、重要历史人物活动、重要文化发展的历史遗存。

其类别划分依据第三次全国文物普查工作有关标准，可分为古遗址、古建筑、古墓葬、石刻、近现代重要史迹及代表性建筑及其他六类。

（1）古遗址

古遗址包括洞穴址、城址、窑址、窖藏址、矿冶遗址、古战场、驿站古道、军事设施遗

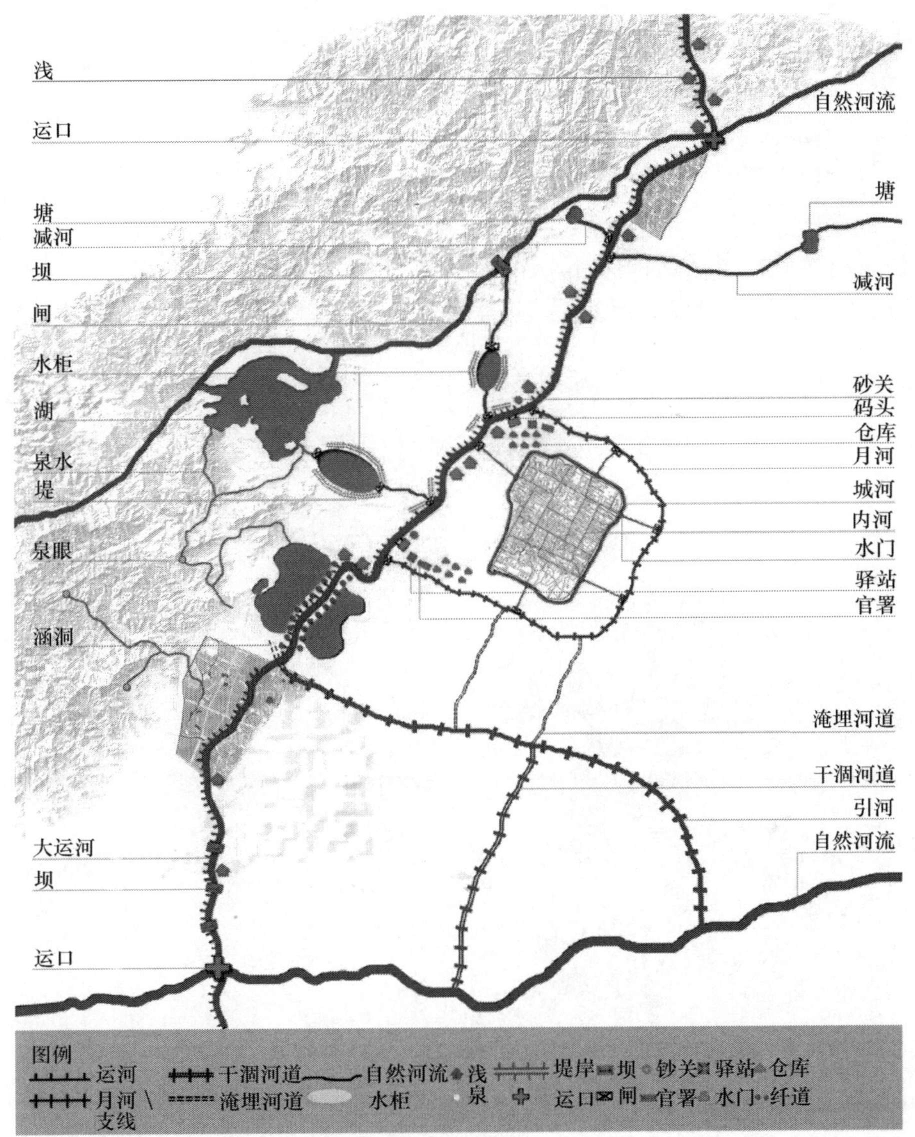

图 10-3　运河水利工程遗产示意图

址、寺庙遗址和宫殿衙署遗址等。

（2）古墓葬

古墓葬包括帝王陵寝、名人或贵族墓等。

（3）古建筑

古建筑包括城垣城楼、宫殿府邸、宅第民居、坛庙祠堂、衙署官邸、学堂书院、驿站会馆、店铺作坊、牌坊影壁、亭台楼阁、寺观塔幢、苑囿园林等。

（4）石刻

石刻包括摩崖石刻、碑碣和石雕等。

（5）近现代重要史迹及代表性建筑

近现代重要史迹及代表性建筑包括近现代重要历史事件和重要机构旧址、重要历史事件及人物活动纪念地、名人故旧居、传统民居、宗教建筑、近现代名人墓葬和烈士墓或纪念设施，以及近现代工业、金融商贸、文化教育、医疗卫生、交通道路和军事等建筑物和设施。

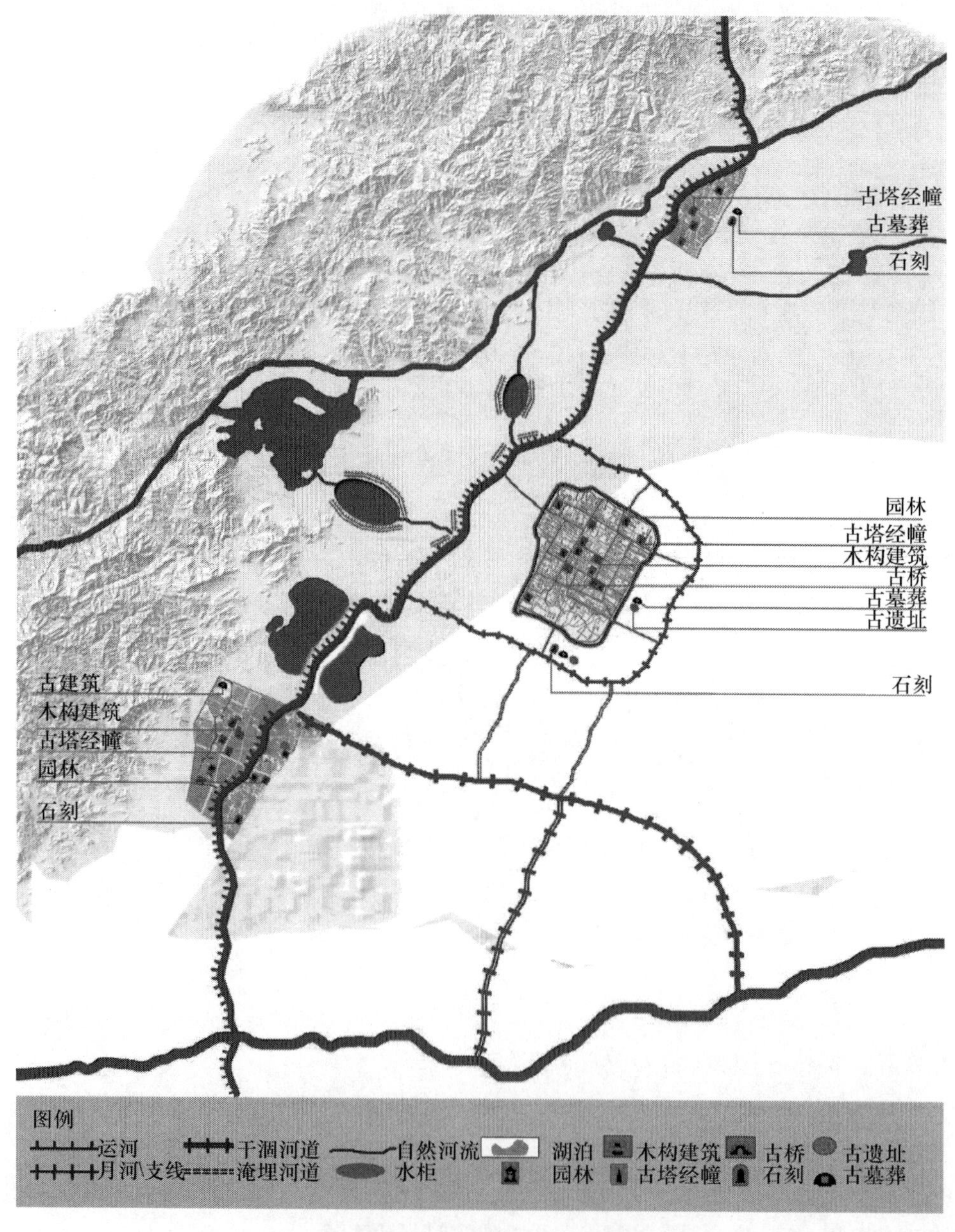

图 10-4　与大运河历史相关的其他遗存示意图

其中一类，可简称运河工业遗产，系指因得运河之利而发生、发展、兴旺的濒临运河的近现代工业遗产。尤其以江南地区分布在运河沿岸的近现代工业史迹和建筑为代表。其具体类别，可按实际产业类别分，如纺织、面粉、印染和缫丝等。

(6) 其他历史遗存

其他历史遗存各地根据实际调查资料补充。

4. 运河城镇和村落

运河城镇和村落是指其建成、或其发展、或其变迁与运河的建设、交通、商贸、管理、人民生活与生产活动密切相关的城镇与村落。这些运河城镇和运河村落可以由具有历史价值，并与运河密切相关的城市节点、滨河街区、建筑群落组成。

这些相关人类聚落，依其与运河的关联度大小，决定是否将之纳入及在多大范围内纳入运河遗产的范畴。纳入运河遗产聚落范畴者，其类别可按以下几种划分：

运河城镇，其中已批准为历史文化名城的运河城市，可使用运河历史文化名城（名镇）的称谓；但皆应具体分析其城市的历史与现状以确定其遗产保护部分。

运河村落，其中已批准为历史文化名村的运河村落，可使用运河历史文化名村的称谓；但皆应具体分析其城市的历史与现状以确定其遗产保护部分。

5. 大运河相关非物质文化遗产

大运河相关非物质文化遗产指运河沿线存在过并流传至今的与运河相生相伴的非物质文化遗产。其类别可分为：运河船工号子、俗语、戏曲、民间故事、传说、风俗习惯等，因运河商贸、文化交流而推动发展形成的运河各段的特色菜系、土特物产及各种手工工艺。

6. 运河生态与景观环境

运河生态与景观环境，是指与运河遗产紧密相关的背景环境，包括对运河及其沿线地区生态系统服务功能的维护具有重要意义的或体现出运河及其沿线地区典型地域特征的湿地、林地、草地、耕地等土地类型。

参照国家环境保护总局《生态环境状况评价技术规范（试行）》（HJ/T192—2006），相关概念概括如下。

(1) 林地

指运河沿线地区生长乔木、灌木、竹类等的林业用地，包括有林地、灌木林地、疏林地和其他林地。

有林地：指郁闭度大于 30% 的天然林和人工林，包括用材林、经济林、防护林等成片林地。

灌木林地：指郁闭度大于 40%、高度在 2m 以下的矮林地和灌丛林地。

疏林地：指郁闭度为 10% ~30% 的稀疏林地。

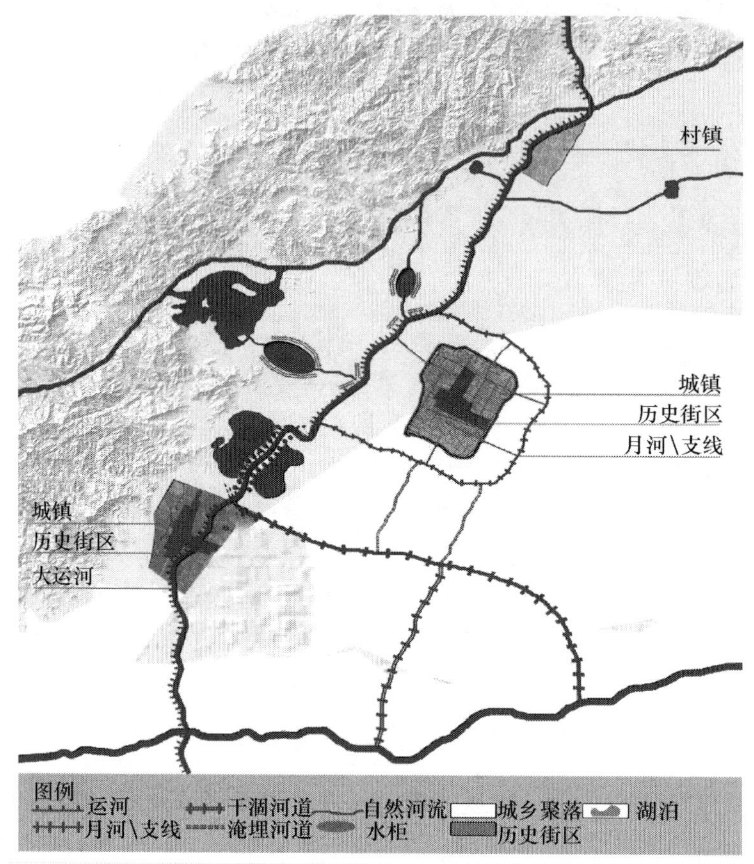

图 10-5　运河城镇、村落等聚落遗产示意图

其他林地：包括果园、桑园、茶园等在内的其他林地。

以上所谓郁闭度，是指林冠覆盖面积与地表面积的比例，是森林疏密程度的重要标志。

（2）草地

草地指运河沿线地区以生长草本植物为主，覆盖度在 20% 以上的各类草地。

（3）耕地

耕地指运河沿线地区具有典型地域特征的耕种农作物的土地。由水田与旱地两种类型组成。

（4）湿地

湿地指运河沿线地区重要的河流（渠）、湖泊、水库、坑塘以及滩涂用地。

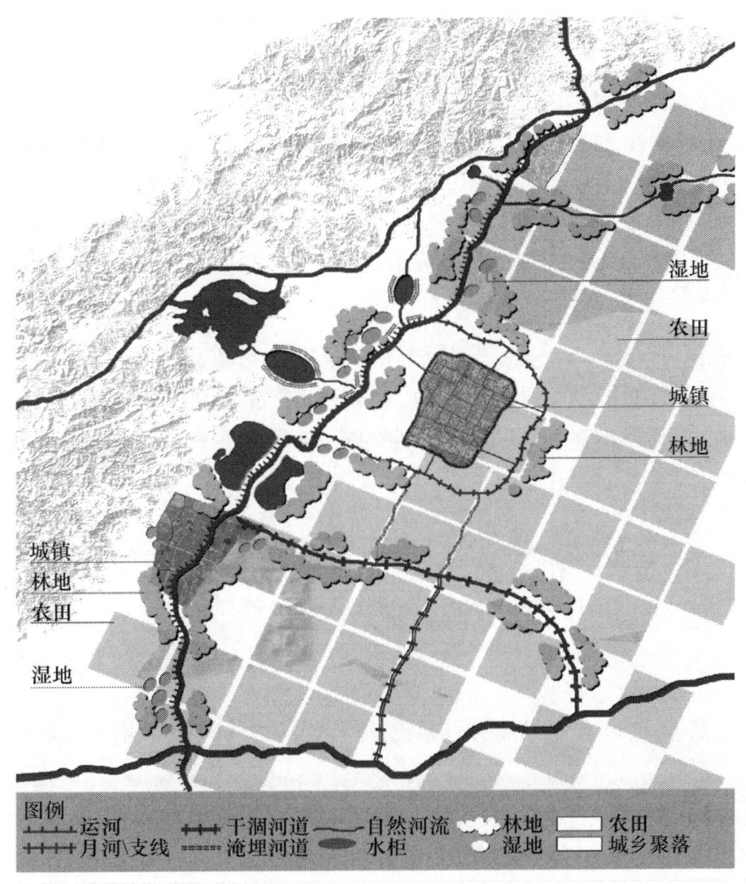

图10-6　运河生态与景观环境示意图

10.5.2　大运河遗产保护规划的指导思想

《规划》应当将在科学发展观指导下的中央方针、国家法律、国际公约落实作为基本的指导思想，并主要体现在以下方面：

(1) 针对大运河是古代人类工程奇迹、是超巨型的部分正在使用的大遗址、内涵极其丰富复杂的特点，《规划》应将包括保护管理、调查发掘、宣传展示等措施在内的大规模抢救，以及大规模公共财政综合投入，作为重点，并置于首位。要突出对于遗产本体及其环境和解决保护存在问题的多学科研究，用以指导规划工作方向，并作为规划的重要内容。

(2) 针对大运河是跨越省市行政区划和多个行政系统管理的特殊历史文化遗产，要做好与有关省、市土地规划、城市规划及相关专业规划的整合衔接工作、统筹协调工作，做好各行政管理系统的沟通和整合工作，上位规划完成后还要对有关下位规划进行调整、完善。

(3) 针对多段大运河是依然在用的活的遗产的特点，《规划》应努力使规划工作成果成为地区可持续发展进程中的重要推动力。

(4) 针对大运河既是人工的伟力又是自然的伟力的成果,《规划》应体现环境友好的基本特征。

(5) 针对大运河是我国东部大量人口集聚的地区特点,《规划》应既做好历史文化遗产的保护工作,又要使该项工作促进社会的和谐发展,解决贫困人群的问题。

10.5.3　大运河遗产保护规划的原则和重点

1. 规划的原则

《规划》应依据相关法律法规,按照法治的原则依法编制规划,应认真研究分析所在运河地段的大运河保护的具体问题和相关矛盾,研究相关的法规和条例及其应用,按照有效保护的原则、协调发展的原则有针对性地提出解决运河遗产保护问题的措施,应遵循《中华人民共和国文物法》和《文物古迹保护准则》中予以明确并在近年保护实践中获得应用的,也是世界遗产组织十分强调的基本的保护原则,如真实性原则,完整性原则,延续性原则及公众参与的原则等,并将这些原则作为指导原则,妥善协调相关法规和不同部门因管理侧重点不同引发的问题并贯彻在编制文本的始终。

2. 规划的重点

《规划》应在掌握已有普查成果并进一步深入调查、分析、研究大运河的遗产资源并建立详尽可信的资料库的基础上,认知大运河遗产的构成,科学评估大运河遗产的价值,提炼所在地段运河的特色及其历史作用,划定各类保护区,明确各类保护对象,制定保护对策和措施,协调相关矛盾,最终将规划成果纳入国土规划、所在城市的总体规划并与相关专业规划相整合与衔接。

第11章 国外运河遗产保护

11.1 法国米迪运河的申遗与保护

法国米迪运河修建于1667～1694年，1996年被列入世界文化遗产，是目前唯一被联合国教科文组织列入世界遗产目录的运河，在此介绍米迪运河的基本情况及世界遗产咨询组对其申报世界文化遗产的评估报告主要内容，希望对我国大运河的保护和申遗工作有所借鉴和启迪。

11.1.1 米迪运河情况及申遗评估报告主要内容

1. 遗产构成

法国米迪运河位于法国南部，从地中海向西通过加龙河（Garonne）与大西洋连接（米迪运河位置示意图（图11-1）。未开运河之前，所有从大西洋到地中海的航运都要绕道直布罗陀海峡，航程三千公里。出于经济、政治和军事考虑，法国终于在17世纪最强盛的太阳王路易十四统治时期，凭借其经济与技术实力，实现了沟通地中海与大西洋运河的梦想。

申报世界遗产的米迪运河由5部分构成。

（1）240公里长的运河主河道，从图鲁兹（Toulouse）到位于地中海海岸的Etang de Thau。

（2）36.6公里的运河支线，从穆桑（Moussan）到新桥（Port-la-Nouvelle），其中包括部分罗比娜运河（Canal de la Robine）老河道。

（3）两条运河支线将黑山上的水汇合，相交后在瑙鲁兹（Naurouze）处汇入运河。它是运河唯一的供水工程。

（4）1.6公里长的圣彼埃尔运河，它将运河与位于图鲁兹的加龙河连接起来。

（5）最后还有一小段0.5公里长的将运河与位于埃劳特（Herault）河的圆形船闸连接起来。

申报遗产的米迪运河水道共计长度为360公里，包括328座船闸、渡槽、桥梁、泄洪道和隧道等建筑物。

运河的设计师认识到其所创造的运河不仅是具有实用功能的水道，而且是17世纪法兰西帝国实力的象征，因此运河上的建筑物，如桥梁、船闸及附属设施、隧道入口等都设计得庄严而简洁，符合其身份和地位。他还非常注重工程对景观的影响，不遗余力地打造运河沿线的绿化景观。

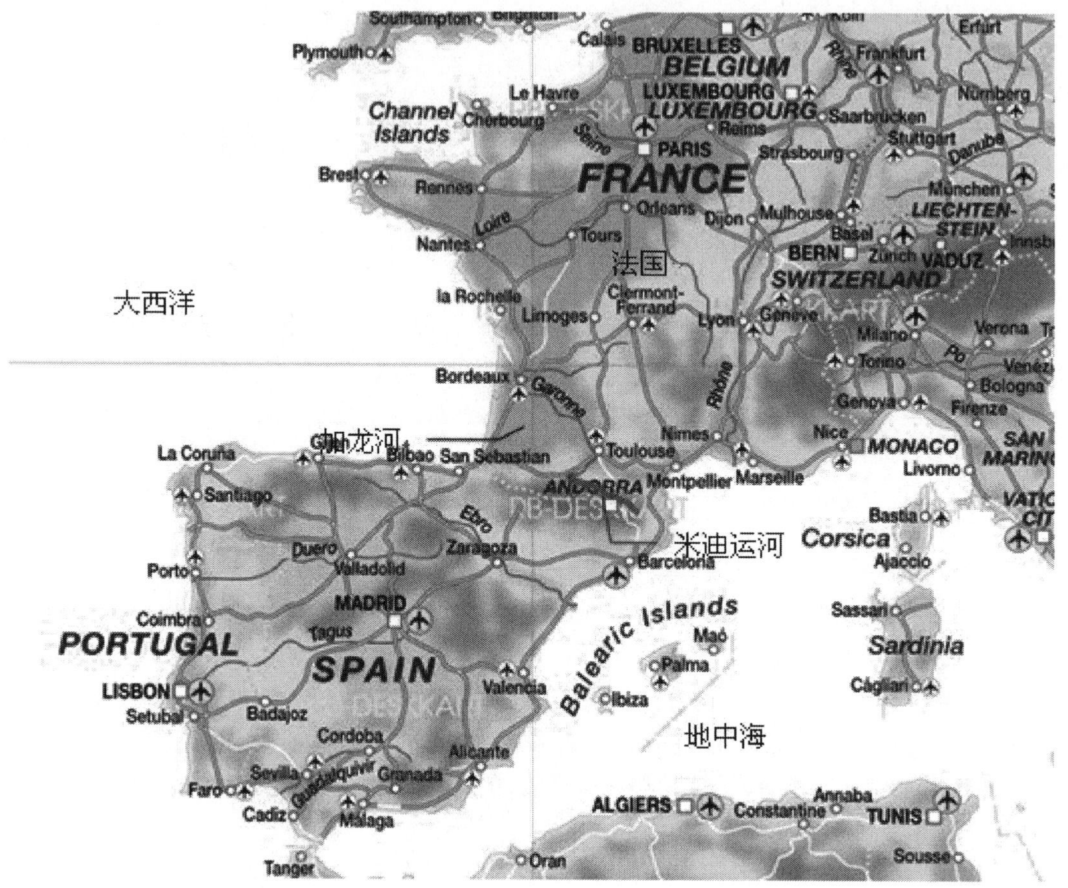

图 11-1　米迪运河位置示意图

2. 米迪运河建造史

早在 16 世纪,法国国王弗朗索瓦一世将达·芬奇带回法国,就开始尝试建造运河将自然水系相连接,并成功开凿了几条小型运河。但是直到路易十四时期,法国不仅国力强盛,而且出现了一位富有远见和决心的杰出人物——盐税官兼商人里盖(Riquet),才真正将沟通地中海与大西洋的梦想付诸现实。

1654 年,里盖带领一些工程师开始运河的设计,选择多条线路,特别是从地中海的海平面到瑙鲁兹的分水岭,运河必须抬升 190 米的高程,如何保证稳定的水源,应该选择何处供水可以在东、西两个方向提供均衡的水量分配,都是要解决的关键难题。

在财政大臣科尔伯特(Jean-Baptiste Colbert)的支持下,国王路易十四认识到工程对其统治的重要作用,于 1665 年成立皇家委员会进行项目的可行性研究,并准许里盖先开挖出一条窄的河道证明可以解决跨分水岭问题

1666 年,皇家法令正式准许工程西段动工。1669 年,授权里盖进行第二段工程的施工。工程历时 8 年,耗资 336 万里尔。初期 2000 人参加施工,很快人数增加到 12000 人,

由于男劳力短缺，其中还有600名妇女。工人共分12个队，每队有一名总监，每50人为一班，由领班负责。项目由三方出资，皇家财政经费负责购置运河河道及岸坡用地，地方出资负责所在地运河工程费用，里盖本人出资负责运河的运行和管理，同时他及其后代拥有运河的永久收入。

1681年，里盖去世。此时工程经历许多挫折和财务困难，终于完成大部分施工。1694年，全部工程完工，工程造价超出预算70%。其间军队建筑师沃班（Vauban）主持设计几条溢洪道，加高St. Ferreol坝，解决附近农田经常受淹问题。

1768～1787年，修建圣彼埃尔运河和Jonction运河，解决罗比娜运河和那纳伯纳（Narbonne）运河供水问题。1854～1857年，在奥布（Orb）上修建运河桥。

3. 申报国的价值陈述

评价世界文化遗产的突出普世价值，共有6条标准。法国在申报时认为米迪运河符合具备其中的第1、2、4、5条标准，具体陈述如下：

标准1　米迪运河是路易十四时期工程师创造性的实物见证，标志着文艺复兴向现代建筑技术的转折点，因此米迪运河的修建在欧洲和北美工业化国家中开辟了建造航运水道的新时代。米迪运河不仅实现了历朝历代开通大西洋与地中海运河的梦想，而且在其设计和施工中的各个方面体现出了创造天才，包括工程的构想、水源工程的详细研究、施工的组织、为适应地形而进行的持续工程改造，以及将运河视为线性公园的认识等各个方面。

标准2　米迪运河是罗马帝国衰落以后欧洲最大型的公共工程项目。工程设想大胆，并不断完善，以保证其效率和正常运行。更为突出的是，这项工程的承包商和设计师们第一次在如此宠大的尺度下，寻求景观与植被的和谐，创造一条绿色廊道，一道迷人景观，一个线性规划的典范，堪与罗马时代的杰作媲美。米迪运河启发很多造访她的名人，如丹麦王子、英国农艺学家亚瑟·杨（Arthur Young），英国未来的布里奇沃特（Bridgewater）公爵及英国运河建造时代伟大的开创者弗朗西斯·埃格顿（Francis Egerton），英国工程师托马斯·泰尔福（Thomas Terford），和未来的美国总统托马斯·杰弗逊（Thomas Jefferson）。

标准4　米迪运河象征着太阳王统治的辉煌时期，工程师与企业家们共同努力，将美学与功能完美地结合在一起。运河的主要功能是航运及农业灌溉，但其建造者不厌其烦地追求建筑与景观等不同层次上的和谐形象。这种象征价值足以吸引民众向运河地区聚集，形成“运河人”独特的文化和传统。

米迪运河产生了许多社会思想和技术与建筑思想，有些思想是古怪的，但大多数思想都构思精良并得到有效实施，而且在整体布局上有一种协调的美感。

米迪运河代表着欧洲历史上一个重要阶段，在这个阶段由于人类对水工技术的掌握而导致水运迅速发展。这个阶段发源于意大利复兴，发展到工业革命和铁路时代的到来。

标准5　米迪运河建成后成为景观中的重要元素，对景观稍加修饰而又融入环境之中。运河随形而至，强调和完善了地形的浮雕感。

米迪运河几年之前仍用于运输货物，其乡村地貌基本上未发生变化。大型货船的使用影响了运河的部分河段的运输功能，但其受到的影响远远少于欧洲其他地区。曾经有人建议为适应大型货船通过而改造现有船闸，但最终建议被否决，四分之三的船闸将保持原状。

未来的政策是保护运河，使其传统保存下去。既要增加米迪运河的旅游和休闲功能，同时又维持运河的灌溉功能，就需要所有有关各方的坚持不断的努力，保证尽可能高水平的维护管理。只有承认运河对农业和景观的价值，承认运河对“运河人”的价值意义，才能通过当代的合理利用保证她的存续。

4. 申报类型

根据1972年《世界遗产公约》第一条关于遗产类型的规定，米迪运河属于建筑群。根据《世界遗产公约实施操作指南》第39段，米迪运河也可属于文化景观，但申报国并未按文化景观类进行申报。

5. 管理和保护

米迪运河适用的法规是《公共水域及运河条例》，该条例管辖法国境内所有水道。条例中设有专门章节(第236～245章)规定米迪运河的管理，米迪运河也是《条例》中唯一一条享有专门章节规定的法国境内水道。其中第245条规定了运河管理部门和沿线乡镇(commune，法国最小的行政单位)对运河的保护和维护职责。

米迪运河上有若干设施在1913年的法令中被列为历史纪念物，还有若干遗址和景观也在1930年的法令中列为受保护遗址和景观。因此工程建设时必须征求相关行业行政管理部门的意见。

米迪运河的永久财产权在1666年授予里盖先生及其继承人，但1897年国家又将其回购。运河由法国航道管理局管理，这是一个国家公共事业单位，1991年成立，隶属法国区域、设备及运输部。米迪运河的直接管理权下放给图鲁兹大区航运局。

国家建筑与城市管理局负责受保护遗址和景观的管理，具体通过大区环境管理局进行管理；文化部下属的大区文化管理局专门管理列入名录的历史纪念物。协调工作主要在大区级别进行，已经编制了一个运河全面整治(rehabilitation)的规划，计划在十年期间完成所有整治工作。

在最初的规划中，将运河视线所及区域都划定为缓冲区，但事实证明此举不够现实。因此现在建议的缓冲区仅限于运河沿线乡镇范围内(在某些地段，如果乡镇以外的地方会对运河产生直接影响，则将其纳入范围)，以便进行有效的管理。米迪运河申报世界遗产的长度为360公里长，面积11.72平方公里，缓冲区面积2014平方公里。

米迪运河目前还没有总体管理规划。但是运河沿线有关大区管理部门的代表编制了一份“白皮书”，主要目的是确定未来用于运河维护和运行的经费来源。它还考虑将运河全线河岸和建筑物纳入法律保护范围之中。

6. 保护与原真性

米迪运河作为运输通道一直在全面使用之中，本体及附属设施基本保持着良好状态。然而,在 20 世纪 60 年代以后,由于经费大幅下降导致运河毁损程度加速。这个局面直至 1993 年才有所改变,从那时起国家、各大区和法国航道管理局开始合作共同保护运河。

据 1991 年预计,恢复运河和河道升级以满足现代水运交通所需要费用约为 1.45 亿法郎。从那时开始,用于运河的经费稳步上升:1992 年 650 万法郎;1993 年 1000 万法郎;1994 年 1780 万法郎;1995 年 2380 万法郎。保护船闸、泄洪道、桥梁和水工设施的工作正在进行。一些相关的娱乐休闲活动设施,如停车场、自行车道、新建桥梁工程也开始实施。

对于受保护和列入名录的纪念物和景观,有专业导则指导其保护与管理,但这些专业指导原则并不适用运河全线。为此,已经编制了一本《建设规范手册》,规定了新建设项目的原则,以保证新建项目保持与运河历史和景观的和谐。

在评价米迪运河的真实性时,必须考虑它经历了三百多年的历史,而且正在承担运输和休闲的功能。因此米迪运河历年来经历了无数次改造,改造的原因主要有四个:应对技术问题(裂缝、腐蚀引起的垮蹋),外部需求(树木清理、建设娱乐设施及附属设施),"人为性"干预(应对商业需求),和"自发性"干预(运河使用船只类型的改变,增加新功能,如骑马、自行车道等)。

尽管经历了这些改造,米迪运河仍然无可争辨地保持着其作为十七世纪重要土木工程的真实性,其后期的各种干预表现了它的历史,也构成了该地区景观的重要组成部分。也有理由这样认为,即运河随着时间的变化本身就具有真实性,反映了运河工程技术、应用技术和管理实践的发展历程。

7. 评估

国际古迹遗址理事会(ICOMOS)专家团 1996 年 1 月考察了米迪运河。国际古迹遗址理事会和国际工业遗产保护委员会联合开展了一个工业遗产项目,编制了一份《国际运河遗迹清单》,该清单在评估米迪运河时被作为咨询的主要比较研究。

在《国际运河遗迹清单》中进行了分类研究,米迪运河在梯级闸室、水库、渡槽、大坝、桥梁和隧道方面都获得最高评分。研究报告列举了 7 条世界上"最具技术价值的运河",米迪运河和中国的大运河并列获得最高评分。

国际古迹遗址理事会对米迪运河的文化价值没有任何保留意见,也不同意推迟米迪运河的入选。但是国际古迹遗址理事会在将米迪运河列入世界遗产名单的同时,敦促申报国制定法律将运河全线纳入保护范围,并且将现有的出色管理和维护政策编制成正式的管理规划。

11.1.2　运河遗产的工程价值与保护

当年世界遗产委员会在米迪运河列入世界遗产的决定中,对米迪运河的结论性意见是:"现代最伟大的工程成就之一,它直接迎来工业革命和现代技术时代,是技术传播的典范。此外,它还将技术创新与高超的建筑与景观美学设计结合,无与伦比"。米迪运河的景观价值显而易见,而其工程技术价值及其保护与管理,需要深入了解。

2008 年 11 月,国家科技支撑计划课题“空间信息技术在大遗址保护中的应用研究(以京杭大运河为例)”组团重点考察了米迪运河,特别与法国文化部与法国土地开发、装备和交通部(简称交通部)等有关部门取得联系。交通部下属的法国航道管理局(VNF)西南分局直接负责米迪运河的统一管理,他们周到地为我们设计了考察路线,并派两位工作人员全程陪同介绍,使我们对米迪运河及其管理有了比较深入的了解。

1. 认识米迪运河遗产的技术价值

米迪运河申报和入选世界遗产的过程,实际上是运河的遗产价值被认识的过程。米迪运河长期作为商贸航道由法国政府管理。20 世纪 70 年代初,法国政府启动现代化改造计划,将米迪运河上的闸室扩建至 40 米,以适应平底驳船的通行,从而与全国内河航运网络联通。此计划于 1984 年被中止,140 公里的米迪运河航道保留了原始的 30. 5 米的闸室长度。1990 年,平底驳船最终停止了在米迪运河的航运。1991 年,VNF 成立,负责米迪运河的灌溉、旅游、休闲和环境保护等工作。

在另一方面,文化遗产界也意识到应该认真研究运河作为遗产的价值。1994 年,加拿大政府在世界遗产委员会的要求下组织专家会议,编制《遗产运河资料文件》,对遗产运河及其价值要素加以定义。1996 年,国际古迹遗址理事会(ICOMOS)与国际工业遗产保护委员会(TICCIH)联合编制《国际运河古迹名录》,以“甄选世界遗产清单中被忽视的史迹类型”。米迪运河和中国大运河以相同分值,列为“最具技术价值运河”前列。

尽管“遗产运河”作为特殊类型的世界遗产在 10 年之后的 2005 年才正式列入《世界遗产公约实施操作指南》,但经过上述铺垫,米迪运河早在 1996 年就作为第一条运河毫无争议地进入《世界遗产名录》。为突出“被忽视的史迹类型”,在米迪运河的遗产构成中,并没有包括散布在运河两岸众多中世纪小镇(图 11-2)、罗马时期教堂、远古洞穴遗址和古老的葡萄酒庄园,而只涉及代表其技术价值的运河水运及水利设施,即 360 公里河道及 328 座各类船闸、渡槽、桥梁、泄洪道和隧道等建筑物水工设施。

米迪运河之所以被列入世界遗产,除其本身的技术价值之外,还在于它的技术传播影响广泛。英国的布里奇沃特(Bridgewater)公爵在参观米迪运河之后,大受启发,于 1759 年修建布里奇沃特运河直接连接煤炭产地与纺织中心曼彻斯特,低廉的运输成本激发了英国的运河热潮,其后短短 50 年英国境内的运河总里程长达 2000 多英里,极大地推进了工业革命的前进步伐。美国总统杰弗逊曾任美国驻法大使,在其《法国南部旅行笔记》中重点讨论了米迪运河的技术问题。1806 年,身为总统的杰费逊下令修建了路易斯安纳全境航运网络,米迪运河无疑是他的工程样版。

2. 米迪运河上的技术杰作

现在让我们走近米迪运河,去了解运河沿线几处重要地点(图 11-3)。首先是瑙鲁兹地垒(Naurouze Sill)——米迪运河的分水岭(图 11-4)。找到运河河道的最高点,是整个工程的关键,具有重要的技术价值。补给运河的水源从这里进入运河,西流入大西洋,东流入地中海。米迪运河的总设计师皮埃尔 · 保罗 · 里盖先生出生于此,历经十余年踏遍

图 11-2　米迪运河边的卡尔卡松(Carcasonne)城堡

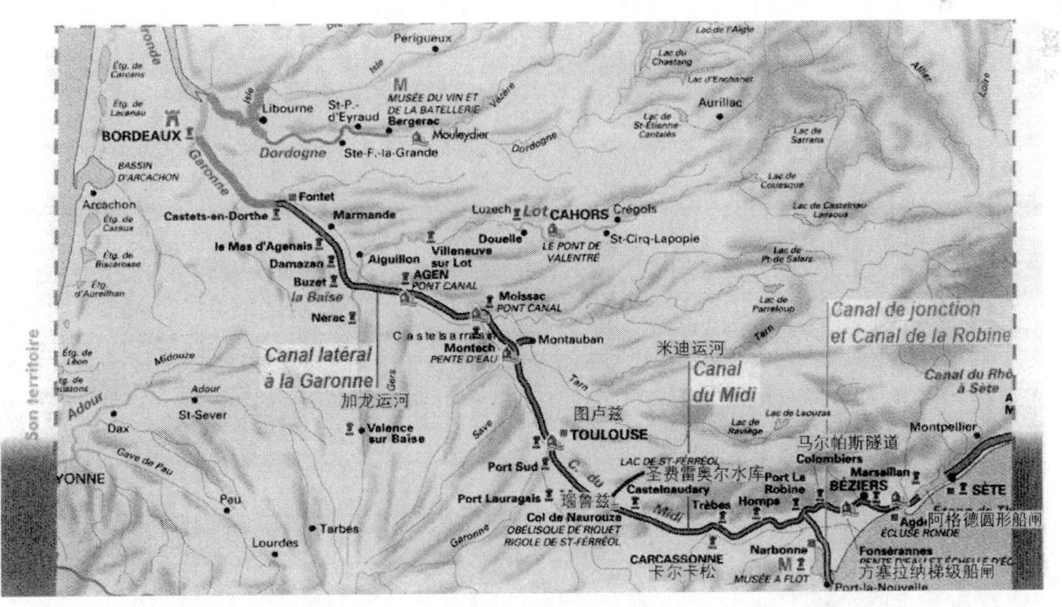

图 11-3　米迪运河重要工程设施位置示意图

山区为运河寻找水源。他和助手们在此建了一座小型水坝把水壅抬起来,撤掉石头后水流向两边分流,证实了此处即分水岭(图 11-5)。瑙鲁兹海拔 193 米(图 11-6),高出加龙河 57 米。

图 11-4　瑙鲁兹分水处,水源从左下角进入运河,左流向地中海,右流向大西洋

图 11-5　里盖在瑙鲁兹向国王及政府代表展示其工程设想

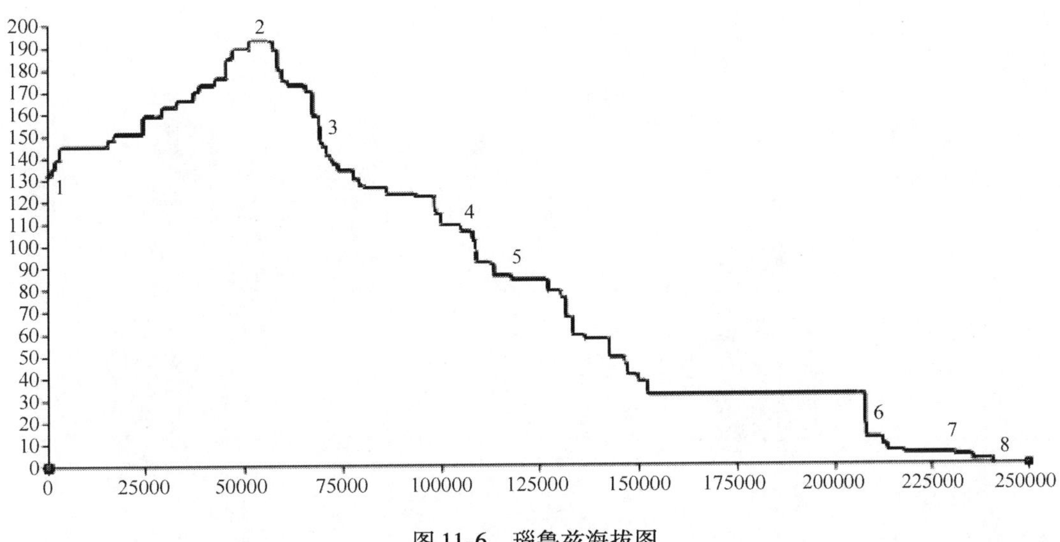

图 11-6　瑙鲁兹海拔图

解决越岭运河的水源问题一直困扰着梦想沟通地中海和大西洋的设计师们。早在1516 年,达·芬奇就曾来到法国受命调查勘测一条能够连接大西洋与地中海的人工运道,却没有成功。直到 150 年后,天才工程师里盖先生才在家乡山区解决这一难题。他在距瑙鲁兹 20 公里的高山河谷修筑了费雷奥尔(Saint-Ferreol)大坝,为米迪运河提供全部水源。圣费雷奥尔大坝是整个米迪运河上工程量最大的工程,为堆土坝建筑,中间为砌石防渗墙(图 11-7)。坝顶长 780 米,坝底长 140 米,上、下游两石筑挡水墙之间的土石方量 153 000 立方米,蓄水库容 6 374 000 立方米(图 11-8)。大坝工程的创新之处还在于它在不同高程设计的泄洪和清淤设施。圣费雷奥尔大坝坝高 35 米,在其后 165 年间一直保持世界第一高坝的地位。

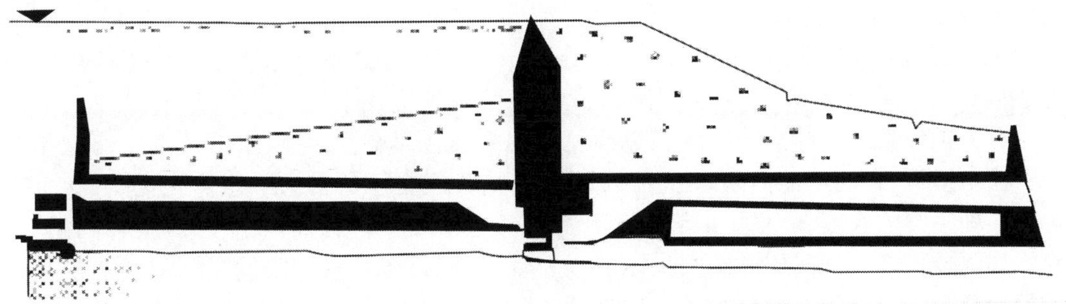

图 11-7　圣费雷奥尔大坝

米迪运河上拥有世界上第一条航运隧道——马尔帕斯隧道(图 11-9),它标志着现代工程技术在越岭运河修建中的应用。马尔帕斯隧道是世界首条使用火药开凿的隧道,标志着岩石掘进技术取得飞跃性进步。马尔帕斯隧道长 157 米,宽 6.7 米,高 8.2 米,施工用时 2 年,1681 年建成。隧道下方还有另一条 1247 年开凿的排水管,通过竖井与其连通。这条地下排水涵管长 1360 米,断面 1.5 米×2 米,至今仍在使用。

图 11-8　圣费雷奥尔水库

米迪运河上的航运桥(canal bridge)设计富有创造性,它实际上是运河与自然河流的立体互交,以保证航船不受自然河水的冲击(图 11-10)。里普德尔(Repudre)航运桥(图 11-11)建于 1665 年,桥长 135 米,跨度 9.15 米,是世界上最早的航运桥。英国的布里奇沃特公爵受其启发,设计了世界上第一条工业革命时代的运河。

法国米迪运河在申报世界遗产时的价值评述中,有这样一句话:“运河产生了许多……技术与建筑思想,有些思想是古怪的,但大多数思想都构思精良并得到有效实施……”米迪运河上富有特色的圆弧型闸室设计可能算是所谓的“古怪”设计。在 17 世纪米迪运河的设计中,闸室侧壁呈圆弧型向外凸出(图 11-12、图 11-13),原本是要避免闸室侧壁在水排空后向内挤压坍塌,却未考虑高水位时水压的相反作用力。因此这一设计在以后各地的闸门设计中都不再应用。

有法国传教士这样描述在中国运河见到船只盘坝情景:“为使船不致滑脱而在船的左右拴牢缆绳后,利用他们所掌握的几个绞盘,工人靠自己的臂力一点点把船提起,直至达到上面运河的高度,船只可以继续航行为止。这项操作费时很长,十分艰巨,并异常危险。如果他们能见到我们的船闸只需一个人就能轻而易举地打开或关闭,使我们最长最重的船只或上提或下降安全难过闸口,他们该会多么惊奇啊!”([法]李明著,郭强等译,中国近事报道(1687~1692),大象出版社,2004 年)那么,法国当时采用的是什么闸门技术呢?米迪运河原始闸门采用对开人字闸门形式,上置平衡梁作为杠杆启闭闸门,同时平衡闸门重量。门板用橡木制成,由一竖向齿轮装置启闭(图 11-14)。现在米迪运河上的闸门已改用金属门板。

图 11-9　马尔帕斯隧道

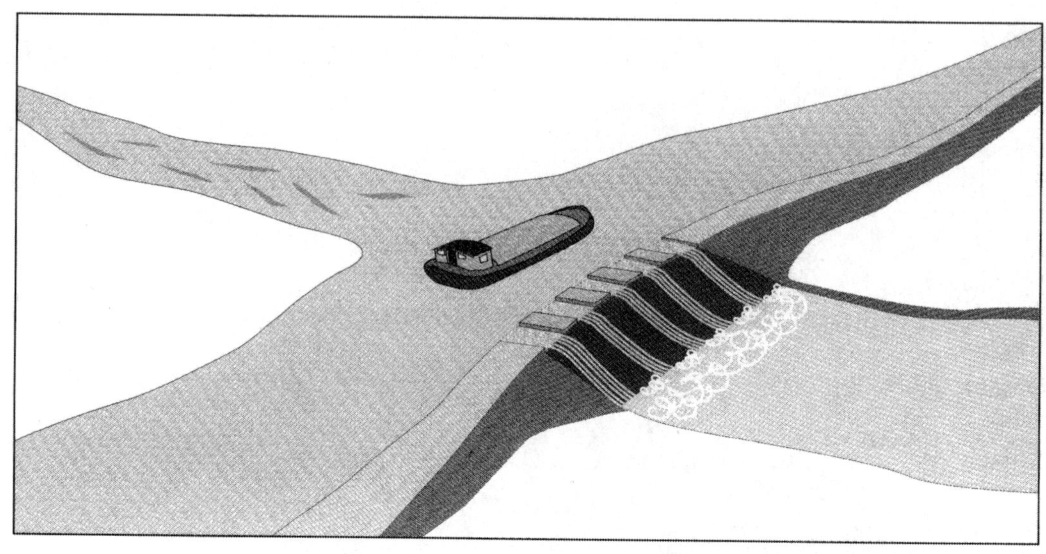

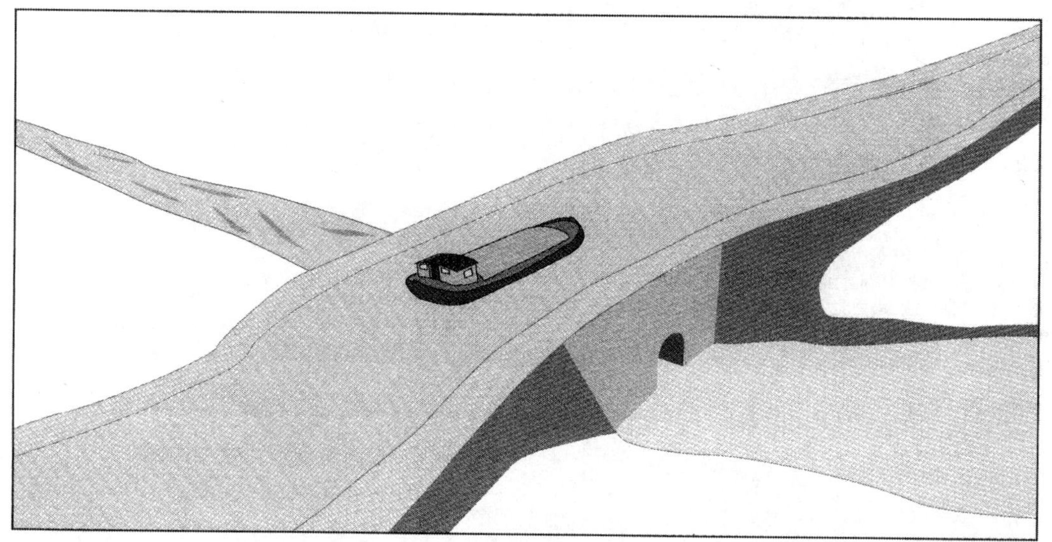

图 11-10　航运桥设计原理示意图

3. 米迪运河遗产的真实性问题

法国文化部建筑与遗产总监兼国际古迹遗址理事会副主席伯阿松(Poisson)先生与我们一起讨论了运河申遗的问题。伯阿松先生特别强调运河遗产的真实性和管理这两大国际社会日益关心的问题。谈到真实性问题时,他首先阐明了我们在米迪运河申遗评估报告中见到的观点,即变化是运河的特征,运河随着时间的变化本身就具有真实性,运河的变化反映了运河工程技术、应用技术和管理实践的发展历程。但我们也从伯阿松先生对航运管理机构的评价中又听出颇多微辞。文化主管部门与航运主管部门长期以来

图 11-11　米迪运河上的里普德尔(Repudre)航运桥

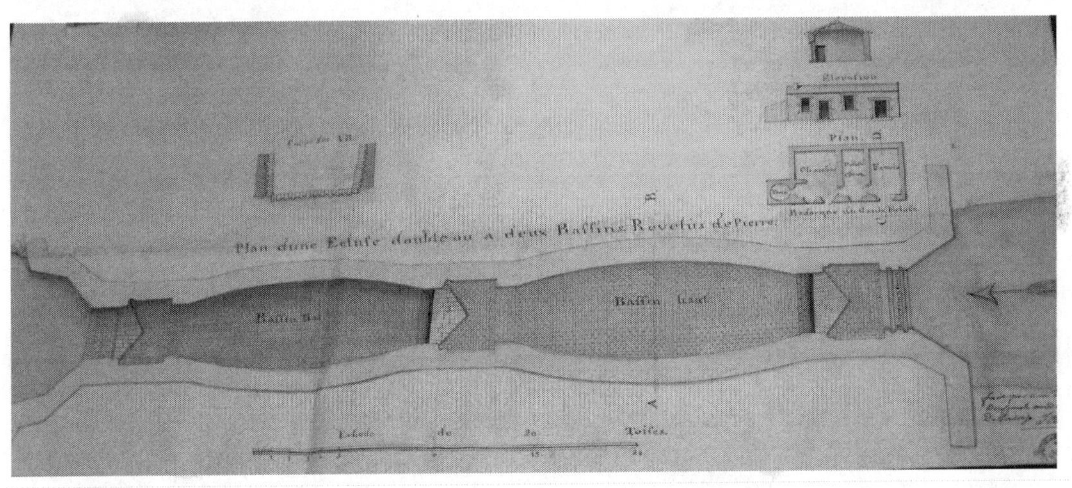

图 11-12　圆弧型闸室设计图

一直对米迪运河上航运设施的改造争执不断。例如体现米迪运河设计杰出水平的圆型船闸就被航运部门局部改造(对比图 11-15 与图 11-16),船闸东北四分之一圆径扩大。这样的事例我们在考察沿线也有所体会。

图 11-13　闸室侧壁呈圆弧型向外凸出

图 11-14　米迪运河船闸设计图

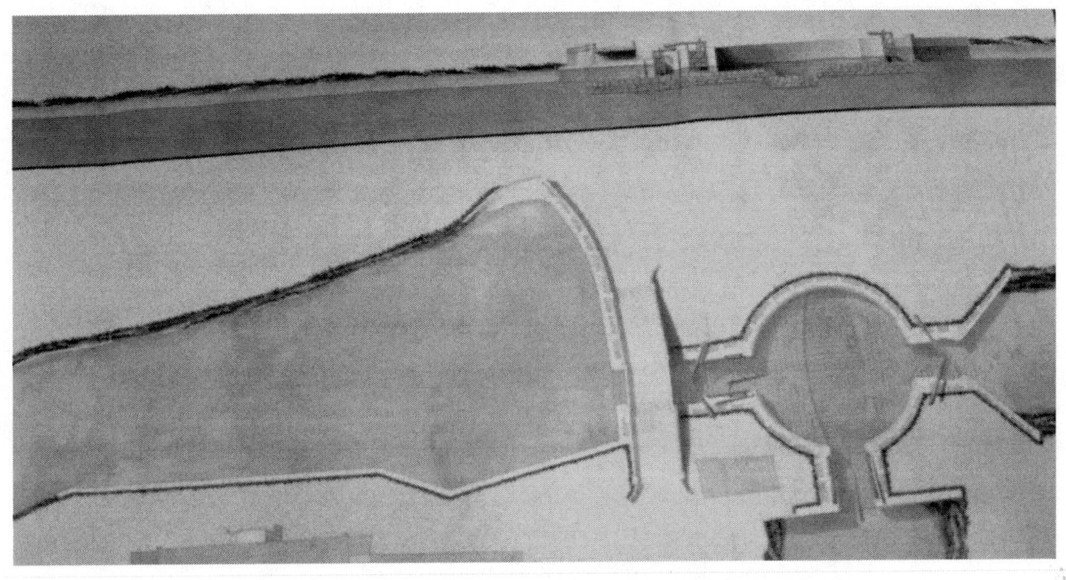

图 11-15　圆型船闸原设计图

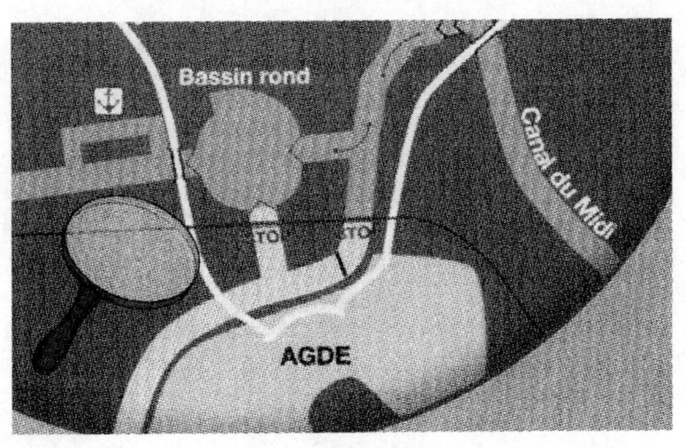

图 11-16　圆型船闸改造后示意图

图卢兹的卢默(Jumeaux)桥是米迪运河与加龙(Garonne)河的交汇处,米迪运河从此开始向东通往地中海。后因泥沙淤积,18 世纪另辟布里埃(Brienne)运河迂回接入加龙河,19 世纪米迪运河又接入新修建的加龙运河(图 11-17)。在这一运口发生多次变化的关键遗址地区,我们却看见高速公路桥飞架其上(图 11-18)。询问最早米迪运河入加龙河的运口位置,VNF 的工作人员遥指桥下,语焉不详。

米迪运河上著名的方塞拉纳(Fonseranes)梯级船闸也历经改造。20 世纪 60 年代修建的取直跨河水道,将原九级船闸截为六级(图 11-19)。70 年代法国最早发明了斜坡式升船机,并在各航道大规模应用。1982 年这一所谓创新性的现代升船机修建在方塞拉纳梯级船闸旁边(图 11-20),却因使用不便建成后就基本废置。壮观的梯级船闸令人感叹,同样壮观却荒凉的升船机坡道却令人思考。这也许是为什么 VNF 的工作人员并不避讳把我们带离常规游览路线去参观它的理由吧。

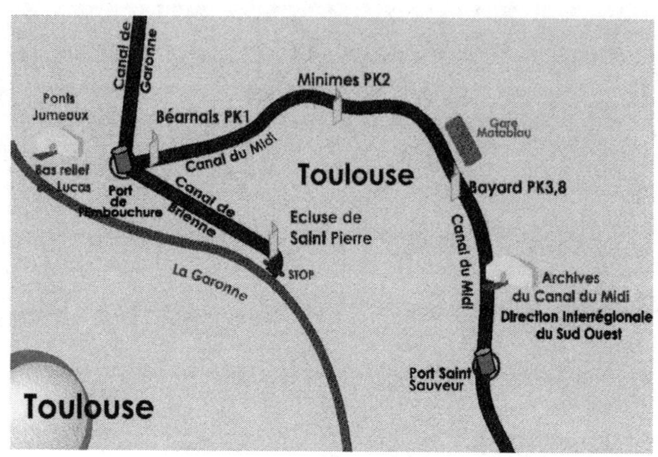

图 11-17　米迪运河接入新修建的加龙运河

图 11-18　米迪运河与加龙河交汇处的高速公路桥

我们一直试图与 VNF 的工作人员讨论真实性与改建问题,可是感觉他们并不以此为虑,改建的方案都有文化、环保部门参与审查,合作在他们看来似乎不成问题。由航运部门管理运河,既有其专业性的优势,又存在对文化遗产保护原则的认识问题,这还将在下面讨论。

图 11-19　方塞拉纳(Fonseranes)梯级船闸

图 11-20　方塞拉纳梯级船闸旁的升船机拖道

运河遗产的变化特性与真实性间的平衡，可能是运河遗产保护的关键。参观米迪运河的过程中，对于运河历史文献在体现运河遗产真实性的作用，有了新的体会。运河工程是为满足人类需求而修建，自然、社会、经济条件变化，必然带来运河技术的改造与更新。我们不能机械要求运河停留在历史的某个断面，又应该真实保留先辈留给我们的珍贵财富。运河历史文献或许是真实与变化间的一道桥梁。米迪运河上很多已不可见的设施，我们在资料齐备的米迪运河档案馆（图 11-21、图 11-22）中见到了设计图纸。从档案

图 11-21　米迪运河档案馆外景

图 11-22　米迪运河档案馆

馆,到运河沿线各个时期的设施遗存代表,我们真实地感受到运河技术的变迁与发展,感受到社会、经济和人民生活的活力与进步。

4. 米迪运河的管理

伯阿松先生特别介绍了国际社会越来重视管理规划的编制,以此为手段协调文化遗产利益相关者的关系,实现统一的目标。但是米迪运河在 1994 年申报世界遗产时并没有专门的管理规划。由于历史原因,法国的地方乡镇(commune,法国最小的行政单位)相当独立,难于统筹协调,虽然有些乡镇已经开始自发组织起来共同保护和开发运河资源,但到目前为止仍未有总体管理规划出台。米迪运河现在基本上在原有的管理体制下运行。

在管理体制方面,米迪运河的永久财产权曾在 1666 年授予设计师里盖先生及其继承人,1897 年国家将其回购。目前米迪运河的管理分国家级和地方级(图 11-23)。国家

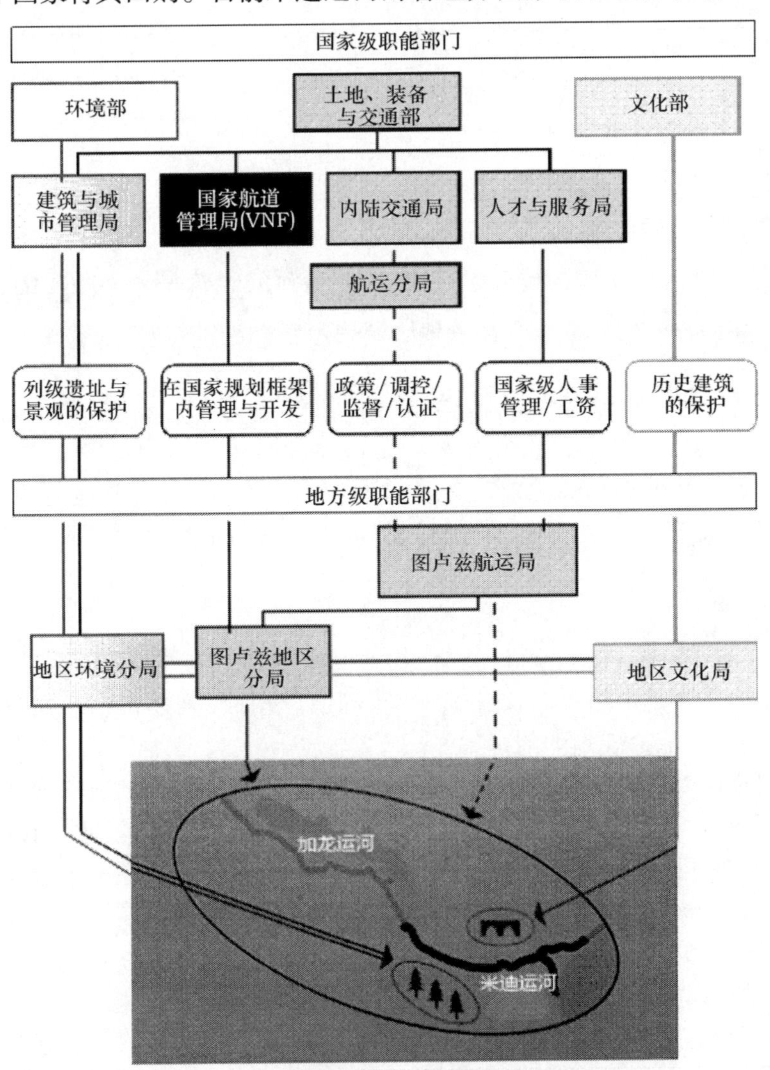

图 11-23　米迪运河的管理体制

级涉及的行政管理部门有土地、装备与交通部、环境部和文化部，具体管理机构为法国航道管理局（VNF），这是1991年成立的国家公共事业单位。在地方，涉及的行政管理机构有图鲁兹大区航管局。国家建筑与城市管理局负责受保护遗址和景观的管理，具体通过大区环境管理局进行管理；文化部下属的大区文化管理局专门管理列入名录的历史纪念物。

在运营方面，2007年有10 000只游船通过米迪运河卡尔卡松文化至陶塘（l'Etang de Thau）段，比上年增长6%。除旅游收入外，米迪运河的经营收入还包括沿线农业灌溉水费、管理范围内的土地、房屋、设施租赁等。我们只查到VNF西南分局总的收支情况如表11-1所示。

表11-1　VNF西南管理局收支表

项目		投资	运行	合计
2006年	收入	240	224	464
	支出	836	588	1424
2007年	收入	248	213	461
	支出	864	534	1398

资料来源：VNF；单位：百万欧元

从与VNF工作人员交谈的情况也得知，米迪运河的经营是入不敷出的，收入只占支出的三分之一左右，需要依靠VNF其他地区的运营收入弥补。

11.1.3　米迪运河世界遗产对我国运河保护工作的启示

我国运河保护目前面临的主要工作具体而言主要有几项，一是运河的全面调查，二是申报世界文化遗产，三是运河保护规划的制定。这三项工作之间又有相互交叉和促进作用。

1. 运河的全面调查

运河的全面调查是申报世界文化遗产、明确遗产构成、陈述价值意义的基础性前期工作，也是制定运河保护规划的前提工作。

开展运河全面调查首先要明确的是调查主体和调查范围。米迪运河是作为水利工程类的建筑群申报世界遗产的，其遗产构成的主体包括运河河道及水工设施，即约为平均宽度30米的360公里河道和328座水工设施。从而建议我国在开展运河的全面调查时，应加强对运河本体的重视，以运河水利工程本体为重点，着重认识它的工程设施实物遗存的技术、施工、演变、运行和管理要素。为此，在运河全面调查时应与水利部门密切合作，而不宜像全国文物普查那样，完全由文物部门的工作人员承担。

我们还必须认识到，中国大运河有着自身的独特之处，与法国米迪运河不可同日而语。中国大运河历史长逾千年，河道变迁复杂，部分河道已淤积掩埋，部分河道已废弃干涸，因此中国大运河还不完全属于建筑群，而有部分属于遗址，在全面调查时应结合一些考古发掘研究,在关键河段和关键水利设施处对运河工程遗迹进行勘探和发掘。另外,对运河的认识也应从整体进行综合考虑,不再简单按传统文物工作以地上和地下分类,而是深入研究其线性遗产或遗产廊道的特点并施以相应的保护政策。

中国大运河的另外一个特点就是部分河道仍在使用之中,这使它与一般理解的文物有所不同。在米迪运河的案例中,它强调的是运河作为工程设施的使用价值,因而认为为保证运河运行而进行的改造不仅没有破坏遗产的真实性,而且是遗产的有机组成部分,是体现工程技术发展历程的实证。这一观点也得到国际工业遗产保护委员会和国际古迹遗址理事会的认可。从中可以启发我们不必拘泥全国重点文物保护单位对京杭大运河时代的限制,对民国乃至建国后大运河的重大改造纳入运河遗产构成。

2. 运河申遗

中国大运河申遗的本身并不是目的,通过申遗,应至少实现以下两个目的:

一是以此为契机做好运河遗产的系统记录工作(国际常用术语为 documentation,即以科学方法识别、获取、处理、存储和发布遗产信息)。从中、外文献可以看出,世人对中国大运河突出的普世价值已经广泛认可。从李约瑟,到国际古迹遗址理事会和国际工业遗产保护委员会,从《国际运河遗迹清单》将中国大运河评为"最具技术价值的运河",到为数众多的学者在研究中国运河史和运河文化,可见一斑。然而由于中国古人记录方法的特点,也由于多年考古研究对大型工程遗迹的忽视,我们对于运河的实物遗存状况,特别是以科学实证的方法识别、获取、处理、存储和发布运河水利工程技术上千年的演进还有大量工作需要开展。

二是推动运河的全面保护。目前我们似乎要求的是,保护必先有保护规划,无保护规划则诸事免谈。实际上,科学研究、维护管理和专业保护都属保护活动,编制保护规划的目的是统筹和协调这些活动在一致的目标和计划下进行,但编制保护规划并不一定是保护工作的必然前提,在形势紧迫的情况下完全可以并行推进。法国米迪运河在申遗时并没有一份正式的管理规划,但其实际的保护措施是到位而有效的,仍然可以入选世界遗产。对于中国大运河这样跨越数千公里、情况异常复杂的遗产,编制保护规划绝非易事,而运河遭受的破坏每日每时都在发生,如果等待保护规划编制完成以后再采取行动,恐怕为时已晚,必须"先救命再治病",成立高层部际协调组织,从现在开始阻止对运河河道及附属设施的进一步建设性破坏、盗掘、污染等种种行为。

运河申遗的另一个重要工作就是价值陈述。在此将 2005 年 2 月颁布的《世界遗产公约实施操作指南》中与世界文化遗产有关的六项标准摘录在此:

标准 1:代表人类创造性的天才杰作。

标准 2:在某一时期内或在世界某一文化区域内,在建筑或技术、纪念物艺术、城市规划或风景设计等方面,体现人类价值的重要交流。

标准 3:能为一种现存的或为一种已消逝的文化传统或文明提供唯一的或至少是特殊的见证。

标准 4:作为某类建筑物、建筑群或技术体、或景观的杰出典范,展示出人类历史上一个(或数个)重要阶段的作品。

标准 5：代表一种(或数种)文化,或者代表人类与环境的相互作用,特别是当该文化或相互作用因不可逆转的变化影响而变得十分脆弱时,在传统的人类聚落、土地利用或海洋利用方面的杰出典范。

标准 6：与拥有突出的普世价值的事件、现存的传统、观念、信仰、艺术作品或文学作品存在直接的或实质的联系(世界遗产委员会认为,这个标准应该与其他标准共同使用)。

上述六条标准是对世界文化遗产价值的精辟概述,是对遗产创造性、影响力、稀缺性、代表性、环境观与实证性等方面的水准要求。在运河的调查研究和系统记录等工作中,可以以此为框架系统梳理对运河价值的认知,并且在更大的范围内进行更深入的横向与纵向的比较研究。

3. 运河保护规划的制定

对于中国大运河这样规模大、性质复杂的线性遗产,其保护规划的编制任务艰巨。从法国米迪运河的实践经验,可以总结以下几点以供探讨：

结合国际上较为通用的管理规划和我国的保护规划编制做法,是否可以建立两个层次的规划体系:一是全线统一的管理规划,二是各省(市)、县、区域的保护规划,以实现原则及标准上的统一和方法及措施上的灵活多样。

管理规划的主要内容是在国家的宏观层面,至少从几个方面规划运河的保护工作,例如,①政策法规的制定与实施计划;②管理部门的职责分工,确定部际管理部门的职责划分以及中央和地方管理部门的职责划分;③经费来源与运用计划;④技术标准,包括术语、调查规范、登记标准、保护工程方案编制与实施标准、景观展示与休闲旅游规划标准等。

保护规划的主要内容是结合运河沿线各地的历史与现实特点,至少从几个方面规划运河的保护工作,例如,①价值评估与现状评估;②保护范围划定、近期与长期的调查发掘;③保护工程计划;④利用与展示项目计划;⑤运营管理机制,包括决策机制、日常维护、人员配备、绩效考核等。在保护规划的编制中,运河沿线基层社区乡镇政府和民众的参与至关重要,是保证保护规划有效实施的关键。

中国大运河保护工作任重而道远,借鉴国外经验旨在开阔我们的思路。在实际工作中,还需要我们认真和清醒地认识和审视自己的运河、自己的环境、自己的历史和自己的国情,在借鉴的基础上创新。

在欧洲访谈运河保护与申遗,各方面都对中国大运河的超巨规模和超长历史表示惊叹,同时对我们的管理措施表现出极大的关注。法国米迪运河长度仅仅是我们的五分之一(与京杭运河相比),管理与保护已经颇为棘手。我国大运河遗产的保护与管理更是艰巨的挑战,对此我们应该做好充足的心理准备、政策和研究准备,不能仅限于在文物技术层面保护运河。

11.2　加拿大里多运河的申遗与保护

目前保护和管理情况较好的还有加拿大的里多运河,于 2007 年被纳入联合国教科文组织的世界遗产名录。介绍加拿大里多运河的保护情况,并与我国大运河进行比较,应很有必要。

11.2.1　里多运河基本情况

1. 简介

里多运河是加拿大安大略省东南部的一条历史运河，其最北端在首都渥太华市北面的渥太华河上，坐标为西经 75°42′，北纬 45°26′。运河自北向南贯穿渥太华市后一直向西南延伸，沟通沿途多处自然水系，最后到达安大略湖的金斯敦(Kingston)，其最南点坐标为西经 76°28′北纬 44°14′。运河全长约 202 公里(图 11-24)。

1812 年到 1814 年，英国和美国为争夺这一地区的控制权展开对抗。战争凸显了作为殖民区主要运输线的圣劳伦斯河的脆弱，不仅因为河水多急流造成运速缓慢，而且 Montréal 到安大略湖一线极易从美国方面开展攻击。两国对抗结束后，美国仍被英国政府认为是很大的威胁，因而修建一条可靠的军事运输线对英国政府来说是十分必要的，于是军事规划者们就把注意力放到了 Cataraqui 河和里多河。出于军事战略目的，英国政府决定在加拿大北部英国殖民区内从渥太华河到安大略湖修建里多运河。1826 年，皇家工程师团陆军中校 John By 被英国政府任命，负责督造里多运河。

运河始建于 1828 年，建成于 1832 年。为了减少挖掘量，John By 设计了“平水”(slackwater)系统，即通过修建高坝将运河沿线的自然水聚起，从而抬高水位，消除急流和浅滩，使本来无法通航的水道能够通行蒸汽船。通过在 21 处闸站的 47 座船闸连接了里多河和 Cataraqui 河，通过 18 公里的人工开凿河道(canal cuts)在渥太华河和安大略湖之间创造了航船水路，通过与泰运河(Tay canal)相连还提供了通向佩斯(Perth)的航路。军事方面，最初在运河沿线比较脆弱的地点修建了 6 处作为防御阵地的闸站，还在金斯敦海港的东岸修建了亨利城堡。接着，为了应对殖民地的叛乱，在一些闸站又增修了防御性的闸门监视人的房子。最终在 1846 年到 1848 年之间，在金斯敦海港修建了一些圆形石碉堡(Martello tower)以增强防御。

随着英国和美国关系的改进以及圣劳伦斯海路的发展，里多运河的军事作用几乎没有派上用场，以原始的状态保存下来。到 19 世纪中期，成为一条有效的商业运输系统，跟世界上许多其他运河一样，里多运河起到了发展催化剂的作用，给周围原本是荒地的广大地区带来了深远的社会、经济影响。沿运河逐渐发展起一些基于农耕、磨房和服务业的小聚落，运河最北端渥太华河畔还发展出一个大型市镇 Bytown，1855 年 Bytown 改名为渥太华，1867 年成为新加拿大的首都。

19 世纪 70 年代，里多运河的价值被热爱旅游的人重新发现。19 世纪 90 年代沿运河发展起很多旅游胜地，到第一次世界大战后越来越多的夏季小别墅沿运河修建起来，以吸引旅游者和观光客。目前，里多运河主要用于娱乐旅游，春、夏、秋三季都能坐船沿运河观光。

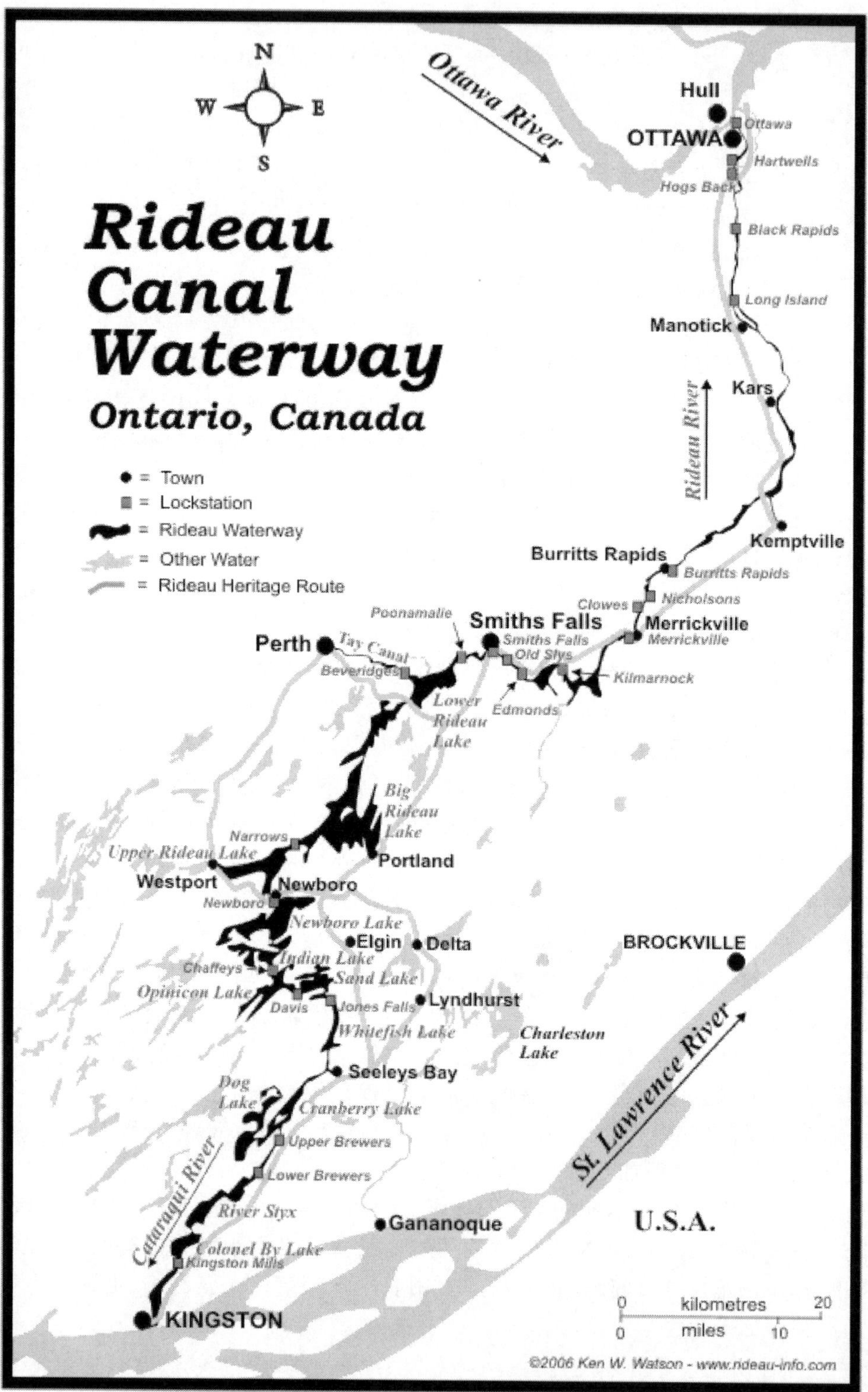

图 11-24　里多运河地形图

2. 遗产突出普遍价值、真实性和完整性

（1）突出普遍价值

里多运河申报世界遗产资料中，关于其突出普遍价值的陈述如下：

从理念、设计和工程方面来说，里多运河是迄今保留下来世界上最杰出的一处 19 世纪早期平水运河系统的实例，也是最早专门为蒸汽船设计的运河。他是体现欧洲交通技术传播及其在北美本土环境发展的最好例证，是专门出于军事目的而修建的运河的少数实例。里多运河，连同与其为一整体的军事防御工事等见证了大英帝国与美利坚合众国争夺北美大陆北部这一人类历史上的重要阶段。

加拿大政府在申报世界遗产时认为里多运河符合（1）（2）（4）三条标准。不过 ICOMOS 在对里多运河的评估文件中，认为里多运河符合申报世界遗产的两条标准：

里多运河是人类天才创造力的杰作；

里多运河是代表反映了人类历史上重要时期的整体技术的突出实例。作为世界上少有的最初为军事目的而修建的运河，里多运河及其附属防御工程修建于英国和美国争夺北美大陆北部的控制权时期。

（2）真实性

加拿大政府在申报世界遗产资料中详尽地从 5 个方面阐述了里多运河的真实性：

形式和设计的真实性，包括运河的平水系统、闸、闸门、坝、桥、闸的操作装置以及运河建筑和防御工事。这些工程的原始形式和设计没有被破坏或改动过，体现了真实性。

材料和物质的真实性，包括闸、门、坝、桥、闸的操作装置，以及运河建筑和防御工事。这些工程原始的修筑材料没有被改动，虽然闸的木门使用时间有限，但管理部门定期按照原始的材料和形式进行更换，可以说体现了真实性。

使用和功能的真实性。里多运河自修建成到现在一直没有停止其作为运输水路的作用，其原始功能保持不变，体现了真实性。

传统、技术和管理系统的真实性。英国政府修建了里多运河，加拿大政府从英国手中接管过来，其管理是连贯的。运河的闸等结构的运转仍依靠原始的手动绞盘技术，而且对它的维修等也按照传统的工艺技术进行，体现了真实性。

地点和背景环境的真实性。里多运河自修建后没有改变过线路，在加拿大政府的有效管理下，其周边的历史环境没有遭到破坏或重大改动，与运河本身相互协调，体现了真实性。

ICOMOS 在对里多运河的评估文件中，认为里多运河原始的运河规划和形式仍保留原来的状态，原始的 47 座闸都保存下来（虽然由于木头仅能使用约 20 ~ 25 年，最原始的木头门和闸门基本都没有保留下来，但这些结构一直有规律地按照原本的样子不停替换），而且其中 41 处闸是加拿大一级文化资源，也就是具有很高的真实性。74 处坝中，有 23 处是加拿大一级文化资源，其他的是二级，其中石头马蹄坝体现了最重要的工程技术成就，这些都很好地被保留下来。更重要的是，里多运河自修建开始就一直没有终止其

原始的作为运行水路的动态功能，大部分的闸门和泄水阀至今仍用手动绞盘操作。

ICOMOS 认为里多运河完全体现了真实性。

(3) 完整性

里多运河申报世界遗产的范围包括原始运河的全部主要元素和后来对水道、坝、桥、防御工事、闸站以及相关考古资源等的改变。

正如加拿大政府申报将里多运河纳入世界遗产名录所强调的，里多运河完全满足完整性条件。加拿大公园管理局通过法律授权来管理历史地区是为了保障它们的纪念性完整，也就是要保障它们的“整体性”(wholeness)和“健康性”(health)或完整无缺(intactness)。当象征或代表其价值的资源没有受到破坏或者受到威胁时，当其价值有效地与公众交流时，当其遗产价值被所有会影响它的决定或行动所尊重时，才可以称某物具有纪念性完整。完整性一直是加拿大公园管理局管理被提名对象的核心。里多运河首先是一处加拿大国家历史地，也就是说它具有纪念性完整，即完整性原则。

ICOMOS 认为里多运河完全体现了完整性。

3. 所有权和管理权

(1) 所有权

根据不列颠北美法(British North America Act，1876 年)，加拿大政府是里多运河所有构成元素(即运河结构和相关的闸站、坝、防御建筑等)及其所在土地以及运河河道的唯一所有者。运河两岸向外扩展的地区由个人和地方政府多家所有。

(2) 管理权

里多运河的管理是一个整体综合的遗产保护体系。联邦、省和地方三级政府在保护运河遗产特征、确保其最适宜的休闲利用方面都担负一定任务，各级政府都有明确的管辖和责任地区。可以说，运河的所有者加拿大政府通过加拿大公园管理局与省一级和地市一级的政府机构并肩合作，来共同保障里多运河相关发展和有效管理。

· 联邦政府(国家)的责任

1998 年，加拿大公园管理局法(Parks Canada Agency Act)规定由加拿大公园管理局运行和管理加拿大国家历史地和国家公园，里多运河作为一处国家历史地由加拿大公园管理局管理。公园管理局的工作在加拿大国会的控制和由总理指定的部长指导监督下开展。里多运河及其沿线的闸、坝、城堡等都由加拿大公园管理局统一管理(除弗雷德里克城堡由国防部负责管理)。这样一个国家级的机构自上而下统一对里多运河进行管理是有效和科学的。ICOMOS 在对里多运河申报世界遗产的评估文件中提到，由一家所有、由一家统一的单位管理，非常有利于管理像运河这样一个很长的遗产以及保证保护措施的连续和完整性。

除加拿大公园管理局外，自然资源部管理在运河廊道的捕猎和渔猎行为，并且参与地方政府规划的检查。环境部管理地方污水处理条件并且负责加强污染控制立法。文化部为博物馆和遗产组织提供支持。交通部通过通航水路保护法保障河道的安全和完整性。

· 安大略省的责任

由于里多运河主要位于安大略省,则安大略省负责通过法律解决里多运河周围土地使用规划和文化遗产、环境保护。规划法(Planning Act)为安大略地方政府土地使用规划提供指导;通过安大略遗产法(Ontario Heritage Act),安大略省为保护文化资源提供了框架;安大略省还执行鱼和野生生物资源保护法(Fish and Wildlife Conservation Act)、濒危物种法(Endangered Species Act)以及省级公园法(Provincial Parks Act)。

· 保护机构的责任

在安大略省共有 36 家保护机构,通过保护机构法(Conservation Authorities Act)的委任,保护机构(Conservation Authorities)通过组织开展一些项目来保护、修复和有效管理安大略省的水资源、湿地、林地和自然栖息地,一般由当地政府负责其经费。里多运河区域管理有 2 家管理机构,一个是 Cataraqui 地区保护机构,管理范围从 Newboro 湖的 Cataraqui 河分水岭到金斯敦;一个是里多河谷保护机构,管理范围从上里多湖到渥太华。保护机构通过管制河岸沿线的发展和开展一些保护项目保护里多运河及其周围土地。这些机构还通过里多水路发展检查队(Rideau Waterway Development Review Team)积极参与有关河岸发展的事件。两个管理机构都根据联邦渔业法(Federal Fisheries Act)保护鱼类的栖息地。里多河谷管理机构还特别通过泰河流域管理规划和里多河谷净水项目发挥作用。

· 地方政府的责任

虽然里多运河由联邦政府在法律框架和规划框架下直接管理,但运河周围的土地则由省和市政当局管理。根据规划法,安大略地区的地方政府拥有土地使用规划和发展的全权,是实现保护运河远景的最重要合作者。地方规划政策保护河岸线的完整性以及岸边的自然特色,并且严格限制开发的地点、类型和规模。最有效的地方土地使用政策是开发土地临街要有 50 ~ 70m 空地以及要沿河岸线后退 30 米。这强制性的 30 米构成了世界遗产地的缓冲地区。在农村地区,一般只有单一家庭的房子允许在河岸边建造,但必须隐藏起来以不破坏运河景观。还有其他一些法规保护涝原、湿地和其他自然特征,这样就更进一步的减少了开发造成的影响。

值得一提的是,加拿大公园管理局直接参与地方政府正式规划及其相关政策的调整。所有里多运河经过地区的地方规划中都必须有专门的关于保护遗产的政策和内容。当地方规划调整或发展时,要采取高度合作的联合管辖方式来进行,即加拿大公园管理局、省政府和地方政府都参与地方规划的调整,以保证调整后的规划和政策能够满足各级政府的需要。

4. 法律法规保护体系

里多运河受到联邦法律框架体系的保护,各种法律法规形成一张保护网,为里多运河的保护提供法律依据。

首先，里多运河的保护主要由以下 3 个直接相关的联邦法律来保障：

历史遗址和纪念建筑法（Historic Sites and Monuments Act, 1952～1953）。由于里多运河（包括运河、与之相关的建筑、城堡等结构一起）被认定为一处加拿大国家历史地，因此受此法的保护。

加拿大公园管理局法（Parks Canada Agency Act, 1998）。首先，此法授权加拿大公园管理局负责管理国家历史地，里多运河在列。其次，此法明确要求国家历史地必须要有相应的管理规划。作为一处加拿大国家历史地，里多运河在 1996 年有了管理规划，该规划于 2005 年再度进行调整和完善。这一点，对于里多运河的保护和管理意义重大。

交通部法（Department of Transport Act, 1985）。历史运河法规（Historic Canals Regulations）是交通部法的下属法规，根据交通部法的规定，历史运河法规是保护里多运河的第三级法律机制，为管理、使用和保护里多运河以及 Trent-Severn 水路提供了法律框架和依据。加拿大公园管理局执行历史运河法规，以此来管理、维护、使用和保护历史运河。

除以上 3 个联邦法律外，还有一些相关的联邦一级或是省一级的法律法规与里多运河某些方面的保护相关，也是里多运河保护法律框架体系的一部分。

加拿大环境评估法（Canadian Environmental Assessment Act）要求必须对在联邦土地上开展的计划或行动，或者对联邦土地有直接影响的计划或行动开展环境影响评估。如果影响过大且不可恢复，这些计划行动将不被批准。这一点保护里多运河的背景自然环境。

渔业法（Fisheries Act）要求保护鱼类的自然栖息地。

濒危物种法（Species at Risk Act）要求保护在联邦土地上濒危的物种以及它们的自然栖息地。

加拿大航船法（Canada Shipping Act）管制有关船只的行为。

通航水路保护法（Navigable Waters Protection Act,1985）保护通航水路的完整性及其通航安全，该法规定任何在运河上或在运河边上的建筑活动都不能改变或破坏河道。

作为加拿大公园管理局行动标准和指导的指导准则和执行政策（Guiding Principles and Operating Policies）一部分的历史运河政策（Historical Canal Policy），提供了管理和运行历史运河的政策。

联邦湿地政策（Federal Wetlands Policy）要求联邦政府拥有的湿地不能丧失其湿地功能。

还有环境保护法（Environmental Protection Act）、安大略区遗产法（Ontario Heritage Act）、规划法（Planning Act）、省级公园法（Provincial Parks Act）等。

5. 规划体系

保护或管理规划是开展保护管理工作的基础，是起指导作用的文件。目前国际上普遍认可要对重要的文化遗产制定相应的保护或管理规划，为日常的工作提供指导。里多运河的规划制定工作进行的比较好，不同的机构从不同侧面制定了不同的规划，形成了里多运河保护和管理的规划网。

（1）国家历史地里多运河管理规划。作为加拿大的国家财富，里多运河被加拿大政府认定为国家历史地。根据历史遗址纪念建筑法规定，每个历史遗址都要有相应的保护规划。里多运河管理规划，依法 1996 年制定，2005 年进行了更新、调整。该规划为管理加拿大国家历史地里多运河提供了长期的战略指导，其目的是保护里多运河的纪念性完整（纪念性完整的概念用来描述国家历史地的良好保存状况和完整性），指导公众合理利用运河，保障文化资源管理准则的实践的开展以及保护运河的自然价值。针对这些目的，规划分 5 大部分，对运河的文化资源进行分类分级，提出了关于遗产保护、生态系统管理、滨水地区土地使用和发展、遗产展示等方面的要求和指导。

（2）世界遗产地里多运河保护规划。里多运河世界遗产地管理规划提供了一个整体指导保护和展示的管理框架。它遵从世界遗产公约的要求，强调如何保护遗产的突出普遍价值。规划制定后，以每 6 年为一个报告期，加拿大政府对该规划进行重审和更新。

（3）地方政府正式规划。里多运河沿线从北到南分属 12 个不同的地方政府管辖，他们分别制定了各自管辖区的正式规划，规定其辖区内土地使用的原则和规划，这些都对加拿大公园管理局保护管理里多运河有所影响。各地方政府遗产保护工作情况简介，可见于申报世界遗产资料。

1999 年，国家首都委员会（National Capital Commission）代表联邦政府制定了加拿大首都规划（1999 Plan for Canada's Capital）。该规划是在 1988 年加拿大首都规划（1988 Plan for Canada's Capital）基础上调整完善而成。加拿大首都规划是联邦政府关于国家首都地区规划和发展的指导性文件，为首都未来如何发展提供高水平的战略建议。

1999 年北 Grenville 镇正式规划；

2004 年 Merrickville-Wolford 正式规划；

2001 年 Montague 镇正式规划；

2002 年 Drummond-North Elmsley 镇区正式规划；

2000 年佩斯正式规划；

2003 年 Tay 河谷镇正式规划；

2005 年史密斯瀑布镇正式规划；

2004 年里多湖镇正式规划；

2003 年南 Frontenac 镇正式规划；

1991 年金斯敦市正式规划。

11.2.2　里多运河的三重身份

里多运河是加拿大国家历史地之一，是加拿大的世界遗产地之一，里多水路又是加拿大遗产河流之一。因此，里多运河具有三重身份，她的保护具有三个层次，或者说有三个范畴。

1. 作为加拿大国家历史地的里多运河

在加拿大历史遗址和纪念建筑会（Historic Sites and Monuments Board of Canada）的咨询支持下，加拿大环境部开展加拿大历史纪念项目（Canada's program of historical commemoration），评选在加拿大历史上具有国家意义的地区、人和事件，并分别认定为国家历史地(National Historic Sites)、国家历史人物(National Historic Persons)和国家历史事件(National Historic Events)。被认定的国家历史地由加拿大公园管理局管理,目前加拿大有158处国家历史地,里多运河位列其中。

国家历史地政策的基础以及管理规划的主要目的是保护国家历史地的纪念性完整。纪念性完整的概念用来描述国家历史地的良好保存状况和完整性。当与遗址被认定为国家历史地直接相关的资源没有被破坏或受到威胁时,当遗址的国家历史价值有效地与公众交流时,当遗址的遗产价值(包括与国家价值无关的那些资源)受到所有其决定和行为会影响遗址的人或组织的尊重时,该国家历史地才具有纪念性完整。里多运河被认定为具有纪念性完整,并且其纪念性完整通过里多运河国家历史地管理规划加以保护。

2. 作为世界遗产地的里多运河

加拿大政府于2004年10月1日将里多运河纳入世界遗产预备清单。2006年向UNESCO世界遗产委员会提交资料,申请将里多运河作为一处遗址纳入世界遗产名录。2007年得到批准,里多运河正式成为加拿大第14处世界遗产地。

申报的里多运河由水利工程、相关防御工事、建筑物、船闸及其考古资源,以及平水运河系统的河道等组成。申报文件中将其分为6个元素,元素1是里多运河本体,包括河道、闸、闸站、坝、桥等相关建筑;元素2是亨利城堡;元素3是位于金斯敦的弗雷德里克城堡,元素4是Cedar岛上的Cathcart塔,元素5是位于金斯敦的Shoal塔,元素6是位于金斯敦的Murney塔,3、4、5、6四个元素总体为金斯敦防御工事。

里多运河世界遗产地保护区面积为21454.81公顷,沿运河两岸向外30米为缓冲地带面积为2363.20公顷,整个里多运河世界遗产地面积23818.01公顷。

3. 作为加拿大遗产河流的里多水路

加拿大遗产河流系统(Canadian Heritage Rivers System)由联邦、省和地方政府确立,用以认定加拿大突出的河流,确保未来的管理能够保护这些河流,并且为了加拿大人的长期利益和享乐而增强这些河流重要的遗产价值。2000年2月,鉴于其突出的人类遗产和休闲价值,里多水路被认定为加拿大遗产河流。这包括里多运河运河系统、其历史背景、基于休闲活动的大范围水域,以及适宜休闲活动的水质。

里多水路的核心是里多运河,通过24处闸站的47座船闸以及大量的坝、堰、堤和隧道,运河的建造者控制和改变了当地的湖、河,形成长202公里沟通在渥太华市段渥太华河到金斯敦段安大略湖的通航水路。总的来说,运河全程有18公里是完全的人工开凿通道,其余的都利用Cataraqui河和里多河的自然河道。

11.2.3 里多运河对我国大运河保护的启示

中国大运河与里多运河同是人工修建的水路,都具有通航能力,在历史上都对沿线地区的经济、社会发展起到一定的促进作用,但是二者却有很大的差异。

表 11-2　加拿大里多运河与中国大运河比较简表

内容	中国大运河	加拿大里多运河
长度	约 1790 公里	202 公里
历史	春秋至今	1828 年修建,1832 年建成
本体构成	河道复杂; 沿线水利工程、管理建筑无数	一条主线河道; 47 处闸;74 处坝;18 处运河建筑;22 处闸站;12 座桥;4 座碉堡;亨利城堡和金斯敦防御工事群
地域	8 省 24 个地市	1 省 12 个地市
历史变化	经常变线、改建、疏浚等	自修成后没有大的变动
历史意义	中国古代水利工程技术的集大成	近现代水利工程技术的代表
当前功能	多功能(运输、引水、灌溉、泄洪、旅游等)	旅游为主

通过这一对比表 11-2,可以看出中国的大运河比里多运河历史更悠久,体量更大,遗产构成和保护管理、“申遗”等问题更为复杂。虽然二者差异较大,但是通过分析里多运河的“申遗”和保护经验,还是可以给我们一些启发的。

第一,要保护好运河必须建立、健全大运河保护的法律体系。一方面,尽快开展大运河保护专门法律的立法;一方面,全面整理与大运河及其周围环境相关的其他法律内容,明确有哪些现行法律有助于大运河保护,以此来丰富和扩充大运河保护的法律保障体系。

第二,要保护好运河必须建立良性运转的运河管理组织框架。正如 ICOMOS 在评估文件中提到的,唯一所有权和统一的管理有利于对文化遗产、尤其是运河这样的线性文化遗产的保护。中国大运河的保护也必须由中央政府自上而下进行管理,由一个中央级机构统一负责。这样,在中央机构的领导下,地方政府分别对各自管辖范围内的运河保护负有责任,同时充分调动发挥各级专业研究机构、咨询机构以及社会团体等的作用。

第三,要保护好运河必须处理好中央和地方的关系。里多运河的管理是一个整体综合的遗产保护体系。联邦、省和地方三级政府在保护运河遗产特征、确保其最适宜的休闲利用方面都担负一定任务,各级政府有其明确的管辖和责任地区。值得注意的是加拿大公园管理局直接参与地方政府正式规划及其相关政策的发展。当地方土地利用总体规划需要调整时,要采取高度合作、联合管辖的方式来进行,即加拿大公园管理局、安大略省和地方政府一起参与讨论,以保证调整后的规划和政策能够满足各级政府的需要。这一点可以在大运河保护工作中借鉴。

第四,要保护好运河应该对现有规划法(或规划法实施办法)进行相应的调整,至少对大运河通过省市的规划政策有所特别要求和规定。加拿大地方政府依据规划法制定其管辖地区的土地利用规划。在规划法中要求地方规划政策要保护河岸线的完整性以及岸边的自然特色,并且严格限制开发的地点、类型和规模。开发项目必须沿河岸线后退 30 米,这强制性的 30 米构成了其世界遗产地的缓冲地区。在农村地区,一般只有单一家庭的房子允许在河岸边建造,但必须隐藏起来以不破坏运河景观。还有其他一些法规保护涝原、湿地和其他自然特征,这样就更进一步得减少了开发造成的影响。因此,从规划法的高度直接规范地方政府的土地利用，以协调地方土地利用与遗产保护的关系，是非常有效的方法。因此，建议我们的规划法（或规划编制管理办法等）规定所有运河经过地区的地方规划中都必须有专门的关于保护遗产的政策和内容，大运河的保护区划和建设控制地带要纳入地方规划体系中。

第五，关于遗产构成问题，要不同范畴说不同的话。具体哪些遗产算是大运河一部分或者说大运河的遗产构成是什么是当前争议较大的问题。上文提到里多运河保护有3个范畴：作为加拿大国家历史地，“被认定的地区指的是在加拿大历史遗址和建筑会推荐文件里，被部长批准认定为国家历史地的地区。里多运河被认定的地区由加拿大公园管理局管理权限下的土地以及里多运河河床组成。所有被认定地区内与建造运河以及运河军事时期相关的文化资源都是一级文化资源，因为他们与里多运河之所以被认定直接相关。所有被认定地区内的其他文化资源都是二级文化资源”；作为世界遗产地，“被提名的遗产由水利工程、相关防御工事、建筑物、船闸及其考古资源，以及平水运河系统的河道等组成”；作为加拿大遗产河流的里多水路，“这包括运河系统、其历史背景、基于休闲活动的大范围水域，以及适宜休闲活动的水质”。可以看出遗产构成的界定或者说保护对象的界定要根据保护的动机和范畴制定。大运河可以是世界遗产地、国家重点文物保护单位、大运河文化景观廊道等等，不同的保护范畴其保护对象的界定则不同。

第 12 章　集安大遗址保护的范例

集安高句丽的都城和王陵墓葬遗址，位于中国东北地区长白山老岭南麓，鸭绿江右岸和通沟河两岸，是重要的大遗址地区。地上、地下遗存的大量遗迹分布于集安市区及各乡镇。

集安现有高句丽时期城址、关隘址 8 处，包括国内城、丸都山城、霸王朝山城、关马山城、“七个顶子”关隘、望波岭关隘、大川哨卡和老边墙关隘等；古墓群 74 处，著名的有洞沟古墓群、榆林大高丽墓子古墓群、太平古墓群和地沟古墓群等；碑碣石刻 7 处，包括好太王碑、石柱和人面石刻等；另外还有采石场、“国东大穴”遗址等。

2004 年，中国境内的 43 处高句丽历史遗迹申报世界文化遗产，这 43 处遗迹，包括三座王城、12 座王陵、27 座贵族墓葬和 1 通古碑。其中 1 处王城（即五女山城，文献记载纥升骨城）位于辽宁省桓仁县，其余 42 处遗迹位于吉林省集安市境内。

集安地区一直是中国及吉林省文物保护和考古的重点工作区域之一。自二十世纪初，国外学者即开始对集安的高句丽遗存进行调查和著录，主要成果集中体现于日人池内宏等编著的《通沟》报告（1935 年）。二十世纪六十年代起，我国学者利用文物保护基本理论和方法对集安高句丽遗存进行调查、著录、发掘与研究，获取了大量详实的科学资料，为集安大遗址长期保护奠定了坚实的基础。

12.1　文物保护的依法管理

1. 保护范围的确定

1961 年 3 月 4 日，中华人民共和国国务院公布洞沟古墓群（含好太王碑）为全国第一批重点文物保护单位。

同年 4 月 20 日，吉林省人民政府将国内城、丸都山城公布为第一批省级文物保护单位。

1981 年 7 月 27 日，集安县人民政府下发的《关于划定古墓保护范围和控制范围的通知》规定：“一般古墓保护范围 2 至 5 米；重点古墓保护范围、控制范围 30 米”。

1982 年 2 月 23 日，中华人民共和国国务院公布丸都山城为第二批全国重点文物保护单位。

1983 年 10 月 20 日，集安县人民政府下发的《关于划定第二批文物保护范围的通知》规定：“丸都山城保护范围为城内全部，城外 100 米”。

1986 年 7 月 21 日，集安县人民政府下发了《关于扩大洞沟古墓群重点古墓建设控制地带的通知》，“将太王陵、将军坟、千秋墓、五盔坟、四神墓各壁画墓及重要古墓的建设控制地带每侧向外扩大 50 至 100 米”。

1992 年 7 月 3 日，吉林省政府下发了《关于公布我省境内全国及省级重点文物保护单位保护范围的通知》，对洞沟古墓群的保护范围进一步地明确："东起太王乡下解放村，西至麻线乡安子沟，南至鸭绿江，北依群山"。

2001 年 6 月 25 日，中华人民共和国国务院公布国内城、高句丽采石场和长川古墓群为第五批全国重点文物保护单位。

2. 文物保护的宣传

以《文物保护法》、《文物保护法实施细则》和《吉林省文物保护管理条例》为主要内容，采取多种形式学习和宣传有关法规、法令，并广泛向广大人民群众讲解集安悠久的历史，增强文物保护意识，激发人民群众热爱家乡、热爱祖国的热情。通过宣传，许多群众能自觉保护文物古迹，发现文物主动上交文管部门。人民群众爱护文物，保护文物的自觉性明显提高。

3. 文物保护管理工作网络的建设

针对集安境内文物分布点多、线长和面广的特点，成立文物保护工作站，增加专职文物保护员，对所负责的文物保护片（区），每天进行巡查，查看文物安全情况，发现问题及时处理。还成立护卫大队，对重点野外遗迹，采取 24 小时安全保卫。

4. 文物保护标志工作

在对市内文物进行调查的基础上，对全市各级文物保护单位共设立文物保护标志和说明牌 166 个、古墓号桩 400 个、界桩 160 个和警示牌 142 个。

5. 文物档案的建立与管理

建立文物保护方面的文字记录档案 355 卷。其中，文物保护档案 133 卷、考古发掘档案 97 卷、科学研究档案 45 卷及其他档案 80 卷。档案资料实现了微机管理，实现了档案管理的现代化和自动化。

6. 文物犯罪的防范

1999 年，加大管理工作力度，成立了文物保护派出所。派出所积极与有关部门协调配合，打击了犯罪分子的嚣张气焰，起到了震慑作用，处理涉及文物的违法违规案件也比较得心应手，促进了文物保护工作的开展。

12.2　考古调查测绘工作

1965 年，吉林省博物馆对洞沟古墓群进行了第一次全面地测绘与著录，确认墓葬 11280 座。范围包括洞沟古墓群中的禹山墓区、麻线墓区、山城下墓区、万宝汀墓区、七星山墓区、下解放墓区及长川墓区。

1997 年，吉林省文物考古研究所与集安市博物馆，对洞沟古墓群进行第二次调查、测绘和著录，确认墓葬6854座（《吉林省集安洞沟古墓群调查测绘报告》，科学出版社，2000年）。

2003年，采用卫星拍摄42处申报地点，卫星照片分辨率为0.6米，范围大体涵盖洞沟古墓群和丸都山城两处全国重点文物保护单位。

2005年，集安市文物局对古墓群进行普查，对全市7000余座古墓葬进行了测绘、著录、编号和拍照；在普查中，新发现了古墓葬1000余座，引起高度重视。同年，为编制《集安市高句丽遗迹大遗址保护规划》，对洞沟古墓群、丸都山城两处全国重点文物保护单位进行勘测，测绘面积64平方公里，确认洞沟古墓群墓葬数量为7606座。

2006年，吉林省文物考古研究所与集安市博物馆、白山市博物馆联合对鸭绿江云峰水库淹没区进行调查和测绘，在集安—临江鸭绿江淹没区130公里的范围内新发现高句丽时期古墓2753座，水下城址1座。

12.3　主要考古发掘工作

1970~1990年，吉林省博物馆、吉林省文物考古工作队和集安市博物馆配合集安基本建设发掘古墓1071座。

2000~2003年，吉林省文物考古研究所对国内城城内十六处地点及西、北城墙进行发掘（见《国内城》，文物出版社，2004年）。

2001~2003年，吉林省文物考古研究所对丸都山城进行全面调查试掘（见《丸都山城》，文物出版社，2004年）。

2003年，开展高句丽遗迹申报世界文化遗产和文物本体维修工作，对高句丽遗迹进行了考古调查、勘探和试掘，调查勘探面积20万平方米，试掘面积约3万平方米，发掘高句丽王陵12座，王室贵族墓葬5座（见《集安高句丽王陵》，文物出版社，2004年）。

2007年，开展国内城南城墙文物本体维修，吉林省文物考古研究所大规模发掘南城墙遗迹。

12.4　保护规划编制

1994年，集安市政府责成城建局，委托吉林省城乡规划设计院规划设计事务所会同规划管理处共同编制《集安市风貌规划暨历史文化名城保护规划》。

2002年，中国建筑设计院建筑历史研究所与中国文物研究所开始编制《高句丽王城、王陵及贵族墓葬保护规划》；

2003年，规划编制完成，成为高句丽遗迹申报世界文化遗产环境整治与文物本体维修的指导性文件；

2004年，规划根据实施情况又进行了部分调整。规划以42处申报地点为核心，对洞沟古墓群和丸都山城两处全国重点文物保护单位的保护范围和缓冲区进行重新划定。

鉴于人口密集，城乡建设与遗址保护的矛盾十分突出。该规划工作从现实紧迫需要

出发,采用的编制对策有以下两个特点①:

(1)从该遗产分布的总体范围入手,划定完整的保护区划;再进一步根据各个遗址分布区具体情况和保护要求,细化保护区划内的不同区划等级与类型,制定对应的保护要求与管理规定;达到整体控制下的具体有效的保护。

(2)从集安市城市发展总体规划的结构布局调整着手,全面策划遗产完整保护与地方城乡发展相辅相成的城市功能结构组团的新布局,提出具有可行性的建议,得到当地政府的充分理解、认同与认真贯彻,这不仅大力提升了遗产保护的力度,也彻底改善了城市发展前景。

从保护规划近期第一阶段和第二阶段的完成情况看,保护规划具有很强的实效性,规划详细规定了文物保护单位的保护范围与建设控制地带,解决了区划不当不能满足文物保护的安全性与完整性要求,在具体实施中具有很强的可操作性。各项保护与展示工程的完成不仅整治了文物本体周边环境风貌,恢复了文物的本来面貌,加强了对文物本体的保护,而且还提升了文物的开发利用能力,作为世界遗产,集安的高句丽王城、王陵及贵族墓葬已经完整地展现了价值和魅力。

12.5 保护和展示

1993～1994年,对洞沟古墓群51座墓葬进行了全面维护。

2003年,为了保证遗存的完整性,改善文物遗迹的周边环境,共动迁工厂、学校和民居1200户,征地1110亩,建设、改造主、次干道36.3公里,修建保护围栏1.18万延长米,绿化美化109万平方米。目前,集安遍布本地区特色的绿化草坪和绿化树木;主要地点设置了中英文对照的交通和旅游的指示牌、街路牌等公共信息图形符号,开通了观光巴士和旅游专线车;垃圾进行分类回收,设置了水冲型厕所9座,并有残疾人厕位。

同年,遵循“全面保护、突出重点、抢救第一、综合整治”的原则,集中力量对国内城、丸都山城的城墙局部进行了加固和维修,对12座王陵进行了基础、结构加固,对27座贵族墓进行了加厚封石、封土和防渗、防漏处理,在重要遗迹区域安装了安防、技防和消防设备,并修建了保护管理用房。

遗产保护进一步带动了旅游发展。集安在五个重点展示区设立旅游咨询服务窗口,游客服务中心,开通了旅游投诉电话和旅游咨询服务电话,配备了触摸屏电脑,为游客信息查询提供了方便。景区设置了医疗救护点,建立了景区救援机构,随时对旅游团队或境内外游客发生意外情况实施紧急救助工作。景区所设的旅游购物商店,推出了有高句丽特色、集安特色的旅游纪念品,以及介绍高句丽历史文化知识的书刊,很具历史文化内涵,增加了购买的意义和收藏的价值。向游客提供讲解服务的讲解员,全部通过国家级的专业讲解培训,并且每年均进行培训和考核,考核通过才能上岗。整个展示区域和服务区域更加便利于参观,令游客大感宾至如归。

① 陈同滨、王力军,不可移动文物保护规划十年,中国文化遗产,2004年秋季号

集安大遗址的保护以高强度的大规模经费投入、跨部门的综合决策为引导，规划编制与优先行动并举，保护、发掘和展示紧密结合，并与城乡建设、旅游发展和社会就业紧密结合，扭转了长期以来的被动局面。尽管也有细微的缺憾，如考古发掘在有些部位还着力不够，而有的又做得过了。但该行动的成功为全国大遗址保护特别是城市建成区的大规模抢救保护树立了一个典范。

集安大遗址的抢救保护给人们无尽的启示，对全国大遗址保护的兴起和专项确立起到了重要的促进作用，甚至是关键性、决定性的作用。

第13章　国际上的考古遗址管理规划

13.1　管理规划在国际遗产保护中的地位

遗产管理规划目前在国际遗产保护领域的政策和实践中都具有十分重要的作用,特别是随着经济社会的发展,文化遗产面临着来自越来越多因素的影响和需求,对其管理和协调提出了更高的要求。管理规划做为一种利益相关各方协商讨论的手段在保护和管理中作用愈加突显。

我国的《全国重点文物保护单位保护规划编制要求》和《中国文物古迹保护准则》等的制定都参照了国际上遗产管理规划的相关原则和经验,保护规划更多地侧重于专业技术层面。

本章介绍国际上的管理规划,特别是考古遗址管理规划的相关政策、程序与具体案例,希望通过比较,对国内文物保护规划的编制和实施有所借鉴。

13.1.1　联合国世界遗产组织

《保护世界文化与自然遗产公约操作指南》(下简称为"操作指南")是世界遗产申报与管理的重要文件。其中第132条指出完整的申报材料应包括遗产构成、遗产描述、申报理由、遗产保护情况和影响因素及管理五大部分。在"保护和管理"材料中这样规定:

"保护:第五部分包括与遗产保护最相关的立法、规章、契约、计划、机制和传统措施,提供实际保护措施操作方法的详尽分析。立法、规章、契约计划和机制文本或者文本摘要应以英文或法文附上。

管理:适宜的管理方案或其他管理体制很必要,应包括在申报文件中,并希望确保管理方案或其他管理体制有效执行。

管理方案或者管理体制文献的副本应附在申报文件后,如果管理方案为非英语或非法语,应附上英语或法语的条款详述。

应提供管理方案或者管理体系的详尽分析或者说明。"

虽然操作指南第131条指出世界遗产申报是重内容而轻形式的,但后面所附的申报材料格式还是对管理方案提出了详细要求,并多次提及管理规划。

《操作指南》附件5申报材料格式中的"保护与管理"部分要求见表13-1。

表 13-1 申报材料格式要求

申报材料格式		填报须知
5. 遗产的保护与管理		本部分旨在清晰地说明法律、监管、合同、规划、机构和传统措施(见《操作指南》第 132 段)以及确立的管理规划或其他管理体系(见《操作指南》内的段落),以按照《世界遗产公约》的要求来保护、管理该项遗产。应该包括政策、法律地位和保护措施,以及日常管理的实际情况
5. a	所有权	说明主要的土地所有类型(包括国家、省、私人、社区、传统、约定俗成和非政府所有权等)
5. b	保护称号	列出遗产相关的法律、监管、合同、规划、制度和传统地位,比如,国家或省级公园;依据国家法律或习俗确立的历史古迹、保护区以及其他指定称号 说明称号宣布的年份及规定遗产地位的法律 如果文件所用语言并非英语或法语,应提供一份英语或法语的执行摘要,说明文件内容要点
5. c	保护措施执行手段	描述第 5. b. 条所列法律、监管、合同、规划、制度和传统地位提供的保护如何实际生效
5. d	申报遗产所在市或地区的现有规划(比如,地区或地方规划、保护、旅游开发规划)	列出通过的各种规划,标出制定日期和负责机构。其重要条款应在本部分概述。规划副本应作为附加文件(如第 7. b. 条所示)附后 如果规划所用语言既非英语也非法语,应提供一份英语或法语的执行摘要,说明其内容要点
5. e	遗产管理规划或其他管理制度	如《操作指南》第 132 段所示,一份适宜的管理规划或其他管理制度必不可少,应该收录在申报材料内。最好也能提供该管理规划或其他管理制度有效实施的保证 如第 7. b. 条所示,英语或法语文本的管理规划或者管理制度文件应附在申报材料之后 如果管理规划所用语言既非英语也非法语,应提供英语或法语的规划条款详述,附在申报材料之后。给出管理规划(附在申报材料后)的名称、日期和作者 应提供该管理规划或成文管理制度的详细分析或说明
5. f	资金来源和水平	说明遗产每年的资金来源和水平。还应该估计可用资金是否充足,特别要确认缺口、差额或其他需要援助的领域
5. g	专业知识来源和保护与管理技术的培训	指出国家当局或其他组织提供的有关遗产的专业知识和培训
5. h	旅游设施和统计资料	一方面提供最近几年参观人数和模式的有效数据或估计数,另一方面,描述现场的旅游设施,比如通过路径设置、导游人员、通知或公告进行展陈或解说;遗产博物馆,参观或展陈中心;住宿;餐馆或小吃店;商店;停车场;洗手间;搜寻和援救
5. i	遗产展示和宣传相关的政策和方案	本部分援引《公约》的第 4 条和第 5 条,这两条阐述了文化及自然遗产的展示和传承事宜。鼓励缔约国提供申报遗产的展示和宣传政策及方案信息
5. j	人员配置水平(专业、技术、维修)	说明可用于遗产保护的技术与培训

13.1.2　各国遗产保护中对管理规划的要求

澳大利亚《土著文化遗产法》(the Aboriginal Cultural Heritage Act 2003)第7条规定必须按照法定程序编制文化遗产管理规划,使文化遗产相关各方对遗产的管理达成一致意见,以避免和尽量合理减少文化遗产可能受到的危害,管理规划必须获得国家审批。《土著文化遗产法》第85节为文化遗产管理规划导则,内容包括:

概论

本法第7条所规定之文化遗产管理规划

编制文化遗产管理规划的好处

编制文化遗产管理规划的法定程序

规划标准格式的公布

其他信息

文化遗产管理规划导则

前言

记录已知原驻文化遗产的范围

为管理规定条款达成一致进行咨询/谈判

选择编制规划的方法

规划范围内各项工程的性质

规划中各项工程的范围

参加决策程序的代表身份和名额

未来决策会议的时间和地点-电话会议、网络联系或信函往来

规划中工程范围内的调查工作,包括文化遗产调查的时间安排

任命一名有资质的专家

管理文化遗产之内或周边的土地使用

规划应考虑的其他事项

规划编制和实施的经费

美国《遗产地区合作伙伴法案》中设有专门章节对国家遗产地区管理规划的编制程序、编制内容、审批程序等做出了规定。内容主要包括:

(1) 国家遗产地区管理规划的要求(包括八项具体内容)。

(2) 期限,包括提交管理规划的期限和因未提交管理规划而终止资助的期限。

(3) 管理规划的审批,包括审查、咨询、审批标准、驳回和补充等内容。

英国的遗产如果申请特别资本税减免政策,或者申请遗产维护基金,其经理者必须编制管理规划。为此,英国乡村管理局特别编制了《遗产管理规划编制导则》,导则内容包括:

导则范围

遗产管理规划的编制

为什么编制遗产管理规划

什么时候编制遗产管理规划

谁参加遗产管理规划的编制
遗产管理规划的编制程序
遗产管理规划的格式
遗产管理规划的内容
规划目的
描述与沿革
价值评估与现状
管理问题
宗旨
管理目标
与现状相关的具体目标
工作计划
规划的监测与检查
附件和图纸
结论
术语
联系方式
各顾问机构的职责清单
景观价值、历史价值或科学价值的评估标准
案例

13.2　考古遗址管理规划中的遗产价值和挑战

本章以后各节内容来自会议论文集《考古遗址管理规划》，盖蒂保护研究所和 Loyola Marymount 大学于 2000 年 5 月在希腊的科林斯召开了考古遗址管理规划国际研讨会，会议发言集结成册出版[①]。13.2 节作者 Randall Mason 和 Erica Avrami，13.3 节作者 Martha Demas，13.4 节作者 Christopher Young，13.5 节作者 Esti Ben Haim。

13.2.1　遗产的价值

我们这些在文化遗产领域中工作的人认为保护会给社会带来好处。人类过去的产品和遗存扮演着一个重要的提醒者的角色。它可以提醒我们是从哪里来的，我们是谁，以及

① Teutonico，Jeanne Marie and Gaetano Palumbo，eds，Management Planning for Archaeological Sites：An International Workshop Organized by the Getty Conservation Institute and Loyola Marymount University，May 2000，Corinth，Greece，Los Angeles：Getty Conservation Institute 2000，让玛利 · 特托尼可、帕伦伯 · 伽塔诺等，考古遗址管理规划：盖蒂保护研究所与罗亚拉马里蒙大学联合组织的国际研讨会，2000 年 5 月希腊柯林斯。洛杉矶：盖蒂保护研究所，2000 年。感谢盖蒂保护研究所同意本书免费发表《遗产的价值和挑战》（第二节）和《考古遗址保护和管理规划——一种以价值为基础的方法》（第三节）这两篇文章的中文翻译

我们要成为什么样的人。文化遗产的保护是必要的，因为它使我们更加理解我们的身份、我们的连贯性、人类的环境以及我们处于时代中和世界上的位置。除此之外，文化遗产还有可能将我们紧密联系在一起，培养对不同团体的宽容，使我们成为好公民。但是遗产同样存在分裂的倾向性。遗产这种两面性的社会现象，更加需要对遗产保护工作过程深入理解——由谁参与，为什么，以及怎样实施？遗产保护可以产生重要和独特的社会效益，这是我们作为保护专业工作者的信念和设想。这一信念激发着我们不断地实践、呐喊和研究。

考古遗址是文化遗产的重要形式之一。考古学和其他事物一起，为我们开启了一扇通往遥远过去的窗户，它增强了我们对人类、社会以及技术发展的认识。对于专业人员、研究人员以及广大公众，考古遗址提供了一个富有价值的信息和经验，我们大部分人都希望保护它以便让后代也可以用到它。所以，人们越来越关注考古遗址的长期保护，关注保护专业工作者和决策者的代际责任，因为他们有责任使保护工作既满足现代社会的需求，又具有长期的可持续性。

使考古遗产的保护得以实施、有意义并且可持续，存在着多方面的挑战和大量具体的、可见的威胁。从技术的角度来看，考古材料和结构的范围和复杂性，它们的条件、用途以及它们面临的环境等一系列因素，使得保护工作成为一个艰难的任务。从哲学的角度来看，保护工作带来了许多棘手的两难局面——怎样保护，干预应达到什么程度，以及目标是什么。与技术问题交织在一起，还有社会因素，例如盗抢，毫无节制的城市发展和蚕食，不断增长的旅游、战争和内乱带来的暴力、猖獗的盗掘活动、馈乏的资金和人力资源以及政治矛盾等诸如此类的情况。

面对这些挑战，保护工作经常被弃于遗忘的角落，甚至是根本不可能完成的工作。作为一个专业领域，它仍然处于不断发展之中，处于新思想和新方法的试验摸索阶段。我们认为：在这个阶段将价值问题——那些经常相互冲突的众多价值，如何体现价值，由谁决定哪些价值最为重要——引进到遗产保护领域至关重要。

以价值为基础的方法起因如何？目前保护工作中面临的主要社会背景是什么？这些问题可以总结为如下三个相互关联紧密的挑战：

（1）最宏观层面的背景是全球化，用简短的术语描述就是跨国移民明显增加，影响广泛；思想、资金和人们表现出极大的流动性；以及使这一切成为可能的数字技术。人们普遍认为全球化主要是政治经济因素驱动的结果：全球经济的创新和垄断，跨国公司的力量等。在处于全球化的社会中，文化的作用和身份很难辨别并且经常相互矛盾。各个层次上的文化交流极为频繁；但是，交流的方式又经常需要将文化商品化、去脉络化和降格。文化和身份……以及遗产……经常是有争议的话题。随着文化越来越多变、受到争论和被推向市场，我们中的许多人都强烈希望遗产能够寻找到一个安定的港湾，不再随波逐流。经济力量和文化力量的角斗——停滞和变化之间的角斗——每天都在向当前遗产领域和其他领域提出挑战，曾经与世隔绝的保护领域不断受着侵扰。

（2）在实际运行层次上，遗产所处的"活生生的"社会环境给遗产保护活动带来无数障碍和复杂情况。所有的遗产或者保护工作决策都受限于实际条件，例如土地所有权、资金需求、发展压力和环境特征，还有不同文化群体或政客打着遗产的旗号为特殊的，有时甚至是分裂的、象征性的目的服务。

(3) 保护领域自身构成第三个重要背景。除了技术的提高,这个领域的信息基础条件也需要跟上社会宏观的发展变化步伐。我们必须始终要问自己:在这个领域中,还有哪些我们未知的东西需要我们去学习?保护物质遗产所要求的知识和技能可分为三大范畴,我们需要在三个方面都跟踪研究。三个方面包括文物、建筑物等的物理条件等;保护项目开发和实施的管理体制;保护项目的文化意义,也就是遗产的意义和价值如何表达和权衡。目前,我们这些在保护领域中的人对第三方面的内容知之最少;保护理论中一个以价值为基础的方法提升了我们在这方面的认识。

换句话说,我们这些在保护领域中工作的人们可以轻松地指出如何保护一件东西(技术问题,通常是关注于物理条件),但是对于"什么以及为什么"这样的问题,我们才刚刚开始比较认真地寻找答案。什么东西应该成为保护工作的对象以及为什么?关于价值的讨论让我们开始思考这些更广泛的问题,从而使得跨学科和跨文化的对话在决定什么,为什么和如何保护上成为可能。对价值的讨论非常必要,因为这些问题没有单一的最佳答案。相反,"什么"的解决方案都是主观的,依情况而定的以及带有政治性的。在这个主观的和政治的领域中,价值给我们提供了一个分析的工具和一个交流的通用语言,以便组织研究和实践。

13.2.2　保护中的价值

在我们提到价值时,它的含义到底是什么?这是解释保护工作中价值的第一步。价值是一个多方面的且非常微妙的术语。作为名词的"价值"(动词的价值含义在后面说明)有两个主要含义。第一也是最常用的,价值指道德、原则或道德规范——指导行动的一种理念。可以说,所有的人和组织,都有他们的价值理念并且遵其行动,只是这些理念经常是默认的。有些时候这些价值理念会体现为"道德规范"、使命声明、宗教信仰和哲学陈述等。

第二,"价值"指事情或事物的特征。在这层含义中,我们把那些遗产点(遗址、建筑物、工艺品、景观)的质量用价值来形容。这些特征涵盖广泛,从经济上的、美学上的,一直到象征上的,下面将详细阐述。本文的讨论正是基于这个价值的定义。

为说明我们论述遗产特征价值所依据的假设和原则,有必要阐明以下几点:

一个遗产建筑或遗址本身会同时具有几个不同类型的价值。简单而言,正是这些不同的性质,某些物体或地点才称其为"遗产"。并且,也正是由于这些不同的性质,才引发了对这些物体和地点的保护。

在大多数情况下,遗产价值不是固有的,而是主观的、视情况而定的和可变的,并且有延展性的。这并不是说遗产物体没有客观性质;年代、规模等其他因素就是客观的。我们这里所说的价值,是关于特点的看法——与人们如何认识和描述价值不可分割。一个遗址地有许多不同种类的价值,并且它们都是紧密相连的。这些不同的价值并不一定是排他的,有时候它们是相互冲突的。

价值评估取决于谁来做这个评估,结果可能截然不同。一个人论述遗址价值的方式很大程度上依赖于其个人立场:对遗址具有强烈归属感的公民,为银行工作的经济学家,其他国家的研究人员,当地的教师等等。

这些关于价值的讨论在遗产领域并不是新内容——例如,威尼斯宪章就很关注价值问题。但是,价值通常被视为僵化固定的东西。我们认为:应该深入认识到价值是处于不断变动和质疑之中,同时不应轻易屈从于量度和评估。

为了支持遗产价值的论述,提出一个类型框架作为通用的参考点很有用处。大多数遗址都涉及下面所列的价值类型。这个清单既没有包含所有的价值,也不是必要的。许多价值类型都有重叠,相互之间不可能完全分离。而且,没有一个类型框架可以准确描述每一个遗址的价值——相反,价值类型框架需要根据具体的项目或遗址进行调整。

历史和艺术价值

遗产提供与过去的一个物质联系,因而包含历史价值。以物质的形式表现时间的流逝,遗产便有了历史价值(例如罗马的万神庙 Pantheon)。至于艺术价值,遗产蕴含着的价值来源于其可感知性——激发感觉的能力(例如,美的价值,遗址艺术作品的价值,象纽约的中心公园或佛罗伦萨的大教堂 Duomo)。

社会或公民价值

遗产经常支持并象征我们的社交性:社会的不同部分相互聚集、生活、工作和交往。它是政治活动的一个组织点,或者为社会活动提供条件(例如,墨西哥 Guanajuato 的中心广场、或者是任何城市的广场)。

精神或宗教价值

当遗产融入宗教团体的信仰或实践时,就拥有精神价值(例如,对于基督教徒来说,古代科林斯是使徒保罗执政和给科林斯式教徒写信的地方,因而具有宗教价值)。

象征或身份价值

"象征价值"这个术语指遗址地激发或者维持团体身份及其他社会关系的能力,这种身份和关系是通过与遗址地的关系而建构起来的(例如,美国古墓葬遗址对于美国原住民所具有的价值)。

研究价值

遗址——特别是考古遗址——具有记录过去的宝贵价值。遗址所包含的独特信息对研究、教育和知识的产生具有现实和潜在的价值(例如,所有考古资源,诸如美国新墨西哥州 Chaco 峡谷)。

自然价值

遗产的自然价值来源于其在具体自然环境中的生态作用。除了它的社会(人造)价值,遗址地还具有自然资源——如开放的绿色空间,或者组成分水岭的一部分(美国新墨西科州的 Chaco 峡谷仍是一个例子)。

经济价值

经济价值是遗产价值中一个特殊而强势的组成部分。任何一个遗址地在经济意义上都是一项资产:它要求投资来获得和维持;它还会产生收益(例如,参观历史遗址的门票收入,如罗马广场;或者房屋保存状况良好区域的房地产增值)。这些收益中的一部分可以在市场中交易,因此可以用价格表示,而其他则不能。经济价值通常使用单一变量——价格——来描述所有其他价值类型。这是一个有问题的假设(见 Mason 1998)。

13.2.3 把价值纳入保护工作的必要性

价值决定保护工作和保护决策

保护工作是一个复杂而充满争议的过程,总是需要决定遗产的构成;遗产利用、保护和展示以及投入的方式方法;由谁保护以及为谁保护。保护什么以及如何保护的决策大多取决于文化背景、社会发展、政治和经济实力,这些因素自身就是在不断变化的。因此文化遗产只是一种媒介,它承载着社会团体不断进化的需求、信念和态度,无论他们来自各种学术或专业团体、某一地区的居民和民族团体,或是整个国家。社会团体生活在特定时间和地点,习惯性地采用事物(物质遗产)来阐释他们的过去和未来。在这个意义上,保护工作不仅是挽救过去的遗存,它还要向现在和未来的人们表达我们自己——什么对我们是重要的,我们珍惜什么样的历史,以及我们与各个人群的历史渊缘。由于社会态度和信念随着时间而改变,因此,可以想象文化遗产所承载的意义和价值也会改变。

如上所述,物质遗产因其与过去的联系而具有价值。但这并不是它的唯一价值所在。考古遗址的调查和保护在很大程度上塑造和重塑着这些遗产价值。选择发掘哪些地方,选择调查哪段时间,决定保护干预的方法和干预程度,决定哪些地方向公众开放以及如何向公众开放——这些非常典型的例子说明考古遗址是如何体现不同的价值的。

保护领域的变化

在过去的二十年中,在与挑战搏斗的过程中,保护领域在整体上取得了重大进展,特别是在建筑物和历史考古遗址的保护中。通过"文化资源管理"(又可称保护管理或是遗址管理)的综合性规划,建立了跨学科的、整体性的遗产保护方法,以应对当代社会不断变化的形势。

对保护领域中发展起到最关键作用的是认识到"文化价值"。1964 年通过的威尼斯宪章,在对专业实践的指导原则中初次提出"文化价值"和"美学和历史价值"。但是,直到二十世纪八十年代初期,对价值或文化价值的评估才作为保护过程中的一项独立工作在政策性文件中被突出出来,这些文件指美国内务部颁布的修复标准和澳大利亚 ICOMOS 颁布的巴拉宪章。巴拉宪章中特别指明,保护是一个价值驱动的过程,文化价值是整个过程的核心,并提出体现这一理念的保护规划的系统方法。

巴拉宪章和美国内务部的标准只是个别国家的政策,但是以后的文件,尤其是奈良文件(1994)和圣安东尼奥宣言(1996),都反映了国际上和各地区对价值和真实性深入讨论的结果。在实践方面,澳大利亚 ICOMOS,美国国家公园管理局,加拿大公园管理局,英国遗产局,以及许多其他政府部门和非政府组织(NGOS),都努力在保护决策过程中将价值更加有效地纳入整体性规划方法之中。这些规划方法将价值突出到最重要的位置,并且致力于把价值与其他宏观因素结合在一起,例如可用资源、法制环境以及物理条件的技术问题等等。其根本宗旨就是全面地、整体地以及有机地分析所有相关因素,从而为制定清晰的、长期的和可持续的保护政策铺平道路。

应用这些整体方法的结果即是管理规划,它成为持续进行的保护工作流程中的重要工具。管理规划本身在范围和内容上不一而同;有些是针对具体遗址的,另一些则涉及遗址群或整个区域的。一些是短期的操作性计划,需要每几年重新制定一次,而其他的则着眼于长期,需要定期调整。规划的深入程度也各有不同;一些规划可能具体设计出遗址管理各个方面的执行措施,另一些只描述总体目标和各方面工作的基本条件。

归根结底,规划的重要性在于它是一段时间内的决策制定工具。规划应该体现各方对遗址的集体愿景,应该通过在规划的开始和全过程鼓励利益相关者的共同参与而获得他们的长期支持。管理规划最关键的是以价值为核心,并倡导各方参与和跨学科合作。管理规划——包括规划的制定,实施,监测,以及再评估——的各方参与“过程”。该过程对长期保护的重要性并不亚于规划本身。

作为这一领域的专业人员,我们在推广这种整体保护方法过程中面临着无数的挑战。首先,保护领域还不太善于以广大公众可以理解的方式表达自己的观点和理念。如果我们提倡各方参与的保护过程,我们必须能够更加有效地阐述清楚我们自己的理念、假设以及工作准则。保护工作在第二个方面也经常措手无策:虽然我们认为价值评估和其他相关问题的研究势在必行,但是我们还没有为开展这方面的分析找到专业的手段和方法,不象我们拥有用于技术分析的方法,例如对条件的分析和记录。很大程度上,用于整体规划的新手段只能在实施规划的实践与理论方法的研究和改进这两者之间不断碰撞与对话的过程中逐渐完善。我们最大的阻碍是以下这个矛盾:我们还没有一套知识体系来指导以价值为核心的、整体性的规划实施过程,并且我们也没有积累足够的规划工作经验来建构知识基础。所以,正如开始提到的那样,我们的领域正处于实验阶段。随着以价值为驱动的方法不断应用于和适应各地具体情况,我们将会越来越深入地了解它在实施过程中的优势和挑战,以及改善这些方法的途径。

面对这种进退两难的局面,盖蒂保护研究所一直努力从矛盾的两个方面采取行动:一方面提倡、教导以及监督世界各地应用以价值为驱动的规划方法;一方面推动国家保护政策和地区保护政策接受价值理念;另一方面从事和出版保护领域中有关价值的研究。这个研讨会即是一系列讲座、会议和研究报告的一部分。具体而言,1995 年,由盖蒂保护研究所组织的“地中海区域考古遗址保护会议”,将地中海区域的政策制定者(包括考古学家、保护专业人士以及旅游业专家)聚集在一起,探讨这一区域的遗址管理需求和相关问题。通过这次科林斯研讨会,盖蒂保护研究所希望提出一些概念,特别是价值理念和保护工作中以价值为驱动的规划方法。这个出版物继续将地中海及周边地区整体保护规划推向前进。

13.2.4　将价值纳入保护规划工作

本节的后半部分主要关注将上述关于价值和价值评估的抽象概念应用于制定保护规划的实践中所遇到的问题。我们今天所面临的环境：全球化、技术进步、政治冲突、人口流动以及各方参与的民主政治和市场经济的扩张，导致了文化和社会的快速变化。虽然这些进程中没有一个是完全新奇的，但是他们联合起来构成了一种氛围，完全不同于先前支配保护领域的社会关系——西方统治和国家机构等等。我们经常发现文化遗产处于“危机”之中。这些变化的社会环境迫使我们采取战略性行动——而不是简单地被动对策——以保证遗产保护适应文化价值和环境，保证遗产保护可以持续。

在采纳了“以价值为基础的保护规划和管理模型”中，必须解决什么具体的概念和问题？为什么盖蒂保护研究所和保护领域中其他的组织将价值理念看作在提高保护工作的一个重要问题？下面所讨论的问题将后面 Martha Demas 对管理规划工作本身所做的更加详细的讨论与考古遗产面临的威胁衔接在一起。

评估过程：“价值”也是一个动词

物质遗产的保护在所有文化中都在以某种形式实践着，再次说明保护过去的物体和地点是社会的一个本质功能，是对人类和社会发展的贡献。它还引出一个重要推论在这里没有被展开，即每一种文化将以不同的形式追求遗产保护——有些时候截然相反，例如西方和东方对遗产的构成存在不同的认识。过去的文化材料和工艺品可以说蕴含着内在的“叙事”能力。考古遗址就是明显的例证。作为过去文明的遗存，作为携带丰富信息的工艺品和环境的集合体，考古遗址具有提供历史信息的内在潜力。这种持久的潜力使我们对认识人类和社会的进化形成文化遗产的一种普世特质，并不总是和特定的处境有关。

承认文化遗产的价值因特定处境而异，同时不抹杀文化遗产所蕴含的集体的、甚至是普世的意义是制定保护决策的关键。为了实现均衡决策，需要加强众多专业人士、决策制定者以及社会成员的合作，他们影响着保护工作的成效和持续性。这些不同人士在保护工作中经常作为“利益相关者”(stakeholder)；对于遗址，对于遗址如何利用、保存和开发，他们每个人都有“份儿(stake)”，或称既得权力。通过各方参与的程序让他们的不同观点发出声音，有助于确保保护工作既适应专业方面和学术方面的理想，又考虑到社会方面的需求和关注。作为保护工作的专业人士，我们可以在推动各方参与和指导保护过程中扮演重要角色。

尽管保护领域对文化遗产价值的主观性和易变性争论不休，但它在今天的许多学术圈内已经是当然的共识了。多年来，研究人员认为应该将文化理解为是一个过程，而不是一群东西的集合，这更说明文物和遗址不是文化的静态表现，而是身份和历史观念进化的载体。更极端的见解是将文化遗产简单地视为社会现象，这显然存在问题。遗产的物理性本身——作为实实在在的、继承下来的物质文化——就反驳了这一观点，并激发人们对其客观性、普世性和固有性的认识。

本节中我们以一种相当静态的方式来解释价值的概念——作为可以描述、甚至可以量测的遗址特性。但当它与价值评估的过程联系起来时，这个概念变得非常有用。谁来赋予价值？在不同的价值类型和不同的描述和衡量方式中，矛盾和联系是什么？价值概念在规划中的真正用处在于它将遗址的特性与不同利益相关者对这些价值类型的表达和行动过程联系在一起。

谁来进行评估?

讨论“价值”不可避免地导致“价值评估”问题。谁来将各种不同的价值赋予遗产？谁来权衡、排序和卫护它们？答案是“利益相关者”(stakeholders)——那些与遗产和保护问题的结果有利益关系的许多个人、团体以及机构。

价值自身并不是物体；但是它们是对物体的评估和阐释。形成遗产价值的过程——形成这些思想的过程——因而尤为重要，它不仅仅是纯智力活动，而更注重于如何动员决策和行动，不同的利益相关者如何提出他们的主张，特别是我们作为专业人士，在价值构成和决策过程中扮演何种角色。

不同类型的价值——且不谈对每一价值类型的不同阐释——经常对应于不同的利益相关者。这种对应很少是一对一的(也就是说，只有投资者会关心经济价值，只有艺术家关注艺术价值)。但是，在价值的阐述和利益相关者的利益之间，确实存在本质的联系。这种联系使价值对规划工作和决策的制定极为重要。因此，要确定某一项目或规划的所有遗产价值，需要认识到谁在评估该遗产的价值。

所以重要的是知道谁是利益相关者。传统上，政治官员和投资者是最有影响力的利益相关者，而保护领域的专家可能是最有发言权的。但是，我们必须把这个网络撒得更远。按照社会公平来考虑，利益相关者应该也包括那些在政治和规划领域少有或没有发言权的人们(穷人、少数民族以及其他被剥夺公民权的群体)。另外，利益相关者可能来自遗址附近以外的人们。有人会说，全世界的土著民对任何大陆上的土著文化遗产地的保护都利益相关。利益相关者还可能包括对遗址某方面感兴趣的专家(如，研究价值和精神价值)；包括那些曾经住在遗址地附近而现在已经搬走的人们。

对利益相关者的关注提出了保护领域中广泛参与的问题。需要更加广泛的参与也许是保护规划者、遗址利益相关者以及政策制定者，他们面临的是最紧迫的政治问题。然而，参与的性质是一个值得考虑的问题。参与的质量可能相差很远——从收效不大的大型公众集会到目的明确的指导委员会和工作组的会议——所以针对广泛参与的不同收效而采取具体措施非常重要。最终目标就是在决策制定和规划的过程中，使业内人士和局外人士的价值观得到有效的表达和权衡。

价值的评估和权衡

遗址特征、价值理念以及利益相关者相互作用，给保护专业人员的规划和管理工作提出两个具体的挑战：评估和权衡价值。

在谈论、交流和处理遗址价值时，我们掌握哪些工具？“文化意义”——保护领域阐述遗产价值的传统方式，因其太过笼统而不能满足要求。在很大程度上，文化意义仅指遗产价值范围内一个非常狭窄的方面。例如,意义倾向于忽略经济价值,但是在制定决策这些价值当然不能被忽视。意义被理解是对价值静态的、超时空的评估,它面对的是保护专业人员而不是文化。它基本上根据专家的意见将遗址的意义锁定,但大多数人都认为遗址的意义经常是有争论的,而且经常转移和变化。最后,文化意义的评估倾向于仅包括保护专家的声音,致使任一类型价值——如历史价值——的评估都没有从多角度来进行。结果,最终的评估是"武断的",没有反映不同利益相关者对遗址价值评估的真正区别。

我们并不需要放弃"文化意义",我们需要的只是更加严格和广泛的定义,包括确定什么是有意义的,对谁有意义,以及以什么方式有意义。如何实现这一目标？首先,意义评估过程中的价值涵盖面必须被放宽。第二,在这一过程中,参加讨论的利益相关者的范围必须被放宽。保护规划可以借鉴相关领域的经验以及他们获得广泛参与的做法。例如,城镇规划、环境保护、农村发展以及公共健康领域都应对类似挑战研究出改进其传统做法的新方式。

遗产保护是一个多学科领域;所以,研究必须要致力于整合各个学科的方法、手段以及思想。引进和应用考古学、经济学以及哲学等各个学科的成果,对保护领域内的人员将是一个跨越发展的有效的学习途径。其中每一门学科都具有评估和描述价值的独特方法,值得我们借鉴。通过和这些领域的专业人士的共同工作中,我们发现以不同视角研究价值和遗产——将经济学、人类学以及遗产专业的方法交织在一起,是非常有前途的研究方向。盖蒂保护研究所一直致力于研究发展具体的、综合性的评估方法,做为规划模型(见 Martha Demas 的文章)的一部分。这些方法的目的不仅是尽可能全面地考虑遗产的价值类型,而且争取使这些遗产价值让尽可能多的人了解和认识。在这两方面,我们认为关于遗产价值的讨论可以作为遗产保护中许多利益相关者的共同语言。

在保护规划中,另一个重要挑战是找到吸引"内行"和"局外人"——分别指传统上参与和不参与保护决策过程的利益相关者——参与合作的有效方法。局外人包括当地居民,遗产保护以外学科的专家(环境保护、经济发展以及公共健康等等),以及那些在决策中没有发言权的保护专家。

遗产价值评估完成之后,就是价值权衡的问题:在制定和实施规划的过程中,怎样将这些不同的价值进行轻重排序、衡量和协调？权衡价值确实是保护规划的一个主要目标——当然还有保护遗产本身的目标。如果我们要比较、权衡以及管理保护的各种价值,并且要采取综合性方法,那么我们的指导方针是什么？这是一个很难的问题,表现在两个层次上:首先,价值评估不太可能进行统一的度量。它们很可能使用不同的术语(美元、历史意义、美感和象征力等等)。它们还很有可能是相互冲突的,即某一价值的最大化可能意味着其他类型价值的最小化。最后,任何最终的权衡都取决于政治因素,不存在最优的、客观的解决方案。

为了指导保护专业工作者和决策制定者的工作,在众多利益相关者和价值之间取得平衡,我们建议采纳可持续性这一概念。虽然可持续性起源于环境保护——平衡自然环境中的经济、生态、精神以及美学上的价值——这个概念已经在遗产保护工作中越来越多地研究和发展。一些可持续性原则可以在保护规划和管理工作的流程中作为有用的指导方针或测试目标。

根据 David Throsby(2002)的工作,可持续的遗产保护应该做以下工作:

加强代际公平:考虑未来人类的需求;

加强代间公平:追求成本和收益的公平和平等地分配,提倡保护规划过程的广泛参与;

维持多样性:类似于环境领域中生物多样性概念,文化多样性措施对文化健康至关重要。判断一项决策是否合理,可以考虑这是否增加或减少了整体上的文化多样性;

产生有形和无形效益:认识遗产保护的经济效益和文化效益,功能效益和非功能效益;

明智而战略性地利用稀缺资源:适用于财务方面、人力和环境方面;

遵循谨慎原则:因为某些行为是不可逆转的,这个原则说明需要以极为谨慎的方式进行;

互相关联:遗产是社会和环境系统中的一部分;它不是独立王国。所以,保护必须采取综合性方法,考虑到遗产的众多价值并且寻求将遗产纳入其他社会活动中去(发展,教育等等);

保护的现实性:评证保护方法与现实的、近期的文化环境的相关性和适宜性。缺乏相关性,对保护工作的支持就会稀少而短暂。在广泛的的认识上,通过教育手段可以宣传保护工作对当前社会的相关性。

13.2.5　遗产价值的结论和展望

讨论价值对保护领域来说非常重要,甚至是不可缺少的。具体而言,从方法上解决价值问题是考古遗址和其他遗址规划的核心工作。

在保护中讨论价值的逻辑是,我们必须认识保护规划是一社会的和政治的工作,而不是单纯解决技术问题。保护工作决定着它所处的社会;反之,它也受社会的需求和变化影响。归根结蒂,我们保护遗产是因为其中蕴含的价值,并不是由于其物质本身。我们所保护的实质上正是遗产的价值。如果我们只关注或保护物质本身,将其与背景割裂,我们就忘记了物体的价值。在这个意义上,保护就变成了保护专业人士的自娱自乐,而不是为保护和再现人类记忆和身份的健康而意义深远的事业,而后者正是保护工作的核心社会功能。

价值是附属于遗址的不同利益(虽然往往是不可比较而且争论不休的)和不同利益相关者之间相互理解和相交交流的共同语言。这个价值框架勾勒出一幅利益相关者的现实画面,为比较和权衡他们的利益提供了基础。价值框架还有助于对不同文化下保护的意义加以比较和理解。

最佳的规划和决策能够长期地保护价值,并且能够为尽可能多的利益相关者保护价值。通过:①在一个全面的、可理解的框架内承认和构建不同的立场;②明确保护措施将对价值有所取舍,价值框架实现了其实用性目标,即为保护决策和规划的制定提供背景材料。在保护规划中利用价值框架可以使专业人士和决策制定者更好地理解如何平衡遗产保护在技术方面、管理方面、财务方面、美学方面以及社会方面的问题,方式是将这些需求和决策放到一个大背景中，即谁关心、谁评估以及为什么。

价值框架背后的原则还提醒我们，在决定保护什么遗产以及如何保护的问题上，没有简单的、技术的和客观的方式。价值框架并没有伪装成解决利益相关者冲突的灵丹妙药或可以提供最佳的解决方案；它只是提供了让不同的立场、利益和价值观进行讨论和谈判的方法。它给外行人提供了与专家合作的空间，提供不同领域的专家互相可以理解的空间，使关于"苹果和橘子"的争论变为"水果"的讨论。

最后，大多数人一致同意可持续的保护规划模型是我们共同的目标。以全面意义上的价值为基础的规划过程是进行可持续保护的典型，可持续保护意味着承诺对大多数利益相关者负责，敞开大门欢迎广泛参与，面向未来，现实而灵活，但不完全流于主观。

利用这类以价值为基础的方法实施和评价规划过程，我们可以建构一个知识体系来完善保护规划的方法论。除了推动领域和专业方面的进步，以价值为基础的、各方参与的规划方法也会为保护工作创造强大的公共支持，并且使保护工作更加接近社会环境。这样一个规划过程可能由于政治约束、有限的资源和缺乏专门知识等等，看上去非常困难。然而这个过程是灵活的，而且，通过制定与实际需求和资源相适应的具体计划，它可以适应各种情况。最后，我们作为保护专业者必须选择，是积极承担促进保护工作的领导角色呢，还是继续扮演被动的遗产奴仆的角色。如果我们坚信遗产保护有助于增强凝聚力，培养宽容，创造有意义的归属感，使我们成为更好的公民，那么我们就应该担当起更强有力的责任，使上述可能变为现实。

13.3　考古遗址保护和管理规划*
——一种以价值为基础的方法

近几十年来，人们开始寻找一种考古遗址保护和管理的规划方法，以适应世界环境的迅速变化。其变化——既体现在遗址的物理破坏上，遗址的不同用途中，又体现在我们看待和评价遗址的方式上——的范围和速度都对我们从事保存和解释考古记录的这些人们提出巨大的挑战。面对如此的挑战，本节中所阐述的规划过程为考古遗址的保护和管理提供了一套控制变化和制定政策的方法。该方法基于三个假设，这些假设都在前面的文章中深入探讨过。

(1) 在 Gaetano Palunmbo 的文章中描述的、今天考古遗址所面临的大多数问题，几乎不可能被彻底地解决，但可以加以管理，也就是说其不利影响可以得到减轻和控制。

(2) 对遗址最好的或者说最适当的决策是能够保护该地价值的决策，是可持续的决策。Randall Mason 和 Erica 在他们的文章中讨论了这个观点的基础。

(3) "好的"决策是认真规划的结果。

接受这些假设，规划程序可以指导考古遗址的决策和管理。尽管这个程序适用于所有类型的文化遗产，本次研讨会和本文的侧重点是考古遗址，特别是那些价值已经得到承认、已经在某种程度上受到一定法律保护和对公众开放的遗址。

---

* 本节作者 Martha Demas

13.3.1 考古遗址保护和管理规划编制程序

采用一套规划编制程序需要时间和人员的投入,它的好处并不总是能够在危机管理——许多考古遗址管理人士经常陷于的境地——过程中被轻易理解。通常的情况是,人们只盯着一个具体的结果或目标(一个“计划”),而轻视或忽视实现该目标的过程(“旅程”)。实际上过程之中和过程本身产生的好处往往超出任何具体的结果——或者用亚历山大诗人 Constantine Cavafy 的语言来说,这个旅程使你“沿途收获,满载而归”①。用更平实的话来说,采用规划程序的好处可能包括如下方面。

(1)在规划过程中有机会:在负责遗址的员工和对遗址有兴趣的其他部门之间形成共享的愿景;使关键各方参与进来,以增强联系,协商冲突,加强合作,这将惠及遗址;引进公正决策机制;就是说使决策过程对所有人都更加公开和清楚;对遗址信息进行评估、再评估和综合;即考虑我们自己的需要,也考虑未来人类的需求。

(2)一套规划程序也是一个强有力的工具帮助:以合乎逻辑的方式进行思考和决策;厘清面临考古遗址的各类复杂问题;认识哪些方面对遗址最为重要,建立优先顺序;解释所做的决定并说明理由;确保决策的结果可持续。最后,在利他主义不奏效的地方,对那些拿不定主意的人还有利己的动机。保护领域中所有最新发展趋势都指向考古遗址的管理规划,作为将来的工具。任何人与今天的国际组织有接触的都将会看到这个趋势——不管是欧盟、联合国教科文组织、国际文化遗产保护研究中心、世界遗产中心、世界银行或者各种资助项目,比如盖蒂资助项目,或者英格兰的遗产彩票基金。所有的这些组织都采纳了管理规划方案,或者都在批准出资之前要求制定管理规划。

这里提倡的规划程序源自澳大利亚 ICOMOS(国际古迹遗址理事会)巴拉宪章。在过去的二十年,澳大利亚政府部门和私人部门一直应用巴拉宪章,取得了高度的成功,它也一直随着经验的积累和价值的改革进行调整和改进(见注释书目 2,包括巴拉宪章和其他的管理规划方法)。自从 1989 年,盖蒂保护研究所一直在推广、应用和研究这一规划程序,组织培训课程和田野项目,开展研究计划,最近还与中国文化遗产行政管理部门和澳大利亚遗产委员会合作,制定了一个中国保护和管理规划的国家级准则。

这套程序将价值和广泛利益群体的参与作为决策过程的核心。这是一个适应性强而灵活的程序:它在文化上的适应性表现在它已经在世界的很多地方得到成功采纳和运用,灵活性表现在它可以适用于遗址、地区或者整个国家——或者甚至适用于在遗址中的独立的纪念物。

虽然有上述优点,但是无论这套规划程序或其他任何一种规划程序都不是制定正确决策的魔法术,程序的作用取决于人们输入程序的内容。有效的数据至关重要,同样重要的是建立相互信任和理解的关系。

---

① 题为“伊萨卡岛”(1911)的诗的全文,作者 Constantine Cavafy,可以在“The Complete Poems of Cavafy ,trans . Rae Dalven”找到(纽约,Harcourt Brace, 1961)

13.3.2　考古遗址保护和管理规划过程

规划过程以一个有逻辑的方式被组织起来，从收集信息（第一阶段），到评估和分析所有影响遗址管理的因素（第二阶段），再到做决定阶段（第三阶段）。在这个结构中暗示着决定不能凭空被制定出来，而要在可靠的信息、仔细的评估和分析信息后作出来的。三个主要的规划过程如下：

（1）调查和描述：收集信息；

（2）评估和分析：盘点鉴定；

（3）对策：制定决策。

这个结构也意味着顺序：开始、中间和结尾。那些负责决策的专业人员所犯的一个普遍性错误是，从对策出发，就是先做出决定，然后回过头去收集和评估那些与决定相关的信息。虽然程序的执行取决于遵从正确的顺序，认识到这是一个重复不断的过程也很重要，也就是说，它不存在严格的直线性进程，经常需要返回到上一步对资料进行核实、澄清和补充，对评估进行调整。这套程序的图表（见图 13-1）表现了各个阶段的逻辑进程，但是其动态循环和反馈的机制很难在图表上表现，需要牢记在心。

程序的结果是形成一个规划，制定出清楚的战略目标，同时记录和公开三个主要阶段的核心内容。它记录下整个程序执行过程，记录下最终的决策结果，说明如何在一个确定的时间内对遗址进行保护和管理。

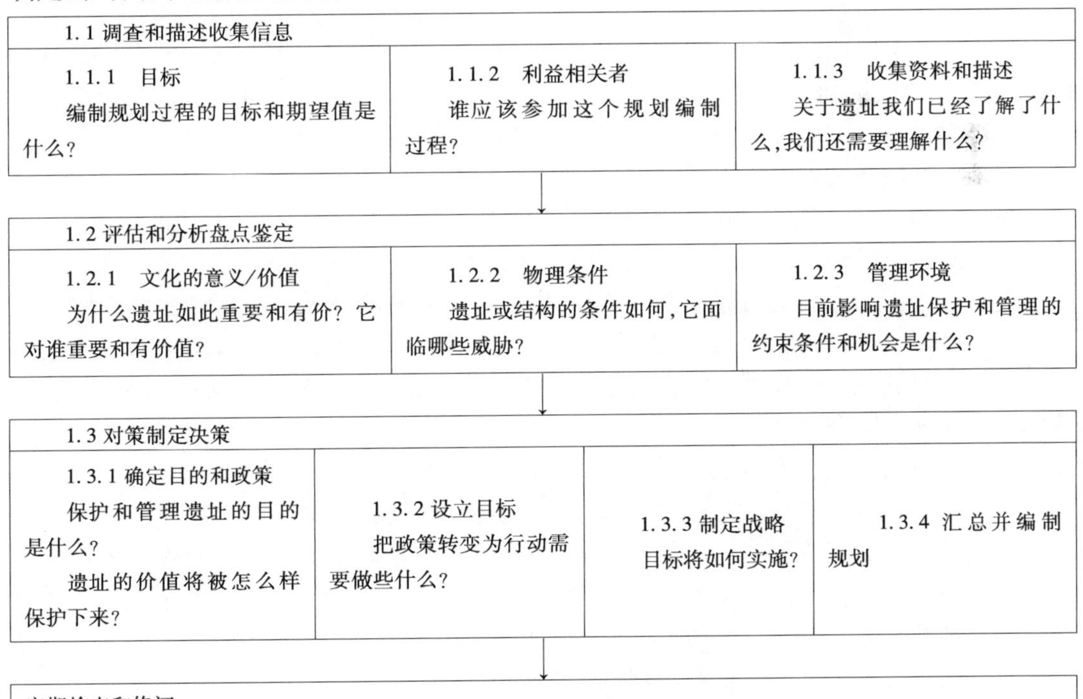

图 13-1　规划编制程序方法流程图

1. 调查和描述

规划过程的第一个阶段——“调查和描述”对于收集背景信息和对后来的评估和分析打下基础至关重要。这一阶段包括三个独立的工作,他们之间没有前后顺序之分:

(1) 设定目标

在规划阶段的开始阶段,应该鼓励领导机构和主要利益相关者阐明他们加入本过程的动机和期望。每个参加者坐在谈判桌之前都有所预想和期望。因此,很有必要让所有的人都倾听这些期望然后开始寻找共识,同时理解这些期望的不同之处,有时甚至是冲突之处。不要混淆的是,这个过程阶段并不是要在一开始就做出决定,而只是澄清规划过程、目标和最终结果的一个方法。

(2) 建立规划团队和确认利益相关者

规划过程在本质上就是将合适的人员、机构和信息聚集在一起的过程。因此,组织人员和机构加入这一过程对遗址做出正确的决定是非常关键的。领导和指导规划过程的管理部门(也就是领导机构的主要政策制定者)负责这项工作。

确定合适的人选并确保其在整个过程中的持续性,第一步工作就是选择一个核心规划团队来掌控和指导整个过程。虽然有时需要聘请外来专家,但是请内部专业人士(即来自管理部门的专业人员)参加非常关键,这会增加他们的参与感(他们最终将在某种程度上负责政策的执行)。

第二个关键的团队是利益相关者:就是那些对遗址的利用、开发、展示或者保护有特殊兴趣或利益的人;那些对遗址有潜在影响的人(好的影响或者坏的影响);以及那些受到遗址影响的人。这些都是随着过程的开展需要参加进来和得到咨询的人。

典型的利益相关者包括以下各方:

政府机构,比如环境部门、旅游部门、宗教部门或者对遗址感兴趣的非政府组织;

那些对遗址已经做出了重要工作的考古和其他的研究者;

与遗址有密切关系或祖先关系的群体,比如美国的印地安人;

当地社区成员,即那些在经济上获益的人们或者希望利用遗址实现商业或者社会目的的人;或者相反地,那些可能受到遗址不利影响的人们,不利影响比如有土地争端、游客的涌入和交通问题等;

代表游客利益或代表当地或区域商业利益的私营旅游机构;

特殊游客,比如宗教或朝圣者,数量巨大或有特殊要求、影响遗址的游客群。

利益相关者的组成因遗址的情况不同而不同。在美洲和澳大利亚的很多考古遗址中,“和遗址有祖先的关系”的群体扮演着很重要的角色;在其他遗址中,旅游目的可能高于一切。某些利益相关者,特别是那些处于社会和政治权力结构之外的人,可能需要鼓励才有可能参与进来并表达他们的观点。在这种情况下,找到文化上的合适方式来使他们加入到过程中来,这是很重要的。

图 13-2　考古遗址的旅游压力管理者形成了巨大的挑战，比如在墨西哥 Quintana Roo 的 Tulum 遗址。在控制游客带来的消极影响的同时，给游客提供有意义的经历、提升他们对遗址价值和脆弱性的认识，已经成为制定旅游热点遗址管理规划的关键部分。摄影师：G. Aldana 版权 J. Paul Getty Trust 盖蒂基金会，1991

这就是那些人(或者他们的代表)应该被邀请参加到规划编制过程中。这经常对管理部门来说是最难的一步，他们可能会质疑邀请利益相关者的现实性，质疑邀请他们的理由。这种不情愿源自畏惧心理，就是害怕把我们对遗址的控制权拱手交别人，甚至是我们不喜欢的人——那些让我们寝食不安的人，那些在我们眼中只知道毁坏遗址，贬低其价值，仅仅盯着经济利益的人。要消除这种害怕推动控制权的感觉，应该同时考虑不邀请其他人参加的问题和邀请他们参加的好处。

问题：不邀请利益相关者参与进来的一个主要的缺陷是：他们在后面会给你找麻烦。正如 20 世纪 60 年代的一句谚语所说，如果你不让这些人作为答案的一部分，他们就会让自己成为问题的一部分。

好处：利益相关者可以为我们提供资源、知识、不同的观点以及在制定遗址保护决策时需要考虑的各种不同价值观。如果这些利益相关者站在我们这边，或者至少参与了过程，他们能成为非常有用的力量。至少，我们将能有更多的机会，通过理解他们的意图和动机，影响他们或者减轻他们的影响。更进一步，遗址保护不是单方面的，如果管理部门希望为保护遗址利益而寻求合作，那么让利益相关者理解管理部门的观点、考虑和价值观同样重要。

如果质疑让利益相关者参与的现实性，那么人们已经研究出下面的机制和策略可以用来帮助管理咨询过程和加强合作：

利用外部因素：聘请接受过训练并能够把不同兴趣的人组织在一起的独立局外人，有助于调解复杂利益关系。

召集小型会议解决具体问题：在整个过程关键阶段，与有关利益相关者举行深入的小型座谈会最有成效。

准备关键问题的讨论稿：在开始面对面的讨论之前，对棘手问题准备出一份清晰的论述，供利益相关者发表看法，有助于激发兴趣，测量反应。

开展旅游市场调查：测算遗址对当地社区可能带来的经济效益，或寻找确保当地社区能够分享旅游利益的方法，表现出对利益相关者的承诺。

以教育者为目标：争取社区当中教师的支持，将那些对遗址有特殊兴趣并受社区高度尊敬的人推向利益相关者的前列。

鼓励成立拥护团体：对遗址有兴趣的社区成员也许会很渴望贡献他们的技能，这可以作为一个方法劝说和影响更大的社区为了遗址的利益而努力。

毫无疑问，自己或请一位专家来编制规划比开展各方参与的编制工作要容易得多，但是结果通常是不太可行的。各方参与和寻求共识总是意味着某种程度的妥协，意味着价值会受到影响。然而，越接近真实的参与过程，就越有机会做出接近现实的决定，做出的决定就越能得到很好的实施，越可持续，越能保护遗址的多重价值。

（3）收集遗址资料和描述遗址

程序中的这一步骤的目标是描绘遗址的各个组织部分，并且收集、汇总信息和资料。这包括查找和收集重要文件和档案；描绘遗址的边界（法律上的和文化上的）；明确各组成部分并为他们命名，目的是为了界定各个独立的管理单位（如果需要），并在规划的全过程和所有规划文件中保持统一的名称。

正在进行规划的遗址的考古和历史资料往往比较齐全。这个阶段主要提供发现影响遗址决策的“知识鸿沟”的机会；这个阶段主要是收集和汇总已有的资料和发现缺乏的资料。在汇总阶段最重要的信息是干预工作的历史，包括发掘和保护这两方面的干预以及遗址研究的状况。

在这项工作中可能犯的错误是为收集信息而收集信息。实际上更应该以战略的眼光对待这项工作：它的成果将为评估提供资料，有助于制定遗址研究、发掘、展示、保护和利用方面的决策。

总而言之，第一段到第三段的工作提供了必要的背景准备，澄清了程序的目标，确定了利益相关者，收集了汇总数据，以便进入下一阶段的工作。

2. 评估与分析

评估和分析是规划编制过程的核心部分。有关遗址的决策直接来源于这个阶段，意味着规划工作的主要部分以及成效都体现在这个阶段。

这个阶段有三种类型的评估：

价值：确定遗址的重要性以及对谁来说是重要的；

状况：确定物理条件和识别威胁；

管理：确定影响保护遗址的管理能力的约束条件和机会。

通过这三个方面的评估加强对遗址及其管理环境的理解，将会对随后的决策过程给予指导。虽然评估包括收集信息，但是它主要是评价和分析信息的过程，在这个过程中价值被揭示，对各种关系进行分析——包括因果关系以及人和机构之间的关系。在这个过程中,分析和总结的技能加上经验是担任此项工作的人员和顾问应该具备的重要素质。

（1）评估价值

为什么某个遗址如此重要或有价值？它对谁有价值？

既然考古遗址除人们赋予它们的价值以外一无所有,那么只有明确出遗址的价值,才可能理解它的重要性。正像在 Randall Mason 和 Erica Avrami 的文章中讨论的那样,价值的多元性来自不同的个体、专业团体和社区的不同视角和判断。在规划过程中,评估价值帮助确定人们赋予遗址的价值种类,而这些价值反过来又决定保存遗址的目标和方式。

然而,需要记住的是,以价值为驱动的保护决策过程并不是什么新观点。以价值为基础的保护方法恰恰是传统保护原则和方针坚实的基石,例如我们所熟悉的在威尼斯宪章、其他国家的和国际文件中体现的指导方针;例如其中最重要的最小干预原则、干预的可逆性、材料的兼容性和新旧材料的可辨别性等等。所有这些原则源于我们赋予真实性和原始材料、工艺和设计以极高的价值。这些历史价值和艺术价值是上个世纪保护理论的基础。原则或者指导方针帮助我们把这些价值付诸实践。

以价值为基础的规划方法,只不过是对传统价值观的扩展,以便为更广泛的决策制定提供基础。在过去三十年的保护实践中,社会经历着转型,民族身份和种族身份意识不断觉醒,自然环境越来越受到重视,信息越来越开放和共享,全球化旅游的发展,还有很多其他的因素,因此,现在有越来越多的群体(利益相关者)与遗址切实相关,也就有更多的价值主张需要得到满足。考古学家——那些曾经唯一与考古遗址有关的群体——现在仅仅是争相界定考古遗址价值的众多团体中的一分子。

因此,规划过程最根本的性质是确定那些不同的价值及其背后支持团体的方法,并且将这些价值纳入决策程序之中。

考古遗址蕴含的价值

简单审视一下考古遗址价值的各种类型,人们可以将其分为两大类。历史的、艺术的和研究的价值是传统的或者核心的价值,是由长期从事遗址学术研究的专业人士定义的。自然的、社会的、精神上的和经济上的价值则是在近年来被多元化的利益相关者所提倡的,他们对考古遗址提出了现实的要求。正是后面这类价值(以及他们不同的拥护者)没有在价值评估中受到足够的重视。

历史价值和艺术价值

历史价值、艺术价值和在下面讨论的研究价值一直是传统上的主要利益相关者——也就是那些考古学家、历史学家、艺术史学家和其他职业生涯依赖于遗址的专业学者的核心价值观。与其他任何类型的文化遗产相比,考古遗址储藏的信息和艺术创造最丰富,它是理解过去的重要媒介。单单是这个原因,历史价值和艺术价值不仅在过去是保护决策的核心参考依据,而且将在考古遗址决策中继续发挥基础性作用。

图 13-3　中国辽宁省的大遗址牛河梁,揭示了新石器时代的重要信息。它的研究价值非常高,但是它的遗存物非常脆弱。所以,制定出相关政策限制遗址的发掘,通过加固、回填和棚庇发掘现场等措施保护出土器物和遗址。摄影师:M. Demas 版权 C J. Paul Getty Trust 盖蒂基金会,1998

然而,当涉及具体的建筑物或者遗址特征的时候,我们往往不会在规划的时候充分考虑历史价值和艺术价值的细节,也没有以决策者和公众可以理解的方式清楚地阐述它们。干预规划越来越需要清晰而具体地理解遗址或者建筑物的重要性所在:哪些特殊的特色、设计要素、材料、技术和历史背景赋予建筑物或者地方以历史价值和艺术价值? 在下边讨论策略的时候我们将对此进一步讨论。

研究价值

研究价值是指遗址能够产生新信息和回答研究问题的潜在能力。这对考古遗址来说是一个特别重要的价值,也是在制定关于遗址未来的决策时经常得不到充分考虑的价值。我们倾向于依据遗址已经披露的或者已知的价值来规划和管理遗址,但对一些遗址来说,保护它们产生信息的未来潜力同样重要,有时甚至更为重要。在制定政策和目标的时候，就会清楚看到认识和理解这种潜力的意义；比如，对于有很高研究潜力的遗址，经常需要加以保护以防止盗抢、拙劣的发掘策略、侵蚀和农业活动等等的破坏。在本文的最后，我们将用制定政策的实例进一步探讨研究价值和决策之间的关系。

自然价值

在植物或动物群的栖息地或幸存物种中可以发现自然价值，特别是在那些长时间被保护起来但是没有完全发掘或者向公众开放的的遗址中。当计划进行发掘或者向公众展示时，可能会发生价值之间的冲突。反过来，很多作为自然保护区的地方也保留下来很重要的考古遗存。属于同一范畴的还包括景观以及更加虚泛的价值，比如清新的空气或夜晚的透明天空。

社会价值或者市民价值

社会价值或市民价值与人们如何利用遗址有关：娱乐目的（比如野餐或者社交聚集）、音乐会或者节日、社会仪式或者庆祝活动或者作为地区骄傲或者国家骄傲的象征以及政治情绪的焦点。这些价值能够在遗址和它周围的社区之间产生强烈的纽带，经常使遗址成为社区市民活动的一部分。遗址向公众传授过去的知识和理解的能力，它的教育价值，是它为更广泛的社会服务的另一个重要方式。

精神价值或宗教价值

精神价值或宗教价值与不同群体在精神上和宗教上的愿望相联系，可能以传统的或者当代的方式表现出来。新世纪（一场二十世纪七十年代开始流行于欧美的宗教运动）的精神探索者受天文现象或古代神话的吸引，开对某些考古遗址表现出强烈的兴趣；1987年在各地考古遗址举行的所谓“和谐聚会”就是其中一例。随着国际旅游的增长，到地中海东部的很多考古遗址进行基督朝圣也兴盛一时。

象征价值或身份价值

象征价值或身份价值是指特定群体通过与遗址在精神上或文化上的联系而表现其在世界上的位置，或指这些价值可以确立或象征一个团体的种族身份或文化身份。现在在很多国家，史前考古资源与土著人之间存在的强烈纽带，是一个重要的政治话题。

经济价值

考古遗址的经济价值已经在阴影中徘徊了一段时间，它那罪恶的阴影一出现，我们就恨不能立即将其从纯洁的文化净土中驱逐。很多遗址专家希望把经济价值从价值清单中删除，把它们视为次要价值或者是主要价值的衍生物。然而，这种排除观点没有真实地反映出今天很多遗址的现实情况。对于多数主要利益相关者而言，当地社区、商业部门和政府部门要回答“为什么这个遗址很重要和对谁来说遗址很重要”这样的问题，完整答案必须包括经济价值。强调经济价值是遗址文化价值和自然价值的反映很重要，但

图 13-4　发现价值和价值的持有人是一个持续的过程。被赋予考古遗址的价值很多都不是不言自明的,结果导致遗址被用于管理当局从未预料到的目的。例如,1987 年的和谐聚会中,大批新世纪运动的精神探寻者蜂拥至新墨西哥的 Chaco 峡谷及其他遗址中。[上图]摄影师:G. Aldana 版权 C J. Paul Getty Trust,盖蒂基金会,1993。[下图]Chaco 文化国家历史公园,1987 年,(美国国家公园管理局免费提供,Chaco 文化国家历史公园图片 No. 77531)

这并不能消除利益相关者眼中的经济价值。

遗址保护和从遗址中获取经济利益两者之间并不矛盾,但历来一直被视为势不两立的敌人,显然现在应该进行更建设性的探索了。我们这个专业需要更认真地考虑文化和经济价值之间脆弱而有益的关系,或从更广泛的意义而言,考虑遗址对当地社区和国家财富的经济贡献以及保护和维护遗址所需要的投资之间的关系。我们也需要更好的理解公众为获得“公共产品”(社会赋予遗址的无形和不可量化的价值)而牺牲有形的、可量化的经济利益的意愿。社会中愿意放弃经济利益保存遗址的那部分人和认为经济价值很重要的那部分人之间的矛盾,正是必须在利益共享者之间以价值的形式进行谈判的对象。

我们如何评估价值？

对价值的评估需要采取比较的方法。我们不能孤立地评估遗址的重要性：我们需要在其他建筑和整个建筑环境中去看一个建筑物，在地区范围内看一个遗址。不用比较的方法，就不可能判断遗址的独特性和稀有性，其在特定时期和文化中的代表性，是否得到良好保护，以及潜在研究价值的高低等等。

价值是多方面的，因此，需要不同学科的专业知识和不同利益相关者的意见。利益相关者应该清楚说明他们认为遗址的价值所在，这是他们最重要的作用之一。发现遗址价值的方法和标准多种多样。尽管没有关于方法、标准或者价值类型的一致意见，以后可能也不会有，所提出的很多模型提供了思考价值的思想和方法（有关这方面的文献见本书注释书目 3）。

谁应该进行评估？

进行价值评估的人应该正直、善解人意、诚实，努力征求和理解他人的观点。为保证客观，往往需要外部专家的介入，但是最终的责任属于管理部门，他们必须确保信息和范围的完整性，过程的真实性。核心工作团队一般最了解遗址，但利益相关者有助于从更广泛的角度理解遗址各种不同意义。

评估的结果是什么？

评估的结果是一份清晰的价值说明，反映出遗址所有的价值。然而，这个阶段并不是解决各种价值之间的冲突；那是下一阶段制定政策时的工作。所有的价值都需要得到评估和认可，并写入价值声明中，同时需要发现和确认潜在的冲突。

（2）评估物理状况

遗址和建筑物的现状如何？威胁是什么？

进行现状调查的目的是记录和评估遗址或者建筑物的物理状况。现状调查的结果是形成有价值的图片和文字档案，这都是些遗址的基础数据，可以用来对遗址将来的利用和处理提供建议，也可以用来监测随时间的变化。有些从业人员将评估遗址的物理情况视为管理评估的一部分，因为它涉及对遗址的优点和弱点进行评估。以这种方式看待物理评估是一个好的方式，因为遗址的物理状况会对遗址的利用和保护所需要的干预程度有很大的影响。

现状调查通常分以下三个阶段进行：

收集遗址过去的情况、利用以及前面对遗址和建筑物干预的有关历史文献。其中的一些文献可能已经在第 1.3 步骤中查到和收集。

物理现状的客观记录。诸如标准的考古记录之类的现状记录，是尽力保留现存事物的客观记录。它主要关注的是结果（人们看到了什么）而不是原因。

诊断和预测。诊断就是检查和分析目前状况，确定导致破坏的可能的原因。这需要对整个遗址或建筑物采取综合的方法，使用专门学科的知识和经验，比如建筑保护、工程学和水文地理学等等，可能还需要进一步的研究和长期的监测。诊断中还意味着预测，但通常并不直接表达出来。通过将现存状况与历史文献和诊断相对照，可以估测出腐蚀速率，从而在制定决策时考虑应该优先采取的措施。

图 13-5　在坦桑尼亚的 Laetoli，360 万年前原始人类踏出来的道路，具有很高的科学价值和巨大的旅游潜力。然而，现状和管理的评估表明：火山凝灰岩性质脆弱，当地没有任何基础设施和经过训练的工作人员，遗址位置偏远，所有这些严重阻碍了将遗址向研究和旅游开放。因此，决定将遗址回填，同时公开科学记录并举办一个展览，以满足利益相关者的需求。摄影师：N. Agnew. 版权 J. Paul Getty Trust，盖蒂基金会，1995 年

现状调查也包括找出遗址面临的重大威胁，比如侵蚀、植被、洪水、边坡不稳定和其他外部的力量：或者来自于人类的活动，比如参观、盗抢、遗址附近不适当的开发或者缺乏维护。关于建筑物的详细的现状调查是一项很费时间的工作，人们需要决定制定规划所需要的记录程度。对于一个大型的复杂遗址，现状调查的结果往往只是将各种问题按重要次序罗列出来，或者调查出各个结构，还需要更详细的现状记录或监测。详细的记录工作可以将之作为规划的一部分。

（3）评估管理现状

将会影响遗址保护和管理的现行限制条件和机会是什么？

除了那些影响将来遗址保护和管理的条件外，管理评估还要考虑所有相关的因素。有些因素包括评估遗址管理人员经常面对的信息，比如从财政资源到游客统计。其他因素则涉及规划所处的政治环境和经济环境分析。这意味着需要考虑如下的规划，比如地区的发展规划和本地区旅游预测规划，也意味着需要找到能够做决定遗址发展方向的真

正权力所在。从某些方面而言,管理评估是对现实情况的核实,需要在规划过程中尽早开展。与现状评估一起,管理评估的结果也会限制价值得到保存和展现的方式。

管理评估类型举例

法律法规环境:对遗址的法律保护足够吗?有没有足够的控制地带?需要制定哪些法律法规,或者有哪些法律法规会限制将来的决策,比如土地使用或者分区规划方面的法规?

财政基础:可利用的财务资源是什么?是否有机会安排可供利用的资金?

权力基础:当地、区域或者国家的相关决策机构和个人是谁?管理人员如何为遗址保护的目的而利用这些权力?

基础设施:指以接待游客为主的设施开发和改造,比如道路,停车场,便利设施和餐厅等等。目前的条件和将来的需求是什么?开发的选址在哪里和它的影响是什么?

地区和当地的发展环境:是否制定了可能影响遗址的地区发展规划和当地发展规划?遗址规划能否纳入其他区域性规划?

访问者的数量,结构和影响:访问者是否对遗址造成威胁?是否确定了游客承载量?如果没有,是否能得到保证?遗址访问者的情况是什么?是否需要更多的信息?

组织结构:管理机构是否能够满足目前的需求和将来可能的需求?在现存的法律和财政体制下能不能改进?

工作人员和专业知识:是否有足够的工作人员具备适当的专业知识?员工是否需要在某个专业领域进行培训?

监测和维护系统:现有的系统是否足够?与任何新的干预,比如建筑的修复或新的发掘相比,维护是否受到优先重视?遗址在将来是否可以得到足够的维护?

研究评估:遗址对研究的需求是什么?通过第一阶段背景信息的收集和汇总,知识上的差距是什么?

这类评估——有时称为"SWOT"分析,即从优势、劣势、机会和威胁分析,主要是管理部门的责任,而管理部门通常闭门造车。如果广泛咨询有关利益相关者,将会有很大收益。原因有两个:第一,利益相关者拥有管理部门需要的信息,而且很可能拥有可资利用的资源;第二,利益相关者如果能了解管理部门运作受到的限制,他们就会更加配合和体谅。

管理评估的某些方面可能有很强的政治色彩,超过管理权威的控制范围。这就是为什么我们更应该对控制范围进行评估,评估我们在哪些领域能制定最有效的措施。

通过评估对价值、问题、现状、威胁和机会形成一个全面的认识,对理解现状和管理评估对遗址价值影响至关重要。这需要对主要的价值,问题和现状等等进行简要的概述,为下一阶段制定政策做好准备。

3. 对策

从很多方面来看,对策阶段在规划程序中是真相揭晓的时刻。这是依据价值评估、现状评估和管理评估做出决定的时候,也是解决所有价值冲突或发现妥协办法的时候,更是价值的保护与现状和管理体制相平衡的时候。在权衡各种价值、利益相关者的利益和限制条件的艰难过程中,Randall Mason 和 Erica Avrami 的文章中所描述的可持续原则可以做为决策的有用指导方针。

然而,判断决策是否适当的最高原则还是看它们是否可以保存遗址的价值。如果作为决策的后果,价值将会被破坏或者被妥协,我们就必须清楚说明原因,并说明将采取什么措施减轻或者补偿损失。在本文后面举例说明制定政策、目标和策略的方法时,还会更详细地说明如何权衡评估阶段得到的结果。

一共有三个层次的对策,可以说是从一般到特殊的决策过程:

建立目的和政策:决定总体目标和指导原则;

设置目标:决定将要做什么;

制定策略:决定如何做。

(1) 建立目的和政策

遗址保护和管理的目的是什么?遗址的价值如何得到保存?

方针政策,有时又称指导原则,是关键环节,它一方面是连接价值评估、条件评估和管理现状评估,另一方面连接目标和策略。方针政策识别是最适合保护遗址价值的方法,指导遗址未来保存和发展。制定政策的时候,有必要问一下这些问题:这个政策是否能保护和体现所识别的价值?它和其他价值有冲突么?它在技术上和财务上可行么?如果遗址的价值不能得到完全保存,政策应该说明如何减少不利影响或者补偿价值损失,解释为什么某一价值不能得到保护。

根据工作分类制定政策是很有用的,下面将会给出例子,因为大多数工作内容将贯穿程序的所有过程;也就是说,从设置目标到为实现目标而制定策略的过程。同样重要的是,各类工作的政策应该统一,形成遗址保护的总体目标。因此有必要在前面对遗址管理进行一个概述,以保证总体目标不被各方面的工作政策分解得支离破碎。

典型政策种类

下面例举的政策种类反映了典型的工作内容,适用于大多数考古遗址,但是为适应具体遗址和它的特殊管理需要,可能还包括其他种类,或采取不同的分类方法。

合理利用

合理利用是一项广泛的和非常重要的政策。它可以对遗址利用进行管理,例如研究和发掘;公众开放和向公众展示;娱乐、休闲或者其他社会目的;宗教追求;商业收入等等。从中可以清楚看到利用与价值评估和利益相关者之间的联系,因为利益相关者经常希望以特殊的方式利用遗址。考古学家希望以发掘和研究为目的而利用遗址,因此是主要的利益相关者;旅游部门或机构对利用遗址也有强烈的兴趣,希望能吸引大量的游客;社区领导或者特殊利益团体可能要求利用遗址用于休闲或其他社会目的。如果这些利用中的任何一项会对遗址和它的资源产生重大影响(例如使用一个古老的剧院用来演出),或者如果任何一项使用与考古遗址关系密切(比如研究和发掘政策,后边将要详述),那么可以用单独的政策加以陈述。然而,应该对合理利用进行一个总体陈述,使各

图 13-6　土耳其 Ephesus 的希腊-罗马古迹废墟，包括 Trajan 喷泉（上）和 Gaius Memmius 纪念碑（下），它在过去历经各种各样方式的修复。这导致游客看到的展示方式杂乱无章，有时甚至不可理解。制定政策限制修复的类型和范围，提出遗址展示的明确方案，是控制过度干预和创造和谐景观的方法之一。摄影师：G. aldana，版权 J. Paul Getty Trust 盖蒂基金会，1993 年

个具体利用方式置于总体框架之中。

保护干预

在这个范畴内，主要包括明确干预理念的政策或确立干预范围的政策。这些政策可能要求干预遵守现行国际或有关国家的宪章、准则或法律。无论是从法律还是专业角度来看这都是很重要的，但是，这些宪章、准则或法律基本上都比较宏观，除这些宏观政策外，努力摸清遗址的具体情况总是有好处的。因此，对于那些纪念性的古典建筑物，需要进行经常的修复、拆建和重建，最好就需要一个指导这些干预的具体化政策，或者对于一

个多年代的遗址,可能有一项政策决定是保护所有时期的遗址,还是重点保护某一时期的遗址,而将其后期的建筑或堆积清除,将其早期的遗存回填。所有的政策,特别是那些有争议的政策(例如允许清除后来的堆积和建筑物,或者将建筑物重建),必须根据遗址的价值说明充分理由。

参观和展示

和保护、利用政策密切相关的是参观和展示方面的政策:游客能参观什么;哪些地方应谢绝参观;是否限制游客数量,还是尽量增加访问人数或吸引某一特定类型的游客;是否需要制定当地游客和外国游客的差别票价?政策也可能与展示有关——包括展示的语言,或者是否需要以一种敏感的方式面向一个特殊的顾客群去展示一个遗址等;在这里展示与利益相关者和价值之间的关系同样是显而易见的。

修复或重建之类的干预常用的理由是希望向公众展示遗址,而不是出于保护建筑物的需要。这种情况下强调的就是遗址的教育价值,对此应在政策陈述加以明确说明。

研究和发掘

研究和发掘的政策,也包括物品的保管政策,是与考古遗址关系最为密切的政策之一。政策通常说明研究和发掘的一般条件,规定发掘范围和性质的界限,甚至是禁止任何发掘活动。政策可能还包括将保护工作充分地纳入发掘过程和发掘之后,包括保护还没有被发掘的考古资源。

维护和监测

借助政策说明的机会,管理部门可以强调维护和监测的重要性。比如制定一个政策明确维护作为预防性的措施以减缓遗址破坏的重要作用。虽然维护工作属于日常性事务,也应该在政策的制定中给予高度优先权和强调。然而,因为大多数维护活动是重复性的和干预性的,它们可能导致材料的流失(比如,不断的重勾缝)。因此,根据维护的需要,有必要设置一些警告或者限制。

设备和基础设施

这类政策主要确保设计和建设的标准,规定设施范围和选址的界限,这些设施包括旅游和商业设施、展览和展示设施、用水和供水设施、交通和停车设施等等。政策可能还要考虑在基础设施和建设施工挠动之前进行考古探测。

咨询

可能需要制定一个持续性政策,保证利益相关者在以下情况下得到咨询和进行参与:利益相关者有不同意见的时候,解释在政策制定过程中已经考虑了他们的意见,或者经常性的意见有助于管理部门的工作。

总之,目的和政策的陈述就是确定具体行动的总体框架和界限。目的和政策加在一起为遗址提供了一个总体设想。举例来说,总体设想的结果可能是如果遗址的研究和发掘价值至关重要，则公众参观和展陈则要受到限制甚至完全禁止；可能是将遗址的社会利用、旅游利用与遗址的研究与发掘均衡考虑；也可能在旅游业为主的地方，就需要进行大规划的基础设施建设，则发掘受到禁止。

无论总体设想如何，必须说明它与价值评估中所识别出的价值之间的关系如何，也就是说，总体设想应该体现遗址价值。如果没有体现某一价值，应该陈述出来为什么没有体现。因此，在编写政策陈述的时候，进行背景说明很重要，应该说明将要保护哪些价值，受到哪些条件限制致使保护某些价值十分困难或者是不可能。

因此，政策就是解决"为什么"的问题，分析和确定管理部门为什么对一个遗址采取特定方针。至于要做哪些工作以及如何完成这些工作，则是下一步设立目标和策略的内容。

(2) 设立目标

将政策转化为行动要做什么事情?

在这个阶段，针对每一工作内容所制定的政策需要确定具体目标。目标是指具体的目的，其结果可以测量。目标和策略之间的区别经常不是很清楚，甚至最有经验的从业者也会混淆。一些从业者更乐意从政策直接到策略。区分目标和策略的一个方法是视目标为目的地，而策略则是到达目的地的路线。然而，掌握这一区别并不重要，只要为实现遗址管理的目的而设立清晰的目标，那么这些目标是被称为目标还是策略则无关紧要。

从业者用来澄清目标并使它们更有针对性和可测量性的方法之一是阐述在一个明确的时间段内将要完成哪些工作(比如，在五年后我们将要实现以下具体目标)，然后列出它们。用这种方式，目标可以被更加实实在在地表达出来，因为它的结果是可以预想的。与旅游和展示相关的一个目标实例可以是完成游客调查(在一个明确的时间内)，目的是更好地了解游客的类型和他们参观遗址的动机和兴趣点。这是一个明确的目标，其结果可以被容易地核实。

(3) 制定策略

如何将目标付诸实践?

策略是最详细程度的规划，它具体说明目标如何实现，确定完成任务所需的资源、时间进度和责任。如果目标是做一项游客调查，继续上面提到的例子，策略就要阐述如何完成这个目标以及由谁完成这项任务；策略可以附带一个详细的工作计划，在这个例子中，就是详细说明调查采取的方法论，调查要问的问题，以及所需要的人员和预算需求。

不幸的是，当我们采取措施应对保护和管理遗址的挑战时，往往一上来就从制定干预策略入手，将行动等同于程序，将认真的规划视为浪费时间。当制定策略成为一个遗址的工作起点时，通常产生的后果就是众多独立"策略项目"的"自然"繁殖；也就是不同的机构、组织或者个人各自为政地开展项目，不考虑规划制定的目标和优先顺序。每个项目(比如发掘、建档、保护项目或者旅游计划)都有他们各自的理由，但是太多的时候他

图 13-7　干预经常只关注遗址的某一部分。例如,带有镶嵌物的遗址有时候被作为“遗址中的遗址”处理,结果使它们与周围环境割裂开。在以色列 Zippori 的镶嵌物用独立设计的保护性结构罩住,这种保护措施只考虑到镶嵌物,没有考虑遗址的整体景观。[上图],摄影师:M. Demas,版权 J. Paul Getty Trust 盖蒂基金会,1997 年。[下图],摄影师:C. Godlewski,版权 J. Paul Getty Trust 盖蒂基金会,1997 年

们只是满足执行项目的机构或个人的自身需要,而不是满足遗址的需要和管理部门的需要。

在制定策略的时候,复杂的工作需要详细工作计划。但是这些策略首先必须和总体规划建立明确的联系,重复相关工作内容的政策和目标,以保证目的的连续性。当策略计划由管理部门以外的机构制定时,这么做就尤为重要。

对于物理干预,在制定策略的阶段我们需要深入了解遗址结构和特征的重要方面,也就是我们在讨论价值的时候提到的内容。一旦决定某一建筑物需要,比如说,修复、加

固或者给予保护性掩蔽，可能需要重新回到评估阶段进一步了解价值、以前的干预工作和现有条件的详情。这种重复评估过程的工作对任何复杂的遗址和遗址组成部分来说是不可避免的，因为在对整个遗址进行长期规划的时候，不可能实现重大干预所需的详细程度。事实上，全面开展各项策略制定工作所需要的细节只会在总体规划中喧宾夺主，影响对遗址的总体把握。

（4）规划编写

本节到目前为止一直在强调规划程序，但显然还应该有一个最终成果，一份管理规划、保护规划或称总体规划，其名称因各地不同的用途、不同的工作目的和层次而各异。在这个过程中以及过程完成后，收集到的信息和所形成的决定必须在规划中记录下来；然而，对于什么程度的信息应该包括在最终的规划中存在不同的意见。对于最终“产物”只几点说明就足够了，它采取的是低限要求方法，主要是基于那些已经编制并执行了很多规划的从业者高明的建议。一般的规划不管它被称做什么应该是：

整体全面的：这样的情况屡见不鲜：大遗址的管理政出多门，各持己见，多家执行部门同时为不同的目的而交叉作业。尽管邀请顾问、同事和合作伙伴来制定和实施规划的各个方面是有益并必要的，但必须有一个领导权威来协调所有的工作，也必须有一个规划明确遗址的重要性及其未来的保护和发展目标。

简明而易于理解：一个能够被所有利益相关者理解的规划，使每个人容易了解总体愿景和目标，理解决策制定的原因，这就要求规划简明扼要，在编写的时候考虑到读者的广泛性。背景信息无论是为确定价值而举行的访谈，详细的现状调查，还是历史文献，保存起来很重要，但可以存放在参考卷宗里。详细的策略计划可以并且应该是单独的，事实上，详细策略也经常是在规划的实施阶段才制定的。正像之前提到的，策略在开始的时候应该主要是总体规划中相关工作内容的政策陈述和目标。

有法律约束力：并不是所有的甚至是大多数的规划具有法定地位，但是如果建立一套国家管理部门批准和认定的法律体制，那么可以使规划不仅具备道德上的分量，更具有法律上的权威。

与其他规划可比和兼容：如果有可能对管理规划采取全国性方法，那么将会简化批准规划的评估程序，使同类遗址的管理规划具有可比较性，并提升整个区域文化资源的整体实力。

最终，规划是传达信息的载体，它的传播对象各不相同，有专业人士、政府官员和商业机构，在某些情况下甚至是公众。信息的核心应该是：为什么这个遗址很重要，这就是为保护这些重要性而制定的规划。信息表达得越清晰，能够传播得越广泛，它作为一个有效的工具来保护遗址及其价值的机会就越大。

同样重要的是在规划制定完成之后，与利益相关者交流的渠道继续保持开放和畅通。定期检查规划是加强与利益相关者关系的机会。而且，由于不存在完美的规划，而且环境也一定会变化，定期检查可以使规划得到经常调整和修改。

13.3.3　考古遗址保护与管理规划的作用

像生活中的大多数挑战一样，人们第一次进行规划工作通常是最困难的。以后的检查和更新将会建立在第一个规划的基础上，所以，基础越好下一次工作就会越容易，结果也越可持续。人们对待规划的一个最常见的意见，就是声明“没有钱，没有时间，没有工作人员去制定或执行”。好的规划确实需要时间、人员和金钱的承诺。现在可用于规划的资金越来越充足，因为各种组织越来越认识到在实施之前进行规划的重要性。虽然制定增加资源的计划确实是规划的一部分，但所做的决策一定要和可使用的资源相称。规划的目的不是去决定如何花掉一定数目的钱，而是去决定在现有约束条件和资源下应该怎么做。规划的目的也不是解决一个遗址的所有问题；更适合和可持续的目标是从现有条件到更好条件的循序渐进，而不是冒受挫的风险而追求不切实际的重大改变。

采取以价值为基础的规划方法所面临的最大挑战，也许就是承认价值是善变的，承认不存在绝对意义上的对与错。随着社会、政治和经济条件的改变，利益相关者的兴趣会此消彼涨，研究的目的和策略在不断前进，我们赋予遗址的价值也是如此。以价值为基础的规划方法是一个可以被操控的方法，或者对于那些胆小怕事的人来说，是可以变成公式或者标准的方法。它需要诚实，正直和专注，所得的回报是一次高级的智力活动，收获的是对遗址之于社会重要性的更深入、更广泛和更密切的了解。

鉴于本节以考古遗址的保护和管理为主题，所以用一个对考古和保护专业的挑战来结束是合适的。在大约 30 年前，当 William Lipe 预见性地提倡考古学家采纳保护道德理念①的时候，考古专业人员和保护专业人员还在各自埋头于发掘和技术干预上，而没有以合作的方法来迎接考古遗址面临的挑战。最近，考古理论的发展（后过程理论）要求考古学家更多的参与学术以外的世界，接受人们对考古实践和展示赋予的其他价值，发出其他声音以及观点。而自二十世纪八十年代早期起，在考古遗产的保护和管理方面，保护专业人员已经开始在基本相同的方向上发展和提倡以价值为基础的方法。

上述两个理论上的发展到目前为止在很大程度上在平行前进，很少发生交汇。然而它们拥有本质上的共同起点——考古遗址——有很大可以相互借鉴的地方。考古学将从保护专业更多的社会实践经验中受益；保护工作可以从学习考古学的理论框架中发现很多价值。当我们认识到考古遗产对追寻过去是那么重要而又面临如此威胁时，各专业之间建立合作就是再自然不过而又富有建设性了。

本节是对盖蒂保护研究所多年提倡的规划方法的总结，反映了保护研究所之内和之外的很多同事的思想。作者本人多年来从 Sharon Sullivian 那里获得很多关于规划管理理论上和实践上的建议和思想，对此作者表示非常感谢，这些建议很多可以在文章中找到。另外特别感谢 Neville Agnew 和 Marta de la Torre 对草稿的深刻评论和批评，也感谢其他作者和同事 Erica Avrami，Randall Mason，和 Gaetano Palumbo 在研讨会前前后后的投入。

---

①　见 William D. Lipe“美国考古的一个保护模型”The Kiva 39（1974）：nos. 3-4，213-45。另见 Laurajane Smith “作为后过程考古的遗址管理”Antiquity 68（1994）：300～309

13.3.4　考古遗址保护与管理政策、目标和策略的制定

以下这个制定遗址政策、目标和策略的实例，以一个名为 Rongovia 的假想遗址为例，但是以真实遗址的实际情况和政策为基础。它以一个价值研究为重点来阐述评估对决策的影响，以及政策、目标与策略之间的关系。

通过价值评估确定的研究价值

Rongocvia 蕴含丰富的关于 Rongocvia 盆地史前居住文化的信息资源。依据以前的发掘和对未发掘遗址的大量调查所获得的证据，已经证明 Rongovia 具体重要的潜在价值，能够在将来对史前居住民的生活方式、政治组织和建筑产生重要的新的信息。

· 评论

评估价值的时候邀请了熟悉遗址的考古学家参加，并利用阶段 1 收集资料和汇总资料的结果。Rongovia 作为一个古老文化中的行政中心、经济中心和宗教中心的重要价值长期以来已经被认可。然而评估表明，尽管过去进行过广泛的探测和发掘，仍然存在很多未解决的研究问题。以前的大多数发掘是在 19 世纪末期和 20 世纪初期开展的，那个时候的发掘技术和分析方法还不很完善或没有得到很好实施。在整个盆地发现的众多未发掘的遗存以及对以前发掘的遗存进行更深入全面的研究，可以为回答这些问题提供新的重要线索。

与研究和发掘决策有关的现状评估和管理评估结果：

发掘暴露出来的构造物需要等到持续的维护，以当前的和预测的经费水平无法维持。

对现存构造物的日常维护（例如修被，加固和刷墙）已经导致原始建筑材料随时间逐渐损失。

以前发掘的建筑物和器物没有得到充分的记录、研究和出版。

偏远地区未被发掘的遗址正遭受自然侵蚀和盗抢，而参观区域内未发掘的遗存正遭受游客的侵蚀和随意带走器物。

· 评论

现状评估和管理评估揭示出以前发掘的构造物和器物存在严重的保护和维护问题，如果再进行新的发掘只会使问题加剧。而且发现先前的发掘没有得到很好的出版和记录，而那些未被发掘的遗存，那些遗址研究价值的重要来源，正在受到侵蚀和盗抢的威胁。在制定未来研究和发掘决策时，了解进一步发掘的限制条件和未发掘遗址受到的威胁极为重要。

研究和发掘政策

Rongocvia 蕴含丰富的关于 Rongocvia 盆地史前居住文化的信息资源，并且具有很大潜力可以通过研究现有资料和已发掘遗址（出版工作基本未做）和进一步发掘遗址发现新的信息。然而，已经发掘的构造物正在遭受腐蚀和不断维护造成的破坏，不能维持下

去;而盆地中未发掘的遗址正在经受侵蚀的威胁和不时的盗抢。

因此,未发掘的遗址将保留不动,待发掘和分析方法进一步完善后再行发掘,同时也可以减少需要保护和维护的暴露出来的构造物和器物的数量。鼓励对器物和遗址进行非破坏性的研究,开展丰富的展示活动。针对特殊的研究问题允许进行小范围试掘,但在研究结束之后试掘一定要回填。将优先考虑批准对以前发掘的建筑物和现存藏品进行研究和建档的研究计划,而要求发掘或扰动考古遗存的计划将次要考虑。

· 评论

第一段中介绍了背景情况,为理解第二段中的政策打下基础。政策提出了允许进行研究和发掘的条件,并确定了研究的优先次序。任何研究计划都会根据这些条件进行审查。政策通过鼓励非破坏性研究和将未发掘遗存保留来保护遗址的研究潜力;然而,政策对发掘——实现研究价值的最常用的方法——进行了严格限制,原因是维护和资源受到限制,而且认识到那些以前被发掘的资料还需要进行充分的研究,那些原始的建筑材料和未发掘的遗址正在遭受破坏,应该给予优先权。虽然利益相关者中的考古学家特别希望对遗址进行发掘,因此可能会对这项政策不满,但当他们了解为什么限制发掘,并且在非破坏性研究上得到鼓励和资助,他们的不满情绪就会得到缓解。

研究和发掘目标

在五年后我们将要达到如下目标:

出版大部分现有资料。

完成三个主要构造物(建筑物 X,Y,Z)的测量工作(平面图、立面图和剖面图)。

对木质结构建筑物 X,Y,Z 完成树木年轮分析。

在观光区域和偏远的未发掘的考古遗址,遗存的盗抢和侵蚀降低至少 50% 。

· 评论

目标确立一个时间期限和基本上可以计量的目标,因此是可以测量的。这就是在规划过程中确立的有清楚优先次序的目标。这并不排除管理部门可以在以后接受单独计划建议的可能性,只要这些建议与所制定的研究和发掘政策相谐调就可以。

作为遗址保护干预政策和目标的一部分,决定把构造物 X,Y,Z 进行回填,以保护其原始建筑材料,因为这些原始建筑材料受自然侵蚀和周期性维护正在流失。保护和研究的目标通过对构造物 X,Y,Z 进行记录而实现,以便这些构造物在回填之前可以被充分记录。

由考古学家提出的最初的建议是对构造物 A,B,C 进行树木年轮分析。管理部门接受了这个建议,因为它符合鼓励对以前发掘已暴露的构造物的研究政策。但是考虑到建档和保护的优先地位,要求考古学家对构造物 X,Y,Z 进行分析。这样研究与保护政策就充分协调一致起来。

研究和发掘策略

申请 Rongovia 基金会资助,研究现有资料。

和当地的大学建立合作,让学生们对已经暴露的构造物进行记录。

执行 Rongovia 大学的建议,用树木年轮法确定构造物 X,Y,Z 的年代。

额外雇用两名法律执行者,举办公共意识的宣传活动来阻止(游客)带走器物并消除游览的痕迹。

· 评论

这些策略详细说明了目标如何达到。大多数策略不需要详细的策略计划,但是需要确定开展工作的人员、预算和时间表。建议进行树木年轮分析是由考古学家提出的详细计划。这份策略规划没有纳入广泛发布的管理规划,它是一份补充信息,可以保存在独立的参考卷宗中。

13.4　案例:英国哈德良长城遗址管理规划的编制*

世界遗产委员会将具有突出普世价值的地点命名为世界遗产地。同样,它要求遗址具备足够的立法和管理措施来保护其重要性。自从英国于 1984 年签署保护世界遗产公约以来,政府认为现行法律通过从国家到地方各级的认定和管理体制,为保护英国各世界遗产地提供了充分的法律保护。在 20 世纪 90 年代初期的一系列规划实施决策支持了这个论点。1994 年政府正式认定各世界遗产地及其周边环境是决定颁发开发许可证的"关键实质性因素"(国家环境保护局,1994)。在该"规划政策指导注释"中,采取适当遗址管理措施的重要性得到认可,建议制定世界遗产地的管理规划。

从那时起,英国在制定此类规划方面取得巨大进步。在英国大陆的 21 个世界遗产地中,已经有 12 个世界遗产地完成了管理规划的制定。另外一个遗址的规划正在咨询之中,而其余的遗址除一个以外已经或者即将启动规划的制定。现在制定规划已经成为申报世界遗产地提名工作的有机组成部分。所有这些规划的目标都是以完整、全面的方式管理遗址。

最初,制定管理规划的指导依据是 Bernard Feilden 和 Jukka Jokilehto 的开创性工作,它由国际文化财产保护与修复研究中心出版(国际文化财产保护和修复中心研究;Feilden 和 Jukka Jokilehto,1993)。从那以后,英国的规划受到保护规划方法论的强烈影响。这主要以澳大利亚的 James Semole Kerr 创立的模式为范本(Kerr, 1996)。

这一模型及现在制定管理规划的核心是基于遗址价值的系统程序方法。程序的开始是完整描述遗址,不仅涉及遗址的考古方面或历史方面,而且包括遗址的其他重要特征。在此基础上可以定义遗址的价值,并且细化重要性陈述。下一步是评估遗址价值可能受到的威胁,然后考虑解决办法。这一步之后,就可以开始制定解决问题的政策,同时制定加强遗址优势的政策。

采取这种方法意味着所有影响遗址的行动都必须基于对遗址价值影响的评估。因此,正确评价遗址的价值变成为整个规划过程的核心。同样重要的是在重要性陈述中不仅应该包括遗址的考古价值,还应该考虑遗址的其他重要方面。遗址的价值各不相同,不仅限于文化价值或是自然价值;还可能包含文化价值或社会价值等其他价值。对于同

* 本节作者 Christopher Young. 感谢英格兰遗产中心 Christopher Young 先生同意免费使用本篇案例的中文翻译。

一处遗址，社会上不同的人和组织可能赋予其不同类型的价值，至少对各种价值的重要性认识不同。

所以，使那些对遗址可能产生影响或受其影响的各个方面尽可能地全面参与非常重要。只有这样才有可能处理好复杂多样的价值问题，在决策如何保护遗址时得到满意的结果。

鉴于世界遗产地的规模和复杂性，利益相关者的数量可能相当庞大。让他们全面参与并制定出得到广泛认可的一致性政策，将是复杂、耗时和困难的过程。英国第一个使用该方法的世界遗产地是哈德良长城。哈德良长城于 1987 年被列入世界遗产，事实上它是英国最大的遗址之一，而且也许是最复杂的一个遗址。因为它规模大，范围内条件复杂，存在众多潜在的利益冲突。管理规划于 1993 年开始制定，1996 年被采用。

13.4.1　哈德良长城世界遗产地

在三个世纪的时间内，哈德良长城是罗马帝国的最北部边疆，它在设计上也最为复杂。以城墙本身为中心，长城还包括炮塔、里程塔、碉堡和其他设施。吸引平民集中定居的主要是堡垒，在更远处还有两个城镇提供其他方面的给养。长城横跨英国中部连接两侧海岸。世界遗产地包括整个长城沿线（77 英里或 120 公里）地上和地下的已知遗存，加上延伸到坎伯兰沿海的防御工事和一些外围遗址。长城遗址周围有宽阔的建筑控制地区。

大约 10% 的遗址位于现代城镇之下，其余大多数遗迹位于野外和高地。部分长城已经发掘并进行了保护，但是更多的部分还是作为残留的土木工事或完全埋于地下。由于遗址规模庞大，它的所有权十分分散，其中大多数是私人所有的。遗址只有百分之十得到保护和管理，对公众开放。这部分遗址的所有者包括英格兰遗产中心（图 13-8）、两家慈善信托基金会以及若干个地方政府。世界遗产地的其余部分，用途各有不同，部分为城市所用，但主要是农用，包括放牧和农耕。每年大约有 125 万游客参观对外开放部分的遗址。

众多公共团体都参与了长城的管理，其中包括 12 个国家政府部门和 12 个地方政府，他们都具有一定的行政职能。这些职能各不相同，既包括管理环境的各个方面，还包括经济支持和开发。其中只有一小部分机构以环境保护作为其主要职能。一些机构拥有双重角色；比如地方政府就既负责控制建设，又负责促进旅游事业。还有一些机构是遗址管理者，他们一方面要负责保护工作和公众参观；另一方面又要在维持遗产可持续的条件下增加创收，为保护和管理的支出筹集资金。

唯一一家负责保护整个遗址的部门是英格兰遗产中心，这是一家非行政单位公共机构，主要由政府资助，被公认是历史环境方面的官方权威机构。它通过执法、咨询、援助和直接管理等综合方法实现其职能。所以它的角色是多方面的，也需要通过管理世界遗产地内的遗址进行创收，维持运转。

除了所有者的管理责任外，对长城的保护和可持续利用还有一系列管理和鼓励措施。根据英格兰开发限制法令，很多新建筑、改造现存结构及新的土地利用都必须获得有关地方政府的规划许可。有争议的案例可能会以公众听证的形式提交到中央政府。任何对受保护的考古遗址的干预都必须通过咨询英格兰遗产中心最终得到政府的批准。

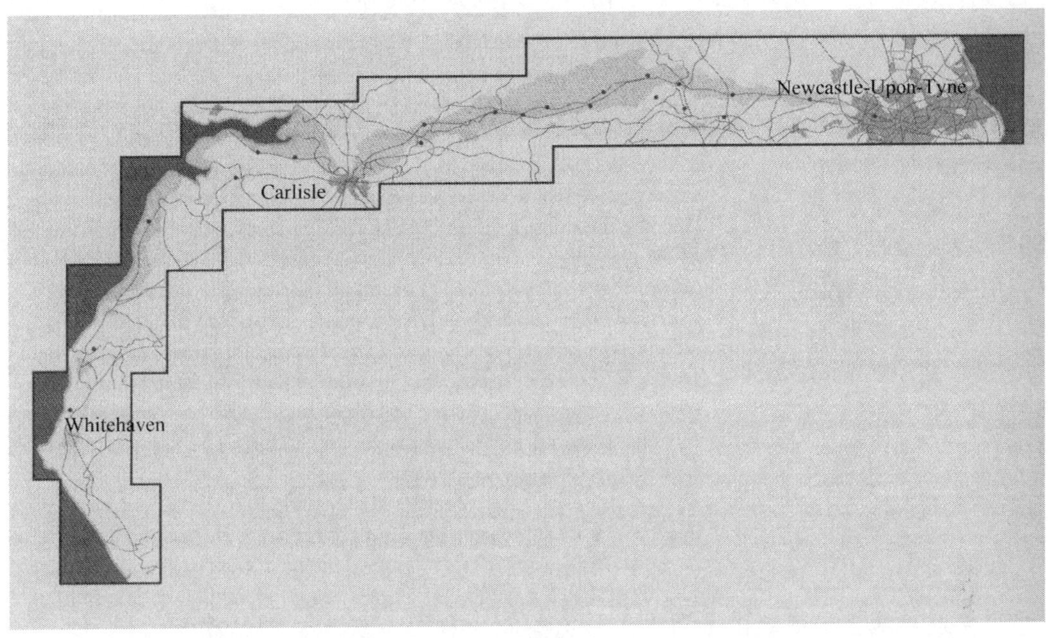

图 13-8　英国哈德良长城世界遗产地及其环境地图。版权所有:英格兰遗产中心

图 13-9　沿着位于 Whin Sill 的长城中部地段向东的景观。版权所有 C. Young

该管理体制中的一个例外是,多数农业活动,包括某些新建活动,不需要任何审批。这套开发控制体制对于鼓励积极的保护措施,比如日常维护等,却没有什么作用。存在若干个鼓励性计划,包括对与保护有关的农业提供越来越多的支持。

哈德良长城世界遗产地及其环境的价值不仅仅是考古和历史方面。部分遗址也有很高的自然价值和科学价值。事实上,其中段部分具有很高的休闲价值。很多地区具有很高的农业价值。长城是英格兰北部最主要的观光目的地之一。它几乎成为北部的标志性象征,而且在推进可持续经济发展的行动中也被用来大加宣传。因为这些潜在的冲突因素,再加上它的规模巨大,遗址面临着相当多的压力,包括发展问题,包括耕作和过度放牧引起的侵蚀。另一个压力是旅游的影响。人们渴望旅游业把游客带到哈德良长城来,旅游业又被视为地方经济的强心剂,但它也导致小部分的遗址受到侵蚀。存在的其他利益冲突还有土地的不同用途,如对公众开放与放牧之间的矛盾等。

13.4.2 管理规划

世界遗产地管理规划正是为了应对这些压力和协调长城管理的需要而制定的。它开始于 1993 年,英格兰遗产中心作为政府在历史环境方面的顾问牵头负责规划的制定。从一开始,规划就被视为合作的契机,以此将与长城有关的公共及私人利益群体联合在一起。所以,最终结果代表了一致的意见。与其他类似的文件一样,它在某些程度上是一种妥协。它还是一份高层宣言而不是具体的管理措施处方。经过一年的公共咨询之后,规划于 1996 年发表(英格兰遗产中心, 1996)。

规划的模型采用了国际古迹遗址理事会和联合国教科文组织推荐的范式。在重要性陈述之后,规划提出了世界遗产地的范围,讨论了影响它的压力,然后提出在现有条件下保护长城的总体目标、目的和具体策略。规划还建议成立一个委员会和一个协调机构监督规划的执行。机构的职能没有面面俱到,只是起协助作用,促进伙伴关系的建立,以实现具体的目标。规划的限制只有五年,规定期满时进行修订。

整个规划的核心是认识世界遗产地的价值,并且以此为基础制定各项管理政策。规划的关键还在于不仅应该考虑考古学家的希望和需求,而且应该考虑工作和生活在世界遗产地周围的人群,考虑来参观的人群的希望和需求。规划本身不具有法律效力的文件,因此至少需要得到利益相关者及那些有能力执行政策的机构的支持。

到目前为止,管理规划已经有五年的时间,它的总结和修订工作也刚刚完成。修订过程中总结了已经实现的目标和没有完成的工作以及遗址管理过程中发生的其他变化。遗址本身的主要改变是实施了哈德良长城旅游伙伴计划,修建了一条国家小径,从而实现了长城的可持续参观通道。除了这项哈德良长城小径投资项目外,在长城沿线还有几处开发项目,其中最著名的是在沃尔森德的长城东端。在 Tyneside 城和 Segedunum 堡垒经过再次发掘,在新博物馆里进行展示。这使世界遗产地在人口集中地区形成一个明显的中心。

图 13-10　Walltown Craggs 的哈德良长城西面景观,版权所有: 英格兰遗产中心图片图书馆

图 13-11　哈德良长城东端位于 Segedunum 的新博物馆,博物馆向游客集中展示世界遗产地在 Tyneside城的部分

为了更好的了解世界遗产地应该如何服务于旅游业，开展了研究工作。研究表明：近年来正式经营地段的游客数量并没有大幅增加。在广阔的农村地区，游客参观脆弱地段长城带来的侵蚀也没有 1996 年预计得那么严重。

对遗迹的保护有所改善。正在实施一项历时三年的重点项目，为面临威胁的土质结构管理制定政策、导则和技术方法。工作中主要的不足是虽然为世界遗产地本身制定了研究和保护策略，但没有考虑到遗产地的周边环境。任何研究策略都不仅应该考虑遗址在眼前的作用，而且应该考虑它在历史上的作用和未来的作用。

根据实施规划的需要，建立起一套合作制度。成立了一个委员会统筹管理规划的实施，委员会下设一个协调机构负责协调各相关机构的工作，同时承担一些具体项目的实施。机构规模虽然很小，但对规划有效实施至关重要。还有哈德良长城旅游伙伴计划与这些机构平行工作但关系密切，它的职责是在管理规划的指导框架内发展可持续的旅游业。这一计划总得来说也是有效的。

规划还通过提供一个总体蓝图吸引潜在投资者，使他们的具体项目都被纳入一个宏观发展计划。在 1996 年规划实施的早期阶段，若干项目重大投资参与进来，说明了规划的吸引力。最近，旅游伙伴计划中的多个项目又收到大量资金投入，使世界遗产地为地区经济做出可持续的贡献。

另外，对规划的目标和工作进展情况进行沟通也非常重要。为此尝试了各种方法。例如，为解决具体问题或者制定某一具体方面的政策，将利益相关者召集在一起开会、咨询和讨论的方式非常有效。总的来说，除非针对具体的问题进行讨论，公众大会的效果不是很好。可能最有效的沟通方法是遗址的时事通讯《哈德良长城新闻》，每年出版三次。所有的对外开放遗址都可以拿到这份通讯，另外通讯还邮寄给通讯名单上的 2300 人。

13.4.3　规划的修订

哈德良长城的管理规划根据总体发展趋势和我们有关长城的经验进行了修订，并在 2001 年 6 月公布征求意见（英格兰遗产中心，2001）；2001 年 11 月，管理规划委员会采用了最终版本。新版规划与 1996 年的版本有一些变化。通过执行以前的规划，在四年经验的基础之上，规划有可能制定得更加具体，详细提出了未来 6 年中的 13 项具体的策略及后续行动。规划分为四个部分，即世界遗产地的防护、保护、利用和管理。规划还包括 6 年中将要实施的具体工作的项目登记库。这些政策都纳入一个经过修订的 30 年“目标”，以保护总体目标的实现。这些目标修订了 1996 年版本规划中的目标，实际上其中很多政策仍旧是原来规划的体现。

但是，新规划体现出工作重点上的变化，更多地关注可持续的经济复兴和对景观与历史环境整体的全面把握。其中包括制定一项重点研究策略，除某些具体保护项目外，还为正确管理遗址价值提供基础理论。此外还认识到需要可持续地利用世界遗产地以弥补近期发生的口蹄疫对农村经济的整体影响。

规划更加明确地遵循了前面提到的保护规划模型，首先对遗址进行了全面描述，作为修订重要性陈述的基础。这里主要增加关于有关地区地质学和自然环境方面的附件。因为规划认识到，虽然提名世界遗产地主要考虑的是其考古和历史价值，但遗址还有其他具有国家乃至世界水平的价值。如上所述，世界遗产地的管理策略应该考虑各个方面的价值。

其结果就是经过修订的规划比前一版本内容大为增加。因此，征求意见时主要使用了一份 24 页的解释性总结，以更容易理解的语言向所有与世界遗产地有关的人群公布。《哈德良长城新闻》发表了一份 4 页的概要。规划全文发给了所有利益相关者，而且可以随时索取。互联网上也发表规划的概要和全文（www. hadrians-wall. org）。预计在 2002 年将以相同的方法公布最终的规划。对于大多数读者来说，那份广为散发的 24 页规划很可能是他们看到的唯一版本。

近年来，英国在制定历史遗址管理规划方面取得了巨大进步。哈德良长城遗址在这方面经验较多，因此有可能开始评估规划的效果并启动下一个规划的循环程序。整个过程的关键是在完整描述遗址的基础上，确定遗址的价值。不做这一步就不可能制定适当的政策。同样关键的是争取利益相关者的一致意见，并建立规划的实施机制。如果可以满足这些要求，管理规划的程序就是一种有力且有效的方法来管理遗址面对的变化，保护遗址的本质价值。

参 考 文 献

保罗·鲍克斯．2001．地理信息系统与文化资源管理,历史遗产管理人员手册．南京:东南大学出版社
北京城市发展研究所．2006．安徽省凤阳县政府行政中心新址选择的评价结论和建议．内部资料
北京大学景观设计研究院．2007．为整体保护京杭大运河遗产廊道研究报告．内部资料
北京矿冶研究总院,大冶有色金属公司．1996．铜绿山陡边坡稳定性及加固技术研究．[333495]
蔡达峰．2003．“世界遗产学”研究的对象和目的,文化遗产研究集刊3．上海:上海古籍出版社
陈同滨．2004．实施重大遗产地综合保护示范行动研究．内部资料
陈同滨,王力军．2004．不可移动文物保护规划十年．中国文化遗产,(3):108－111
陈同滨．2005-10-14．城镇化高速发展进程下的中国大遗址背景环境保护主要规划对策．中国文物报
陈耀华．2004．中国自然文化遗产的价值体系及其保护利于研究．北京大学博士学位论文
崔明．2006．江苏省大遗址保护规划与利用模式研究．东南大学硕士学位论文
邓小平．1993．党在组织战线和思想战线上的迫切任务(1983年10月12日),邓小平文选(第三卷)．北京:人民出版社
丁川．2007．明中都保护的困惑——兼谈文化遗产保护中存在的几个问题．中国文物报,1月19日
Feilden B, Jokolephto J. 1993．世界文化遗产遗址管理导则．罗马:国际文化财产保护与修复研究中心
高立兵．1997．时空解释的新手段——欧美考古GIS研究的历史、现状和未来．考古,(7)
郭大顺．1992．日本的史迹公园．文物天地,(3)
郭旃．2005．西安宣言——文化遗产环境保护新准则．中国文化遗产,(6)
国家文物局法制处．1993．国际保护文化遗产法律文件选编．北京:紫禁城出版社
国家文物局．2000．中华人民共和国文物博物馆事业纪事．北京:文物出版社
国家文物局．2006-11-24．文化遗产保护科学和技术“十一五”发展规划．中国文物报
国家文物局．1998．郑振铎文博文集．北京:文物出版社
国家文物事业管理局．1987．新中国文物法规选编．北京:文物出版社
国务院．国务院批转国家建委等部门关于保护我国历史文化名城的请示的通知//国家文物事业管理局研究室,南开大学历史系博物馆专业．建国以来文物法令汇编1949－1981.
胡光宇．2006．大遗址(历史地区)保护战略研究．清华大学国情研究中心课题申请书
胡明星,董卫．2002．基于GIS的镇江西津渡历史街区保护管理信息系统．规划师,18(3):71－73
湖北省博物馆．2005．遗址中高含水木构件脱水定型的硅胶填充法．湖北:1559765
湖北省博物馆．2005．遗址中高含水木构件脱水定型的微生物方法．湖北:1559764
湖北省博物馆．2005．遗址中木构件的尿素复合液脱水定型法．湖北:1559763
湖北省文物管理委员会办公室．1991．中国地质大学大冶铜绿山古铜矿遗址原地保护与合理采矿方案．湖北:133259
克尔,Semple J. 1996．保护规划:欧洲重要文化遗址保护规划制定指南 第四版．悉尼:澳大利亚国际文化财产保护与修复研究中心
李伟,俞孔坚,李迪华．2004．遗产廊道与大运河整体保护的理论框架．城市问题,(1):28－54
李晓东．2006．大型古遗址保护的开创阶段．中国文物科学研究,(2)
李韵．2005-4-15．文化遗产不是城市发展的包袱——访国家文物局局长单霁翔．光明日报
澧县城头山古文化遗址博物馆．2002．土遗址窄槽注浆防渗技术．湖南:340889
联合国教科文组织世界遗产中心等．2007．国际文化遗产保护文件选编．北京:文物出版社
刘建国．2007．考古与地理信息系统．北京:科学出版社
孟宪民．2001．梦想辉煌:建设我们的大遗址保护展示体系与园区——关于我国大遗址保护思路的探

讨. 东南文化,(1)
孟宪民. 2003. 试定义博物馆文化——兼谈博物馆工作方针. 中国博物馆,(1)
孟宪民. 2004-7-30. 新发展观下文物保护科技发展思路的探讨. 中国文物报
孟宪民. 2005-4. 成就 差距 优先 主题——文物保护科技发展思路再探. 中国文物报
牡丹江市文物管理站,牡丹江市土地管理局. 1992. 牡丹江市文物保护单位保护区规划. 内部发行
单霁翔. 2006. 城市化发展与文化遗产保护. 天津:天津大学出版社
世界知识出版社. 1992. 世界文化与自然遗产. 北京:世界知识出版社
水利水电科学研究总院. 2007. 京杭运河调研报告. 内部资料
苏建明,张续红,胡庆夕. 2004. 展望虚拟现实技术. 计算机仿真,21(1):18－21
宿白. 2000. 苏秉琦先生纪念集. 北京:科学出版社
孙全. 2006. 丸都山城瞭望台变形破坏机理及稳定性分析. 中国地质大学(北京)硕士学位论文
汪菊渊. 1988. 园林学//中国大百科全书建筑园林城市规划. 北京:中国大百科全书出版社
王剑英. 2005. 对《凤阳明中都皇城及皇陵石刻保护规划》的意见//明中都研究. 北京:中国青年出版社,673
王军. 1998. 日本的文化财保护. 北京:文物出版社
王学荣. 2008. 中国大遗址保护研讨会纪要. 考古,(1)
王云. 2003. 近十年来京杭运河史研究综述. 中国史研究动态,(6)
西安市文物管理局,西安市政府外事办公室. 1995. 古城西安重要文化遗产列入《世界遗产名录》国际研讨会资料汇编. 内部资料
肖彬,谢志仁,闾国年,等. 1999. GIS 支持的考古信息管理系统——以长江三角洲地区为例. 南京师范大学学报(自然科学版),22(3)
徐苹芳. 2005. 一处被人遗忘了的古都——评介王剑英著《明中都》//明中都研究. 北京:中国青年出版社,715－720
徐嵩龄. 2005. 第三国策:论中国文化与自然遗产保护. 北京:科学出版社
荀德麟. 2007. “运河之都”的形成及其嬗替//“运河之都——淮安”全国学术研讨会论文集. 北京:中国古籍出版社
姚汉源. 1998. 京杭运河史. 北京:中国水利水电出版社
于立. 2005. 规划理论的批判和规划效能评估原则. 国外城市规划,20(4)
余乐. 2004. 穿越历史与现实. 南水北调文物保护工程. 中国文化遗产,(4):100－112
张平,陈志龙,李居西. 2006. 汉阳陵帝陵遗址保护与地下空间开发利用. 建筑学报,(2)
赵海英,李最雄,韩文峰,等. 2003. 西北干旱区土遗址的主要病害及成因. 岩石力学与工程学报,S2
甄广全,周伟强,甄刚. 2002. 大明宫含元殿复原夯土墙的保护试验//中国文物保护技术协会第二届学术年会论文集
郑书民. 2001. 大遗址保护规划中基础文物信息采集与管理方法初探. 华中建筑,19(4)
郑振铎. 1998. 记阿旃他的壁画//郑振铎全集　第十四卷. 石家庄:花山文艺出版社
中国河南省文物考古研究所,美国密苏里州立大学人类学系. 1998. 河南颍河上游考古调查中运用 GPS 与 GIS 的初步报告. 华夏考古,(1)
中国社会科学院考古研究所,美国密苏里州立大学科技考古实验室中美洹河流域考古队. 1998. 洹河流域区域考古研究初步报告. 考古,(10)
中国文物研究所. 2004. 大运河整体综合性保护研究立项可行性报告. 内部资料
中国文物研究所. 2004. 大运河整体综合性保护研究立项可行性报告资料汇编. 内部版
周丽珍,刘建军,刘佑荣. 2005. 地下水渗流场数值模拟技术在文物遗址保护中的应用//中国力学学会

学术大会 2005 论文摘要集(下)
周丽珍,刘佑荣,谢其勇 . 2004. 遗址大型饱水木构件原址保护技术初探 . 西部探矿程,(8)
周双林,王雪莹,胡原,等 . 2005. 辽宁牛河梁红山文化遗址土体加固保护材料的筛选 . 岩土工程学报,(5)
周双林 . 2002. BU 及 BW 系列土遗址防风化加固保护材料综合研究 . 北京大学博士后报告
朱光亚 . 2005. 城市化进程中的地下建筑遗产探查和保护 . 现代城市研究,(6)
朱强 . 2007. 京杭大运河江南段工业遗产廊道构建 . 北京大学博士学位论文
总装备部工程设计研究总院 . 2004. 西藏江孜宗山抗英遗址地基与基础稳定性评价及防护对策//砖石类文物保护技术研讨会论文集
Allen K M S, Green S, Zubrow E B W. 1990. Interpreting Space: GIS and Archaeology, Applications of Geographic Information Systems.
CIIC. 2002. Considerations and Recommendation. ICOMOS 13th General Assembly Meetings of the International Scientific Committees. Madrid, Spain
GCI. 2000. Management Planning for Archaeological Sites: Proceedings of the Corinth Workshop
Lewis P H. 1996. Tomorrow by Design: A Regional Design Process for Sustainability. New York: John Wiley & Sons, Inc
McHarg. 1992. In Design With Nature. New York: John Wiley & Sons, Inc.
WHC. 2005. Operational Guidelines for the Implementation of the World Heritage Convention. 30 – 33, 97 – 109